규방철학

규방철학

『쥐스틴』을 지은 작가의 유고작

도나시앵 알퐁스 프랑수아 드 사드

이충훈 옮김

도서출판 b

LA

PHILOSOPHIE

DANS

LE BOUDOIR,

Ouvrage posthume de l'Auteur de
JUSTINE.

TOME PREMIER.

La mère en prescrit a la lecture à sa fille.

A LONDRES,
Aux dépens de la Compagnie.

M. DCC. XCXV.

[규방철학 초판 표지]

| 일러두기 |

1) 번역은 Sade, *Œuvres complètes*, éd. par Annie Le Brun et Jean-Jacques Pauvert, t. III, Paris, Eds. Pauvert, 1986을 주 대본으로 하여 Sade, *Œuvres*, éd. par Michel Delon, t. III, Bibliothèque de la Pléiade, Gallimard, 1998을 함께 보았다. 두 판본 사이에 차이가 있는 경우 포베르판을 따랐다.

2) 원문에 이탤릭체로 되어 있는 부분은 작은따옴표 안에 넣어 구분했다.

3) 플레이아드판 편집자의 주는 괄호 안에 대문자 D를 넣어 역주와 구분했다. 사드가 직접 달아 놓은 주는 별표로 표시해 본문 밑에 각주로 달았다.

4) 각주의 서지사항 중 사드의 대부분의 저작은 Sade, *Œuvres*, éd. par Michel Delon, t. I-III, Bibliothèque de la Pléiade, Gallimard, 1990-1998에서 인용한 것이며, 이를 『선집』으로 표기했다. 또 Sade, *Œuvres complètes du marquis de Sade*, éd. par Gilbert Lely, Cercle du livre précieux, 1966-1967에서 인용할 때 이를 간단히 *CLP*로 표기했다.

5) 기타 인용된 서지사항의 경우 겹낫표(『』) 안에 번역된 제목과 원제목을 병기하였다. 논문의 경우에는 홑낫표(「」)를 사용해서 마찬가지로 제목과 원제목을 병기하였다.

6) 모든 용어를 가능한 한 한국어로 옮기고자 하였으나, '리베르탱', '리베르티나주', '메커니즘', '에너지'의 네 단어는 이 용어가 18세기에 가졌던 특별한 뜻을 고려하기 위해 번역하지 않고 발음대로 옮겨 적었다. 남성명사 혹은 형용사의 남성형인 '리베르탱'은 혼동을 피하기 위하여 여성형 '리베르틴'과 구분하지 않았다.

| 차례 |

7

옮긴이의 말

이 책은 도나시앵 알퐁스 프랑수아 드 사드의 *La Philosophie dans le boudoir*를 완역한 것이다. 이 번역은 Sade, *Œuvres complètes*, éd. Annie Le Brun et Jean-Jacques Pauvert, t. III, Paris, Eds. Pauvert, 1986을 주 대본으로 했고 Sade, *Œuvres*, éd. Michel Delon, t. III, Bibliothèque de la Pléiade, Gallimard, 1998을 함께 보았다. 두 판본 사이에 차이가 있는 경우 포베르판을 따랐고, 작품의 이해 및 연구를 돕기 위한 각주는 플레이아드판에서 가져왔다.

본 번역은 역자가 2005년에 도서출판 b에서 펴낸 『규방철학』의 번역을 대폭 수정하는 한편, 사드가 프랑스 혁명기에 파리에 조직된 마흔여덟 개 지부 중 하나인 피크 지부에서 정치활동을 하면서 작성한 여러 편의 정치 저작을 새로 번역하여 부록으로 추가함으로써, 혁명기 사드의 사상과 정치적 관점을 전반적으로 조망할 수 있도록 했다.

먼저 본 역서 『규방철학』과 관련한 몇 가지 용어를 설명할 필요가 있을 것이다. 이 책의 제목 '규방boudoir'은 1690년에 발간된 『퓌르티에르사전』에 등재되지 않았던 것으로 미루어, 프랑스에서 18세기에 새로 나타난 용어이다. 1762년의 『아카데미사전』에는 "혼자 있고 싶을 때 들어가 있는 작은 카비네cabinet"로, 1771년의 『트레부사전』(6판)에는 "작은 방, 거주하는 방 옆에 붙어 있는 대단히 좁은 카비네. 이런 이름이 붙은 것은 아마 기분이 좋지 않을 때 혼자 토라져bouder 있기 위해서 그곳에 틀어박히곤 했기 때문일 것"이라고 설명한다. 여기서 '카비네'라는 말은 『백과사전』에 따르면 "연구를 위한 방" 혹은 "개인적 용무를 위한 방"을 가리키는데, 1762년의 『아카데미사전』에도 "연구나 사적인 대화를 위해 들어가 있는 장소"라는 설명이 있다. 『백과사전』에는 "카비네는 부인들이 화장을 하거나, 기도를 하거나, 낮잠을 자기도 하는, 명상과 고독에 필요한 일들에 관련하여 여자들이 사용하는 방을 이른다"는 설명이 추가되어 있다. 확실히 18세기에 규방이나 카비네는 여성과 관련된 공간으로 이해되었으며, 공식적이고 공개적인 다른 장소와 분명히 구분되는 공간을 가리켰으므로, 여성의 공간이라는 의미를 살릴 수 있는 한국어 '규방'을 선택하여 번역했다.

프랑스 건축가 르 카뮈 드 메지에르의 『건축의 정수 혹은 건축과 감각의 비교』에는 동시대 규방을 상세히 묘사하는데 다음의 설명으로 18세기 규방의 이상과 전형을 이해할 수 있을 것이다. "규방은 관능이 머무는 공간으로 간주된다. 그곳에서 관능은 무슨 일을 벌일지 생각해보거나 어떤 욕망을 채울지가 관건인 것 같다. 사치, 나태, 취향이 압도적으로 나타나는 공간에 무엇 하나 소홀히 된 것이 없다는 점이 중요하다. […] 규방은 무엇보다 편안해야 하고 모든 것에서 즐거움을 얻어야 한다. 가까이서 들여다봐야 하는 세부 장식들이 규방의 규모에 맞게 조화를 잘 이뤄야 한다. 어떤 의미에서 규방에서 가장 중요한 것은 모든 즐거움이 여기에 모인다는 점이다. 십자형 창문을 동쪽으로 내면 채광이 부드러워진다. 가능하면 전망이 아름다운 곳으로 창을 내야 한다. 자연 풍경에 별것이 없으면 예술의 힘을 빌려보자. 이 경우는 취향과 천재의 힘을 한껏 발휘해서, 모든 수단을 동원하여, 원근법과 회화의 마술적 효과를 통해 환상을 만들어내야 한다. […] 규방에서 침대를 놓는 움푹 들어간 부분을 거울로 장식해도 멋있을 것이다. 거울과 거울이 닿는 접합부는 나무줄기를 여러 개 배치해 가리면 된다. 나무는 잘 다듬고 한 덩어리를 이루게 하고 잎이 무성하게 달리도록 하고, 채색하여 자연 그대로의 모습을 유지하게 한다. 나무를 오점형으로 배치하면 거울에 비칠 때 굉장한 숫자로 늘어날

[피에르 말뢰브르, 〈규방〉, 판화, 1774]

것이다. 촛불에는 얇은 천을 팽팽히 혹은 느슨하게 늘어뜨려서 빛의 강도를 조절하면 광학적 효과가 증대될 것이다. 그러면 마치 숲에 들어와 있는 기분이 들 수 있다. 조각상을 채색해서 적절히 배치하면 장식도 되고 환상을 일으키는 효과도 낼 수 있다'(니콜라 르 카뮈 드 메지에르, 『건축의 정수 혹은 건축과 감각의 비교Le génie de l'architecture ou l'analogie de cet art avec nos sensations』, 1780, 116-119쪽).

역자는 사드가 이 책의 주인공으로 삼은 '리베르탱' 및 그들의 사상과 행동방식을 가리키는 '리베르티나주'를 이 단어들이 가진 역사적 의미를 고려하여, 흔히 번역어로 사용되는 '난봉질' 혹은 '난봉꾼' 대신 원어 그대로 표기했다. 1690년의 『퓌르티에르사전』은 '리베르탱'을 "법이나 올바른 삶의 규칙들, 수도원의 규율에 복종하지 않는 자"로 정의했다. 종교적인 의미로 사용되었을 때 '리베르탱'들은 "성사聖事에 대한 존경심이 부족하거나 종교적 계율에 복종하려들지 않는 사람들"을 가리켰다. 『백과사전』의 「리베르탱」 항목은 이들의 사상을 다음과 같이 요약한다. "[리베르탱들은] 1528년경 네덜란드에서 생겼던 광신도들을 뜻한다. 그들이 가진 믿음은 단 하나의 신의 정기가 도처에 퍼져 있으며, 이는 모든 피조물들에 존재하며 깃들어 있고, 우리의 영혼은 이러한 신의 정기와 다른 것이 아니다. 그들은 영혼이 육체와 더불어 사멸하며, 원죄原罪는 없고, 고작해야 하나의 의견일 뿐인데, 신은 선과 악을 모두 창조했기 때문이다. 따라서 천국이란 환상이며, 지옥이란 신학자들이 발명한 공상이라고 주장한다. 그들은 또한 정치가 민중들을 법에 복종시키려는 목적으로 종교를 만들어냈으며, 영적 재생이란 의식의 회한을 무디게 할 목적에 불과하고 고해성사란 우리가 죄를 짓지 않았다는 것을 보증해주는 것에 불과하다고 주장한다."

원래 이 말은 라틴어 *libertunus*에서 온 것으로 노예 상태에 있다가 '해방된 자'를 가리켰다. 이들은 로마 시대에 원래 자유민이었던 *ingennus*와 법적으로 구분되었다. 이 말이 16세기에 프랑스어로 들어올 때 라틴어에 들어 있었던 경멸의 의미를 그대로 갖고 있었다. 그들은 노예 신분에서 '해방된 자'로, "새롭게 얻은 자유를 어떻게 사용해야 할 줄 모르고, 타인의 눈으로 보면 원래 가졌던 흠을 못 버리고 있는 사람"이었다. 1732년 『트레부사전』(3판)에서는 위의 정의에 "지나친 자유를 취하고 마련하는 사람으로서"라는 말이 추가된다. 더욱이 『트레부사전』은 네덜란드의 '리베르탱들'을 언급하면서 이들을 비판하는 글을 썼던 칼뱅 역시 비난한다. "칼뱅의 개혁원리들은 이들 '리베르탱'의 원리와 그다지 멀지 않기 때문이다. 칼뱅이 그러하였듯이 우리가 교회의 구속에서 벗어났을 때 항상 동일한 원리를 따라서 더욱 멀리 나아가는 일은 쉬운 일이다." 결국 이 말은 반체제 지식분파나 신앙에 적대적인 사람들을 이르는 말로 간주되었다.

확실히 리베르탱들의 득세는 서유럽에서 가톨릭의 위기를 반영하는 것이다. 특히 프랑스에서 오랜 종교전쟁 이후 성사된 낭트 칙령(1598)은 프로테스탄티즘을 용인하게 되었을 뿐 아니라, 일정한 수준의 종교적 관용을 허락했다. 그렇지만 17세기에 이르러 절대왕정과 결탁한 가톨릭은 국가가 비준한 종교원리에 어긋나는 모든 분파들을 '리베르탱'이라는 이름으로 단죄하기에 이른다. 리베르탱들은 분명히 데모크리토스와 에피쿠로스의 영향을 받았고, 유물론적인 입장을 취하여, 영혼의 불멸성을 부정하고, 인간과 동물의 차이를 인정하지 않았다. 리베르탱들은 기존의 교리와 신념으로부터 '해방된 자'로서 구원 대신 세속의 즉각적인 쾌락에 더 큰 의미를 두었다.

18세기에 '리베르탱'은 '자유사상가'의 모습으로 나타나며, 곧 이들이 '철학자들les Philosophes'이 될 것이다. 레몽 트루송은 루이 14세가 죽은 후 섭정기의 리베르탱들은 이론 이상으로 실천에 몰두하면서 비판적인 철학적 태도보다는 방종에 이르는 경향이 있었다고 말한다(레몽 트루송, 『18세기 리베르탱 소설』, 1993, v-vi쪽). 1732년 『트레부사전』은 「리베르티나주」 항목에서 "풍속의 방탕, 방종, 무질서"를 비판한다. 『백과사전』의 정의는 보다 구체적이다. 리베르티나주란 "감각의 쾌락에 이르게 하는 본능에 굴복하는 습관"이며, "풍속을 존중하지 않으나, 이에 맞서는 것도 아니다. 섬세함도 없고, 선택에는 일관성이 없다. 향락과 방종의 중간쯤에 머무른다." 18세기 중반에 이르면 리베르티나주는 이미 한 세기 전의 비판적 철학 정신을 잃었다. 동시대 리베르탱들의 경박함과 진지하지 못한 도덕관에 늘 비판적이었던 디드로는 이들이 고작해야 "수백 가지 보기 좋은 방식으로 감수성을 자극할 뿐"이라고 일갈했다.

디드로는 이들이 더는 호라티우스나 아나크레온의 정신이 없다고 보았다. 고대의 시인들은 자신의 철학과 섬세한 감식안을 갖고 있었으나 현대의 리베르탱들은 아름다움이나 위대함, 정직함에 대한 어떤 생각도 없다는 것이다.

사드의 '리베르탱들'과 '리베르티나주'는 이런 역사적 의미를 통해 이해되어야 하겠다. 두말할 것 없이 이 말은 '성적' 방종과 타락한 풍속에 젖은 이들을 가리키지만, 사드는 그들에게 지난 세기 어떤 공식적인 교리도 따르지 않고자 했던 리베르탱 철학자들의 '비판적 철학의 정신'을 잊지 않고 되살려주고자 한다. 물론 사드의 저작에서 나타나는 이러한 리베르탱의 '복권'은 시대착오적이다. 그의 소설에 등장하는 리베르탱들은 구체제에서 특권을 누리다가 프랑스 혁명기에 그 특권을 상실한 귀족들이며, 계몽주의자들처럼 무신론과 유물론으로 무장했지만 미덕의 모범을 따르고 실천하면서 열광하고 개인의 다양한 감수성을 옹호하는 대신, 악덕의 번영과 이기심으로 무장한 악한들의 기이한 성적 취향의 폭력을 가능한 끝까지 밀고 나가고자 하는 '찢어 죽여 마땅한 자roué'들이다. 여기에 사드 문학이 갖는 특이성과 보편성이 동시에 존재한다. 다음 세기 초 알프레드 드 뮈세가 탄식하게 되듯, "존재했던 것은 이미 사라지고, 존재하게 될 것은 아직 도래하지 않은" 구체제 '폐허'의 공간에 사드의 리베르탱들은 유령처럼 도사리고 있다. 그들은 여전히 낡은 편견에 사로잡혀 있는 독신자篤信者들을 경멸하고, 조롱하고, 고문하고, 희생자로 만들면서 간신히 연명해가는 존재들이다. 사드 자신이 그들 중 한 명이었음은 물론이다. 그는 자신이 속했던 구체제의 리베르탱들을 증오와 연민의 감정으로 바라본다. 이성과 미덕의 지배가 시작되기만 한다면 낡은 특권에 젖어 살았던 그 유령들이 순식간에 사라져버리게 될 것임을 알았기 때문이다.

『쥐스틴』을 지은 작가의 유고작[*]

어머니는 딸이 이 책을 읽도록 할 것이다.[**]

* 사드는 1791년 소설 『쥐스틴 혹은 미덕의 불행*Justine, ou les Maleurs de la vertu*』과 희곡 『옥시테른 공작, 혹은 리베르티나주의 결과*Comte Oxiterne ou les Effets du libertinage*』를 통해 공식적으로 등단한다. 사드는 뱅센과 바스티유 감옥에서 열다섯 권 분량의 책을 썼고 이를 아내에게 맡겼다. 그는 1789년 7월 4일 바스티유에서 샤랑통으로 이감移監된 뒤, 1790년 3월 13일 입헌의회의 결정으로 같은 해 4월 2일 샤랑통 감옥에서 석방되었는데, 그의 변호사였던 고프리디에게 보내는 편지에서 "감옥에서 나와 보니 초고가 사분의 일밖에 남아 있지 않더군요"라고 썼다. 사드는 열세 권이 분실되었음에 분개했고, 이것이 그가 아내와 이혼하는 한 가지 결정적인 계기가 된다. (역주)

** 알렉시스 피롱Alexis Piron의 희곡 『작시벽作詩癖 혹은 시인*La métromanie ou le poète*』(1738)에서 따온 시구. 이 희극 3막 7장에서 주인공 다미스Damis는 삼촌 발리보Baliveau에게 무대 위에 미덕의 학교를 세우려는 의도를 설명하면서 이렇게 말한다. "어떻게 [학교를] 세울 거냐고요? 바로 제 글을 통해서지요/제 글에서 저는 이성보다는 미덕이 빛나기를 바랍니다/어머니는 딸에게 그 책을 읽도록 할 것입니다/당신의 배려로 제 마음은 이리 지어졌습니다/이런 어조를 따라 어렵지 않게 리라로 반주를 하도록"(『18세기의 연극*Théâtre du XVIIIᵉ siècle*』, Bibliothèque de la Pléiade, t. I, p. 1080). 사드는 이 희극을 한 부 가지고 있었는데 뱅센 감옥에서 루세Rousset 양에게 쓴 편지를 보면 "『작시벽』의 숭고한 묘사력"을 언급하면서 찬사를 보내고 있다(「루세 양에게 보내는 편지」, 1782년 4월 17일, *CLP*, t. XII, p. 350). 1777년에 피에르 실뱅 마레샬이 이 표현을 조금 수정해서 『연인들의 도서관*Bibliothèques des amants*』의 명구銘句로 삼았다. ("남자는 연인에게 이 책을 읽게 할 것이다―『작시벽』의 한 구절을 따라서.") 1791년에 이 시구는 익명으로 발행된 중상문 「색광色狂 마리 앙투아네트*Fureurs utérines de Marie Antoinette, femme de Louis XIV*」의 명구로 쓰이는데, 작가는 여기서 마리 앙투아네트와 아르투아 공작, 드 코니, 로앙 추기경, 쥘 드 폴리냑 공주의 사랑을 로코코 양식으로 노래한다. 그러나 사드가 이 두 책을 알았는지는 알 수 없다. (D)

　　라클로는 『위험한 관계*Les Liaisons dangereuses*』(1782)의 편집자 서문에서 자기 소설의 원고를 읽은 한 부인이 "저는 이 책을 제 딸의 결혼식 날 준다면 그 애에게 도움이 되리라 생각합니다"라는 말을 했다고 쓴다. 이는 "정숙한 처녀는 소설을 읽지 않는다"고 썼던 루소와 비교할 만하다. 루소는 『누벨 엘로이즈*Julie ou la Nouvelle Héloïse*』(1761) 서문에서 타락한 도시에서는 그나마 소설이 사람들에게 유용할 수 있다고 말하지만, 젊은 처녀가 소설을 읽는 것만큼은 반대한다. "처녀들에 대해서라면 다른 문제. 정숙한 처녀는 소설을 읽지 않았다." 고전주의 시대 내내 연극과 소설의 유용성과 풍속의 영향력이 논의되었는데, 소설은 언제나 젊은 소녀들에게 유해한 장르로 간주되었다. (역주)

리베르탱[1]들에게

나이와 성性을 불문하고 향락을 쫓는 이들[2]이여, 내 이 책을 오로지 당신들에게 헌정하노니, 그 원리를 마음에 품어라. 이 원리가 정념을 북돋우리라. 엄숙하고 따분한 도덕군자들이

• •

1. 리베르탱과 리베르티나주에 대해서는 옮긴이의 말을 참조. 이 번역에서는 혼동을 피하기 위해서 리베르탱과 여성형인 리베르틴의 구분을 두지 않았다. (역주)

2. 향락을 쫓는 [이]Voluptueux. 디드로는 『백과사전』의 해당 항목에서 이 단어를 "감각적 쾌락을 좋아하는 [이]"라고 정의한다. "자연은 종의 보존과 우리의 보존 역시 쾌락의 대상이기를 바랐으므로 우리의 신체기관에 감수성을 갖춰주었다. 우리 주변에 존재하면서 수만 가지 쾌적한 방식으로 그 감수성을 자극하도록 된 무수히 많은 대상들이 있는데, 이에 대해 이해할 수 없는 준엄한 교리로써 우리를 가르치는 사람들이 있다. 성미가 까다로운 이런 사람들은 마땅히 정신병원에 감금해야 할 이들이다"(『백과사전』, 「관능적인Voluptueux」 항목, 17권, 460쪽). (역주)

을러댔던 것이 이 정념이라는 것이었지만, 그것은 자연이 부여
한 목적에 인간이 이르게 하기 위해 이용하는 수단일 뿐이다.[3]
그러니 오직 관능적인[4] 정념의 목소리에 귀 기울이라. 관능을
만들어주는 기관이 아니고서는 무엇이 당신을 행복으로 난
길로 인도할 것인가.

호색한 여인들이여, 향락을 쫓는 생탕주 부인을 모범으로
삼으라. 그녀를 따라, 그녀가 온 생애 복종했던 쾌락이라는
신성한 법에 반하는 것이면 예외를 두지 말고 무시하라.

• •

3.   정념les passions의 찬양은 18세기 철학에서 진부하도록 자주 언급된 주제
      이다. 레몽 드 생마르, 『신들의 새로운 대화편Nouveaux dialogues des
      dieux』(1711); 망드빌, 『꿀벌이야기Fable des abeilles』(1714); 르메트르 드
      클라빌, 『진정한 공적에 대한 논고Traité du vrai mérite』(1734); 레베크
      드 뷔리니, 『호감의 이론Théorie des sentiments agréables』(1736); 디드로,
      『철학단상Pensées philosophiques』(1746) 등을 보라. 사드는 『알린과 발쿠
      르Aline et Valcour』에서 이 주제를 연구하기 시작한다. 이 소설에서 사드는
      자연을 인격화하고 인간에 '목적'을 부여하는 '목적론finalisme'을 따른다.
      (D)
          디드로는 "까닭 없이 사람들은 정념을 비난한다. 정념 때문에 인간이
      고통받는다는 것이다. 그러나 사람들은 정념이 모든 쾌락의 근원이기도
      하다는 점을 쉽게 잊는다. […] 인간의 마음을 보다 위대한 일들에 이끌어
      올려줄 수 있는 유일한 것이 바로 정념, 위대한 정념이다"라고 했다(디드
      로, 『철학단상Pensées philosophiques』, Œuvres, t. I, éd. L. Versini, Robert
      Laffont, p. 19). (역주)

4.   사드는 '관능적인délicieux'이라는 말을 '향락을 쫓는voluptueux'이라는
      의미로 자주 사용한다. 디드로는 『백과사전』의 「관능적인délicieux」 항목
      에서 '감미로운 휴식의 상태'라는 의미로 이 단어를 설명한다. 이는 루소가
      '존재의 순수한 감정'의 의미로 사용한 것과 아주 가깝다. 반대로 사드는
      이 단어를 '감수성이 자극된 활기차고 격렬한 상태'의 의미로 사용한다.
      (D)

젊은 처녀들이여, 당신들은 너무도 오래, 허구일 뿐인 미덕과 혐오밖에 주지 않는 종교라는 터무니없고 위험하기까지 한 속박에 매여 있었다. 정열적인 우리의 외제니를 따라라. 무지한 부모가 세뇌한 우스꽝스러운 교훈을 그녀처럼 신속히 무너뜨리고 짓밟으라.

마지막으로 당신, 매력적인 탕아들이여, 젊을 때부터 욕망이라는 재갈과 변덕이라는 법도만을 가지고 사는 당신들에게는 파렴치한破廉恥漢[5] 돌망세가 당신의 모범이 될 것이다. 그처럼 당신도 음란이 마련하는 꽃길을 걷고자 한다면 그가 한 만큼 나아가라. 오직 자기 취향과 욕망[6]이 그리는 세상을 넓혀갈 때만, 그리하여 관능을 위해서라면 그 무엇도 아끼지 않을 때만, 자기 의사와는 상관없이 이 슬픈 세상에 내던져진 인간이라는 이름의 불행한 개체가 인생이라는 가시밭길 위에 비로소 장미꽃씨 몇 개를 뿌릴 수 있다고 가르치는 돌망세의 철학적 입장을 받아들이라.

• •

5.   파렴치한cynique이라는 말은 두말할 것 없이 철학사의 견유학파를 지칭하지만, 『아카데미사전』(1762)은 "[이 철학자들은] 개처럼 물어뜯고 파렴치하기 때문에 비판받았다"는 설명을 잊지 않고 덧붙였다. 18세기에 이 단어는 "철면피의, 외설적안"과 동의어로 쓰였다. 그러므로 사드가 돌망세를 지칭하기 위해 'cynique'라는 단어를 썼을 때, 그의 도덕은 물론 특정 철학 학파를 동시에 암시하기 위한 것이다. (역주)

6.   욕망fantaisie. "기질, 욕구, 욕망, 의지 등을 말한다"(아카데미사전, 1762년 판). (역주)

규방철학 혹은 부도덕한 선생들
젊은 처녀들의 교육을 위한 대화

첫 번째 대화

생탕주 부인, 미르벨 기사

생탕주 부인 동생, 어서 오렴, 이런, 돌망세 씨는 안 오셨니?

기사 네 시 정각에 올 거예요. 일곱 시나 되어야 저녁식사를 할 테니, 시종 수다 떨 시간은 충분합니다.[1]

● ●

1. 이 소설은 고전주의 시대 연극 규범처럼 약 세 시간 정도 진행된다. 구체제Ancien Régime에서는 보통 오전 아홉 시에서 열 시 사이에 아침식사 déjeuner를 하고, 오후 세 시에서 다섯 시 사이에 점심식사dîner, 밤 열 시에서 열한 시 사이에 저녁식사souper를 하는 것이 관례였다. 자크 고드쇼 에 따르면 "식사시간이 바뀌게 되는 것은 총재정부le Directoire(1795-1799 년 사이의 정치체제. (역주)) 시대이다. 일어나자마자 아침식사le petit déjeuner, 정오에 점심식사déjeuner, 밤 일곱 시에 저녁식사dîner를 한 뒤, 자정에 다시 야식souper을 먹는다"(자크 고드쇼, 『총재정부 시대의 프랑스 일상생활La vie quotidienne en France sous le Directoire』, Hachette, 1977, p. 141). (D)

   그러므로 1795년에 사드는 구체제에서 점심식사의 의미로 썼던 dîner를

생탕주 부인 동생, 내 호기심이 너무 컸던 건 아닌지, 오늘을 위해 준비한 모든 계획이 정숙하지 못한 것은 아닌지 좀 후회하고 있다는 걸 알겠나? 사실 말이지 넌 참 관대한 아이야. 이성적으로 생각을 하려 할수록 내 못된 머릿속은 혼란스러워지고 방탕해지는구나. 넌 내 모든 것을 눈감아주지. 그런데 그건 그저 날 망치게만 할 뿐이야…. 여자 나이 스물여섯이면 믿음 깊은 사람이 되어야 하지 않겠니. 그런데 난 그저 세상에서 제일 타락한 여자일 뿐이니…. 애야, 다른 사람들은 내가 품은 생각이니, 내가 하고픈 일이니 하는 것은 전혀 생각지도 않아. 내가 여자로만 만족하면 문제가 없으리라 생각해…. 욕망이 여자[2]로만 집중되어서 남자로까지 발산되지 않았더라면 하고 생각했지. 애, 가당치도 않지. 쾌락을 자제하려고 할수록 더 뜨겁게 머릿속에 떠오르게 되니 말이야. 나처럼 천상 리베르탱

••

이미 저녁식사의 의미로 사용하고 있다. 드 조쿠르가 쓴 『백과사전』의 「점심식사dîner」항목을 보면 "시대와 지역과 사람들에 따라 다소 차이가 있겠지만 하루의 중간에 하는 식사"라는 설명이 있다. 그에 따르면 고대 로마에서는 이 단어로 정오에 하는 식사를 지칭했는데, 이지도루스Isidorus Hispalensis에 따르면 식사가 너무 간소해서 로마인은 점심식사를 하지 않는다고 착각했을 정도이다. 반면 「저녁식사souper」는 정오 이후 서너 시간 후에 하는 식사로, 온 가족이 모이고 친한 친구들이 초대되는 식사를 뜻한다. 19세기의 『리트레사전』은 dîner를 "오늘날 파리에서는 저녁 다섯 시에서 일곱 시 사이에 하는 식사"로 정의한다. (역주)

2. 생탕주 부인은 성적 취향을 설명하면서 '나의 성별性別/mon sexe', '당신네 성별votre sexe'과 같은 표현을 쓴다. 아카데미사전은 "아름다운 성性과 같은 표현이나 혹은 절대적으로 '성'이라고 한다면 이는 여성을 가리키는 것"이라고 설명한다. (역주)

이 될 수밖에 없는 여자들은 아무리 사제를 해봐야 소용없다는 걸 알았어. 맹렬한 욕망 때문에 자제심은 이내 무너지고 말거든. 결국 난 양서동물 체질인 거야.[3] 모두를 좋아하고 모두와 즐기지. 모든 종種을 하나로 만들고 싶은 거야. 자, 얘기 좀 해 보거라. 저 기이한 돌망세 씨를 알고자 하는 것이 참으로 이상한 일이더냐? 네가 그랬지. 돌망세 씨는 흔히 정해진 대로 여자를 만날 수 없는 사람이라고, 본래 남색가로 남성을 좋아할 뿐 아니라 우리 여자들 부탁을 들어주는 경우는 극히 예외적으로 남성에게 찾곤 했던 매력이 느껴질 때뿐이라고. 내 무슨 이런 이상한 상상을 한다니 애야. 우리가 새로운 주피터를 섬기는 가니메데스[4]가 되어, 그 사람의 취향이며, 방탕을 즐기고, 그가 저지르는 탈선의 희생자가 되고 싶으니 말이야. 너도 알다시피 지금껏 내가 너 말고 다른 남자에게 그리 흔쾌히 몸을 준 적이 없지 않니. 그렇지 않으면 내 사람들 중에서 골랐을 뿐이지. 그들은

● ●

3. 양성애자라는 뜻. (역주)
4. 가니메데스Ganymedes는 미색으로 명성이 높았던 트로이 왕자인데, 그를 사랑한 주피터가 독수리로 변해 왕자를 납치하고 올림포스로 데려가 술 시중을 들게 했다고 한다. 서양문학에서 주피터와 가니메데스 이야기는 동성애를 다룰 때 자주 등장한다. 여기서도 가니메데스는 남성성과 여성성을 동시에 가지는 미소년의 의미로 쓰였다. 사드는 『소돔 120일』에서도 이 표현을 썼다. "의식은 소년들에서 출발했다. 가슴과 엉덩이를 드러낸 뒤클로가 팔꿈치까지 소매를 걷어붙이고는, 자신의 모든 기술을 동원해 아름다운 가니메데스들을 한 명 한 명 유린해나갔다"(사드, 『소돔 120일 Les Cents vingt Journées de Sodome』, 성귀수 역, 워크룸프레스, 2018, 412쪽). (역주)

내가 그런 식으로 날 다뤄주세요, 하고 돈을 지불했으니까 그만큼만 해줬을 뿐이지. 오늘 내가 결심을 한 건 호의나 변덕이 아니라, 오직 취향 때문이야… 내 생각에 예전에 내가 순종하여 따랐던 방식과 오늘 이 낯선 괴벽怪癖을 따르게 될 방식 사이에는 상상할 수도 없는 차이가 있어. 그리고 그 차이를 느껴보고 싶단다. 제발 부탁이니 네가 아는 돌망세 씨를 자세히 설명해 주렴. 그래야 그 사람이 오는 걸 보기 전에 머릿속에 어떤 사람인지 새겨볼 수 있지 않겠니. 넌 내가 예전에 어떤 집에서 그 사람과 마주쳤던 것 말곤 그를 전혀 모른다는 걸 알잖아. 거기서 그저 아주 잠깐만 함께 있었을 뿐이지.

기사 누나. 돌망세 씨는 막 서른여섯 되셨어요. 큰 키에, 무척 멋진 얼굴 하며, 두 눈은 생기 있게 빛나고 생각이 많아 보이죠. 하지만 좀 단호한 데도 있고, 좀 악의적인 데도 있어서 자기도 모르게 얼굴에 다 비쳐 보입니다. 그만큼 치열齒列이 고른 사람이 없고, 몸매는 나긋나긋해 보이죠. 풍채를 보면 분명 습관적으로 여성스럽게 보이려 한다는 점이 느껴집니다. 우아하기가 이루 말할 수가 없고 목소리도 좋고 재능도 많고 대단히 철학적인 정신을 가진 분이에요.

생탕주 부인 그가 신을 안 믿었으면 좋겠구나.

기사 아! 무슨 말씀이세요! 무신론자에 부도덕한 사람으로 그보다 더 유명한 사람은 없어요… 오! 완벽하게 전적으로 타락한 사람이라고요. 세상에 그 사람 이상으로 사악하고 흉악한 사람은 없다니까요.

생탕주 부인 그 말을 들으니 무척 흥분이 되는구나! 그이를 곧 미칠 듯이 좋아하게 될 것 같다. 동생, 그 사람 취향은 뭐지?

기사 누님도 잘 알고 있죠. 그 사람은 남색의 쾌락에선 받는 역할도 좋아하고 주는 역할도 좋아해요. 쾌락의 대상으론 남자만 찾지만 간혹 여자들과 하려 할 때도 있는데 여자들이 호의적으로 그 사람과 성 역할을 바꾼다는 조건을 꼭 달죠. 누님 말을 해두었고 누님 의도가 무언지도 알려주었어요. 수락하더군요. 그리고 그 사람 편에서도 거래 조항을 알려왔어요. 누님, 그 조항을 미리 말해 드릴게요. 누님이 그 사람에게 다른 걸 해 달랠 작정이라면 단칼에 거절할 거예요. 이렇게 말하더군요. "내가 자네 누이와 하겠다고 승낙한 것은 방탕한 일… 말하자면 신중에 신중을 기해 몸을 더럽히는 좀처럼 보기 어려운 난봉질일세."

생탕주 부인 '몸을 더럽힌다!'…. '신중을 기해서!' 저 멋진 사람들의 말이 정말이지 마음에 드는구나. 그런 특별한 말들을 하는 여자들도 있지. 저런 말처럼 그런 여자들의 말은 기존 종교를 벗어난 모든 것을 우리가 얼마나 뼛속 깊이 증오하고 있는지 보여주는 것이야…. 아! 애야, 말해보거라…. 그가 널 가졌니? 네 준수한 용모에 스무 살의 나이면 내가 보기에 그런 남자쯤 유혹할 수 있을 텐데.

기사 우리 둘 사이에 있었던 기행^{奇行}을 누님께 감추지 않겠어요. 분별심을 가지셨으니 비난은 않겠지요. 원래 저는 여자를 좋아해요. 멋진 남자가 안달을 하지 않는 한은 그런 이상한 취향에 빠지지는 않거든요. 그때는 못할 게 있겠어요? 우리 같은 경박한 젊은이들더러 그런 제안을 받으면 당장 지팡이를 휘둘러 혼쩌검을 내주라고 하는 그런 우스꽝스럽기 짝이 없는 교만함은 저는 질색입니다. 그렇게 취향을 갖고 태어난 걸 어쩌겠어요.[5] 기벽奇癖을 가진 사람을 동정해야지 욕을 해서 되겠어요? 결점이 있다면 그건 자연이 준 거예요. 세상에 태어나기를 다리가 휘어서 나올 수도 있고 멀쩡히 생겨서 나올 수도 있는 것처럼 그 사람들은 제 뜻대로 남들과 다른 취향을 가지고 나온 것이 아니란 거지요. 더욱이 누가 누님과 즐겨보고 싶다는 마음을 고백하면서 누님께 역겨운 말을 하겠어요? 절대로 그렇지 않아요. 그 사람은 누님께 찬사를 늘어놓기 마련입니다. 그러니 왜 그 사람에게 욕을 하고 모욕을 주어야 해요? 그렇게 생각할 수 있는 사람들이 있다면 바보들이나 그렇습니다. 이성적인 사람이라면 절대 이 문제에 대해서 저와 다르게 말하지 않을 거예요. 물론 세상은 온통 형편없는 바보들로 가득하긴

• •

5. 이 표현은 사드의 여러 저작에 자주 등장한다. 한 예로 『쥐스틴』에서 브레삭은 쥐스틴에게 "우리가 우리 취향의 주인이더냐?"(『쥐스틴』, 『선집』 2권, 268쪽)라고 말한다. 사드는 "우리가 이러저러한 변덕을 갖게 했음이 틀림없는 신체기관은 어머니의 뱃속에서 만들어진 것이기 때문"(같은 책, 263쪽)에 개인이 가진 상이한 취향은 각자 다른 신체 구조에 달렸다고 본다. (역주)

하죠. 저 바보들은 자기들에게 매력이 있다는 말을 듣는 것만으로 몸을 망친다고 생각해요. 여자들은 항상 자기들 권리가 침해되는 것 같으면 걱정을 하기 마련이니까, 그런 여자들이 우쭐하게 만들어주면 자기가 무슨 여권을 수호하는 돈키호테나 된다고 믿고선 그 권리를 조금이라도 인정하지 않는 사람들을 가혹하게 대한단 말이죠.

생탕주 부인 아! 얘! 내게 입 맞춰주렴. 네가 생각이 달랐다면 내 동생도 아닐 거야. 부탁이니 좀 더 자세하게 말해주렴. 그이의 외모가 어떤지, 너와 나눴던 쾌락이 어땠는지 말이야.

기사 제 친구 한 명이 돌망세 씨에게 누님도 아시는 제 멋진 물건 이야기를 해준 것이죠. 그는 V***후작[6]더러 절 저녁식사에 초대해달라고 부탁을 했어요. 일단 초대를 받았으니 제 것을 보여주어야 했죠. 애초에 동기라고는 호기심뿐이었는데, 제게 너무나 아름다운 엉덩이를 돌려대고 저더러 즐겨달라고 애원하는 것을 보자 이 시험에 관련된 취향이 바로 그것이었다

· ·

6. 이 이니셜 문자가 임의적이지 않다면 그를 샤를 미셸 뒤 플레시스Charles-Michel Du Plessis, 즉 비예트 후작marquis de Villette(1736-1793)으로 볼 수 있을 것이다. 비예트 후작은 볼테르의 후원을 받은 문학가이자 기병대 장교였다. 국민의회에서 루아즈l'Oise 선거구 의원으로 당선되기도 한 후작은 동성연애자로 알려졌다. 미르벨 기사가 언급하는 장면이 사드와 비예트 후작 사이에 실제로 있었던 일일 수 있다는 가정이 아주 틀린 가정은 아닐 것이다. 1783년 11월에 사드는 아내에게 돌바흐의 『자연의 체계Système de la nature』 이야기를 하면서 "비예트에게 일주일만 그 책을 빌려달라고 부탁해 주시오"라는 편지를 쓴다(CLP, t. XII, 418쪽). (D)

는 걸 금세 알아챘죠. 전 돌망세 씨에게 시도는 해보겠지만 어려움이 너무 많을 거라고 말했습니다. 그는 그 말을 듣고도 하나도 놀라지 않더니 이렇게 말하더군요. "난 숫양도 끄떡없다고. 자네가 보고 있는 내 뒤를 숱한 남자들이 뚫었지만, 자네가 그 사람들 중 최고는 아닐 걸세!" 옆에 있던 후작이 우리가 서로 맨살로 내놓은 몸을 애무하고 쓰다듬고 입 맞추면서 자극하더군요. 그 앞에 서긴 했지만… 적어도 약간의 준비가 필요했는데요.[7] 그러자 후작이 제게 말하더군요. "그러지 말게. 그러면 돌망세가 자네에게 기대하는 쾌락의 절반을 빼앗는 게 되네. 그는 단번에 들어오는 걸 좋아하네만… 헤치듯이 말이야." "해주죠!" 미친 듯 심연에 몸을 던지면서 저는 말했습니다. 누님, 제가 힘들어했을 거라고 생각하시죠…. 그렇지 않아요. 부풀대로 부풀어 오른 제 음경陰莖이 확실히 그리 쑥 들어가 밑바닥까지 닿았는데 그 작자는 그렇게 느낀 것 같지도 않더군요. 전 돌망세를 애인처럼 다뤘어요. 그가 맛본 엄청난 쾌감이며, 안달하는 모습이며, 감미로운 말을 보고 듣노라니 이런 것들로 전 곧 행복해졌습니다. 그가 흥건해지더군요. 제가 몸을 빼자마자 돌망세는 제 쪽을 돌아봤어요. 머리가 엉클어진 채 바쿠스신의 여제관女祭官[8]처럼 붉게 상기되었더군요. 그가 제게 이렇게

..

7. 윤활제를 암시한다. (D)

8. 바쿠스 신의 여제관Bacchante은 바쿠스Bacchus 제祭를 주관했던 여인을 가리킨다. 트레부사전은 이 단어를 분노나 격분, 사랑 때문에 정신을

말했습니다. "기사, 자네 때문에 내 상태가 어찌 되었는지 아나?" 그러면서 그는 제게 음경을 보여주었습니다. 그것은 건조하고 제멋대로 움직였는데 길기도 길고 둘레는 줄잡아 십오 센티미터[9]나 되더군요. "부탁하는데, 아! 내 사랑, 내 남자가 되었으니 날 위해 내 여자가 되어주게, 자네의 황홀한 두 팔에 안겨 내가 그토록 아끼는 취향이 주는 쾌락을 남김없이 맛봤노라고 말할 수 있게 해주게." 어느 쪽이든 전혀 어렵지 않다고 생각하고 저는 준비를 끝냈습니다. 후작은 제가 보는 앞에서 그의 짧은 바지를 벗더니 내가 돌망세의 여자가 되는 동안 자기에게는 다시 남자가 되어달라고 애원하더군요. 저는 후작을 돌망세처럼 다뤘지요. 돌망세는 제가 후작에게 가한 충격의 백배를 제게 돌려주면서, 제 엉덩이 깊숙한 곳에 황홀한 액체를 발산했고, 저 역시 거의 동시에 V***후작 속에 그걸 뿜어냈습니다.

생탕주 부인 애야, 넌 그 둘 사이에서 정말 대단한 쾌락을 느꼈겠구나. 정말 멋졌겠다.

기사 사랑하는 누님, 두말할 것 없이 정말 훌륭한 자리였어요.

· ·

잃고 흥분하는 여자라고 설명한다. 여기서 사드는 돌망세를 남자이면서 동시에 여자인 존재로 표현한다. (D)

9. 원문에는 6푸스pouces로 되어 있다. 푸스는 예전에 길이를 쟀던 단위로 1피에pied의 1/12의 길이이다. 1피에는 30.48cm이고, 1푸스는 2.54cm이다. 본 번역에서는 구체제 도량형을 모두 센티미터의 기준으로 어림하여 적었다. (역주)

하지만 남들이 뭐래건 전 이런 기행奇行보단 여자들에게 얻는 즐거움을 더 좋아할 거예요.

생탕주 부인 자, 내 사랑아, 오늘 네 섬세한 호의에 보답하고자 사랑의 여신보다 더 아름다운 젊은 처녀 한 명을 네 뜨거운 열정에 맡길까 한다.

기사 뭐라고요! 돌망세와… 누님, 여자를 불렀어요?

생탕주 부인 교육 때문이야. 지난해 가을 수녀원에서 알게 된 젊은 처녀란다. 그때 남편은 온천에 가 있었지. 그곳에서 우리를 보는 눈이 너무 많아서 우리는 아무것도 할 수가 없었고, 언감생심 뭘 해볼 생각도 못했지. 그래서 가능해지는 대로 다시 만나자고 약속을 했어. 이제나저제나 그 생각만 나길래 그걸 이루어 보려고 그녀의 가족을 만나게 되었지. 여자 아버지가 리베르탱이더군…. 내가 결국 유혹을 했지. 마침내 그녀가 지금 이리로 오고 있고, 나는 그녀를 기다리는 거야. 이틀을 같이 지낼 생각이다. 정말 황홀한 이틀이 될 테지. 그 이틀을 꼬박 그 어린 여자애를 교육하는 데 쓸 거다. 돌망세와 내가 저 어여쁜 작은 머리 안에 세상에서 가장 광포한 리베르티나주의 원리란 원리는 다 집어넣을 거다. 열정을 다해 그녀를 타오르게 할 것이고, 우리의 철학을 주입할 것이며, 우리의 욕망을 불어넣을 것이야. 이론에 다소의 실천을 결합하고 싶고, 논의를 진행하면서 증명을 해보고 싶기에,[10] 애야, 나는 네가 키테라섬의 도금양[11]을 수확하도록, 돌망세는 소돔의 장미를 꺾도록 미리 정해보았단다. 나는 두 가지 즐거움을 동시에 맛보게 되겠지. 하나는 내 스스로 이 범죄적인 관능을 누리게 되는 즐거움이며, 다른 하나는 가르침을 주는 즐거움, 그러니까, 이 어여쁘고 순진한 아이를 우리의 그물로 유인해서 성적인 취향을 불어넣어 주면서 마련하는 즐거움인 것이야. 자, 기사님, 이 계획이 내 상상력과 잘 어울린다고 생각해?

기사 상상력이 아니고선 그런 계획이 어떻게 나오겠어요? 대단한 계획이네요, 누나. 제게 맡겨주신 매혹적인 역할을 훌륭하게 해내겠다고 약속을 하겠어요. 아! 사기꾼 같으니! 그 아이를

· ·

10. 증명하다démontrer는 여기서 해부학 용어로, 트레부사전은 이 말을 "언급된 사물을 눈으로 직접 보게 하는 것"으로 정의한다. (D)
　　여기서 '증명한다'는 표현은 해부학 강의에서 인체모형을 '가리키는' 표현으로 썼지만, 동시에 이 책의 세 번째 대화에서 나타나듯 벌거벗은 신체의 여러 부위를 가리키면서 설명한다는 관능적인 의미도 함께 갖는다. 디드로의 『운명론자 자크』에서 뒤에 한 여자를 앉히고 말을 타고 가던 외과의사가 자크와 그의 주인의 대화에 "증명해 보이겠다"고 끼어들다가 여자가 땅에 떨어져 속옷을 내보인다. 그때 자크는 "증명해 보인다는 게 이것이로군"이라고 외과의사를 비꼬는데 이때 디드로가 쓴 '증명하다démontrer'의 표현 역시 해부학적인 의미와 관능적인 의미를 동시에 갖는 예이다. (역주)

11. 키테라Cythère는 비너스를 이르는 별칭으로 에게해의 크레타섬과 마주보고 있는 섬이다. 『백과사전』의 해당 항목은 디드로가 쓴 것인데, 키테라 "해변에서 비너스를 기다리는 미의 여신들Grâces을 키테리아드라고 불렀다. 그들은 비너스가 향락의 여신들Plaisirs을 대동하고자 했을 때를 제외하곤 항상 비너스를 보좌했다"는 언급이 있다. 18세기 프랑스 화가 앙투안 바토의 『키테라섬으로의 순례』(1717)는 페트갈랑트fêtes galantes 장르의 걸작으로 손꼽힌다. 보들레르는 「키테라섬으로의 여행」에서 "푸른 도금양 피어나는 아름다운 섬, 흐드러진 꽃들 가득한"이라고 썼다. (역주)

교육하는 쾌락을 즐기려 하다니! 이 어린아이의 마음속에 교육
자[12]들이 집어넣었던 종교와 미덕의 씨앗을 말려 죽이고[13]
썩게 만드는 즐거움이라니 누님께는 얼마나 대단한 것일까요!
사실 저로서는 감당도 못할 '찢어 죽일'[14] 짓이로군요.

• •

12. 여기서 말하는 교육자들ses institurices은 외제니가 1년 전까지 있던 수녀원
의 선생들을 말한다. 이들의 종교적이고 도덕적인 교육을 생탕주 부인과
돌망세의 '반종교적' 교육으로 대체하는 것이 『규방철학』의 주제이다.
그래서 사드는 이 책의 부제를 「부도덕한 선생들les instituteurs immoraux」
로 붙였다. (역주)

13. 프란체스코회의 벨가르드 신부(1648-1734)의 저작 『사교계에서 교제할
때 호감을 사거나 반감을 살 수 있는 것에 대한 성찰Réflexions sur ce
qui peut plaire ou déplaire dans le commerce du monde』(1688, 3 vol)에서
"우리가 행동할 때 규칙으로 삼아야 할 몇몇 원칙을 따르지 않을 때
더 큰 방탕에 빠질 수 있습니다. '신에 대한 외경이 지혜의 시작'이며
리베르티나주의 시작은 신이 명령하신 모든 것을 경멸하는 것으로 시작합
니다. […] 어떤 값을 치르더라도 온갖 종류의 자유를 누리는 것으로
만족하고자 하는 자들은 어렸을 때 마음속에 넣어준 신앙심의 모든 원리를
'말려 죽이는' 것으로 시작합니다. […] 여인들의 정신과 '마음에서 미덕의
모든 씨앗을' 고스란히 사라지게 만드는 데에는 시간이 더 필요하지만
일단 여인들이 그 구속을 벗어났다면 훨씬 고집스럽습니다." 사드는
'마음속에 심은 미덕과 종교의 씨앗'과 같은 종교적이고 도덕적인 표현들
을 잘 알고 있었고, 여기서 이를 정반대의 의미로 사용하고자 했다. (역주)

14. '찢어 죽일roué'(원문에 이탤릭체로 되어 있다). 구체제 프랑스의 형벌
중에 팔다리를 수레바퀴에 묶어 극악한 범죄자를 죽이는 것이 있는데
이를 차형車刑이라 한다. 또한 이 말은 18세기 초 섭정 시대에 이 형벌로
죽어 마땅한 리베르탱을 가리키는 말이었다. roué라는 말은 바퀴를 의미하
는 la roue에서 왔다. 그런데 루이 세바스티앙 메르시에는 1783년의 『파리
풍경Tableau de Paris』에서 이 단어의 의미가 18세기 후반에 변했다고
언급한다. 대죄大罪와 무시무시한 형벌을 상기시키는 이 단어가 '귀여운
망나니un aimable roué'라는 표현으로 순화된다. 맥락을 전혀 모르는 사람
들은 이 말을 "덕과 덕의 원칙을 모르며 자신의 악덕을 매력적인 외관으로

생탕주 부인 정말이지 그 애를 타락시키고 퇴폐적으로 만들고, 어쩌면 벌써 그녀가 성가셔하고 있을지도 모를 모든 잘못된 도덕 원칙을 뒤집어엎기 위해서는 수단과 방법을 가리지 않겠어. 두 번의 수업 만에 난 그 애를 나처럼 흉악하고… 나처럼 불경스럽고… 나처럼 타락한 여자로 만들고 싶어. 돌망세에게 미리 알려주고, 도착하는 대로 주지시켜서, 그가 가진 부도덕의 독이 내가 던질 독과 만나 저 젊은 아이의 가슴속을 돌고 돌아 얼마 후에는 우리 없을 때 혹시라도 자라날 미덕의 씨앗들을 깡그리 뿌리 뽑아버리게 해라.

기사 그 사람만큼 누님께 적격인 사람이 없어요. 그의 입에서는 언제나 비종교, 불경, 잔혹성,[15] 리베르티나주가 흘러나오죠. 예전에 저 유명한 캉브레의 대주교[16] 입에서 신비스러운 도유塗油가 흘러나왔다면 말이죠. 그 사람은 세상에서 가장 끔찍한

• •

감싸는 사교계 사람"으로 이해할 수도 있다. 메르시에의 저작보다 1년 앞서 나온 라클로의 『위험한 관계』에서 메르퇴유 부인은 발몽에게 자신의 정부와 결혼을 하게 될 세실을 유혹해달라는 편지를 보내는데 "그것은 당신이 나중에 당신의 회상록에 추가될 '찢어 죽일 짓la rouerie'이 될 거예요."라고 쓴다. (역주)

15. 드 조쿠르는 『백과사전』의 「잔혹성Cruauté」 항목에서 "대부분의 사람들은 […] 인류애라는 미덕에 대해 아주 다른 생각들을 하고 있어서 나는 자연이 인간의 마음에 잔혹성l'inhumanité에 대한 어떤 성향을 마련한 것은 아닐까 걱정이 된다"고 썼다. (역주)

16. 프랑수아 드 살리냑 드 라 모트 페늘롱(1615-1715). 프랑스 남서부 페리고르 출생으로 루이 14세의 손자 부르고뉴 공작의 가정교사였다가, 프랑스 북부 도시 캉브레의 주교로 물러났다. (역주)

유혹자, 가장 타락했고, 가장 위험한 사람입니다… 아! 누님,
누님의 학생은 틀림없이 선생이 기울인 정성에 부응해서 금세
타락하리라 확신합니다.

생탕주 부인 그 사람 재능이면 분명 오래 걸리지 않을 거야.

기사 그런데 누님, 말씀해주세요. 아이의 부모가 두렵지 않으
세요? 그 아이가 집에 돌아가서 떠벌리기라도 하면 어쩌죠?

생탕주 부인 걱정 말아라. 나는 벌써 아이의 아버지를 유혹해
두었단다. 그는 내 손안에 있지. 네게 그 사실을 말해줄까?
눈가림을 해둘 생각으로 그와 동침했었어. 내 계획이야 모르지.
하지만 감히 내 계획을 깊이 파고들 수는 없겠지. 그는 내
포로거든.

기사 끔찍한 방법이로군요!

생탕주 부인 확실하게 하려면 당연히 해야 할 일이지.

기사 아! 말씀 좀 해주세요. 어떤 아인가요?

생탕주 부인 이름이 외제니라던가? 미스티발이라는 자의 딸이
지. 아버지는 파리에서 제일 부유한 징세청부인[17] 중 하나로,
나이는 한 서른여섯쯤 되었다. 어머니는 기껏해야 서른둘이고,
딸아이는 열다섯이야. 미스티발이 리베르탱인 반면 그의 아내
는 독실한 신자이지. 애야, 외제니를 네게 자세히 설명해봤자

* *

17. 구체제에서 징세청부인Traitant은 일종의 공무원으로 징세청부계약을 통
    해 일정한 조건을 부과해서 왕의 수입이나, 공공자금, 세금 등을 회수하는
    일을 했다. (트레부사전) (D)

소용없는 일일 거야. 그녀를 그려보기엔 내 붓으론 역부족이지. 확신컨대 너나 나나 그만큼 아름다운 사람을 세상에서 한번도 본 적이 없었다는 말이면 충분할 거야.[18]

기사 그린 듯 묘사는 못해도 어렴풋이나마 그려보게 해주세요. 곧 만나봐야 할 사람이 누군지 알아야 저도 제물로 올릴 우상을 마음속에서 더 잘 상상해 볼 수 있지 않겠어요.

생탕주 부인 좋다, 애야. 밤색머리 소녀지. 허리 밑까지 치렁거리는 머리숱은 손으로 움켜잡을 수도 없을 정도야. 눈부시게 하얀 피부에 코는 조금 매부리고, 두 눈은 칠흑같이 빛나는 검은 색이란다!… 아! 그녀의 두 눈을 그냥 바라보고 있을 수가 없어…. 그 두 눈을 바라보며 내가 얼마나 바보짓을 했는지

⁕ ⁕

18. "내 붓으론 역부족이지elle est au-dessus de mes pinceaux". 18세기 문학에서 인물을 묘사할 때 흔히 사용한 상투적인 표현이다. 이는 문학과 회화를 비교하는 오래된 전통에서 나온 것인데 붓으로 그린다는 말은 마치 대상을 그림처럼 눈앞에 보듯이 생생하게 묘사한다는 의미이다. '붓'이니 '화폭'이니 하는 말은 사드의 다른 소설에서도 자주 등장한다. 사드는 『소설론』에서 "소설은 당신들을 그리는 데, 붓이 가져올 결과를 두려워하기 때문에 그로부터 벗어나길 원하는 거만한 인간들인 당신들을 있는 그대로 그리는 데 쓰인다. '유구한 풍속의 그림'이라고 할 수 있을 소설은 인간을 알고자 하는 철학자에게 역사만큼이나 필수불가결하다. […] 소설의 붓은 인간을 내면에서 파악하기 때문에… 가면을 벗은 순간의 인간을 포착한다. 그러므로 그 그림은 보다 흥미로울 뿐 아니라 동시에 훨씬 더 사실임직하다"(사드, 『사랑의 죄악Les Crimes de l'amour』, 오영주 역, 열림원, 34-35쪽). 좀 더 후에 그는 "소설가란 자연인"으로서 "자연은 자신의 화가로 소설가를 창조"했다고 주장하며, "인간을 꿰뚫어보고 인간을 그려내는"(위의 책, 36쪽) 소설가를 화가에 비유한다. (역주)

너는 상상도 못할 거다…. 눈 위를 두른 어여쁜 눈썹을 네가 보았다면…. 그 끝에 머무는 기가 막힌 눈꺼풀하며…! 입은 조그맣고 이도 곱게 났으니 이 모든 게 싱그러울 뿐이다!… 그녀의 아름다움 중 하나는 어깨 위로 오른 예쁜 머리의 우아한 자태란다. 머리를 돌리기라도 하면 그 모습에서 기품이 보이지…. 나이치고는 키가 커서 열일곱으로 보일 정도야. 몸매는 우아하고 선이 고운 데다 황홀한 가슴하며… 그 얼마나 어여쁜 유방이던지… 손에 쏙 들어갈 정도이긴 해도 그 얼마나 부드럽고… 싱싱하고… 눈부시게 희던지!… 가슴에 입을 맞추다 정신을 잃기가 스무 번은 될 거다! 내 손길이 지날 때마다 흥분을 하고… 그 큰 두 눈에 마음 상태가 고스란히 비치던 그녀를 네가 봤더라면!… 애야, 나머지는 난 모른다. 아! 내 경험으로 판단해 본다면 올림포스에도 그녀에 비견될 여신이 없을 거야…. 누가 오는 소리가 들리네…. 우리만 있게 해줘. 그녀와 마주치지 않게 정원으로 나가라. 약속시간 꼭 지키고.

기사 누님이 제게 그려준 그런 모습이라면 절대 늦는 일은 없을 거예요…. 오! 맙소사. 나가라니… 이런 상태로 누님을 떠나라니…. 안녕…. 한번… 누님, 한번만 입 맞추고요…. 그래야 그때까지 만족이 되겠죠. (그녀가 기사에게 입 맞추고 짧은 바지를 헤집어 그의 음경을 어루만진다. 기사, 황급히 나간다)

두 번째 대화

생탕주 부인, 외제니

생탕주 부인 어서 와라, 애야. 널 기다리느라 안절부절못했단다. 네가 내 마음을 읽는다면 얼마나 내가 초조해했는지 쉽게 알 수 있을 테지.

외제니 오! 부인, 부인 품에 어서 안겼으면 하는 마음뿐이어서 영원히 도착 못하는 줄 알았어요. 출발하기 한 시간 전에는, 사정이 변하면 어쩌나 두려운 마음뿐이었어요. 어머니가 이 황홀한 여행을 절대 반대하셨거든요. 어머니는 제 나이 처녀가 혼자 여행을 하는 건 좋지 않다고 절대 반대하셨어요. 그런데 아버지가 엊그제 그녀를 너무 심하게 꾸짖었던 탓에 아버지가 눈짓 한번 하자 어머니는 그저 수긍하고 아버지의 허락을 따라야 했어요. 저는 그 길로 달려 나왔죠. 이틀 주셨어요. 내일

45

모레면 부인 마차를 타고 부인을 모시는 시녀 한 명 데리고 돌아가야 해요.

생탕주 부인 내 천사야! 이 얼마나 짧은 시간이더냐! 네가 내 마음에 불어넣는 감정이 어떤지 네게 말해줄 시간이나 간신히 될까 말까다…. 더욱이 우리가 나눠야 할 말도 많은데. 넌 우리의 이 만남이 내가 널 비너스의 가장 은밀한 신비[1]로 이끌기 위한 것이라는 걸 알고 있겠지? 이틀 동안 그 시간이 있을까?

외제니 아! 다 알지 못한다면 여기 남아 있을래요. 전 여기 배우러 왔어요. 다 배우지 못하면 돌아가지 않겠어요.

생탕주 부인 (외제니에게 입 맞추며) 오! 내 사랑. 우리가 할 일이, 서로 나눠야 할 말이 얼마나 많은지! 참 그런데, 우리 여왕님, 식사라도 해야 하지 않겠니? 수업이 길어질 수도 있으니까.

외제니 부인. 제게 필요한 건 부인의 말씀을 듣는 것뿐이에요. 여기 오기 조금 전에 벌써 점심을 먹어두었어요. 밤 여덟 시까지 허기를 전혀 느끼지 않고 기다릴 수 있어요.

생탕주 부인 그러면 내 규방으로 가자꾸나. 그곳이 우리에게 더 편할 거야. 벌써 사람들에게 일러두었다. 우리를 방해할 사람이 아무도 없으니 안심하려무나. (서로 팔짱을 끼고 규방으로 들어간다)

· ·

1. 루크레티우스는 『사물의 본성에 관하여*De Rerum Natura*』는 "아이네아스의 후손들의 어머니시여, 인간과 신들의 즐거움이시여, 생명을 주시는 비너스여"(루크레티우스, 『사물의 본성에 관하여』, 강대진 역, 2011, 25쪽)로 시작한다. 여기서 첫 행에 등장하는 두 단어 uoluptas(관능)와 genetrix(생식)는 비너스의 '사랑'의 육체적인 성격을 강조하고 있다.

세 번째 대화(관능적인 규방이 무대가 된다)

─────────

생탕주 부인, 외제니, 돌망세

외제니 (생각지도 못한 한 남자가 방 안에 들어와 있는 것을 보고 대단히 놀라며) 오! 맙소사! 부인, 이러실 수가 있어요!

생탕주 부인 (마찬가지로 놀라며) 어찌 된 우연인가요? 저는 당신이 네 시에 오는 것으로 알고 있는데?

돌망세 당신을 만날 행복을 최대한 앞당긴 것이랍니다, 부인. 부인의 동생분을 좀 전에 만났죠. 그는 부인께서 이 아가씨에게 해야 할 수업에 제가 참석할 필요가 있다고 생각하더군요. 그는 강의가 이루어지게 될 학교[1]가 여기라는 것도 알고 있었고

••

1. 리세lycée는 1781년에 필라트르 드 로지에가 문학과 과학교육을 위해 파리에 세운 학교다. 라 아르프, 갱그네, 푸르크로아, 샤탈 등이 여기서 가르쳤다. (D)

47

요. 부인께서 반대를 할 것까지는 없다 생각했던지 저를 몰래 이리로 들여보내더군요. 동생분은 증명은 이론적인 설명이 끝난 다음에나 필요할 거라며 잠시 후에 들어오겠답니다.

생탕주 부인 실은, 돌망세 씨, 이번 차례는….

외제니 저 그런 데 안 속아요, 부인. 이 모든 것이 당신이 꾸민 일이죠…. 적어도 제게 귀띔이라도 해주셨어야죠…. 지금으로서는 정말이지 너무나 수치스러워서 우리의 모든 계획을 취소하고 싶네요.

생탕주 부인 외제니, 맹세컨대 이렇게 우리를 놀라게 할 생각을 한 건 그저 내 동생일 뿐이란다. 하지만 그렇게 두려워할 필요는 없다. 나는 돌망세 씨가 무척 훌륭한 분이라고 알고 있다. 게다가 네 교육에 필요한 철학의 깊이가 있는 분이라 우리 계획에 유익할 것이다. 신중한 분으로 넌 나만큼이나 이분을 믿어도 된다. 그러니 애야, 널 교육하고 우리가 함께 가보려는 행복과 쾌락의 길로 널 이끌어 줄 수 있는 세상에서 둘도 없는 훌륭한 분을 두려워 마라.

외제니 (얼굴을 붉히며) 오! 그래도 당황스러워요….

돌망세 자, 아름다운 외제니, 마음 편하게 가져요. 수줍음이란 낡은 덕목이죠. 그런 덕목은 완전히 잊고 멋지게 살아야 합니다.[2]

· ·

2. 루소의 소설 『신엘로이즈*La Nouvelle Héloïse*』에서 쥘리는 "남자들의 공격과 방어와 대담함, 여자들의 수줍음pudeur은 당신네 철학자들이 생각하는

외제니 하지만 정숙하다는 것은….

돌망세 또 다른 야만적인 관례에 불과하죠.[3] 오늘날 아무도 그런 관례를 존중하지 않습니다. 본성과 너무 모순되는 것이에요! (돌망세는 외제니의 팔을 잡고, 두 팔로 안고 입 맞춘다)

외제니 (저항하며) 그만두세요, 정말 당신은 절 함부로 대하시는군요!

생탕주 부인 외제니, 날 믿거라. 우리 이 멋진 분과는 서로 새침한 척하지 말도록 하자. 나도 너만큼이나 이분을 잘 몰라. 그래도 내가 그런 사람에게 어떻게 몸을 맡기는지 보렴. (그녀는 돌망세의 입술에 음란하게 입 맞춘다) 날 따라해 보렴.

⸬

것과 달리 관습에서 오는 것이 아니에요. 그것은 자연스러운 제도입니다" 라고 말한다(루소, 『신엘로이즈 1』 1부 46번째 편지, 김중현 역, 책세상, 2012, 180-181쪽). 또 루소는 『달랑베르에게 보내는 편지*Lettre à d'Alembert*』에서도 "여성의 위엄은 신중함에 있으며, 수치심과 수줍음은 정절과 분리될 수 없는 것"이라고 썼다(루소, 『전집』 5권, 76쪽). 이보다 앞서 몽테스키외도 루소와 의견을 같이 한다. 『법의 정신』 16권에서 몽테스키외는 "자연은 공격과 방어를 만들었다. 이러한 두 욕망을 양쪽으로 나누면서 자연은 한쪽에는 무모함을, 다른 쪽에는 수치심을 놓아두었다. 즉 우리는 본성적으로 수줍음이 있다"(몽테스키외, 『법의 정신*De l'Esprit des lois*』, *Œuvres complètes*, Bibl. de la Pléiade, t. II, 517-518쪽). (역주)

3. 트레부사전에 따르면 야만적인 관례usage gothique라는 말은 너무 낡고 유행에 뒤떨어지고, 세련되지 못한 취향을 경멸적으로 이르는 말이었다. 한 예로 필립 피넬은 광인 수용소에서 환자들을 "쇠사슬로 묶었던 야만적인 관례"라는 표현을 썼다(Philippe Pinel, *Traité médico-philosophique sue l'aliénation mentale*, Paris, 1809). 고대 그리스와 라틴 문명을 존중하고 모방하고자 했던 고전주의는 중세 문명을 특징짓는 고딕 예술 양식이 유치하고 세련되지 못하다고 생각했다. (역주)

외제니 오! 해보고 싶어요. 누가 보여주신 모범인데 따라야죠!

(그녀가 돌망세에게 안긴다. 돌망세가 격정적으로 입 맞추고 입속에 혀를 밀어 넣는다)

돌망세 아! 정말 사랑스럽고 멋진 아이로구나!

생탕주 부인 (마찬가지로 외제니에 입 맞추며) 이 교태쟁이야, 내 차례가 돌아오지 않으리라 생각하는 건 아니겠지? (이때 돌망세는 두 팔로 여자를 한 명씩 안으면서 십오 분 동안 두 여자를 애무한다. 그리고 여자들은 서로 입 맞추고, 돌망세에게 다시 입 맞춘다)

돌망세 아! 날 관능에 취하게 하는 예비단계[4]로군! 부인들, 이제 절 좀 믿게 되셨나요? 그런데 너무 덥군요. 편한 차림을 하는 게 어떻습니까. 그러면 이야기도 잘 될 텐데.

생탕주 부인 그러기로 하죠. 우리는 이 박사장옷薄紗長衣[5]으로 갈

4. 루소는 『고백』 4권에서 자신이 개울을 건너게 해준 그라팡리에 양과 갈레 양의 에피소드를 소개한다. "내 입은 뭔가 할 말을 못 찾고 그녀 손에 입을 맞췄다. 그러자 그녀는 내가 입을 맞춘 손을 슬그머니 뺐다. [⋯] 순수한 풍속에도 그렇지 않은 풍속만큼이나 관능volupté이 있다. 중단되는 일 없이 계속 자극하니 말이다. [⋯] 나는 이 두 매력적인 여인에게 무얼 바랐는지 몰랐다. 두 여인 모두 내 마음에 꼭 들었다. [⋯] 이 장면을 읽은 사람들은 예비단계des préminaires만 잔뜩 늘어놓고 고작 손에 입 맞춘 것이 전부냐고 할지 모르겠다. [⋯] 나는 여러분이 손에 입 맞추는 것으로 시작하는 여러분의 사랑보다 더 많은 쾌락을 손에 입 맞추는 것으로 끝났던 내 사랑에서 얻었다." (역주)

5. 박사장옷薄紗長衣/les simarres de gaze. 트레부사전에 따르면 장옷simarre은 여자들의 길고 치렁한 옷이다. 속옷의 발명을 17세기와 18세기의 사건으로 생각하는 다니엘 로슈는 그것이 외부로 보이는 의복만큼이나 신분과 재력을 구분 지어 놓았으며 적어도 이 현상은 프랑스혁명의 변화를 비껴나

아입겠습니다. 이 옷은 우리의 매력은 살리고 욕망 앞에 감추어야 할 것만 가릴 것입니다.

외제니 부인, 정말 제게 많은 걸 시키시네요!

생탕주 부인 (옷을 벗는 것을 도와주며) 정말 우스꽝스럽다, 그거니?

외제니 적어도 정숙한 일은 아니죠, 정말…. 아! 제게 입 맞추시는 건가요.

생탕주 부인 아름다운 가슴이구나! 막 봉우리가 벌어진 장미꽃 같아.

돌망세 (외제니의 유방을 주의 깊게 살핀다. 그러나 손을 대지는 않는다) 이걸 보니 또 다른 매력도 있을 것 같네요… 더 상당한.

생탕주 부인 더 상당하다고요?

돌망세 오! 네, 틀림없이 그렇습니다! (이렇게 말하면서 돌망세는 외제니의 뒤를 살펴보기 위해 그녀를 돌려세울 태세다)

외제니 아! 안 돼요, 안 돼, 제발요.

생탕주 부인 안 돼요, 돌망세 씨… 저는 당신이 더 보지 않았으면 하는군요. 당신에겐 그것이 가진 영향력이 너무 커서, 일단 당신이 머릿속으로 그 생각을 하게 되면 그 다음엔 냉정하게 추론하지 못하게 되겠죠. 우리는 당신의 강의가 필요해요. 강의

••
갔다고 생각한다. 또한 속옷의 상상력은 에로티즘 문학에 반영되었다. 여기에 보이는 것과 보이지 않는 것, 드러난 것과 감춰진 것, 알몸과 무엇인가를 살친 봄과 같은 차이들이 부각된다(다니엘 로슈, 『외관의 문화*La Culture des apparences: une histoire du vêtement XVIIe-XVIIIe siècle*』, Eds. du Seuil, 1991). (역주)

를 해주세요. 당신이 꺾고자 하는 이 도금양[6]이 그 다음에
당신에게 영예의 관을 씌워줄 거예요.

돌망세 좋습니다. 하지만 이론을 증명해 보이기 위해서,[7] 이 아
름다운 아이에게 리베르티나주의 첫 수업을 진행하기 위해서
는 부인, 적어도 부인께서 준비를 해주셔야겠습니다.

생탕주 부인 좋습니다!… 자, 옷을 모두 벗습니다. 원하시는 대
로 제 몸을 설명해보세요.

돌망세 아! 부인, 정말 아름다운 몸입니다! 미의 세 여신이 둘러
싼 비너스라고 하겠습니다.[8]

• •

6. 플리니우스는 『자연사』 15권에서 도금양에 대해 언급한다. 로마 민족이
    사비누스 민족의 처녀를 납치하였기 때문에 이 두 민족 간에 전쟁이
    일어났다. 이들 두 민족이 나중에 화해하고 연합하여 로마를 세웠다.
    이들은 "무기를 내려놓고 도금양 가지를 들고 정화했다. 그곳이 지금
    베누스 클루아치나Vénus Cluacine의 동상이 선 자리다. 옛말에 따르면
    클루에르cluere에는 정화한다는 의미가 있다. 도금양이 선택된 것은 그
    나무가 사랑의 결합을 주재하는 비너스 신에 헌정되었기 때문이다"(플리
    니우스Pline l'Ancien, 『자연사Histoire naturelle』, 갈리마르, ≪폴리오≫,
    201쪽). (역주)
7. 17세기 프랑스의 의학교육은 교수가 학생들 앞에서 라틴어 번역으로
    된 책을 큰 소리로 읽는 것이었다. 해부학 강의마저 그런 방식으로 이루어
    졌다. 그러나 해부학 강의 시간에는 조교가 들어와서 나무판에 채색한
    인체의 각 부분을 지시해주곤 했다. 그를 가리켜 보여주는 사람le démon-
    treur으로 불렸고, 그래서 해부학 용어로 démontrer는 이론과 실제를 결합하
    는 의미를 가지고 있었다. 돌망세와 생탕주 부인은 고전 해부학의 용어를
    이런 의미로 반복해서 사용한다. (역주)
8. 고전주의 시대에 아름다움을 설명하는 상투적인 표현이다. 신화에 따르면
    미의 여신 비너스는 추상적인 의미의 아름다움la Beauté을 상징하며,
    이보다 낮은 단계의 아름다움la Grâce을 표현하는 미의 세 여신이 비너스를

외제니 오! 부인, 정말 아름답군요. 제가 마음대로 부인의 몸을 쓸어보고, 그 위에 입 맞출 수 있게 해주세요. (실행한다)

돌망세 재능이 대단하군요! 외제니, 열정은 좀 자제하고 당장은 좀 제 말에 주목해 주시기 바라요.

외제니 자, 말씀하세요. 말씀 들을게요…. 부인께서 너무 아름다워서…, 얼마나 탐스럽고, 생기는 또 얼마나 넘치는지! 아! 정말 매력적이지 않나요, 안 그래요?

돌망세 아름답고말고. 흠잡을 데 없이 아름답지. 그런데 확실히 당신도 그녀에 전혀 뒤지지 않아…. 자. 내 말을 들어요, 예쁜 학생. 고분고분하게 굴지 않으면 네 선생이라는 직책으로 받은 권리를[9] 당신에게 쓸 수밖에 없다는 걸 명심하라고.

• •

둘러싸고 있다. 볼테르는 『백과사전』의 항목에서 이 차이를 다음과 같이 설명한다. "인물이나 회화 작품에서 이 말은 '호감을 주는 것'뿐만 아니라 '매력적인 호감을 주는 것'을 의미한다. 이런 까닭에 고대인들은 미의 여신을 등장시킬 때 항상 미의 세 여신을 동반하게 했다. 미는 불쾌감을 주지는 않지만 보는 이들로 하여금 바라보게 하고 매력을 느끼게 하고 온화한 감정을 마음속에 느끼게 하는 매력을 갖지 못할 수도 있다." 그리스 신화에서 미의 세 여신은 각각 아글라에, 탈리에, 외프로지네라는 이름을 가지고 있는데 이는 광휘, 꽃, 쾌활을 의미하는 말에서 왔다. (역주)

9. 트레부사전에 따르면 '선생instituteur'이란 "인생의 어떤 규칙과 방식을 가지고 일가를 세워내는 사람"을 말한다. 이 경우 규범을 만들어내는 사람의 의미로 확장되고, 아울러 "왕자를 처음으로 교육하는 임무를 맡은 사람"을 이르는 말이기도 하다. 외제니의 선생은 두 번째 의미를 가졌다고 볼 수 있는데, 돌망세는 그녀에게 체벌을 가할 권리도 가졌다. (D)

생탕주 부인 아! 그래요, 그래, 돌망세, 그녀를 당신에게 일임하겠어요. 말을 안 들으면 따끔하게 꾸짖어야 한다고.

돌망세 꾸짖는 것으로 끝나지 않을 수도 있어.

외제니 오! 맙소사! 절 위협하시는군요···. 그러니 어떻게 하시려고요?

돌망세 (말을 더듬으며 외제니의 입술에 입 맞춘다) 벌···을 내리고, 고쳐 주어야지. 머리가 잘못을 하면 이 자그맣고 예쁜 엉덩이가 책임을 진단다. (그는 외제니가 입고 있는 박사장옷을 들춰 그녀의 엉덩이를 때린다)

생탕주 부인 그래요, 그 생각 좋군요. 하지만 그 나머지는 안 됩니다. 우리 수업을 시작합시다. 안 그러면 우리가 외제니와 즐겨야 할 시간이 많지 않아서 그런 식으로 서론만 늘어놓다 끝나겠어요. 교육은 정작 하나도 못하게 될 거라고요.

돌망세 (생탕주 부인의 몸에서 그가 가리키는 부분을 차례로 만진다) 시작하겠어요. 나는 동근 살덩이에 대해서는 말하지 않으려고 합니다. 외제니, 당신은 나만큼이나 우리가 그것을 구분 없이 '가슴'이니 '젖'이니 '유방'이니 한다는 것을 잘 알고 있겠죠. 쾌락의 영역에서 유방의 역할이 얼마나 중요한지 몰라요. 남자는 사랑을 하면서 거기에 눈을 떼지 못하죠. 애무하고, 어루만지게 됩니다. 그것에 쾌락의 자리를 마련하는 남자들도 있어요. 그러면 음경이 비너스의 두 산봉우리 사이에 자리를 잡는데, 그때 여자는 가슴으로 남자의 음경을 압박하고 조입니다. 그렇게 몇 번 움직이다 보면 남자들은 결국 그 위에다 생명의 감미로운 향기를 흩뿌리게 됩니다. 이 분출이 리베르탱을 행복하게 만들죠…. 그런데 부인, 앞으로 계속해서 이 음경에 대해 설명해야 할 텐데, 우리의 여학생에게 지금 바로 설명해 주어야 하지 않을까요?

생탕주 부인 저도 같은 생각이에요.

돌망세 자, 부인, 저는 소파에 눕겠습니다. 내 옆으로 오시고요. 부인이 이 주제를 맡아서 우리의 학생에게 그것의 특성을 설명해주시죠. (돌망세가 눕고 생탕주 부인이 가리켜 가며 설명한다)

생탕주 부인 외제니, 지금 네가 보고 있는 이것이 비너스의 왕홀王笏이다. 이것은 사랑에서 쾌락의 제일 동인動因인 것으로 우리는 이것을 특별히 '음경'이라 한다. 인간의 신체 중 그것이 들어가지 않는 부분이 없다. 항상 그것을 자극하는 사람의 정념에 고분고분 순종하는데, 여기로 들어가는 것이다. (외제니의 음문陰門을 건드린다) 이쪽이 일상적이고… 가장 흔히 사용되는 길이다. 하지만 가장 즐거운 길이라고는 할 수 없지. 보다 신비로운 사원을 찾는 리베르탱이 즐길 때 주로 찾는 곳이 바로 여기다. (외제니의 엉덩이를 벌리고 항문을 가리킨다) 우리는 가장 큰 쾌락을 주는 이 즐거움을 나중에 다시 다뤄볼 것이다. 입, 가슴, 겨드랑이가 향로가 타고 있는 신전이 될 때도 많지. 어떤 장소를 선호하건 음경은 일정 시간 자극을 받으면 점액질의 흰 액체를 발사하게 된다. 남자는 이 액체가 분출되면 너무도 격한 흥분에 빠지면서 인생에서 바랄 수 있는 가장 감미로운 쾌락을 얻게 된다.

외제니 오! 그 액체가 흘러나오는 걸 보고 싶어요.

생탕주 부인 손으로 가볍게 마찰을 해도 그렇게 될 수 있다. 내가 그걸 흔듦에 따라 그것이 얼마나 자극이 되는지 보거라. 이런 것을 '수음手淫'이라고 하는데 리베르티나주의 용어로는 '용두질'이라고도 한다.

외제니 오! 부인, 제가 한번 그걸 흔들어 볼래요.

돌망세 더 이상 참을 수가 없어! 그녀에게 맡겨주세요. 부인. 이 아이의 천진난만함이 날 끔찍하게 흥분시키는군.

생탕주 부인 그렇게 흥분하시면 안 됩니다. 돌망세, 진정해요. 사정을 하게 되면 동물정기의 활동이 감퇴[10]되어, 당신 강의의 열기도 줄어들고 말 겁니다.

외제니 (돌망세의 고환睾丸을 주무르며) 오! 부인, 하고 싶은데 못하게 하시니 유감이네요…. 그리고 이 공 같은 것, 이건 무엇 하는 건가요, 뭐라 부르죠?

• •

10. 18세기의 많은 의사들과 생리학자들은 잦은 수음이 가져오는 질병을 연구했다. 스위스의 의사 티소는 무엇보다 수음이 소화 장애를 일으킨다고 생각한다. "[정자의 분출은] 동물정기 […]를 일부 감소시키고 소화 능력을 약화시킨다는 점에서 해롭다. 소화 능력이 약화되면 동물정기는 불완전하고 불충분하게 만들어지게 된다"(Samuel Auguste Tissot, 『오나니슴: 수음이 일으키는 질병에 대한 논문L'Onanisme: dissertation sur les maladies produites par la masturbation』, Lausanne, 1761, 95쪽).

생탕주 부인 우리들의 전문용어로는 불알이라고 하고… 의학 용어로는 고환이라고 하지. 이 공 모양의 것 안에는 내가 좀 아까 말한 생식에 쓰이는 정자가 저장되어 있다. 그 정자를 여성의 자궁 안에 사정하는 것으로 인간이 만들어지는 것이다. 하지만 이런 세세한 사항은 별로 강조하지 않을 것이다. 외제니, 이런 것들은 리베르티나주보다는 의학에 관한 문제니까. 젊고 예쁜 처녀는 '성교'를 생각해야지 '출산'을 생각하면 안 된다. 생식이라는 진부한 메커니즘에 속한 모든 것은 건너뛰기로 하고, 원칙적으로 생식을 전혀 고려하지 않는 리베르탱의 쾌락 에만 집중하도록 하자.

외제니 그렇지만 부인, 제 손으로 잡기에도 벅찬 이 거대한 음경 이 말이에요, 부인께선 그것이 가능하다고 말씀하시지만, 부인 뒤의 그것처럼 조그만 구멍에 들어간다면, 여자들로선 굉장히 아플 것 같아요.

생탕주 부인 삽입이 앞에서 이루어지든, 뒤에서 이루어지든, 아 직 익숙하지 않은 여자는 큰 고통을 느끼게 된다. 자연이 바랐던 건 우리가 고통을 통해서만 행복에 이르게 하는 거였어. 하지만, 일단 고통을 극복하면 그때 맛보는 쾌락만 한 것은 어디에도 없지. 항문으로 이 음경이 삽입되면서 우리가 느끼게 되는 것은 앞으로 오는 동일한 삽입이 주는 것보다 비교할 수 없이 훌륭하다. 더욱이 앞으로 하게 되면 여자들이 피할 수 없는 위험들이 얼마나 많더냐! 뒤로 하게 되면 건강에 덜 해로운 데다가 임신의 걱정도 없다. 나는 지금 이 쾌락에 대해 더 설명을 않겠다. 이 두 가지 방식에 대해서 우리의 선생이 곧 충분히 분석을 해줄 것이고, 내가 바라는 바지만, 그가 이론과 실천을 결합시키면서 네게 사랑의 모든 쾌락 중에 그것이야말로 네가 무엇보다 좋아하게 될 유일한 것임을 납득시켜 줄 것이다.

돌망세 부인, 증명을 서두릅시다. 부탁드립니다. 저는 더는 참을 수가 없어요. 참지 못하고 사정을 해버릴 것 같습니다. 이 끔찍한 물건이 별 볼 일 없이 작아져버리면 당신의 강의에 더는 소용이 없겠지요.

외제니 뭐라고요! 부인, 설명해주신 정자를 잃게 되면 그게 사라져 버린다고요! 오! 제가 그걸 잃게 해볼래요. 그것이 어떻게 되는지 보고 싶어요. 그 다음에 그것이 흘러나오는 걸 정말 보고 싶어요.

생탕주 부인 안 됩니다. 안 돼요, 돌망세. 일어나세요. 당신 일로 받을 보상을 생각해 보세요. 저는 당신이 그 자격을 갖춘 다음에야 보상을 받도록 할 겁니다.

돌망세 좋습니다. 그런데 우리가 이 쾌락에 대해 해줄 모든 설명을 외제니가 더 잘 이해하도록 하기 위해 내가 보는 앞에서 당신이 외제니에게 수음을 해주는 것은 괜찮겠지요?

생탕주 부인 그렇죠. 상관없습니다. 이 음란한 단계를 거쳐야 우리가 편하게 수업을 할 수 있을 테니 그만큼 더 즐겁게 해보겠습니다. 자 외제니, 소파 위에 앉거라.

외제니 어머! 멋진 벽감^{壁龕}[11]이네요! 그런데 이 거울들은 다 뭐
죠?

생탕주 부인 이 거울들은 자세를 수만 가지 방향으로 비추면서
저 오토만 의자[12] 위에서 사랑을 맛보고 있는 사람들의 눈에

• •

11. 리트레사전에 따르면 벽감niche은 "침대 등을 두기 위해 방에 마련한
조그만 장소"를 말한다. 크레비용과 라 푸플리니에르의 『이 시대의 풍속
집』에 이 장소에 대한 설명이 있다. 공작부인은 그녀의 규방에 몽타드를
맞아들이는 여섯 번째 대화에서 이렇게 말한다. "벽을 따라서 모서리마다
소파를 두었던 제 생각이 옳다고 믿으시죠? 제 생각으로는 그것이 벽감^{壁龕}
으로 쓰이겠어요. 얼마나 아름다워요, 제 벽감이요!" 그러자 몽타드는
이렇게 대답한다. "두말할 것 없이 아름답습니다. […] 온통 거울로 장식이
되어 있어요!" (D)

12. 오토만ottomane은 18세기 후반에 들어서야 등장한다. 리트레사전에 따르
면 이 외지는 등받이가 없는 길고 큰 의자로 이 위에 중동의 술탄처럼
누울 수 있다. 의자의 종류와 그에 따른 명칭이 증가하는 것은 프랑스
고전주의 시대의 일이다. 다니엘 로슈에 따르면 의자가 처음 등장하는
것은 15세기의 일이며 중세에는 왕과 교회에서 사용되는 것 이외에는
의자를 몰랐다고 한다. 신분과 용도에 따라 의자의 사용이 엄격히 제한되
었으며 앉는 이의 자세에 따라 여러 가지 의자의 이름이 달라진다(다니엘
로슈, 『사소한 사물들의 역사*Histoire des choses banales. naissance de la
consommation XVIIIe-XIXe siècles*』, 파야르, 1997, 183-208쪽 참조). 오토만
의자는 길게 누울 수 있는 것으로 이는 오스만제국의 하렘을 연상케
한다. 라클로의 『위험한 관계』에 이 단어가 여러 번 등장하는데, 그중
메르퇴유가 발몽에게 보내는 편지 한 통(열 번째 편지)을 읽어보자. "[…]
그리고 내실의 오토만 의자 위에서 드디어 날 용서했습니다. 이전에도
당신과 내가 기쁜 마음으로 영원한 결별 의식을 거행했던 바로 그 소파에서
요. […] 또 때로는 음란하게, 그 사람은 하렘에 와 있는 술탄이고 나는
매번 바뀌는 새로운 애첩인 것처럼 즐겼답니다. 그 사람이 거듭 바치는
찬사의 말은 사실은 단 한 명의 여자를 향한 것이었지만, 또한 매번

동일한 쾌락을 무한히 증가하게 하는 것이다. 그렇게 되면 두 육체의 어떤 부분도 감춰질 수가 없지. 모든 것이 눈에 들어오게 되지 않겠니. 그래서 사랑으로 이어진 이들 주위에 그들과 같은 수의 연인들이 모이고, 그들의 쾌락을 그들과 같은 수의 사람들이 모방하면서, 그만큼의 관능적인 그림들이 생기게 된단다. 거울에 비친 그 그림들이 자극하는 음탕함에 취하게 되고 그러면 이내 음탕함이 그 자체로 완성되지.[13]

외제니 대단한 발명품이네요![14]

생탕주 부인 돌망세, 당신이 우리 희생자의 옷을 벗기도록 하세요.

돌망세 그거야 어려운 일이 아니지요. 이 기막힌 미색美色을 알몸으로 살피려거든 그저 이 박사薄紗천 한 장 거두면 그만인

. .

새로운 연인에게 바쳐지는 셈이었죠"(쇼데를로 드 라클로, 『위험한 관계 Les Liaisons dangereuses』, 윤진 역, 문학과지성사, 2007, 39쪽). (역주)

13. 사드는 여기서 18세기의 사창가에서 볼 수 있었던 일상적인 방식을 이론화한다. 파리의 되포르트가街에 있었던 라구르당에서는 "벽감 내부에 검은 수자천繻子帛으로 된 침대를 놓아두었다. 천장과 옆 칸막이는 거울로 되어 있다"(외젠 뒤에랑, 『사드 백작과 그의 시대』, 베를린, 파리, 1901, 124쪽). (D)

14. 미셸 들롱에 따르면 18세기의 파리 근교 전원별장은 사치스럽게 지어졌다. 이곳의 장식은 분명히 빛의 효과를 조절할 목적으로 이용되었다. 거울과 수정 장식들은 빛을 반사하고 증가시키는 조명을 위한 것이다. 거울은 리베르탱 소설에서 일종의 '심연화mise en abyme'하는 역할을 담당하곤 하는데, "소설에서 거울의 증식효과가 나타나는 것은 18세기에 상대적으로 새로운 경향"이다(미셸 들롱, 『리베르탱의 처세술』, 아셰트, 2001, 229쪽). (역주)

걸요. (그는 외제니의 옷을 벗긴다. 곧 그의 시선은 뒤태로 돌아간다) 내가 미칠 듯이 갈망하는 이 멋지고 섬세한 엉덩이를 보게 됐군!…. 맙소사! 이 얼마나 포동포동하고[15] 싱싱한가! 또 얼마나 눈부시고 우아한가!…. 이보다 더 아름다운 것을 본 적이 없어!

생탕주 부인 아! 이 사기꾼 같으니. 몇 마디 찬사만 들어도 당신의 쾌락과 취향을 고스란히 알겠어요!

돌망세 세상에 이만한 것이 또 있을까요?… 사랑의 여신을 모신 신성한 제단이 여기가 아닐까요?… 외제니, 아름다운 외제니, 저 엉덩이에 세상에서 가장 감미로운 애무를 퍼붓겠어!
(그는 엉덩이를 어루만지고 열정적으로 입 맞춘다)

생탕주 부인 그만해. 리베르탱!… 외제니가 아직 나만의 것이며 그녀가 당신에게 기대하고 있는 교육의 보상일 뿐이라는 걸 잊었나 보죠. 수업이 끝난 다음에야 그녀가 당신의 보상이 될 거예요. 그런 열정은 유보해두세요. 그렇지 않으면 저는 화를 낼 수밖에 없네요.

돌망세 아! 잔인한 여자 같으니! 질투를 하고 계시는군…. 좋아. 그렇다면 당신 것을 주세요. 그 위에 똑같은 찬사를 퍼부어 줄 테니. (그는 생탕주 부인의 박사장옷을 걷어내고 그녀의 뒤를 애무한다) 아! 아름다워라, 내 천사여… 이 또한 얼마나 매혹적인지! 이

··
15. 아카데미프랑세즈 사전에서 embonpoint이라는 말 "신체의 좋은 상태, 혹은 좋은 습관"인데 흔히 "약간 통통하고 살집이 있는 사람"을 가리키곤 한다는 설명이 있다. (역주)

둘을 비교해봐야지… 이 둘을 나란히 두고 찬미를 해야겠어. 이건 마치 비너스 옆에 있는 가니메데스[16]라 해야겠군! (그는 두 여자에게 맹렬히 입 맞춘다) 부인, 이토록 아름답고 황홀한 장면을 한눈에 보게 두 분께서 서로 나란히 꼭 붙어 서서, 제가 그토록 찬미하는 두 분의 사랑스런 엉덩이를 볼 수 있게 해줄 수 없을까요?

생탕주 부인 물론이지요!… 자, 이제 만족해요? (여자들이 서로 감싸 안으니 두 엉덩이가 정면으로 돌망세를 향한다)

돌망세 완벽합니다. 제가 원한 바로 그것이에요. 그 아름다운 엉덩이를 이제 음탕하게 열렬히 흔들어주세요. 박자를 맞춰 내리고 올리고 반복하는 겁니다.[17] 쾌락에 겨워 들썩들썩하는 느낌이 들도록 말이죠…. 좋아, 좋아요, 정말 관능적입니다!

외제니 아! 부인, 절 얼마나 즐겁게 해주시는지! 우리가 지금 하고 있는 걸 뭐라 부르나요?

• •

16. 여기서는 외제니를 가리킨다.

17. 여기서 '박자를 맞추며en cadence'라는 표현은 음악의 용어로 쓰인 것이 아니다. 루소는 『음악사전』에서 이 말을 '완전화음이나 휴지기에 놓인 화성적 악절의 종결'부분으로 정의한다. 이 항목의 마지막 부분에서 루소는 이 용어가 무용의 영역에서 "악기가 제시하는 소절에 따라 무용수의 스텝을 일치시키는 행위"를 가리킨다고 썼다(루소, 『전집』 5권, 680쪽). 돌망세가 요구하는 높낮이가 다른 움직임은 음악의 정의를 뒤따르면서 관능의 움직임에 질서와 규칙을 부여한다. 돌망세와 생탕주의 음행淫行은 여기서 음악화된 원칙을 지킨다. 생탕주는 잠시 후에, "제발 이 난봉질에 질서를 좀 잡아보자고요. 광기와 파렴치에도 질서는 필요합니다"라고 말하게 된다. (역주)

생탕주 부인 '자위를 한다'고 하지, 얘야… 스스로 쾌락을 만드는 것이다. 그런데 자, 이제 자세를 한번 바꿔보자. 내 '음문'을 보렴… 비너스의 신전을 그렇게 부르지. 손으로 가린 이 동굴을 자세히 보려무나. 그걸 반만 열어 보이겠다. 지금 보이듯 그것을 둘러싼 조금 높은 곳을 '둔덕'이라 한다. 보통 열네 살이나 열다섯이 되어 여자가 월경을 시작하면 털이 자라기 시작하지. 그 아래를 보면 혀처럼 생긴 것이 있는데 이를 음핵陰核[18]이라 한다. 여자의 모든 감각이 그곳에 깃들어 있다. 내 모든 감각의 보금자리지. 내 이 부분이 자극이 되면 쾌락으로 정신을 잃을 정도지… 해보거라…. 아! 귀여운 사기꾼 같으니! 얼마나 잘하는지!… 넌 늘 그 짓만 한 것 같구나!… 그만!… 그만해라… 그만하라고! 지금은 내가 넋을 놓을 때가 아니다!… 아, 돌망세, 날 좀 진정시켜줘!… 저 아이 손놀림이 하도 기가 막혀서 그만 정신을 잃을 뻔했어.

돌망세 자! 가능한 대로 이 생각 저 생각을 해보면 진정이 됩니

• •

18. 『백과사전』의 해당 항목을 보면, 음핵clitoris이라는 단어는 '나는 닫는다'라는 라틴어에서 왔다. "극단적으로 감각적인 부분으로 여성이 느끼는 쾌락의 중요한 장소이다. 이런 까닭에 어떤 사람들은 '비너스의 바늘'이라는 이름을 붙이기도 한다." 르네상스의 위대한 의사였던 베살리우스의 제자 레알도 콜롬보Realdo Colombo는 『해부학에 대하여De re anatomica』 (베네치아, 1559)에서 자신이 쾌락의 상소sedes libidinis를 발견했다고 주장한다. 여성의 쾌락을 마련해주는 자리라는 의미에서 그는 이를 다가올 사랑Amor veneris이라고 불렀고, 이 부분은 남성의 성기와 기능적으로 동일하다고 생각했다. (역주)

다. 부인께서 저 아이에게 직접 해주세요. 진정 좀 하셔야죠. 그녀 혼자서 느끼도록… 자, 그래!… 이런 자세로 합니다. 이렇게 하면 그녀의 귀여운 엉덩이가 내 손에 쏙 들어오지. 손가락으로 가볍게 '자위'를 시켜줄 거야… 느껴 보거라, 외제니. 감각을 쾌락에 맡기는 거야. 네 유일신이 쾌락이도록. 젊은 처녀가 모든 걸 희생시켜야 할 유일한 것이 바로 그 쾌락인 거야. 처녀는 쾌락만큼 성스러운 것은 없다고 생각해야 해.

외제니 아! 이만큼 관능적인 것이 없어요. 그걸 느껴요… 정신을 잃을 것 같아요… 무슨 말을 하는지, 무얼 하는지 정말 하나도 모르겠어. 감각 하나하나가 전부 취해버렸어요!

돌망세 저 어린 사기꾼이 사정하는 것 좀 보게!… 항문이 내 손가락을 자를 듯이 죄고 있어… 이 순간 뒤로 들어가면 기가 막히게 느끼겠지! (그가 일어나서 음경을 외제니의 항문에 갖다 댄다)

생탕주 부인 조금 더 참으세요. 지금은 저 귀여운 아이를 교육하는 데만 몰두해야 합니다!… 정말 감미로운 일은 아이를 가르치는 것이란 말이에요!

돌망세 자! 외제니, 이제 알겠지, 다소간의 자위 뒤엔 생식선生殖腺이 부풀어 오르면서 결국 액체가 분비[19]되는데, 그 액체를

. .

19. "[샘腺을 분비하는 기관이] 수축되면 마찰이 증가되는데 마찰은 샘의 분비를 일으키는 여러 원인 중 하나이다. […] 이는 신경의 감수성과 진동성vibratilité에 달렸다. 신경의 끝은 도가머리 모양으로 되어 있는데 여기서 자극과 흥분이 이루어지게 된다. 신경 전체가 경련에 들어가고 점차 수축이 이루어지면서 결국 체액의 저장소에 이르게 되고, 새로운

64

분비할 때 여자는 더없이 관능적인 흥분에 빠지게 되지. 그것을 '사정한다'고 한다. 너의 마님이 원하신다면 동일한 작용이 남자에게 얼마나 억제할 수 없는 강력한 방식으로[20] 일어나는지 보여주겠다.

생탕주 부인 외제니, 기다려. 내 네게 여자를 가장 지극한 관능에 빠지게 만드는 새로운 방법을 가르쳐줄 테니. 허벅지를 넓게 벌려라… 돌망세, 알다시피 내가 외제니를 이런 자세로 만들면 엉덩이가 당신을 향하게 되겠지! 당신이 그걸 혀로 애무하고, 그동안 나는 음문을 맡을 겁니다. 가능하다면 우리 사이에서 외제니가 세 번, 네 번 연속으로 까무러치게끔 해봅시다. 외제니,

• •

진동이 가해져 다시 힘을 얻으면서 이곳이 자극되면 단단히 죄어져, 정도의 차이가 있을 뿐 신속하게 비워진다.

그러므로 생시액의 배출은 경련에 달린 것이다. 경련이 시작되면 배출을 위한 길들이 마련되고, 새로운 자극이 일어나 경련이 증가하게 되면 체액을 정도의 차이는 있겠지만 힘차게 배설하게 된다'(테오필 드 보르되, 『샘腺의 위치와 작용에 대한 해부학적 연구*Recherches anatomiques sur la position des glandes et sur leur action*』, Paris, Quillau, 1751, §CXXII). (역주)

20. "억제할 수 없는 강력한 방식la manière plus énergique et plus impérieuse." 1787년에 나온 아베 페로의 『불어고증사전』에는 18세기 후반에 "에너지 énergie라는 말과 원기왕성한énergique이란 말이 유행이 되고 있다"는 말이 나온다. 이 단어의 의미는 18세기와 19세기의 전환기에 폭넓게 확장되는 것 같다. 무엇보다 사드의 이 책에서 이 단어는 의학과 도덕의 의미를 함께 갖는다. 인간의 정념을 통해 추동推動된 감정은 여러 가지 방식으로 분출될 수 있다. 고전주의 시대에 에너지는 인간이 태어날 때부터 가진 내적인 힘으로 간주되었다. 이 제어하기 힘든 감정의 분출을 이성적으로 도덕적으로 조절하고 순화시키는 것이 의학과 도덕의 목적이다(미셸 들롱, 『전환기의 에너지에 관한 생각』, PUF, 1988 참조). (역주)

네 둔덕은 정말 아름답구나. 이 어린 솜털에 간절히 입 맞추고 싶어… 지금 내 눈에는 음핵이 아주 잘 보여. 아직 덜 여물긴 했지만 아주 민감해… 안달하는 것 좀 보게! 좀 더 다리를 벌릴게… 아! 넌 정말 처녀로구나!… 우리 혀가 동시에 이 두 구멍으로 들어갈 때 느낌이 어떤지 말해다오. (실행한다)

외제니 아! 부인, 정말 좋아요, 뭐라 형언할 수가 없어요. 두 혀 중 어떤 것이 절 더 미칠 듯이 만드는 건지 말하기 정말 어려워요.

돌망세 제 자세를 보면 음경이 부인의 두 손에 아주 가까이 있습니다. 그걸 좀 흔들어주세요. 부탁입니다. 그동안 저는 이 멋진 엉덩이를 빨아댑니다. 부인, 혀를 좀 더 밀어 넣어요. 음핵을 빠는 데 그치지 말고 그 감미로운 혀를 자궁까지 밀어 넣으란 말입니다. 그러면 사정이 한결 촉진됩니다.

외제니 (몸이 굳어진다) 아! 더 이상 못하겠어요. 저 죽어요! 여러분, 계속해주세요. 저 기절하겠어요!…. (두 선생 사이에서 그녀가 사정한다)

생탕주 부인 자! 애야, 우리가 네게 준 쾌락이 어떻더냐?

외제니 죽는 줄 알았어요. 몸이 두 동강 나는 것 같고… 거의 혼절 상태였어요!…. 그런데 부인이 좀 전에 말했는데 이해가 안 된 두 단어가 있어요. 부탁이니 설명해주세요. 먼저 '자궁'이라는 말의 뜻이 뭐예요?

생탕주 부인 병 모양으로 생긴 단지 같은 것이다. 그 목으로는 남자의 음경을 끌어안고 여자에게서는 생식선의 분비물을, 남자에게서는 나중에 우리가 네게 보여주게 될 사정을 통해 만들어진 정액을 받아들인다. 이 두 액체가 섞이면 나중에 남자아이나 여자아이가 될 씨앗이 만들어지는 것이지.[21]

외제니 아! 알겠어요. 그렇게 정의를 하시니까 처음에 잘 이해하지 못했던 '정액'이라는 말도 같이 설명이 되네요. 정액의 결합으로 태아가 만들어지게 된단 말씀이죠?

생탕주 부인 그렇단다. 태아가 남자 정액으로만 태어난다는 것이 증명이 되긴 했지만, 여자의 그것과 결합되지 않고서 그 혼자만으로는 아무것도 만들 수 없는 것이지. 우리 여자들이 만들어내는 것은 단지 빚어내는 역할에 그쳐, 창조의 원인이 되지는 못하고 돕기만 할 뿐이다. 현대의 여러 자연사가들은 여자의 정액이 완전히 쓸모가 없다고 말하기까지 하지.[22] 그래

● ●

21. 아리스토텔레스는 여자에게 분비되는 생식선은 종의 발생에 관계하지 않는다고 생각했지만 그리스 의사 갈레노스를 따랐던 의학자들은 여자의 생식선의 기능이 남자의 정자의 기능과 같다고 생각했다. 이와 같은 상이한 두 입장이 고전주의 의학의 커다란 논쟁으로 이어지는데, 17세기 아리스토텔레스주의자들은 남자의 정자를 이루는 물질 자체는 자궁 내로 들어갈 수 없고 단지 그것의 정기精氣만이 들어가는 것이라고 생각했다. 반대로 갈레노스주의자들은 수정授精은 남자의 정자와 여자의 것이 자궁 안에서 결합하는 것이라고 생각했다. 자크 로제, 『18세기 프랑스 사상에서의 생명의학』(아르망 콜랭, 1963; 알뱅 미셸, 1993)을 참조. (역주)

22. 17세기 말에 네덜란드의 의사인 레이엔후크Antoni van Leeuwenhoek(1632-1723)와 하르트수커Nicolas Hartsoeker(1656-1725)가 그들이 발명한 현미경을 이용하여 동물의 정액에서 극미동물(정자)의 존재를 발견한다. 이 시기까지 배아胚芽는 여성의 난자에 존재하고 남성 정액은 단지 정기의 전달자

세 번째 대화 67

서 언제나 이들의 발견에 고무되곤 하는 모럴리스트들은 그럴
법하게 이 경우 아이는 아버지의 피로 형성되었으니까 아버지
의 사랑으로만 태어난 것이라고 결론을 내렸다. 이런 주장이
근거가 없는 것은 아니야. 내가 여자로 태어났지만 그 의견에
반박할 수 없으니 말이다.

외제니 전 마음속으로는 부인의 말씀을 증명할 수 있어요. 저는
아버지를 정말 사랑하거든요. 그렇지만 어머니에게는 증오의
감정뿐이에요.

돌망세 이런 편애는 전혀 놀랄 만한 게 아니란다. 나 역시 똑같
이 생각했다. 나는 아직 아버지가 돌아가셨을 때의 슬픔을
가라앉히지 못하고 있어. 그러나 어머니가 돌아가셨을 때 그렇

• •

역할만을 한다고 생각했다. 혈액순환을 증명한 영국의 하비Harvey는 남성
정액이 자궁까지 들어가는 것인지를 밝히기 위해 실험했다. 드 흐라프는
정자는 난자에 생기生氣를 불어넣어주는 것일 뿐이라고 생각했다. 그들이
보기에 정자가 이미 생명을 가졌으며, 내부에 인간의 발생에 필요한
모든 것이 내재했다는 생각은 자연은 불필요한 것을 만들지 않는다는
가설에 위배되었기 때문이다. 이와는 반대로 이런 생각이 자연의 완전성에
위배된다고 보았던 레이엔후크는 난자가 생명의 정기를 운반하는 정자를
'맞이하고 양육하는' 것에 불과하다고 생각했다. 하르트수커는 레이엔후
크의 '운반체' 가설에 모순이 있다고 보고, 새로운 극미동물, 즉 정자의
존재를 확신했다(자크 로제, 앞의 책 참조). 그러나 18세기 후반이 되면
모페르튀와 뷔퐁은 남성과 여성 정액의 결합으로 태아가 형성된다고
주장했고, 이런 의견이 널리 받아들여졌다. 사드가 여기서 태아가 남성의
정액만으로 태어난다고 했을 때 이는 시대착오적인 주장이라고 하겠다.
이 문제에 대해서 장 드프렁, 『데카르트에서 낭만주의까지. 역사와 주제
연구*De Descartes au romantisme. Etude historique et thématique*』, Vrin,
1987을 참조. (역주)

게 기쁠 수가 없었지… 나는 어머니가 정말 싫었어. 두려워 말고 그런 느낌을 받아들여라, 외제니. 그런 감정을 느끼는 것이 자연스러운 거야. 오직 아버지의 피로만 이루어진 우리는 어머니에게서는 아무것도 받은 것이 없는 거야. 게다가 어머니들은 아버지들이 하자고 요청했을 때 그저 참여만 했을 뿐이다. 그러니 정말 우리가 태어났으면 하고 바란 사람은 아버지이고, 어머니는 고작해야 동의만 했을 뿐이지. 감정이 어찌 그리도 다른지!

생탕주 부인 외제니, 널 위해 수만 가지 이유를 더 댈 수도 있다. 세상에 증오해야 마땅한 한 어머니가 있다면 그건 말할 것도 없이 네 어미야! 성마르고 미신을 따르고 독실한 신자에 으르렁대기만 하는 여자… 거기다가 정숙한 척하기가 눈꼴사나울 정도지. 장담하건대 저 새침데기는 평생 나쁜 짓 한번 안 해봤을 것이다. 아! 외제니, 나는 왜 이리 덕성스러운 여자들이 싫단 말이냐…. 하지만 그 이야기는 나중에 하도록 하자.

돌망세 이젠 외제니가 제 지시대로 부인께서 해주신 걸 복습해보고 제 앞에서 부인에게 자위를 시켜보도록 해야 하지 않을까요?

생탕주 부인 좋아요. 저도 그게 좋을 것 같네요. 그렇게 하는 중에 제 엉덩이를 들여다보고 싶은 거죠, 돌망세?

돌망세 부인, 제가 당신 엉덩이에 더없는 달콤한 찬사를 보내며 기뻐하리라 생각하지 않는 건가요?

생탕주 부인 (그에게 엉덩이를 보게 하며) 자, 이렇게 하면 완벽한가요?

돌망세 완벽합니다! 이렇게 하면 외제니가 기막히게 여겼던 봉사를 부인께 더 훌륭히 해드릴 수 있어요. 작은 악마야, 이제 머리를 부인 두 다리 사이에 넣고, 네 예쁜 혀로 네가 좀 전에 받은 그대로 정성껏 그녀에게 해주어라. 바로 그거야! 정말이지, 이런 자세면 나는 당신들 두 엉덩이를 전부 가질 수 있을 거야. 사랑스런 부인의 그곳을 빨면서 외제니의 것도 관능적으로 애무할 수 있겠지. 자… 좋아… 자, 우리 셋이 하나가 되었다.

생탕주 부인 (혼절하듯) 아, 나 죽어, 맙소사!… 돌망세, 내가 사정할 때, 당신 음경을 어루만지고 싶어… 그걸로 날 홍건하게 만들어줘!… 흔들어!… 빨아 달라구, 아이구!… 아! 그렇게 사정할 땐 '창녀' 짓을 하고 싶단 말이지!… 다 되었다, 이젠 못하겠어… 당신 둘이 나를 녹초로 만들어 놓았군… 내 인생에서 이런 쾌락은 정말 처음인 것 같아.

외제니 제가 부인께 쾌락을 주었다니 정말 만족이에요. 그런데, 부인, 좀 전에 흘려 말씀하신 말 하나를 이해 못하겠어요. '창녀'라는 표현이 뜻하는 게 뭐죠? 죄송해요. 하지만 부인도 아시죠? 제가 여기 배우러 왔다는 것을요.

생탕주 부인 애야, 난봉질하는 남자들에게 널리 희생되는 여자들을 그렇게 부른다. 언제나 남자들의 기질이나 성적 호기심을 받아줄 준비가 되어 있는 여자들이지. 훌륭하고 존경할 만한 사람들인데, 세간에선 여론으로 낙인을 찍겠지만 관능의 화관을 쓰게 되는 이들이다. 새침이나 떠는 여자들보다 사회에 더 필요한 사람들이며, 이 여자들이야말로 이 사회는 부당하게 존경을 걷어냈지만 그런 데 아랑곳하지 않고 사회에 봉사하고 있단다. 그 직함을 영광으로 여기는 여자들이여 영원하라! 자, 이들이야말로 진정으로 사랑스러운 여자들이며 그들만이 진정한 철학자란다.[23] 애야, 나는 십이 년 전부터 그 직함에 마땅하도록 애써왔어. 그런 말을 들을 때 기분이 상하기는커녕 즐긴다고 자신한다. 더 좋은 것은 사랑을 즐길 때 누가 날 그런 이름으로 불러주는 걸 좋아해. 그 욕을 들으면 머리가 흥분되거든.

외제니 오! 알겠어요, 부인. 누가 날 그렇게 불러도 이젠 화를 내지 않을 거예요. 아직 그 직함을 들을 만큼은 아니지만요. 하지만 이런 방탕한 일은 미덕과는 반대가 되는 것이 아닐까요? 우리가 지금 하는 것처럼 처신을 한다면 미덕을 위반하는 건 아닐까요?

• •

23. 아마도 다음의 세 소설을 염두에 두고 있을 것이다. 부아예 다르장스Boyer d'Argens, 『철학자 테레즈*Thérèse philosophe*』(1748); 뒤로주아Barnabé Farmian Durosoi, 『철학자 클래르발*Clairval philosophe*』(1765); 네르시아 André-Robert Andréa de Nerciat, 『철학자 쥘리*Julie philosophe*』(1791). 이 세 소설의 여주인공들은 늘 그랬든 잠시뿐이든 대단히 자유로운 삶을 살게 된다. 사실 '마르세유 사건'으로 미뤄볼 때 사드는 창녀들을 대단히 경멸하긴 했다. (D)

돌망세 아! 외제니, 미덕을 거부해야 해! 우리가 그따위 허위에 불과한 성스러운 미덕을 지키려고 감수하는 숱한 희생 중에, 미덕을 짓밟으면서 맛보는 단 일 분의 쾌락의 가치라도 있는 것이 하나라도 있더냐? 자, 미덕이란 그저 환상일 뿐이야. 미덕의 숭배란 영원한 자기희생이고, 기질 때문에 품게 되는 생각에 끝도 없이 맞서 싸우는 것일 뿐이라고. 그런 마음의 움직임들이 도대체 자연스러울 수가 있겠니? 자연은 미덕을 짓밟으라고 충고하지 않더냐? 외제니, 속지 말거라. 훌륭한 미덕을 가졌다는 말을 듣는 여자들을 믿으면 안 돼. 그런 여자들이 가진 정념은 우리들의 정념과 다르단다. 그 여자들은 다른 정념을, 그것도 훨씬 더 경멸받아 마땅한 정념을 갖고 있지…. 야심, 오만함, 개인적 이익이 그것인 데다, 기질이 냉혈적이라 무엇에도 동하는 일이 없지. 그런 인간들에게 우리가 뭘 어떻게 해줘야 하는지 나는 묻고 싶다. 그 여자들은 오직 자기애가 만들어내는 마음의 작용만을 따랐던 것이 아니냐? 그러니까 정념보다는 이기심[24]을 따르는 것이 더 낫고, 더 현명하고, 더 적절한 것일

----

24. 여기서 사드는 '자기애amour de soi'와 '이기심l'égoïsme'을 같은 의미로 사용한다. 『백과사전』의 「이기심과 자기애Amour-propre & amour de nous-même」 항목은 이봉 신부가 쓴 것인데, 그는 "이기심은 모든 것을 자신의 편리와 만족을 따르게 한다. […] 자기애에서 비롯한 정념이 대상에 우리를 헌신케 하지만, 이기심은 대상이 우리의 것이기를 바라고 모든 것의 중심이 된다." 루소는 이 두 개념을 대단히 중요하게 다뤘다. 그에 따르면 자기애는 생명체의 자기보존에 필수적이지만, 이기심은 사회제도의 설립 이전에는 불가능한 것으로, 자신과 타인을 비교하는 데서 생긴다. 이

까? 내 생각으로는 이기심이 낫느니, 정념이 낫느니 따지기 어려운 것 같다. 다만 정념의 목소리만을 듣는 사람이 확실히 더 이성적이다. 그 목소리만이 자연의 목소리란 말이거든. 반대로 이기심은 바보짓이거나 편견에 불과하다. 외제니, 이 음경에서 분출되는 정액 한 방울이 나에게는 내가 경멸하는 미덕의 가장 숭고한 행위보다 값지단다.

외제니 (이런 논변을 들으면서 여자들은 침착해져 장옷을 다시 걸치고 소파에 반쯤 누웠고, 돌망세는 여자들 옆에 놓인 큰 안락의자에 앉는다) 그런데 미덕이란 것이 하나만은 아니지 않을까요, 예를 들자면 신앙심은 어떻게 생각하세요?

돌망세 종교를 믿지 않는 사람에게 신앙심과 같은 미덕은 무엇이겠으며, 종교를 믿을 수 있는 사람에게 그 미덕은 무엇이겠느냐? 자, 사리에 맞게 추론을 해보자, 외제니. 종교라고 하는 것은 인간과 창조주를 이어주고, 인간이 저 숭고한 창조자에게 삶을 부여받았던 것을 예배를 드리면서 감사하도록 하는 계약이 아닌가?

외제니 완벽한 정의입니다.

돌망세 자! 인간의 존재원인이 다름 아니라 자연의 절대적인

..

부분에서 사드는 이기심l'égoïsme을 인간의 자연적인 정념과 구분되는 의미의 l'amour-propre를 대신해서 사용하는 것 같다. 『규방철학』의 다섯 번째 대화에 삽입한 팸플릿 「프랑스인이여, 공화주의자가 되기 위해 좀 더 노력을」에는 철학자를 "진리를 이기심이라는 어리석은 편견과 구분"(304쪽)하는 사람이라고 언급한다. (역주)

질서의 결과임이 증명되었다면 말이다, 또 지구만큼이나 지구 상에서 오래된 인간이란 존재가 마치 참나무니, 사자니, 혹은 지구 내부에 존재하는 광물처럼 단지 지구가 존재하기 위한 필수적인 생산물에 불과할 뿐이며, 인류는 누가 됐든지 그 누구에게 생을 받아 존재하게 된 것이 아니라고 한다면 말이다, 또 바보들이 우리 눈에 보이는 모든 것의 유일한 창조주이며 조물주로 생각하는 신이란 존재는 인간 이성이 넘어설 수 없는 '최후의 보루'[25]일 뿐이며, 이성이 더는 아무것도 보지 못하는 순간에 이성의 작용을 보조할 목적으로 만들어낸, 고작해야 환영에 불과한 것임이 증명되었다고 해보자꾸나. 그리고 그 신이 존재하기란 불가능한 일일 뿐 아니라, 항상 스스로 활동하고 운동하고 있는 자연은, 바보들이 근거도 없이 그 신에 부여한 것을 그 자체로 이미 갖고 있다는 점이 증명되었다면 말이다, 저 무기력한 신이 존재했다고 가정하면, 천지창조의 단 하루만 소용이 되었을 뿐일 테고, 그 뒤 그토록 오랫동안 형편없이 무기력에 빠져 있었을 테니, 그것은 확실히 모든 존재 가운데 가장 우스꽝스러운 존재가 되리라는 점이 확실하다고 해보자. 또 모든 종교가 우리에게 자세히 보여주는 것처럼 신이 존재했다고 가정하면, 전지전능한 존재면 악을 절대 받아들이지 않았

..

25. '최후의 보루*nec plus ultra*.' 원문에 라틴어로 되어 있다. 이 말은 '최고봉'이라는 뜻이지만, 여기서는 '더 이상 나아갈 수 없는 막다른 곳'이라는 부정적인 의미로 쓰였다. (역주)

을 테지만 그 악을 지상에 허락했으니 이 또한 그가 모든 존재 가운데 분명 가장 끔찍한 존재임이 확실하다면 말이다. 마지막 으로 내가 말한 이 모든 것이 논박할 수 없이 증명이 된다면, 외제니, 이 우둔하고 불충분하고 난폭하고 형편없는 존재로서 의 창조주와 인간을 잇는 신앙심이라는 것을 정말 없어선 안 될 미덕이라고 볼 수 있겠느냐?[26]

외제니 (생탕주 부인에게) 정말이에요, 부인? 정말 신의 존재라는 것이 그저 환상에 불과한가요?

생탕주 부인 분명 가장 형편없는 환상이라 하겠다.

돌망세 신을 믿으려고 양식良識을 버려야 했던 것이다. 외제니,

● ●

26. 사드의 종교비판은 결국 18세기 이신론理神論을 극단적으로 통속화한 것으로 평가할 수 있다. 17세기 말에 데카르트의 생각을 이어받은 오라토 리오회의 말브랑슈는 신의 일반의지와 개별의지를 구분했다. 신의 일반의 지는 자연의 법칙과 동일한 것으로 인간의 이성은 이를 자명한 것으로 받아들일 수 있다. 그러나 이성이 판단하기에 자연의 법칙에 어긋나는 것처럼 보이는 다른 현상들이 존재한다. 예를 들면 신의 창조행위 자체와 성경에 나오는 기적이 그것이다. 말브랑슈는 신의 개별의지의 결과는 인간의 이성의 범위를 벗어나기 때문에 인간은 이를 이해하기를 기대해서 는 안 된다고 본다. 이런 생각은 사실 신의 은총 자체를 거부하는 것으로 이해될 수 있으므로 아르노를 필두로 하는 여러 신학자들의 반발을 샀다. 일반의지의 보편성을 인정한다면, 신은 창조 이후, 인간 세상에 더 이상 개입할 필요가 없으며 그럴 수도 없다. 사드가 신을 천지창조를 위해 '단 하루만 사용된 무기력한 존재'로 보는 것은 위의 신학 논의를 바탕으로 한다. 또한 신이 완전한 존재라면 왜 지상에 악을 허용했는지의 논의도 이러한 맥락에서 파악할 수 있다. 악은 인간의 불완전성 자체이며 인간이 신의 의지를 이해하면서 신이 부여한 본성으로서의 자유의지를 사용할 때 비로소 극복될 수 있다. 18세기를 거치면서 이와 같은 신학 논쟁은 급진적으로 신의 존재를 부정하는 데까지 나아간다. (역주)

저 혐오스럽기 이를 데 없는 환영은 어떤 이들에게는 두려움의 소산이고, 어떤 이들에게는 유약함의 소산일 뿐이다. 그런 환영이 지구의 체계에 들어갈 자리가 어디 있겠느냐. 만에 하나들어갈 자리가 있더라도 필연적으로 지구의 체계를 망쳐 놓고말 것이다. 공정해야만 할 신의 의지란 자연의 본질적인 법칙으로서의 불공정성과는 절대 어울릴 수 없거든. 신은 끊임없이 선을 의지意志해야 하지만, 자연은 자기 법칙에 소용되는 악의 보상으로서만 선을 의지할 수 있을 뿐이란 말이다. 자연은 항상 운동해야만 하고, 그 영구운동이 자연의 한 가지 법칙이므로 자연과 신은 영원히 대립하고 경쟁하지 않을 수 없는 거야. 그런데 사람들은 신과 자연이 동일한 것이라고 말하지. 이런 몰상식한 말이 어디 있느냐? 피조물이 창조자와 동일한 것일 수가 있느냐고.[27] 시계가 어찌 시계 제조인과 같을 수가 있어?[28]

* *

27. "우리들이 신 또는 자연이라고 부르는 저 무한한 유有는 자신이 존재하는 것과 똑같은 필연성을 가지고 작용하기 때문이다"(스피노자, 『에티카』 4부 머리말, 『전집』, 플레이아드, 488쪽[강영계 역, 서광사, 1990, 208쪽]). 그러나 사드는 스피노자주의에 영향을 받았던 『세 가지 사기에 대한 논고』라는 책에서 스피노자와 관련된 텍스트를 읽었을 것이다. "단지 자연일 뿐인 신이란 모든 존재들과 모든 에너지와 속성들의 총합으로서, 필연적으로 그 결과들과 구별되지 않는 내재적인 원인이라고 할 수 있다"(4장 2절, 레타판版, 생-테티엔 대학출판부, 1973, 79쪽). (D)

28. "내게는 거북한 세상, 나는 생각할 수 없네/이 시계가 존재하는데 시계제조공은 존재하지 않는다는 사실을"(볼테르, 몰랑판 『전집』 10권, 182쪽). 돌망세는 여기서 유신론의 결론을 끌어내는 것이 아니다. '움직이는 물질'은 스스로 형태를 갖춘다. (D)

자, 계속해보자꾸나. 자연은 무이며, 신이 전체다, 이것도 바보 같은 생각이지! 세상에는 필연적으로 두 존재가 있어. 창조의 동인과 창조된 개체가 말이야. 그런데 창조의 동인이 뭐냐? 바로 이것이 우리가 풀어야 할 난제이자, 우리가 답해야 할 유일한 문제다.

물질이 우리가 모르는 결합을 통해 활동하고 움직인다면, 운동이 물질 안에 내재한 것이라면, 그리고 물질이 자기가 가진 에너지에 비례하여 무한한 우주 공간에서 모든 별들을 창조하고, 생산하고, 보존하고, 유지하고, 조화를 유지한다면 말이야. 그 별들을 보면 얼마나 놀랍니. 단일하고 변하지 않는 별들의 운행을 보면 존경과 찬탄의 마음이 가득 들지 않느냐. 그렇다면 이 모든 것과는 전혀 다른 어떤 동인動因을 찾을 필요가 있겠니? 이 활동적인 능력이 본질적으로 자연 그 자체에 존재하고, 자연 자체는 활동 중인 물질과 다른 것이 아니기 때문이다. 네 신성한 환상으로 뭐 하나 밝혀지는 것이 있겠니? 할 수 있으면 누가 한번 증명을 해보시지. 행여 내가 물질의 내적 능력을 오해하고 있다고 생각해 보자. 적어도 내가 직면한 문제는 단 하나뿐이야. 네가 믿는 신을 내게 제시해 보일 때 네가 뭘 하는 거라고 생각하지? 내게 문제 하나를 더 제기하게 되는 것이다.[29] 그런데 내가 아직 잘 이해하지 못하는 어떤

· ·

29. 돌망세는 물질 내부의 운동이 창조와 변화의 유일한 동인임을 주장하는 동시대 유물론의 주장을 따른다. 이때 자연이 스스로 운동하고 창조한다면

것을 내가 잘 이해하지 못한다는 이유로 받아들여야 한단 말인가?[30] 이제 기독교 교리를 통해 검토해보도록 할까? … 네 무시무시한 신을 그려볼 거야. 내가 기독교 교리에 나타난 그 신을 어떻게 생각하는지 살펴보자….

저 비열한 종교의 신은 오늘 한 세상을 창조하고, 다음 날 그 세상을 창조한 걸 후회한다. 그런 신을 나는 분별없고 야만족인 존재로밖에 볼 수 없다. 사람을 자기가 원하는 모습이 되도록 만들 수 없는 유약한 존재로밖에 못 보겠단 말이다. 신의 손에서 나온 인간이 신을 지배하지. 피조물이 신을 능욕할 수 있으니 영원한 형벌을 받아 마땅할 수밖에! 저 신이란 작자야말로 나약하기 그지없는 존재다. 뭐라고! 우리가 보는 모든 것을 창조했다고? 그런데 자기 뜻대로 인간을 만들 수는 없단 말이야? 자, 이 점에 대해 나에게 대답을 좀 해보거라. 신이 인간을 그렇게 만들었다면 인간이 공덕을 쌓지 못했을 거라지.

• •

자연 외부에서 신의 존재를 끌어들일 이유가 없다. 그렇더라도 최초의 운동을 가능하게 한 존재의 문제는 여전히 남는다. 돌망셰는 이 점을 여전히 풀어야 할 문제로 남긴다. 하지만 그는 여전히 운동의 최초의 동인으로서 신을 가정할 필요가 없다고 본다. 운동이 물질 내부에 존재한다면 이 체계에는 이미 신이 들어갈 자리가 없기 때문이다. 그래서 그는 신의 문제를 제시하는 일은 문제를 해결하는 것이 아니라, 풀기 어려운 문제를 하나 더 덧붙이는 것이라고 생각한다. (역주)

30. 돌바크는 『양식론Bon sens』에서 "당신은 신을 배제하고는 자연을 전혀 설명할 수 없다고 말한다. 다시 말하면 당신이 잘 모르는 것을 설명하기 위해서 당신이 전혀 모르는 원인이 필요하다는 말이다"(돌바크, 『양식론』 38장)라고 썼다. (D)

정말 시시한 말이지! 인간이 왜 신과 같아져야 하지? 인간을 애초에 완전히 선한 존재로 만들어서 악을 행할 일을 없게 했으면 그때 피조물은 신의 뜻에 값하는 존재였겠지. 사람에게 선택을 하라고 하는 것은 시험을 하는 것이 아니고 뭐냐. 그런데 신은 무한한 예지로 미래를 내다볼 수 있으니 결과가 어떨지 딱 알았단 말이야. 그래 놓고선 제 자신이 만든 피조물을 죽여 없애버리는 데서 기쁨을 찾는단 말이다. 이런 신이라니 얼마나 끔찍하니! 괴물이 아니고는, 흉악한 존재가 아니고는 무엇이란 말이냐! 우리가 증오하고 가차 없이 복수해야 마땅한 존재인 것이야. 그런데 그 숭고한 작업에도 만족을 못하고 인간을 개종시키려고 물에 빠뜨리고, 불을 내리고, 저주를 퍼붓는 거야. 그 무엇으로도 인간은 안 변해. 저 비열한 신보다 더 강력한 존재인 악마가 있다. 악마는 항상 자신의 왕국을 보전하고, 자기를 만든 조물주와 용감히 싸울 수 있지. 악마는 유혹으로써 신이라는 영원한 존재가 제 편에 확보했던 무리를 끊임없이 타락에 이르게 하는 거야. 저 악마가 우리에게 행사하는 에너지를 이겨낼 재간이 없어. 네 생각엔 당신네들이 설교하는 잔혹한 신은 그때 무슨 생각을 하겠니? 신에게는 독생자가 있는데, 뭔지 모를 관계를 통해 아들을 얻었다. 인간은 '성교'를 하니까, 인간의 신도 똑같이 '성교'를 했다고 주장했지. 신이 하늘에서 그 영광스러운 한 조각을 뚝 떼 내길 바란 거야. 아마 저 숭고한 아들이 천상의 빛을 타고, 천사들의 호위를 받으며, 전 우주를 굽어보며 나타나리라 생각하겠지…. 닥쳐라. 신이 지구를 구하리라 고지告知한 사내가 어디에 있었느냐. 유대인 창녀의 가슴에, 돼지들 우글거리는 축사에서였단 말이다. 그에게 마련된 혈통이 이런 것이야. 그런데 그가 가진 영예로운 사명이 우리에게 보상이 되겠니? 잠시 이 예수라는 인물을 살펴보도록 하자. 그 작자가 무슨 말을 했는지, 무슨 일을 했는지, 우리에게 얼마나 숭고한 사명을 전했는지, 그가 계시할 신비란 어떤 것인지, 우리에게 어떤 교리를 전해줄지, 그의 위대함이 어떤 행동을 통해 빛나게 되는지 말이다.

먼저 다들 잘 모르는 예수의 알려지지 않은 유년시절을 살펴보겠다. 그 부랑자는 예루살렘 신전의 사제들에게 호색의 욕망을 채워주는 봉사를 했겠지. 분명 사제들은 대단한 리베르탱들이었어. 그 다음에 십오 년 동안 사라져버렸다. 그동안 이 사기꾼은 이집트 학파의 턱도 없는 몽상에 흠뻑 중독이 되고 그걸 결국 유대 땅으로 가져오는 거야.[31] 예수는 다시 나타나자마자 착란에 사로잡혀 자기가 신의 아들이며, 신과 동등하다고 말하기 시작하지. 이 결합에 성령이라는 다른 환상을 더했어. 단언컨대 삼성위三聖位는 하나일 뿐이라고 한 거야!

----

31. "이집트인들의 학문과 사상에 대해 결코 모르지 않았던 예수 그리스도는 신의 영靈이 여인을 임신시킬 수 있다는 생각이 때마침 구상 중인 계획에 안성맞춤이라고 판단했다. […] 그리고 일단 무식한 몇몇 사내들을 휘하로 삼아, 자기가 아버지인 성령과 어머니인 동정녀 사이에서 태어났다고 설득했다"(『세 명의 사기꾼』, 성귀수 역, 생각의나무, 61쪽). (역주)

이 우스꽝스럽기 짝이 없는 신비가 이성에 어긋나 보일수록 저 천한 놈은 그걸 받아들일 가치가 있고⋯ 그걸 부정하는 건 위험하다고 단언한 거야. 저 백치가 믿기로 자기가 비록 '신'이지만 인간 아이의 육체를 가진 건, 우리 모두를 구원하기 위한 것이라는군. 그자가 곧 실행해 보여줄 엄청난 기적이면 세상 사람 모두가 곧 설득되리라는 거야! 이 사기꾼이 술꾼들의 저녁식사 자리에서 실제로 물을 포도주로 만들고, 사막 한가운데서는 감춰둔 비상식량으로 흉악한 놈 몇을 먹였다는군. 그자를 추종하던 제자들이 준비했던 건데 말이지. 동료 하나가 죽은 척하더니, 이 사기꾼이 그를 살려내더군. 산으로 가서는 그저 친구 두셋 모아두고 요술을 한번 부려. 그런 걸 보면 요즘 제일 못난 곡예사라도 얼굴을 붉힐 거야.

더욱이 이 망나니 자식은 자기를 믿지 않는 사람들을 싸잡아 미친 듯이 저주하고는, 자기 말에 귀 기울이는 바보들에게는 천국을 약속하지. 예수가 쓴 글이 있나? 무지하다는 증거지. 예수가 말을 적게 했다? 바보라는 증거야. 행동은 더 적게 한다? 능력이 부족하다는 증거가 아닌가. 로마 당국도 그가 연설을 하는 일이 거의 없다시피 했어도 했다 하면 불온한 말만 지껄이곤 하니 참다못해 갈 데까지 간 거지. 저 떠버리는 그렇게 자기를 십자가에 못 박도록 했어. 그에 앞서 자기를 따르던 불한당들에겐, 제게 간절히 기도를 하면 그들에게 내려가 양식이 되겠다고 했지. 사형이 집행되고 그는 받아들이지.

예수의 아빠, 그 작자가 뻔뻔스럽게 자기가 아들이라고 했던 저 숭고한 신은 말이다, 전혀 그를 도와주지 않았어. 흉악자 중의 흉악자, 마땅히 흉악자들의 대부로 대접받은 이 망나니 자식을 보게.

예수의 수족들이 모였지. 그들은 이렇게 말했어. "우리는 끝장이다. 큰 소동을 한번 일으켜 살아남지 않으면 희망도 끝이다. 예수를 지키는 보초에게 술을 먹이고 그의 주검을 빼앗아 오자. 그리고 예수가 부활했다고 알리는 거야. 이 방법이 제일 확실해. 이 사기를 믿게만 한다면 우리의 새로운 종교는 길을 터 번성해 나가게 될 거야. 세상 사람을 홀릴 수 있다고… 자, 해보자!" 거짓말이 먹히고 성공을 거두지. 숱한 사기꾼들에게 과감하단 것이 공적이 되지 않더냐! 주검이 탈취되고, 바보들과 여자들, 아이들은 할 수 있는 힘을 다해 기적을 외치지. 그런데 그토록 경이로운 일이 벌어졌던 저 도시에서, 신의 피로 물든 저 도시에서 아무도 신을 믿으려 들지 않는 거야. 전혀 개종이 일어나지 않았단 말이다. 잘된 일이지. 이 사실이 전혀 전해질 가치가 없으니 그 이야기를 어떤 역사가가 하겠니. 저 사기꾼의 제자들만이 이 사기극에서 한몫 벌려고 했지만 곧바로 되지는 않았어.

이렇게 생각하는 것이 제일 중요한 것이다. 그들은 몇 년 세월을 흘려보내고 나서야 저들의 터무니없는 사기를 이용하게 되지. 마침내 그들은 사기 위에 저들의 혐오스럽기 이를 데 없는 교리로 허약한 신전을 세운 것이다. 사람치고 변화를 안 좋아하는 사람 있더냐? 독재를 자행하던 황제들에 신물이 났으니 혁명이 필요해진 거지.[32] 이 교활한 자들이 하는 얘기에 귀를 기울이게 되었으니, 그들은 빠르게 세력을 키웠어. 이것이 모든 오류의 역사다. 이내 비너스와 마르스를 모신 제단이 예수와 성모 마리아의 제단으로 바뀌었지. 그 사기꾼의 생애가 책으로 나오게 돼. 그 지겨운 이야기는 속기 쉬운 사람들을 겨냥한 거야. 예수는 생각해본 적도 없는 수만 가지 이야기를 그가 했다고 하지. 그 기괴한 말 중 몇몇이 곧 도덕의 기초가 되고, 이 새로운 도덕이 빈자貧者를 겨냥하므로, 자비가 제일의 덕이 되었다. '성사聖事'라는 이름으로 기이한 제례가 생겨. 그중 제일 부당하고 혐오스러운 것은 사제들이 죄악이란 죄악 을 다 지어 놓고, 마법 주문을 몇 마디 외기만 하면 빵 한 조각에 신이 깃들게 하는 힘을 가졌다는 거지.

확신해도 좋다. 이 종교가 탄생했을 때부터 이 부당한 의식은 가차 없이 파괴될 수 있었을 거야. 우리가 그런 의식이 받아

· ·

32. 루소는 『에밀』에서 "여러분은 사회의 현재 질서가 혁명을 피할 수 없으며, 여러분의 아이들이 연루될 수도 있는 혁명을 예측하거나 미연에 방지하는 것이 불가능하다는 생각은 해보지도 않고, 현재의 사회 질서를 믿고 있다. 지체 높은 사람이 지체 낮은 사람이 되고 부자가 가난하게 되며 군주가 신하가 된다. 운명의 타격은 여러분이 그것을 면제받으리라는 기대를 할 수 있을 만큼 그렇게 드문 일인가? 우리는 위기의 상태와 혁명의 세기에 다가가고 있다'고 말한 바 있다(『에밀』 3권, 이용철, 문경자 역, 나남, 344쪽). (역주)

마땅한 경멸을 무기로 맞서기만 했다면 말이지. 그런데 기독교가 성장을 했으니 사람들은 박해를 해야겠다고 생각했던 것이지. 박해는 불가피한 수단이었어. 지금도 그 의식을 우스꽝스러운 것으로 가리려고 애쓰고 있지만 결국 무너지고 말걸. 능숙한 볼테르는 다른 무기는 단 한번도 사용한 적이 없으면서도 모든 작가들 중에 개종자를 가장 많이 만들었다 자부할 수 있는 사람이지. 외제니, 한마디로 말해서, 신과 종교의 역사란 바로 이런 것이다. 이 이야기가 어떤 가치를 갖고 있는지 생각해보고, 그 점에 대해 스스로 판단해 보거라.

외제니 주저 없이 선택하겠어요. 저는 이 모든 혐오스러운 몽상을 경멸해요. 무지했기 때문에, 그리고 마음이 약해서 붙잡고 있었던 신 자체도 이제 제겐 혐오의 대상일 뿐이에요.

생탕주 부인 더는 종교 따윈 생각도 않고, 매달리지도 않겠다고, 네 인생의 한순간도 기도하거나 다신 그런 일을 하지 않겠다고 내게 맹세해다오.

외제니 (생탕주 부인의 품에 달려가 안기며) 아! 부인 품에서 맹세하겠어요! 부인이 부탁하시는 건 제 행복을 위해서라는 걸, 부인은 제가 비슷한 생각을 떠올려 평정심을 잃는 일이 없기를 바라신다는 걸 어떻게 모르겠어요?

생탕주 부인 내가 어찌 다른 목적이 있겠니.

외제니 자, 돌망세, 미덕을 분석하다가 종교를 검토하게 된 것이잖아요? 다시 그 주제로 돌아가도록 해요. 종교라는 것이 우스꽝스럽기 짝이 없을지라도 종교가 권장하는 미덕이라는 게, 우리의 행복에 이바지할 수도 있을 미덕이라는 게 있지 않을까요?

돌망세 자! 한번 검토해보자. 외제니, 그건 아마 순결을 말하는 거겠지? 네 모습이 순결해 보이기는 해도, 네 두 눈은 그 미덕을 벌써 파괴해버렸다. 자연에서 이루어지는 모든 운동과 싸우는 의무를 존경하는 것이니? 절대 나약해지지 않는다는 허망하고 우스꽝스러운 영예를 얻자고 그 모든 것을 희생하려 드는 것이니? 아름다운 외제니, 올바르게 생각해서 대답해 보거라. 네 생각으로는 이 당치도 않고 위험하기 짝이 없는 순수한 영혼에서 그것과 반대되는 악이 만들어주는 모든 쾌락을 찾을 수 있다고 생각하느냐?

외제니 아니에요, 맹세코 저는 그런 거 싫어요. 저는 순결하고 싶다는 생각이 전혀 안 들어요. 반대로 악의 소질이 정말 큰 것 같아요. 돌망세, 그래도 '순결'이니 '선행'이니 하는 것이 감수성이 풍부한 어떤 사람들[33]에게는 행복이 될 수 있지 않을

· ·

33. "감수성이 풍부한 사람une ame sensible은 자신에게 전해진 마음의 움직임을 쉽게 받을 수 있는 성향을 가진 사람이다. 우리가 민감하다sensible고 부르는 사람은 불행한 자를 보거나, 엄청난 재앙의 이야기를 듣거나, 비통한 장면을 생각할 때 마음이 크게 동요되어 눈물까지 흘린다. 그가 흘리는 눈물을 보면 인간이라는 기계에 대단한 혼란이 생겼을 때 우리가 알아볼 수 있는 결과라 할 것이다. 음악을 들을 때 대단한 즐거움을 느끼고 마음에 뚜렷한 효과를 느끼는 사람을 민감한 귀를 가진 사람이라고 하는 것처럼, 웅변, 예술작품의 아름다움, 그를 자극하는 모든 대상들이

까요?

돌망세 그렇지 않다, 외제니. 미덕은 사람을 배은망덕하게 만들뿐이다! 그런데 속지 말거라, 사랑스러운 친구여. 선행[34]이란 마음에서 우러나오는 진정한 덕이라기보단 차라리 오만에서 나오는 악이다. 사람들이 타인의 고통을 덜어주는 것은 과시하려고 그러는 것이지, 결코 좋은 행동을 하려는 생각만으로 그러는 게 아니다. 사람들은 방금 했던 적선을 몰라봐 주면 화를 낼 것이다. 외제니, 그런 행동이 사람들이 생각하는 것만큼 좋은 결과를 거둘 것이라고 생각하지 마라. 나는 선행을 이루 말할 수 없는 사기詐欺라고 보는 것일 뿐이다. 적선은 고작해야 가난한 사람들이 도움을 받는 데 익숙하게 만드는 일이다. 도움을 받으면 에너지를 잃게 되는 거야. 가난한 사람이 적선을 기대하게 되면 더는 일을 하지 않고, 적선을 안 해주면 강도나

● ●

대단히 격렬한 마음의 움직임을 만들어내는 사람을 감수성이 풍부한 사람이라고 한다"(돌바크, 『자연의 체계 혹은 자연의 세계와 도덕의 세계의 법칙들에 관하여*Système de la nature, ou Des loix du monde physique et du monde moral*』(1770), 109쪽). (역주)

34. 17세기 사교계의 중요한 덕목 중 하나였던 선행bienfaisance은 18세기에 들면 인위적인 태도라는 비판을 받게 된다. 미셸 들롱에 따르면 "18세기의 리베르탱은 카스틸리오네가 세심하게 마련했던 […] 궁정인의 행실들을 부수고자 한다. 리베르탱은 사교계에서 엄격히 거부되었던 무례하고 우스꽝스러워지는 행동도 마다하지 않는다. 그들은 유혹의 주도권을 잡고자 하는 그들의 욕망에 불편을 주는 선행을 저버리게 된다. 그들은 군림하기 위해서 분별력과 우정을 헐값에 팔아치우고 타인을 희생하여 과시하고자 한다"(미셸 들롱, 『리베르탱의 처세술*Le savoir-vivre libertin*』, Hachette, 2000, 70쪽). (역주)

살인을 하게 된다. 사람들이 적선을 늘리는 데 최선을 다하고 있지만, 나는 모든 방면에서 적선을 금지시키려는 방편을 요구할 생각이다. 넌 네 방에 파리들이 안 들어왔으면 하지? 그럼 파리를 꾀는 설탕을 방에 두지 말아야지. 프랑스에 극빈자들이 없었으면 하지? 그럼 적선을 하면 안 된다. 사방에 널려 있는 자애소慈愛所를 싹 쓸어버려야 한다. 불운을 타고난 개인은 그럴 때 저 위험한 원천이 사라져버렸음을 알게 되고 용기를 내어 자연으로부터 받은 모든 수단을 강구하게 되어, 결국 자기가 태어난 상황에서 벗어나게 된다. 그는 이제 더는 널 귀찮게 하지 않을 거야. 그러니 인정사정 볼 것 없이 저 구역질나는 자애소를 파괴하고 엎어버려라. 거기가 저 극빈자의 리베르티나주가 빚어낸 아이들을 부끄러운 줄도 모르고 감추어 두고 있는 곳이다. 끔찍한 시궁창이 아니곤 뭐냐. 매일같이 한 무더기의 새로운 피조물을 사회로 토해내는데, 그들은 네 지갑에서만 희망을 기대해. 나는 도대체 무슨 이유로 그렇게 공을 들여 그런 작자들을 살려두는지 이해할 수가 없다. 프랑스 인구가 줄어들까 봐 그러는 것인가? 아! 그걸 두려워할 필요가 없다. 현 정부의 첫째 결함은 인구가 지나치게 많다는 데 있다. 그런 인구과잉을 국가의 부富라고 하는 주장은 정말 어림도 없는 것이다. 저 여분의 존재들은 기생하는 가지들과 같아서, 그저 몸통에 붙어 살아가다가 결국 고사枯死하는 최후를 맞게 된다. 어떤 정부라도 먹여 살릴 수 있는 이상으로 인구가 증가하면

쇠퇴한다는 점을 기억해라. 프랑스를 잘 살펴보자. 프랑스가
보여주는 현실을 보거라. 결과가 어떻게 되겠느냐? 뻔한 것이
다. 중국 사람은 우리보다 현명해서 지나치게 많은 인구 때문에
휘둘리지 않도록 조심한다. 방탕한 짓거리로 태어난 아이들을
맡는 고아원이 한 곳도 없다. 저 흉측한 결과물을 소화시키듯이
유기해버리지. 극빈자를 위한 자애소도 한 곳도 없다. 중국에는
그런 걸 찾아볼 수가 없다. 중국에선 모든 사람이 일을 하니,
모든 사람이 행복하지. 극빈자의 에너지를 감퇴하는 것이 없으
니 모두들 네로황제처럼 "가난하다는 게 무엇입니까"[35] 하고
묻는다.

외제니 (생탕주 부인에게) 부인, 제 아버지도 돌망세 씨와 똑같이
생각하세요. 당신은 지금껏 적선이라곤 해본 적이 없답니다.
어머니가 그런 데 적선으로 돈을 쏟아 붓는다고 늘 야단을
하세요. 어머니는 '여성봉사회'와 '박애소' 회원이거든요.[36]
나는 그런 게 뭐 하는 곳인지도 몰라요. 아버지는 어머니더러
그만두라고 야단을 하는데 어머니가 그런 바보짓을 계속할

· ·

35. 가난이란 무엇인가Quid est pauper? 원문에 라틴어로 되어 있다. (역주)
36. 여성봉사회société de charité maternelle는 1787년에 루이 16세의 왕비 마리
   앙투아네트가 랑발 공주와 푸케 두트르몽 부인을 도와 만들었다. 혁명기에
   없어졌다가 나폴레옹이 재건했다. 임신 중에 남편을 잃거나 버림받은
   여성들의 출산을 도왔는데 현재까지 남아 있다. 박애소société philan-
   tropique는 1780년에 설립되었고 루이 16세가 후견인으로 있었다. 노인들
   에게 도움을 주었으며 젊은 시각장애인들의 교육을 맡았다. 또한 여섯
   번째 아이를 임신한 여성들과 홀아비, 과부들에게 도움을 주었다. (D)

생각이면 어머니에게 줄 연금을 최소한으로 줄여버리겠다고 하세요.

생탕주 부인 그 협회들보다 우스꽝스럽고도 위험천만한 것이 또 없단다. 지금 우리 사회처럼 끔찍한 전복이 일어난 것도 다 무상교육이니 자애소니 하는 것 때문이다.[37] 외제니, 절대로 적선 같은 것을 하지 말거라, 부탁이다.

외제니 걱정 마세요, 아버지도 오래전에 제게 똑같은 부탁을 하셨어요. 저는 아버지 분부와… 제 마음의 움직임과 부인의 욕망을 억제하면서까지 선행을 베풀 생각이 전혀 없어요.

돌망세 자연이 우리에게 갖게 한 감수성을 그런 데까지 쓸 필요가 없다. 그건 감수성을 확장하는 것이 아니라 파괴하는 거야. 타인의 불행이 나와 무슨 상관이냐! 내가 가진 불행이 충분치가 않아서 내가 모르는 사람들의 불행에까지 상심을 하란 말인가! 감수성은 우리의 쾌락에만 불을 댕겨야 하지 않겠니! 쾌락을 자극하는 것에 민감하되, 다른 모든 것에는 절대 굽히지 말자꾸나. 그 마음 상태에서 잔인함이 나오는 것이다. 간혹 그것이 즐거움이 되기도 하지. 항상 악을 행할 수는 없다. 악을 행하며 얻는 쾌락을 누릴 수가 없을 땐, 적어도 선을 행하지 않는 자그마한 악행을 통해 그 즐거움을 상쇄하도록 하자.

외제니 아! 대단하군요! 당신의 가르침은 얼마나 저를 흥분시

· ·
37. 프랑스대혁명을 말한다. (역주)

키는지! 이제 선한 일을 하느니 차라리 죽는 편이 나을 거예요.

생탕주 부인 그럼 누가 나쁜 짓을 시키면 그 일을 저지를 준비가 되었느냐?

외제니 그만두세요, 절 유혹하시네요. 그 점에 대해서는 두 분의 교육이 끝난 뒤에 대답해 드릴게요. 돌망세 씨, 당신의 말씀에 따르면 지상에는 선을 행하든 악을 행하든 아무런 상관이 없는 것 같네요. 우리의 취향과 기질만이 존중되어야 한다는 건가요?

돌망세 아! 두말할 필요가 없지. 외제니, 죄악이나 미덕과 같은 단어들의 개념은 순전히 지역적인 것일 뿐이다. 참으로 기이해 보일 수 있겠지만 정말 범죄적인 행동이란 게 없고, 실제로 덕성스럽다고 부를 수 있는 행동이란 것도 없다. 모든 것이 우리가 살아가는 풍속과 기후에 좌우된단다. 여기선 죄악이라는 것이 몇 백 리 남쪽으로 내려가 보면 미덕일 때가 많고, 지구의 남반구에서 미덕이라는 것이 우리에게 반대로 죄악이 될 수도 있다.[38] 공포는 신격화되기 마련이고 덕은 훼손되기

· ·

38. 디드로의 『부갱빌 여행기 보유』에서 부갱빌 일행을 맞은 타히티족의 추장은 이렇게 말한다. "자네와 함께 범죄란 관념과 질병의 위험이 우리들 사이에 파고들었어. 옛날에는 그처럼 감미로웠던 성적 즐거움에 회한과 공포가 따르게 된 게지. [⋯] 하지만 선량하고 소박한 타히티인들이 하늘 아래서 백주에 부끄러워하지 않고 아이를 생산할 수 있도록 해주게. 우리가 그들에게 불어넣었고 그들에게 활력을 주고 있는 이 감정을 대신할 수 있는 보다 더 정직하고 더 숭고한 감정이 자네에게 있기나 한가? [⋯] 그들은 살기 위해서, 성장하기 위해서 먹는다네. 그들은 번식하기 위해서 자라나고 있지. 그래서 그것을 방탕하다거나 수치스럽다고 생각하지 않는단 말이야"(디드로, 『부갱빌 여행기 보유』, 정상현 역, 숲, 2003,

90

마련이야. 이와 같이 순전히 지역적인 차이들 때문에 우리가 사람들의 존경심이나 경멸을 중시해야 하는 경우가 생기기도 하지. 존경심이나 경멸이란 감정은 우스꽝스럽고 하찮은 감정으로서 우리는 그런 감정에 개의치 말아야 해. 조금이라도 우리 같은 사람들에게 걸맞은 행동으로 관능을 선사받기만 한다면 주저함 없이 경멸조차 마다하지 말아야 한다.

외제니 그런데 제 생각으론 그 자체로 너무나 위험하고 나쁜 행동들도 있는 것 같아요. 그런 행동들은 지구의 한쪽에서 다른 쪽으로 간대도 공히 범죄라고 여겨지고 죄악으로 처벌되지 않았을까요.

생탕주 부인 그런 것은 존재하지 않는다, 얘야. 어떤 것도 없다. 강간이든, 근친상간이든, 살인이든, 존속살인이든 말이다.

외제니 뭐라고요! 그런 끔찍한 일들이 다른 곳에서는 용서가 되기도 했단 말인가요?

돌망세 존경을 받고 영예가 되고 훌륭한 행동으로 인정받았지. 반대로 인류애, 정직, 선행, 순결과 같은 우리의 모든 미덕을 끔찍한 것으로 여겼던 곳도 있었다.

외제니 그걸 전부 설명해주세요, 저 죄악들을 하나하나 짧게나마 분석해주세요. 제일 먼저 두 분은 처녀들의 리베르티나주에 대해 어떻게 생각하시는지, 다음으론 여자들의 불륜은 어떻게 생각하시는지 설명해주세요.

생탕주 부인 그럼 잘 들어라, 외제니. 처녀가 어미 뱃속에서 나오는 순간부터 마지막 숨을 거둘 때까지 부모 뜻에 따라 희생도 마다해선 안 된다는 건 당치도 않은 소리야. 인간의 권한과 권리가 그토록 세심하게 연구된 시대에, 젊은 처녀들을 짓누르는 가족의 권력이란 게 완전히 허구에 불과한 것이 당연한데도 계속해서 자기가 가족의 노예라고 믿어야 하겠니.[39] 아주 흥미로운 주제에 대해 자연의 목소리에 귀 기울여보자. 자연에 훨씬 더 가까운 동물을 지배하는 법칙을 잠시 예로 들 수 있겠다. 동물들이 새끼들의 최초의 신체적 필요가 다한 뒤에도 아비의 의무를 계속하더냐? 수컷과 암컷이 쾌락을 나누어 태어난 새끼들은 완전히 자유롭고 권리도 완전하지 않더냐! 걸을 수 있고 혼자 먹이를 찾을 수 있게 되자마자 그 순간부터 그들에게 생명을 주었던 부모들이 그들을 안중에라도 두더냐? 또 새끼들은 생명을 준 부모들에게 의무를 졌다고 생각이라도 하느냐 말이다. 분명 아니다.[40] 그런데 무슨 권리로 사람의 아이에게

• •

39. 1789년 8월 26일의 입헌의회에서 『인간과 시민의 권리 선언』이 받아들여졌고, 이는 1791년 헌법의 첫머리에 수록되었다. 이 『선언』의 기원과 내용에 대해서는 자크 고드쇼의 『1789년 이후 프랑스의 헌법』, 가르니에-플라마리옹, 1970; 스테판 리알의 『인간과 시민의 권리 선언』, 아셰트-플뤼리엘, 1988을 보라. (D)

40. 사드는 다음과 같은 점에서 루소를 읽었을 것이다. "모든 사회 가운데 가장 오래되고 유일하게 자연적인 것은 가족사회다. 하지만 아이는 자신을 보존하기 위해 아버지를 필요로 하는 동안에만 그에게 매여 있다. 더

억지로 다른 의무를 지게 한단 말이냐? 아비들이 탐욕스럽고
바라는 게 있었으니 의무란 걸 세워놓은 것이 아니냐? 그런데
이제 느끼고 생각할 줄 알기 시작한 젊은 처녀에게 그런 재갈을
물리는 것이 정당한 것인지 난 묻고 싶다. 그 구속을 연장하는
것이 무엇이냐, 편견 아니냐? 열다섯, 열여섯 처녀라면 욕망에
달아올라 있는데 그걸 극복하란다. 거기다가 부모들 좋으라고
지옥불보다 더 가혹한 고통을 받으면서 제 젊음을 불행에 몰아
넣고선 또 제 뜻은 물어보지도 않고 사랑해주길 기대하기엔
아무짝에도 쓸모없고 온통 미움이나 받기만을 기대할 뿐인
남자와 결합하면서 부모의 위험한 탐욕에 제 성숙한 시절을
희생하는 것을 보는 것보다 우스꽝스러운 일이 도대체 어디
있느냐?

아! 안 된다 안 돼. 외제니. 그런 관계는 곧 사라질 거다.
젊은 처녀는 철이 드는 나이가 되면 부모 집에서 내보내 국가에
서 교육을 시킨 다음,[41] 열다섯이 되면 자기가 원하는 일을

• •

이상 그럴 필요가 없게 되면 자연적 유대는 즉시 소멸한다. 아이는 아버지
에게 복종할 의무에서 벗어나고, 아버지는 아이를 보살필 의무에서 벗어나
나, 그들 모두는 똑같이 독립 상태로 돌아간다. 만약 그들이 계속해서
결합된 채로 남아 있다면, 그것은 더 이상 자연적으로 그런 것이 아니라
자발적으로 그런 것이고, 이때 가족은 오직 합의에 의해서만 유지된다"
(『사회계약론』1권 2장, 김영욱 역, 후마니타스, 2018, 12쪽). 이러한 논의는
이미 로크의 『시민 정부론』5장에서 나온 것이다. 사드는 이 주제를
급진적으로 만들고 루소의 생각과는 아주 다른 페미니즘의 결론을 이끌어
낸다. (D)

41. 이 주제는 사드의 『알린과 발쿠르』에도 나온다. 이 소설에서 사드는

하도록 놓아두어야 한다.[42] 악에 빠지면 어떻게 하냐고? 아! 그게 뭐가 중요한가? 젊은 처녀가 자기 좋다고 감정 표현을 하는 모든 사람을 행복하게 만들어주겠다고 동의를 해. 그래서 해주는 봉사가 여자를 집구석에 처박아 놓고 남편이나 달래주는 봉사보다 훨씬 더 중요하지 않겠니? 여자의 운명은 암캐나 암늑대 같은 거야. 여자란 자기 좋다는 모든 이들의 거야지. 고독한 결혼이라는 당찮은 관계에 여자를 묶어 놓는 건 자연이

· ·

이혼의 문제를 다루면서 아이들이 후처後妻에게 학대받을 수 있거나, 아버지는 항상 막내를 좋아하기 마련이라는 두 가지 난점을 언급한다. 이 문제에 대한 해결책은 다음과 같다. "아이들은 어머니의 젖을 떼면 가정을 떠난다. 아이들은 국립 교육을 받게 된다. 그들은 그 누구누구의 자식이 아니라 바로 국가의 자식이다"(사드, 『선집』1권, 649쪽). (역주)

42. 17세기 프랑스에서 결혼이란 두 개인의 자유로운 결합이 아니라, 가족의 동의를 필요로 하는 일이었다. 부모들은 아이들에게 묻지 않고 결혼 협상을 했다. 이런 관습 때문에 일반적으로 아이들은 아주 어린 나이에 결혼을 했다. 여자아이들의 경우 열두 살, 남자아이들의 경우 열네 살이 법적으로 결혼을 할 수 있는 연령이었다. 여자아이들에게는 거의 교육을 시키지 않았다. 흔히 교리문답, 바느질, 몇 가지 예술을 배우는 것으로 충분하다고 생각했다. 여자아이들의 교육은 수도원이 주로 맡았는데, 아이들을 격리시켜둘 목적이 컸다. 18세기 후반에 들어서야 여자아이들에 대한 교육의 문제가 본격적으로 제기된다. 종교기관에 위탁한 교육에 문제가 많다는 비난도 이때 쏟아졌다. 루소, 디드로, 베르나르댕 생 피에르가 이런 교육 형태를 비난했다. 18세기에 수도원이 교육기관으로서 신용을 잃기는 했어도 대귀족들은 여전히 딸을 수도원에 보냈다. 기숙비가 비쌌는데, 한 예로 파리의 그르넬 거리에 있었던 팡테몽 수도원은 파리에서 가장 기숙비가 비싼 곳이어서 600리브르에서 800리브르가 들었지만 들어가기 어려웠다(조르주 스니더, 『17세기와 18세기 프랑스의 교육』, PUF, 1965; 주느비에브 렌느, 『여자들의 수도원』, 파야르, 1987을 참조). 고전주의 시대에 철이 드는 나이는 보통 일곱 살 안팎을 말한다. (역주)

여자에게 부여한 운명을 명백히 위반하는 것이다.

사람들이 눈을 떠 개개인의 자유를 보장하면서 불행한 처녀들의 운명을 잊지 않기를 바라자. 그런데 아무도 관심을 갖지 않을 정도로 처지가 가련한 처녀들이 관습과 편견을 훌쩍 뛰어넘어, 그녀들을 묶어 놓았다고 생각들을 했던 수치스러운 족쇄를 과감히 짓밟게 되면, 이내 인습과 여론에 승리를 거두게 될 거야. 남자들은 더 자유로워질 테니까 더 현명해져서 그렇게 행동할 여자들을 경멸하는 것이 부당한 일임을 깨닫게 되겠지. 노예의 민족은 자연의 충동에 따르는 일을 죄악시 여겼지만 자유로운 민족은 더는 그렇지 않다는 것을 깨달을 거란 말이다.

그러니 외제니, 이 타당한 원칙에서 출발해서 어떤 값을 치르게 되더라도 널 묶고 있는 족쇄를 끊어야 한다. 무지한 어미의 헛된 질책 따위는 무시해버려. 네가 네 어미에게 갚아야 할 거라곤 증오와 멸시뿐이다. 네 리베르탱 아비가 널 원하거든, 잘된 일 아니냐. 즐기게 해라. 하지만 구속은 안 돼. 널 구속하려거든 족쇄를 부숴버려. 제 아비가 했던 대로 고스란히 돌려준 처녀들이 있지. 한마디로 성교하고 성교해라. 그것이 네가 세상에 나온 이유다. 힘이 달리고 의지가 약해서면 몰라도 네가 가진 쾌락은 한계를 몰라. 장소가 어디든, 시간이 언제든, 사람이 누구든 왜 예외를 두겠니. 언제라도, 어디서라도, 누구라도 네 관능을 채워야지. 정조真操[43]라는 미덕은 불가능한 것이다. 그 미덕은 본성상 제 권리를 침해받으면 이내 수만 가지 불행으로 우리를 벌한다. 법이란 오늘날 여전히 그렇듯이 그대로일 테니 베일을 쳐두도록 하자. 세간의 여론 때문에 그럴 수밖에 없지. 그래도 공개적으로 지키지 않을 수 없는 저 잔인한 정숙이라는 것에 은밀히 보상을 하자꾸나.

젊은 처녀라면 좋은 여자 친구 하나를 만들 노력을 해야 한다. 사교계에 드나드는 자유로운 여자로 은밀하게 쾌락을 맛보게 해줄 수 있어야겠지. 그런 친구를 얻지 못한다면 주변에 밀정을 유혹하는 수고를 해야 한다. 밀정에게 부탁해서 몸을 팔게 해달라고 한다. 그들더러 몸을 판 대가를 전부 가지라고 약속하는 거야. 그럼 이들 밀정이나 그들이 찾아줄 여자들이 처녀가 바라는 소원을 이뤄줄 것이다. 그런 여자들을 '포주'라고 한다. 그럼 처녀는 형제며, 자매며, 사촌이며, 친구며, 부모 등 주변 모든 사람 눈에 연막을 쳐야지. 필요한 경우 누구에게라도 몸을 주어 자기 행동을 감춰야 한다. 요구를 받으면 자기 취향이나 애정을 희생해서라도 받아줘야 한다. 자기 마음에

• •

43. 디드로는 『백과사전』의 「정조continence」 항목에서 이를 "육체의 충동에 저항하는 미덕"으로 정의했다. 그는 "'순결chasteté'과 '정조'를 구분한다. 순결은 동정童貞의 자연스러운 결과이므로 노력으로 얻는 것이 아니다. 그러나 '정조'는 자기 자신에 대해 획득한 승리의 결과인 듯하다. 순수한 사람은 스스로 정신이나 마음이나 육체의 어떤 동요도 느끼지 못하지만 정조를 가진 사람은 이런 마음과 육체의 움직임에 괴로워하고 이에 저항한다. […] 우리가 이 미덕을 높게 평가하는 것은 대중에 적지 않은 중요성을 가지기 때문이다. 남자나 여자가 공공연하게 정조를 어긴다면 이 죄악이 도처로 퍼져나가게 되고 취향마저 물들일 것이다." (역주)

들지 않는 관계도 있겠지. 그땐 오직 전략적으로 주는 거야. 그러면 곧 상황이 곧 더욱 만족스러워지지. 그때가 이 바다에 '들어선' 거야. 그러나 유년시절에 가졌던 편견으로 더는 돌아가선 안 된다. 위협, 권고, 의무, 덕과 종교와 충고, 이 모든 걸 짓밟아버리는 거야. 자기를 다시 사슬에 묶어버리고자 하는 모든 걸, 한마디로 음란의 품으로 인도하지 않는 모든 걸 완강히 내치고 무시해야 한다.

리베르티나주의 길에 들어서면 불행이 닥친단 말은 우리 부모들의 과장이다. 물론 가시밭길은 어디나 있지. 하지만 이 악의 길에서 장미는 가시 위에 꽃핀단다. 미덕의 진창길에서 자연은 장미꽃을 피우지 않는다. 이 길을 처음 걸을 때 두려워해야 할 유일한 암초가 있다면 사람들의 여론이란 것이다. 그런데 조금만 생각을 해본다면 재기 넘치는 처녀는 충분히 저 비열한 여론을 감당할 수 있겠지. 외제니, 존경심으로 얻는 쾌락은 그저 몇몇 사람이나 누리는 도덕적인 쾌락에 불과해. 하지만 '성교'의 쾌락을 즐기지 않는 이는 없지. 그 유혹적인 매력이 이내 환상에 불과할 뿐인 경멸을 보상해 준다. 물론 여론에 용기 있게 맞서면서 경멸에서 벗어나는 일이 쉽지는 않지. 그래도 분별 있는 여자들은 타인의 멸시를 조롱하면서 그것으로 더 큰 쾌락을 만들어내기까지 하는 거야. 외제니, 성교하고 또 성교해라, 나의 천사야. 네 육체는 너의 것, 오직 너만의 것이다.[44] 네 육체를 즐기고 너 좋을 대로 즐기게 할 권리를 가진 사람은 세상에 오직 너 하나뿐이다.

네 인생에서 가장 행복한 순간을 누리려무나. 쾌락을 즐길 행복한 시절은 얼마나 짧은 것이냐! 그 시절을 즐겼기에 행복하다면, 관능의 추억이 우리를 위로하고 노년에는 더욱 우리를 기쁘게 할 것이다. 그 시절을 잃었다면 어떨까?… 쓰디쓴 회한이며 끔찍한 후회며 하는 것이 우리의 마음을 찢을 것이며, 거기에 나이 들어 겪게 될 고통이 더해지겠지. 죽음이 다가오는 시절을 가시덤불에 둘러싸여 눈물이나 짜며 사는 거지….

혹시라도 영원을 꿈꾸느냐? 이것 보거라! 애야, 남자들 기억 속에 영원히 남으려면 사랑을 해야지. 테오도라와 메살리나[45] 같은 여자들은 더할 나위 없이 매력적인 화젯거리가 되고 그리

---

44. 양차 대전 중에 출간된 빅토르 마르게리트의 한 페미니즘 소설 제목이 『네 육체는 너의 것』이었다. 이 소설은 1927년에 나왔는데 이 책의 2권 「행복을 찾아서」에서 낙태의 권리를 옹호했다. (D)

45. 사드는 자신의 저작에서 여러 차례 테오도라와 메살리나를 언급한다. 『알린과 발쿠르』에서 사드는 각주를 달아 테오도라를 언급했다. "테오도라는 유스티니아누스황제의 아내였다. […] 우리가 아직까지 따르고 있는 법의 일부는 그녀의 연인들의 작품이다. 이 가혹한 법전으로 남편을 적당히 속이면서 그녀는 자신의 행실을 숨겼던 것이다. 우둔한 유스티니아누스는 법을 만들고 그의 아내는 남자와 놀아났다"(사드, 『선집』 1권, 870쪽). 발레리아 메살리나는 로마 황제 클라우디우스의 아내였는데 음행淫行으로 이름을 날렸다. 디온 카시우스는 메살리나가 불륜을 저지르는 것으로 만족하지 못하고 매춘을 했다고 썼다. 몸소 유곽에 자리를 잡고 다른 귀족 부인들과 놀아났다는 일화가 있다. 그러므로 사드가 이 두 여자들의 이름을 자주 언급하는 것은 우연한 일이 아니다. 또한 이 소설에서 생탕주 부인이 나중에 고백하게 될 이야기는 바로 메살리나의 생애를 모방한 것이다. (역주)

자주 되새겨지지만, 루크레티아[46] 같은 여자들은 금세 잊히고 말았지. 그러니, 외제니, 이 방식으로 사는 것이 더 낫지 않겠니? 평생을 이승에서 바보처럼 무기력하게 살고, 우리 생이 다한 후엔 경멸과 망각만을 약속할 뿐인 방식대로 사는 것보다는 말이다.

외제니 (생탕주 부인에게) 아! 내 사랑, 이 얼마나 아름다운 말인가요. 제 머리를 타오르게 하고 제 마음을 유혹하는군요! 형언하기 어려운 마음이네요… 말씀해주세요. 소개해줄 수 있으세요…. (혼란스러워한다) 말만 하면 제 몸을 팔게 해줄 그런 여자들을요….

생탕주 부인 이제부터 네가 경험을 더 쌓을 때까지 그건 오직 내게 달린 것이란다, 외제니. 나만 믿고 따라라. 네 미망을 감추는 데 내가 조심스레 기울일 노력만 따르는 거야. 내 동생과 네게 가르침을 주는 이 듬직한 친구가 원컨대 네가 몸을 줄 첫 번째 남자들이 될 것이다. 다른 남자는 나중에 찾으면 돼. 그러니 애야, 두려워 말거라. 네게 이 쾌락 저 쾌락 전부 맛보여 줄 거고, 널 열락悅樂의 바다에 빠지게 하련다. 내 천사, 널 열락에 채워 싫도록 즐기게 할 거다!

외제니 (생탕주 부인의 품에 안기며) 오! 부인, 사랑해요. 자! 이제 부인은 세상에 저렇게 고분고분한 여학생이 있나 하실 거예요. 그런데 우리가 전에 했던 말들을 기억해 보면 젊은 여자는

• •
46. 정숙함으로 이름이 높았던 로마의 부인. 남편 콜라티누스의 사촌 섹스투스 타르퀴니우스가 그녀를 범하자, 이를 남편에게 알리고 자결했다. (역주)

나중에 결혼할 남편이 눈치채지 않게 리베르티나주에 빠지기란 어렵다고 가르쳐 주셨어요.

생탕주 부인 그렇단다 애야, 하지만 이 모든 틈을 메우는 비밀이 있는 것이지. 네게 그 가르침을 주겠노라 약속을 하마. 그때 넌 앙투아네트처럼[47] 사랑할 수 있을 것이다. 난 네가 태어났을 때와 똑같이 널 다시 처녀로 만들어줄 수 있다.

외제니 아! 멋진 분! 자, 더 가르쳐 주세요. 결혼생활을 하는 여자가 이런 경우에는 어떻게 행동해야 하는지 제게 빨리 가르쳐 주세요.

생탕주 부인 애야, 여자가 처녀든, 결혼했든, 과부든 뭐든 어떤 경우라도 아침부터 밤까지 성교를 하는 것이 인생의 유일한 목표이자, 관심사이자, 욕망이어야 한다. 자연이 여자를 만든 건 바로 이 한 가지 목적을 위해서였지. 그런데 이 자연의 의도를 수행하기 위해 여자가 어렸을 때의 모든 편견을 짓밟으라고 하고, 가족의 명령에 단호한 불복종으로 맞서라고, 부모의 충고를 모조리 무시하라고 한 것은 말이다, 외제니, 충고하건대 모든 제약 중에서 여자가 시급히 없애버려야 할 첫 번째 제약이 분명 결혼의 제약임을 납득해야 하기 때문이다.

· ·

47. 마리 앙투아네트(1755-1793)는 루이 16세의 아내였다. 프랑스 왕가와 오스트리아 합스부르크가의 화해를 위해 슈아죌은 마리 앙투아네트와 나중에 루이 16세로 왕좌에 오를 프랑스의 왕자와의 결혼을 추진했다. 1770년에 결혼한 뒤 1774년에 루이 16세가 왕위에 올라 왕비가 되었다. 이후 프랑스 혁명기에 처형되었다. (역주)

실제로 집이나 기숙사에서 방금 나온 젊은 처녀가 있다고 생각해 보거라,[48] 외제니. 경험도 없고, 아는 것도 없는데 한번도 본 적 없는 남자의 품에 곧장 안겨야 하고, 제단 아래에서 그 남자에게 복종하겠다고, 정절을 지키겠다고 맹세를 해야 한다. 여자 마음 깊은 곳에서는 그 맹세를 지키지 않기를 바라는 엄청난 욕망뿐이니 이 얼마나 부당한 일이냐. 외제니, 세상에 이보다 더 끔찍한 운명이 있을까? 그런데 남편이 마음에 들건 안 들건, 남편이 그녀를 애정으로 대하든 함부로 대하든 결혼으로 엮여버리고 말았다. 여자의 명예는 맹세를 지키는 것이며, 맹세를 어기면 명예는 훼손된다. 몸을 망치거나 족쇄를 차거나지. 고통으로 죽든 말든 말이다. 아! 아니다, 외제니, 이건 아니야.

• •

48. 18세기에 종교기관에 위탁된 여자들의 교육에 대한 비난이 끊이지 않았다. 엘베시우스는 그의 『인간론De l'homme』에서 이 문제를 다룬다. "교육에 관련한 규범에 얼마나 모순이 많은지 더 뚜렷이 다뤄보기 위해 좀 점잖지 않은 표현을 하더라도 양해해주기 바란다. 이 주제를 다루려면 그럴 필요가 있다. 이 모순이 가장 심각한 곳은 바로 젊은 여자들을 교육시킬 목적으로 세운 종교기관들이다. 수도원에 들어가 보자. 아침 여덟 시에 강의가 시작된다. 수녀원장은 순결에 대해 강의를 하면서 기숙학생들이 남자에게 눈을 돌려서는 안 된다고 가르친다. 아홉 시 종이 울린다. 무용선생이 들어와 학생들에게 "머리를 바로 세우고 항상 선생을 바라보라"고 한다. 그러니 수녀원장을 따라야 하는 것인가, 무용선생을 따라야 하는 것인가? 기숙학생들은 그걸 알 수가 없다. […] 교육 규범은 하나의 목적을 따르지 않는다면 불확실하고 모호할 따름이다. 교육의 목적이 무엇인가? 대중에게 가장 큰 이득이 되는 것, 즉 대다수의 시민들에게 가장 큰 쾌락과 행복을 마련해주는 것이다. 부모들은 이 목적을 모른단 말인가? 그들은 여기저기 여러 교육의 방법들 사이에서 헤매고 있다"(엘베시우스, 『인간론』 1부 10장). (역주)

우리가 그러려고 태어난 것이 아니지 않느냐. 저 당치도 않은 법률은 남자들이 만든 것인데 우리가 왜 그 법에 복종해야 하느냐. 이혼하면 나아질 것 같나? 절대 아니다. 첫 번째 결혼에서 우리를 피해 갔던 행복을 두 번째 결혼에서 더 확실히 찾을 수 있다고 누가 보증을 하겠나? 그러니 이리도 당찮은 결혼의 모든 구속을 은밀히 보상해야. 확실한 것은 여자들의 방종이 아무리 도를 넘는다 해도 그것이 자연을 거스르는 것이기는커녕 우리 여자들이 자연을 진심으로 찬양하는 일이라는 점이다. 자연이 우리 여자들에게 마련해주었던 욕망에 순종하는 일이야말로 자연의 법칙에 복종하는 일이다. 자연을 거스르는 건 자연에 저항할 때뿐이니까. 남자들은 간통을 죄악시하지. 남자들은 뻔뻔하게 간통한 여자들을 죽음으로 처벌했다. 외제니, 간통이라는 것은 말이다, 자연에 대한 권리 이행일 뿐이다. 폭군 같은 남자들이 머릿속에 무슨 생각을 하건 우리 권리는 절대 빼앗을 수 없을 것이다. 하지만 우리네 남편들은 이렇게 말하지. 여자들의 방종으로 생긴 아이들을 제 아이인 양 사랑하고 입 맞춘다는 게 얼마나 끔찍한 일이냐고. 루소의 반박이 이런 것이다.[49] 간통을 공격할 수 있는 유일한 반박이라는

· ·

49. "이미 타락한 마음들만 유혹, 죄에 대한 훌륭한 변호인들인 당신네 철학자들의 주장들을 냉철하게 고찰해보세요 […] 그들이 어떻게 은밀한 불륜의 무죄를 증명하는지 좀 보세요! 그들은 이렇게 말해요. '그것은 어떤 악도 낳지 않는다. 심지어 불륜 사실을 모르는 남편에게도.' 마치 남편이 영원히 불륜을 모를 것이라고 확신하는 것 같지요? 타인에게

데 나도 동의한다. 그럴싸하지. 자! 임신 걱정 없이 리베르티나주를 즐기는 일이 얼마나 쉬운 일인지 아느냐? 여자가 신중하지 못해서 임신이 되었다 하더라도 지우는 일은 훨씬 더 쉬운 일이 아니냐? 이 주제에 대해서는 나중에 이야기하고 지금은 문제의 핵심만 다뤄보자. 이 논거가 일견 아무리 그럴싸해 보이더라도 환상에 불과하다는 점을 살펴보자.

첫째로, 내가 남편과 잠자리를 갖는 한, 그의 정자가 내 자궁 속에 흘러드는 한, 난 남편은 물론 열 명의 남자를 만날 수 있다. 태어날 아이가 그의 아이가 아니라는 걸 무엇으로 증명할 수 있을까. 그의 아이일 수도 있고 아닐 수도 있지. 불확실한 경우에도 남편은 아이가 태어나도록 협력했으니, 그 아이의 존재를 인정하는 데 주저할 수도 없고 그래서도 안 된다. 아이가 남편의 씨일 수 있을 때부터 그 아인 그의 아이인 거야. 누구 아이인지 의심하면서 불행하게 될 남자는

해만 끼치지 않으면 서약 위반과 부정함조차 정당화될 수 있다는 말 같지요? 죄지은 사람이 받는 고통이 우리로 하여금 죄를 두려워하게 하기에 충분하지 않은 것 같지요? 뭐라고요! 신뢰를 잃는 것이, 맹세와 가장 신성한 계약의 효력을 가능한 한 무효화하는 것이 아니라고요? 스스로 음흉한 사람이나 거짓말쟁이가 되지 않을 수 없게 하는 것이 아니라고요? 당신으로 하여금 타인의 고통과 죽음을 원하게 하는 관계를 형성하는 것이 아니라고요? 자신이 가장 사랑해야 하는, 자신이 함께 살기로 맹세한 바로 그 사람의 죽음 말이에요. 수없는 다른 죄를 파생시키는 어떤 상황이 악이 아니라고요? 선이라 할지라도 그토록 많은 악을 야기한다면 그 이유 하나만으로도 그 선은 악 그 자체일 거예요"(루소, 『신엘로이즈』 3부 18번째 편지, 앞의 책, 493-494쪽). (역주)

아내가 정숙한 여자여도 그리 불행할 것이다. 여자란 믿을 수 없는 존재인 데다, 십 년을 조신했던 여자라도 어느 날 달리 될 수 있는 것 아니겠니. 그러니 의심 많은 남편은 어떤 상황에서도 의심을 할 수밖에 없다. 제가 안고 있는 아이가 정말로 자기 아이인지 결코 확신할 수 없을 거야. 그런데 모든 경우를 다 의심한다면 어쩌다가 의심스러운 아이를 인정하는 것도 문제가 안 된다. 도덕적으로 행복한지 불행한지에 대해서도 불편이 더하지도 덜하지도 않겠지. 그러니 사정이 이렇다는 것이 더 낫지. 남편은 이제 총체적인 오류에 빠지게 되었다. 지금 아내의 리베르티나주로 생긴 아이를 안고 있다면, 누가 죄를 범한 것이냐? 재산은 공동의 것이 아니냐? 이 경우 이 재산의 한몫을 가질 아이를 집에 들이는 것이 나쁜 것인가? 아이는 내 몫의 재산을 갖게 될 것이고, 내 사랑하는 남편 것은 전혀 훔치지 않을 거야. 아이가 누릴 몫을 내 지참금[50]에 대한 저당으로 생각해. 그러니 그 아이나, 나나 내 남편에게 가져간 게 없게 되는 것이지. 만에 하나 아이가 그 사람 아이였다

50. "지참금 수입은 남편의 것이다. 이 수입은 결혼비용을 충당하기 위해 남편에게 지급된다. […] 지참금은 남편만이 관리하고 아내가 이를 취해서는 안 된다. 남편만이 지참금의 보전과 회수에 대한 정당한 권리를 갖는다. […] 아내는 가져온 지참금에 대해 일상적인 소유권을 주장할 수 없다. 그러나 우리의 관습에 따르면 아내가 남편과 재산을 분할해야 할 때, 혹은 남편의 뜻이나 재판 결과에 따라 이 재산의 권한을 획득했을 때 자기가 가져온 지참금의 권리를 정당하게 행사할 수 있다"(『백과사전』, 「지참금」 항목). (역주)

면 어떤 명목으로 아이가 내 재산의 한몫을 가져가겠니? 내게서 나왔다는 사실 때문이 아니냐? 자, 아이는 똑같이 친밀한 결혼 계약 덕분에 그 몫을 누리게 될 거다. 내가 아이에게 내 재산의 일부를 줘야 하는 건 그 아이가 내게서 나왔기 때문이다.

너는 내 행동에 대해서 무슨 비난을 할 수 있니? 아이는 재산을 갖게 돼. 하지만 남편을 속였으니, 그건 심각한 사기입니다, 하겠지. 아니다. 되갚음일 뿐이야. 그게 전부지. 내가 받아들여야만 했던 제일가는 속박에 속았으니, 복수를 하는 거지. 더 간단한 일이 있을까?[51] 하지만 당신 남편의 영예는 실질적으로 모욕을 받았는데도요, 하겠지. 이런 편견을 보았나! 내가 행한 리베르티나주는 내 남편을 털끝 하나 다치게 하지 않아. 내가 저지른 과오는 그저 개인적인 것일 뿐이야. 한 세기 전에는 소위 불명예라는 것도 괜찮은 것이었어. 오늘날 사람들이 환상으로 돌아간 거지. 내가 남편의 방종으로 명예를 잃지 않는 이상으로 남편도 내 방종으로 명예를 잃지 않아. 난 남편에게 조그만 상처 하나 주지 않고 세상 모든 사람과 성교할 수 있을 거다! 상처를 준다는 것도 꾸며낸 이야기에 지나지 않아. 실제로는 불가능한 것이지. 둘 중 하나다. 내 남편이 사납고 질투심이 많은 사람이거나 아니면 세심한 사람일 경우이다. 첫 번째

51. 라클로의 『위험한 관계』에서 메르퇴유 부인은 발몽에게 "난 나와 같은 여성들의 복수를 하고 남성들을 지배하기 위해서 태어난걸요"라고 말한다(라클로, 『위험한 관계』 81번째 편지, 앞의 책, 242쪽). (역주)

경우에 내가 할 수 있는 최선은 그의 처신에 복수를 하는 것이고, 두 번째 경우에 나는 그의 마음을 아프게 할 리 없다. 내가 쾌락을 맛보는 데 착한 사람이라면 행복해하겠지. 섬세한 남자 중에 사랑하는 사람이 행복해하는 것을 보고 즐거워하지 않는 사람은 없으니까. 그렇지만 당신이 그 사람을 사랑했다면 남편이 똑같이 그런대도 괜찮단 말인가요, 하겠지. 아! 제 남편을 질투하고 있다는 걸 알게 될 여자는 얼마나 불행하겠니! 여자가 남편을 사랑하면 남편에게 받는 것으로 만족해야지, 남편을 구속하려 들지 말아야 해. 성공할 리도 없지만 남자는 이내 질색을 하게 될 테니까. 똑똑한 여자라면 남편이 방탕해도 절대 가슴 아파하지 않을 거다. 남편이 나처럼 똑같이 행동하면 가정은 언제나 평화로울 거다.

'요약해 보자.' 간통이 어떤 결과를 낳던지, 남편의 씨가 아닌 아이들을 집에 들여야 한대도, 그 아이들이 아내의 아이일 때 아내가 가져온 지참금의 일부에 대한 확실한 권리를 갖게 된다. 남편이 알아차렸더라도 그 아이들을 첫 번째 결혼에서 얻었을 수 있을 아이들로 받아들여야 한다. 남편이 아무것도 모른대도 불행할 수 없는 게, 우린 자기가 모르는 악으로 불행할 수는 없기 때문이다. 간통이 거기서 끝나고 남편도 그 사실을 모른다면 이런 경우에 어떤 법률가가 그걸 범죄라고 증명할 수 있겠니. 그 순간부터 남편에겐 완전히 이래도 좋고 저래도 좋은 일일 뿐이지. 그 사실을 모르니까 말이다. 또한 아내에겐 완전히 좋은 일이지. 즐겼으니까 말이다. 남편에게 간통이 들통 나도 간통은 나쁜 것이 아니다. 좀 전까진 나쁜 게 아니었던 게 성격이 바뀔 수는 없는 일이니까. 뒤늦게 남편에게 들통난 것 말곤 나쁜 게 없잖니. 그런데 이때의 과오는 남편에게나 문제가 되지, 아내에겐 상관없는 일이다.

따라서 예전에 간통을 단죄했던 자들은 형리이며, 폭군이며, 질투심에 불타는 남자들이었어. 전부 자기중심으로 생각을 하면서 자기들을 모욕하는 것이 끔찍한 범죄가 된다고 부당하게 오해해왔다. 개인이 받은 모욕이 죄악이거나 한 것처럼, 사회와 자연을 욕보이기는커녕 분명히 이 둘에 봉사하게 되는 행동을 죄악이라고 부를 수 있거나 한 것처럼 말이다. 그렇지만 증명하기 아주 쉬운 일이지만 간통이 더 범죄적인 건 아니더라도 여자들에게 더 난감한 일이 될 때도 있다. 예를 들어보자. 남편이 성적으로 문제가 있거나 출산과는 반대되는 쾌락에 빠져 있는 경우가 있다. 여자는 즐기는데, 남자는 그렇질 못해. 분명 그런 경우에 여자의 행실이 더 도드라지겠지. 그렇다고 여자가 불편을 감수해야 할까? 절대 그렇지 않다. 여자는 한 가지만 주의하면 된다. 아이를 갖지 않거나 주의를 했는데도 실수를 한 경우엔 낙태를 하는 것이다. 여자가 남편의 무관심을 보충하지 않을 수 없는 이유가 남편의 동성애 취향 때문이라면, 첫 번째로 여자는 절대 수치스러워하지 말고 남편의 취향이 어떤 것이든 그걸 만족시켜 주어야 한다. 두 번째로 여자는 그런 배려에는 당연히 상이 따라야 한다는 걸 이해시켜 주어야 한다. 여자가 해준 만큼 완전한 자유를 달래야지. 그럼 남편은 거부하거나 동의하겠지. 내 경우처럼 남편이 동의한다면 여자는 남편의 변덕스런 취향에 맞춰 정성과 친절을 다해 편하게 즐기면 된다. 거부를 한다면 남편이 없을 때 조용히 성교하면 되지. 남편이 능력이 없으면? 헤어지면 된다. 그렇지만 어떤 경우라도 우린 사랑을 한다. 애야, 어떤 경우라도 성교를 하는 거야. 우리는 성교하려고 태어났고, 성교하면서 자연의 법칙을 완수하는 것이고, 자연의 법칙에 위배되는 인간의 법은 경멸받을 가치밖에 없기 때문이다.

결혼이라는 속박처럼 말도 안 되는 구속에 묶여 자기가 가진 기벽에 빠지지 못하는 여자들은 정말 속고 있는 것이다. 임신하면 어쩌나, 남편을 욕보이게 되면 어쩌나, 더 헛된 생각은 제 명성에 흠이나 나지 않을까 두려워서 말이지! 외제니, 그래, 여자가 얼마나 어리석은지, 여자가 제 행복과 생의 진미를 고작 우스꽝스럽기 짝이 없는 편견 때문에 포기한다는 걸 이제 알았지. 아! 성교를 하자. 무사히 성교를 하자. 그릇된 영광을 좀 얻겠다고 어떤 사소한 종교적인 희망이 그 희생을 보상해 준다더냐! 아니지, 아니다. 미덕이든 악덕이든 관에 누우면 다 똑같다. 몇 년만 지나봐라. 사람들이 누굴 비난하는 것 이상으로 누굴 찬양할 것 같니? 말도 안 되는 일이지, 다시 한 번 말하지만 말도 안 되는 일이다! 아이고, 쾌락 한번 모르고서 살았던 저 불행한 여자들은 보상 한번 못 받고 숨이 끊어지는 거지.

외제니 천사 같으신 분! 정말 잘 알아들었어요. 부인은 제가 가졌던 편견들의 정복자세요! 우리 어머니가 내 안에 집어넣은 그 모든 거짓 원리들을 산산이 부숴 놓으시는군요! 아! 내일이라도 결혼을 했으면 좋겠어요. 그래서 부인의 금과옥조를 바로 실행에 옮길래요. 그 금과옥조들이 얼마나 주옥같고 참된 것인가요. 제가 그걸 얼마나 좋아하게 되었는지 몰라요. 그런데 부인, 당신이 제게 해준 말씀 중에 한 가지 마음에 걸리는 것이 있어요. 제가 잘 이해를 못해서 그러는데 설명 좀 해주세요. 부인께선 남편분이 사랑을 나눌 때 아이를 가지려고 하는 행동은 하지 않는다고 하셨죠. 그러면 남편분은 어떻게 하시죠, 말씀해주세요.

생탕주 부인 내가 결혼했을 때 그이는 너무 늙었어. 결혼 첫날밤에 자기 취향을 알려주더니 내가 뭘 좋아하던 방해하지 않겠다고 안심을 시키더군. 시키는 대로 하겠다고 맹세를 했지. 그날부터 우린 지금껏 둘 다 더없이 감미로운 자유를 누리며 지냈다. 남편 취향은 입으로 빨아주는 것인데, 아주 기이한 얘길 하나 덧붙이마. 내가 남편 위에 웅크려 앉고 엉덩이는 남편 얼굴 위로 똑바로 세우곤 열을 다해 불알에서 나온 정액을 빨다가 그이 입에 똥을 쌌지!… 그 사람은 그걸 받아먹고!

외제니 정말 기이한 취향이로군요!

돌망세 그런 식으로 말하면 안 된다, 얘야. 그 모든 게 자연에 다 있다. 자연은 인간을 창조할 때 얼굴을 달리하는 것처럼 기꺼이 취향도 다르게 만들었다. 자연이 우리 얼굴을 다양하게 만들었듯, 우리의 감정의 성향도 다양하게 만들었다는 데 놀라서는 안 된다. 방금 부인이 말한 기벽은 정말 유행이 되고 있다. 수도 없이 많은 사람들과 특히 나이가 든 사람들이 놀랄 만큼 그 취향에 탐닉한다. 외제니, 누가 그걸 요구하면 거절할 텐가?

외제니 (얼굴을 붉히며) 제가 여기서 배운 원칙에 따르면 내가 뭘 어떻게 거절하겠어요? 놀란 것이 죄송스러울 뿐이네요. 그런 난봉질 얘길 들은 것이 처음이니까요. 우선 그것이 어떤 것인지 이해부터 해야겠네요. 하지만 제 선생님들께선 이 문제를 해결하는 것과 그것을 실행하는 방식 사이의 거리는 그 두 가지가 그 자체로 갖는 거리뿐이라는 걸 확신하고 계신 것 같네요. 어떻건, 부인, 그러니까 부인께선 그런 호의에 대한 승낙으로 자유를 얻으신 건가요?

생탕주 부인 완전한 자유를 얻었다, 외제니. 내가 하고자 했던 걸 전부 했지. 어떤 방해도 받지 않고서 말이야. 그렇지만 난 애인을 만들지는 않았어. 난 애인보다는 쾌락이 더 좋았으니까. 집착하는 여자는 불행하단다. 여자가 몸을 망치려면 애인 하나면 충분하지. 반대로 여자가 원하기만 한다면 리베르티나주의 열 가지 장면이 매일 반복되더라도 이루어지기가 무섭게 곧바로 침묵의 밤 속으로 사라지게 되지. 나는 부자란다. 나를 모르면서도 나와 잘 수 있었던 젊은 남자들에게 돈을 쥐어주었지. 말 한마디를 꺼내면 곧바로 해고가 되겠지만, 입만 무거우면 나와 더할 나위 없이 달콤한 쾌락을 맛볼 수 있겠다고 생각한 잘생긴 하인들로 둘러싸여 있었다. 나의 천사야, 넌 아직 내가 이런 방식으로 잠겼던 환희의 격랑이 어떤 것인지 잘 모를 것이다. 나를 닮고 싶어 하는 모든 여자들에게 언제나 명하게 될 행동수칙이 이것이다. 결혼을 한 뒤로 십이 년이 흐르는 동안 나는 줄잡아 만에서 만 이천 이상의 사람들과 잤을 거다… 그런데 내가 드나드는 사교계 사람들은 내가 조신한 여잔 줄 안단다! 한 여자가 애인을 몇 둘 수는 있겠지만 두 번째 애인까지 왔을 때면 벌써 신세를 망친 거나 다름없다.

외제니 그러니 부인의 원칙이 더없이 확실한 것이군요. 분명히 제 것이 될 거고요. 부인처럼 저도 결혼을 해야겠어요. 돈 많고 기벽을 가진 남자하고요. 그런데 부인, 자기 취향에만 붙들려 있는 남편분이 부인께 다른 건 절대 요구하지 않던가요?

생탕주 부인 절대 그런 일이 없다. 내가 생리하는 날을 제외하고는 십이 년 동안[52] 그는 단 한번도 자기 말을 번복한 일이

- -
52. 생탕주 부인은 현재 스물여섯 살이므로 열네 살에 결혼을 했다. 이 나이는 구체제에서 결혼을 할 수 있는 법적인 나이로 인정이 되었다. 트레부사전에는 "법적으로 결혼을 하기 위한 연령은 사춘기가 되는 나이에 준한다. 즉 여자아이들은 열두 살, 남자아이들은 열네 살"이라는 언급이 있다. 이런 경우는 이론적인 것이 아니다. 공쿠르 형제는 장리스 부인의 장녀의

없어. 남편은 내가 데리고 있던 아주 예쁜 아이와 자고 싶었는데 그런 날이면 그 애가 내 대신을 하는 것이지. 이보다 더 좋은 일이 있겠니.

외제니 하지만 분명 그런 걸로 그치지는 않겠죠. 밖에서 만난 다른 여자들이 다른 쾌락을 마련해줄 수도 있잖아요.

돌망세 두말할 것도 없다, 외제니. 부인의 남편분은 현 세기 가장 위대한 리베르탱 중 한 분이다. 방금 부인이 네게 자세히 말해준 음란한 취향을 채우는 데 일 년에 십만 에퀴를 쓰는 분이다.

생탕주 부인 사실을 말하자면 확실히 그렇지. 그런데 그가 그렇게 산들 내가 무슨 상관이냐? 그 횟수가 많아져 내 행실을 허가하고 가려주는데 말이다.

외제니 강의를 계속해주세요. 부탁입니다. 결혼을 했든 안 했든 젊은 여자가 임신을 피할 수 있는 방법이 구체적으로 어떤 것인지에 대해서요. 고백컨대 임신이라는 것 참 걱정이 되네요. 제가 맞을 남편에게서든, 리베르티나주의 길에서든 말이에요. 남편분의 취향을 설명하면서 그중 한 가지를 알려주셨죠. 그런데 그렇게 즐기는 방법은 남자에게는 참 좋을 것 같은데 제 생각에는 여자들에게는 그만큼 좋지는 않을 것 같군요. 제게

사례를 언급하면서 그녀가 열두 살에 드 라 보에스틴과 결혼했고, 소브뵈프 후작의 미망인이었던 미라보 후작부인은 열세 살에 결혼을 했다고 썼다(『18세기의 여성』 1권, 20쪽 주 2). (D)

알려주십사 하는 건 제가 걱정하는 위험을 피하면서 여자가 누릴 수 있는 쾌락에 대한 것이에요.

생탕주 부인 여자는 자기 음문에 남자를 들이지 않는 한 전혀 임신 걱정을 할 필요가 없다. 열심히 그 방식을 피해 즐겨야겠지. 여자는 그 대신 손이든, 입이든, 가슴이든, 항문이든 구분 없이 줘야겠지. 마지막 방식을 통해서 여자는 대단한 즐거움을 얻게 되고, 더욱이 다른 곳에서 얻는 그 이상의 즐거움을 얻게 된단다. 나머지 다른 방법을 써도 남자에게 굉장한 즐거움을 줄 수 있다.

지금 말한 방법 중 첫 번째 방법에 대해 알아보자. 손을 이용한 방법을 말하는 것이다. 외제니, 애인의 음경을 펌프질하듯 흔든다. 어느 정도 흔들고 나면 정자가 방출되지. 그러는 동안 남자는 네게 입 맞추고 애무를 하겠지. 그러고는 애인은 네 몸에서 가장 좋아하는 부위에다가 그 액체를 쏟아놓겠지. 가슴 사이에 넣어볼까? 먼저 침대 위에 반듯이 누워 음경을 두 젖 가운데 놓고, 그걸 조여주지. 어느 정도 흔들면 남자가 사정을 하며 가슴을, 때론 얼굴을 적시게 되지. 이런 방식은 사실 가장 관능적이지 않은 것이고, 남자를 죄고 압착할 정도로 충분히 탄력 있는 가슴을 가진 여자들이나 이렇게 해주기에 적합하다. 입이 느끼는 쾌감이야말로 여자는 물론 남자에게도 정말 훌륭하다. 그 쾌감을 맛보는데 가장 좋은 방식은 여자와 성교자가 서로 몸의 방향을 반대로 하는 것이다. 상대방은 네 입속에 그의 것을 넣고 머리는 네 허벅지 사이에 두겠지. 그러면서 네가 그에게 해주는 걸 네게 돌려준다. 혀를 네 음문 속에 넣거나 음핵 위에 놓으면서 말이다. 이런 방법을 사용할 때는 서로 엉덩이를 잡아 꼭 붙들고 항문을 서로 애무해줘야 한다. 사소한 것이지만 관능의 완성에 필수적이지. 그러면 한층 달아오르고 상상으로 가득한 연인들은 입으로 쏟아져 들어오는 정액을 들이마시고, 그 귀한 액체를 관습이 정해놓은 길에서 벗어나, 내장 속까지 흘러가게 하면서 관능적인 쾌락을 감미롭게 즐기게 된다.

돌망세 이런 방식이 얼마나 관능적인 것인지 모른다, 외제니. 네게 꼭 한 번 해보라고 추천하겠다. 생식의 권리를 포기하고 바보들이 자연의 법칙이라고 하는 걸 그런 식으로 위반하는 건 정말 매력 있는 일이야. 허벅지나 겨드랑이가 간혹 음경의 안식처가 될 때도 있고, 정액이 갈 길을 잃고 주저앉는 작은 방이 되기도 한단다. 임신 걱정은 전혀 없지.

생탕주 부인 어떤 여자들은 질 내부에 스펀지를 넣기도 한다. 그것이 정자를 흡수하면서 착상着床이 이루어지는 단지 안으로 들어가지 못하게 하지. 또 어떤 여자들은 성교자들더러 베네치아의 작은 가죽주머니를 쓰게 하는데 그걸 저속하게 콘돔이라고 부르기도 한다.[53] 정액이 그 속으로 흘러 들어가니 목표에

• •

53. 콘돔이라는 말은 18세기 초에 프랑스에 들어왔는데 이 말은 1665년에 피임도구를 발명한 사람의 이름을 딴 영어 어원의 *Cundum*에서 왔다.

닿게 될 걱정이 없지. 하지만 이 모든 방법 중에 엉덩이로 하는 방법이 분명 가장 훌륭한 것이다. 돌망세, 이제 당신이 설명을 할 차례입니다. 그 취향에 대해 당신만큼 설명을 잘할 사람이 어디 있겠어요. 그 취향을 위해 목숨을 내놓으라면 기꺼이 그렇게 하실 분이잖아요.

돌망세 그것이라면 오금을 못 쓴다는 고백을 해야겠네요. 세상에 그것보다 더 좋아할 만한 향락이 없다는 걸 인정합니다. 남자와 하든 여자와 하든 그 취향이 좋지요. 그러나 제겐 젊은 소년의 엉덩이가 여자의 것보다 훨씬 더 큰 쾌감을 준다는 점을 시인해야겠습니다. 이런 정념에 탐닉하는 사람들을 가리켜 '남색가'라고 하지요. 그런데 외제니, 우리가 어차피 남색가가 될 바에는 완전히 그렇게 되어야 한다. 여자와 뒤로 즐긴다는 건 절반만 남색가인 거야. 남자가 이 성적 취향을 남자에게 사용하는 것은 자연의 뜻이다. 자연은 특히 남자를 위해 이 취향을 우리에게 줬던 거니까. 그러니 이런 기벽이 자연을 위반한다고 말하는 건 당치도 않은 일이지. 자연이 우리에게 그런 취향을 불어넣어 줬으니까 그리될 수 있는 것이 아닌가? 자연을 타락시키는 걸 자연이 어찌 가르쳐줄 수가 있겠니?

- -

1667년에 영국인 리베르탱이었던 로체스터, 로스코몬, 도르세가 『콘돔 찬가』를 썼다. 1759년 5월 4일에 볼테르는 달랑베르에게 이런 편지를 보낸다. "시차視差기계, 열펌프, 중력, 빛에 대한 지식, 접종 백신, 파종기, 콘돔과 같은 것을 프랑스 사람들이 발명했단 말입니까?"(볼테르, 『서한 집』, 플레이아드, 5권 471쪽). (D)

절대 그럴 수가 없다, 외제니, 절대로. 그래서 이쪽이나 다른
쪽이나 한결같이 자연에 봉사하는 거지. 아마 훨씬 더 성스럽게
봉사하는 일일 거다. 생식이란 자연의 입장에서는 그저 관용에
불과해.[54] 어떻게 자연이 제 전능한 권리를 박탈하는 행동을
법으로 정해놓았을 수가 있겠니? 생식이란 자연이 품었던 최초
의 의도의 한 가지 결과에 불과하고, 인간 종種이 완전히 절멸했
다면 자연은 제 손으로 다시 손질을 가해 새롭게 구성을 하면서
다시 원래의 의도로 돌아올 것이다. 그때 그 행위야말로 오만하
고 강력한 자연을 훨씬 더 기쁘게 해주는 게 아닐까?

생탕주 부인 돌망세, 당신 그 이론 체계를 내세우면 인류의 멸절
滅絕이라는 것도 그저 자연의 뜻을 따르는 것이라고 주장하는
데까지 나가게 된다는 걸 알고 있나요?

돌망세 당연하지요, 부인.

생탕주 부인 아! 맙소사! 그리되면 전쟁, 흑사병, 가뭄, 살인도
자연법칙에 필요한 우발적인 일에 불과해지고, 인간이 그런

· ·
54. 볼테르는 『관용론』에서 "하나님은 다른 신에 대한 숭배를 벌한 것이
아니다. 하나님의 징계는 자신을 향한 믿음의 타락, 무분별한 호기심,
불복종에 대해 내려진 것이며, 그 징계 항목에는 어쩌면 반항심까지도
들어 있을 것이다. 그런데 우리가 인정해야 할 점은 고대 유대의 신정정치
에서 이러한 징벌을 내릴 수 있는 권한은 오직 신에게만 있었다는 사실이
다. 거듭 이야기하건대, 구약성서 시대의 관습은 오늘날 우리의 관습과는
전혀 닮은 데가 없다"(볼테르, 『관용론』, 송기형, 임미경 역, 한길사, 2001,
147쪽). 사드는 볼테르가 말하는 신을 자연으로 대체하면서 생식을 절대적
인 자연의 원리로 이해하는 풍속은 자연의 법칙에 반하는 것이지만 자연은
그것을 벌하지 않고 관대하게 용서한다고 말한다. (역주)

결과의 동인이든 피被동인이든 후자의 경우 희생자가 아닌 이상으로 전자의 경우 범죄자가 아닐 수도 있다는 말인가요?

돌망세 불행의 타격을 받아 굴복하면 희생자가 되는 건 분명한 일이지요. 하지만 어떤 경우에도 범죄자가 되는 법은 없어요. 이 모든 일들을 다시 살펴봅시다. 그러는 동안 우리 아름다운 외제니를 위해서 남색의 쾌락을 요약해 봅시다. 지금 우리 대화의 주제가 그것이니까요. 남색에서 여자는 가장 일반적으로 침대 가에 기대 배를 깔고 엎드리는 자세를 취합니다. 엉덩이는 크게 벌리고 머리는 가능한 낮은 곳에 둡니다. 호색한은 잠시 제 앞에 놓인 아름다운 엉덩이를 눈으로 즐기고, 그것을 손으로 찰싹 치고, 어루만지고, 채찍으로 후려치기도 하고, 꼬집고, 물기도 합니다. 그리고 자기가 곧 들어갈 예쁜 구멍을 혀로 적시고 혀끝으론 삽입을 준비합니다. 자기 성기에도 침이나 포마드를 발라 적신 후 한 손으론 그걸 이끌고 다른 손으론 쾌락의 엉덩이를 벌리겠죠. 음경이 들어가는구나 느낌이 오면 빠지지 않도록 조심하면서 세차게 밀고 들어가지요. 여자가 처음이거나 어리면 고통을 호소할 때도 있는데, 그런 고통은 절대 생각할 필요가 없어요. 이내 쾌락으로 바뀔 테니까요. 이때 성교자는 성기를 단계적으로 세차게 끝에 닿을 정도로 밀어 넣어야 합니다. 뒤로 들어간 대상의 항문 주위를 제 성기의 음모로 부빌 수 있을 때까지 말이죠. 그 다음엔 신속하게 제 길을 갑니다. 그럼 모든 가시는 제거되고 장미만 남는 겁니다.

이제 사랑의 대상이 겪는 고통의 나머지를 쾌락으로 바꿔줘야 겠지요. 소년이라면 성기를 잡고 흔들어주고, 여자라면 음핵을 간질여줘야겠습니다. 간지러운 듯한 쾌락을 만들어주면 피동자는 항문을 놀랄 정도로 조이는데 그때 주체의 쾌락은 두 배가 되고, 기쁨과 관능의 절정에 이르게 되면 상대의 항문 깊숙한 곳에 진한 정액을 잔뜩 발사하게 됩니다. 정액의 양과 질은 세부적인 관능의 행위에 따라 천차만별이 되겠죠. 피동자가 즐기는 걸 바라지 않는 사람들도 있는데, 그 점에 대해서는 곧 설명하겠습니다.

생탕주 부인 돌망세, 이번엔 잠시 제가 당신의 학생이 될 수 있을까요. 주체의 쾌락을 보완할 때 피동자의 항문은 어떤 상태일지 알고 싶어요.

돌망세 분명 가득 찼다는 느낌이죠. 중요한 점은 봉사의 대상은 금세라도 똥을 누고 싶다는 느낌을 갖게 된다는 겁니다. 그래야 성교자의 성기 끝이 똥덩어리에 닿으면서 그리로 쑥 들어와, 자기를 자극하고 불타오르게 하는 정액을 더 뜨겁고 더 부드럽게 그 위로 쏟아놓게 되죠.

생탕주 부인 그렇게 되면 피동자는 쾌락이 덜하게 되지 않을까 싶은데.

돌망세 잘못된 생각입니다! 이런 쾌락이야말로 더 좋을 수가 없고 봉사를 하는 대상은 그 쾌락을 맛보며 세 번째 하늘[55]로 오르는 것이죠. 그만한 게 없습니다. 탐닉하는 사람들 서로를 완벽히 만족시키는 것이 또 있던가요. 일단 한 번 맛을 본 사람이 다른 것으로 돌아가기란 어렵습니다. 외제니, 임신 걱정을 전혀 하지 않고 남자와 쾌락을 맛보는 최고의 방법이 바로 이런 것이다. 확신해도 좋다. 여자는 방금 설명한 대로 한 남자에게 엉덩이를 맡기면서 뿐 아니라 남자를 빨아대고 용두질을 하는 등으로도 쾌락을 누릴 수 있다. 직접적인 쾌락보다 그런 주변적인 것에 더 큰 매력을 느끼는 여자 리베르탱들을 많이 만나 봤다. 상상력은 쾌락의 자극제다. 상상력은 이런 종류의 쾌락에서 전체를 지배하고 모든 것의 동인이 된다. 그런데 상상력이 없으면 어떻게 즐길 수 있겠나? 더없이 짜릿한 관능은 상상력에서 나오는 게 아니냐?[56]

• •

55. "내가 그리스도 안에 있는 한 사람을 아노니 그는 십사 년 전에 셋째 하늘에 이끌려 간 자라"(고린도후서 12장 2절). 사드는 여기서 사도 바울과 그리스도를 남색 성교의 피동자와 주체로 간주한다. (역주)

56. 루소의 『신엘로이즈』 6부 8번째 편지를 암시하는 것 같다. "욕망하는 것이 더 이상 없는 사람은 불행할 서예요! 이를테면 그는 자신이 가진 전부를 잃는 셈이요. 우리는 얻는 것보다 기대하는 것을 더 좋아하고, 행복해지기 전에만 행복해요. 사실 탐욕적이지만 능력은 한정되어 모든 것을 원하지만 거의 얻지 못하게 태어난 인간은 자신이 욕망하는 모든 것을 자신에게 접근시키는 능력을, 욕망하는 것을 자신의 상상력을 통해 존재하게 하고 느껴지게 하는 능력을, 어떻게 보면 욕망하는 것을 상상력에 전달해주고 그 상상의 소유물을 더 감미롭게 느끼게 하기 위해 자신의 정열의 의향대로 그것을 변화시켜주는 그런 위안이 되는 능력을 하늘로부터 부여받았어요. 그러나 이 모든 마력은 대상 자체 앞에서 사라져요. 대상을 소유한 자의 눈에 이 대상을 미화해주는 것은 더 이상 아무것도 없어요. 사람들은 자신이 보는 것에 대해서는 상상하지 않아요. 상상력은 소유하고 있는 것은 더 이상 미화하지 않기에, 소유가 시작되는 곳에서

생탕주 부인 좋습니다. 하지만 외제니는 신중해야 한다. 상상력은 우리 정신이 완전히 편견에서 벗어났을 경우에만 우리에게 도움이 될 뿐이다. 편견 하나만으로도 상상력의 열기는 식어버리고 말아. 상상력은 우리 정신에서 가장 변덕스러운 부분으로 그 무엇으로도 억제할 수 없는 리베르티나주에서 중요하지. 리베르티나주의 가장 위대한 승리, 가장 놀랄 만한 열락은 그것을 막으려고 채웠던 족쇄를 끊는 데 있다. 상상력은 규칙의 적이자, 무질서와 죄악의 빛을 띤 모든 것이 찬미하는 우상이다. 그래서 남편과의 사랑이 미적지근했던 한 상상력 풍부한 여자가 참 기이하게도 이렇게 말한 것이지. 남편이 아내에게 왜 이리 차갑소, 했더니, 저 기이한 여자는 이것 보세요, 정말이지 당신 뻔하디뻔한 것만 하시면서, 라고 했단다.

외제니 저는 그 대답이 정말 마음에 들어요… 아! 부인, 전 도대체 어떻게 돼먹었기에 상궤를 벗어난 상상이 기막히게 솟아오르는 걸 알고 싶은 걸까요? 상상이나 되세요, 같이 있게 된 지 얼마나 되었다고… 그저 잠시뿐이었는데, 아니, 아니요, 부인, 당신은 제가 머릿속에 얼마나 관능적인 생각을 품었던지 생각도 못하실 거예요…. 오! 이제 악을 깨닫게 된 것처럼!… 제 마음이 얼마나 악을 갈망하는지!

생탕주 부인 그 무슨 잔인함을, 공포를, 가장 추악한 죄악을 보더

··
　환상이 멈춰요"(루소, 『신엘로이즈 2』, 앞의 책, 405-406쪽). 그러나 돌망세는 쥘리가 말하는 형이상학도 비현실주의도 받아들이지 않는다. (D)

라도 놀라선 안 된다, 외제니. 더럽고, 수치스럽고, 금지된 것이 머리를 제일 잘 자극하는 것이지…. 언제나 그런 것이 우리를 더없이 감미롭게 흥분에 빠뜨리는 것이란다.

외제니 두 분은 정말이지 얼마나 믿을 수 없는 탈선에 빠져 있는 것인가요! 하나도 빠짐없이 다 가르쳐 주세요!

돌망세 (젊은 처녀에게 입 맞추고 그녀를 애무한다) 아름다운 외제니, 정말 내가 한 경험을 말해주는 것보다는 내가 하고 싶은 걸 전부 네가 경험하는 모습을 보고 싶구나.

외제니 그걸 다 해보는 것이 좋은 일인지는 잘 모르겠어요.

생탕주 부인 그러지는 말라고 충고를 하고 싶구나, 외제니.

외제니 아, 그렇다면 세세한 얘기까지 해달라고는 하지 않겠어요. 하지만 부인, 제발 말씀해주세요. 지금껏 살면서 부인이 경험한 제일 특별한 일은 뭐죠?

생탕주 부인 열다섯 명을 상대했던 일이지. 스물네 시간 동안 앞으로 뒤로 아흔 번을 했다.

외제니 그렇지만 그것은 난봉질, 곡예 같은 묘기일 뿐이잖아요. 분명 그보다 더 특별한 일도 있겠죠.

생탕주 부인 매음굴에 갔던 일이지.

외제니 그 말이 무슨 뜻이죠?

돌망세 매춘부들이 모인 곳을 말하지. 금액을 합의하고 제 정념을 채워줄 준비가 된 젊고 예쁜 처녀를 고르는 곳이다.

외제니 거기 계셨다고요, 부인?

생탕주 부인 그렇다. 그곳에 창녀로 있었지. 일주일 내내 수많은 호색한들의 기이한 취향을 받아주었지. 정말 기이한 취향도 봤단다. 유스티니아누스황제의 아내였던 저 유명한 테오도라 여후처럼*[57/58] 한결같은 리베르티나주의 원칙에 따라 길모퉁이에서… 공공산책로에서 손님을 끌었지. 그리고 나는 매춘으로 번 돈을 복권에 투자했어.[59]

외제니 부인, 제가 부인을 잘 알죠. 그건 아주 약과였어요. 더 대단한 게 있겠죠.

생탕주 부인 그럴 것 같으냐?

• •

57. (저자의 주) 프로코프의 일화를 참조하라.

58. 사드는 샤를르 르 보가 쓴 『동로마제국사』에 등장하는 테오도라의 이야기를 읽었을 것이다. "내가 이 공주의 초상을 그리기 위해 결합했던 여러 모습들은 프로코프의 『일화』에서 뽑아낸 것이다"(9권 19쪽). 『동로마제국사』는 1757년부터 1767년 사이에 출판되었고, 그 9권은 1766년에 나왔다. 프로코프는 6세기의 그리스 역사가로 565년경에 죽었다. 그는 동로마제국의 황제 유스티니아누스가 수행한 전쟁들의 역사를 여덟 권에 걸쳐 저술하였다. (D)

59. 복권의 역사는 고대 로마로 거슬러 올라간다. 로마에는 회식자에게 종이를 나누어준 뒤 상을 주는 놀이가 있었다. 프랑스에서는 1685년 루이 14세가 복권을 처음 도입했다. 『백과사전』에서 드 조쿠르는 프랑스의 최초의 복권에 대해서 이렇게 설명한다. "루이 14세는 딸의 결혼식에 맞추어서 멋진 복권을 하나 만들었다. 마를리의 살롱에 파리 노동자들의 손으로 만든 값진 세공품들을 구비해 놓은 네 개의 상점을 열었다. 여행자 자격의 부인들과 남자들이 이 상점들이 마련한 보석을 제비뽑기로 뽑았다. […] 하지만 이 절대군주의 기막히게 세련된 놀이가, 이 사치가, 궁정에서 벌인 이 대단한 쾌락이 국민의 빈곤을 모욕하는 것이라고 한다면 우리는 어떤 눈으로 그것을 바라보게 될 수 있을까?" (역주)

외제니 아! 그럼요, 그렇고말고요. 제가 생각한 것 한번 들어 보실래요? 부인은 제게 정신에서 일어나는 가장 관능적인 감각 작용은 상상력의 소산이라고 하셨잖아요?

생탕주 부인 그렇게 말했다.

외제니 자, 상상력이 탈선하도록 두고, 종교니, 품위니, 인류애니, 미덕이니 하는 우리가 흔히 의무라고들 하는 모든 것이 규정하고자 하는 최후의 보루까지 자유롭게 훌쩍 뛰어넘게 하면요, 그때 상상력의 탈선은 정말이지 대단한 것이 되지 않을까요?

생탕주 부인 물론이지.

외제니 그런데 탈선을 무한히 확장함에 따라 상상력이 우릴 더 자극할 거고요.[60]

생탕주 부인 정말 그렇다.

외제니 그렇다면, 자극을 원할수록, 더욱 격렬한 자극을 원하게 되고, 상상력은 정말 상상도 할 수 없을 만한 일들로 나아가야 하겠죠. 그때 우리의 쾌락은 머리가 그려낼 길에 비례하여 커질 것이고, 또….

• •

60. "자연미는 대상의 형식에 관련되고, 대상의 형식은 한정하는 데 있다. 반대로 숭고는 그 대상에 이러한 한정의 부재가 나타나거나 그것이 대상에 가능해지고, 거기에 더해 우리가 대상의 전체를 사유할 수 있다면 무형식의 대상에서도 볼 수 있다. 그래서 미는 무규정적인 지성의 개념을 제시할 목적으로 획득되지만, 숭고는 무규정적인 이성의 개념을 제시할 목적으로 획득되는 것 같다"(칸트, 『판단력비판』, §23). (역주)

돌망세 (외제니에 입 맞추며) 멋지구나!

생탕주 부인 이 요망한 것이 그 짧은 시간 안에 엄청난 진보를 했구나. 그런데 외제니, 네가 그려본 길을 간다면 더 멀리 갈 수 있다고 생각하는 거지?

외제니 전 그렇게 이해했어요. 어떤 구속도 받지 않으니까 제가 어디까지 갈 수 있다고 보는지 아시겠죠.

생탕주 부인 죄악에 이르기까지, 이 흉악한 것아. 가장 끔찍하고 가장 무시무시한 죄악에까지 나아가는 것이다.

외제니 (낮은 목소리로 잇지 못하며) 하지만 부인께선 죄악이란 건 존재하지 않는다고 하셨잖아요…. 그리고 그것은 그저 머릿속에서 상상력을 촉발하기 위한 것일 뿐이지… 실제로 실행하는 것은 아니잖아요.

돌망세 그러나 우리가 마음에 품은 것을 실행하는 것은 더 멋진 일이다.

외제니 (얼굴을 붉히며) 아니! 진짜 한다고요… 사랑하는 선생님들, 여러분이 마음속에 품은 걸 실제로 해보신 적은 없다고 절 설득하시려던 것이 아니었어요?

생탕주 부인 간혹 그리하게 된 적이 있기는 했다.

외제니 그것 보세요!

돌망세 대단한 아이로군!

외제니 (계속해서) 제가 부탁드리는 것은 어떤 생각을 품으신 건지, 그 다음에 직접 해보신 것이 뭔지 말씀해 달라는 거예요.

생탕주 부인 (말을 더듬으며) 외제니, 때가 되면 내가 어떻게 살았는지 말해주겠다. 강의를 계속하자…. 네가 여러 이야기들을 끄집어낼 테니까.

외제니 어서요, 부인이 그런 데까지 제게 마음을 열어줄 만큼 절 사랑하지 않는다는 걸 분명히 알았어요. 말씀하신 그 유예가 끝나길 기다려야죠. 다시 세부사항으로 들어가요, 부인, 말씀해주세요. 부인께서 첫 경험을 누리게 했던 그 행복한 이가 누군가요?

생탕주 부인 내 동생이다. 어렸을 때부터 날 무척 사랑했지. 우린 아주 어렸을 때부터 서로 즐기곤 했다. 끝까지 갔던 것은 아니지만 말이야. 그 아이에게 결혼하기만 하면 몸을 주겠다고 약속했고, 난 약속을 지켰어. 다행스럽게도 남편은 내 처녀성을 전혀 건드리지 않아서 내 동생이 처녀를 가졌지. 우리는 계속해서 이렇게 연애를 했어. 하지만 서로를 방해하지는 않았다. 우리 둘 모두 각자 자기 쪽에서 리베르티나주의 가장 성스러운 극단에 빠져들었다. 서로 똑같이 도움을 주고받았지. 나는 그에게 여자들을 보내주고, 그는 나에게 남자들을 소개해주었지.

외제니 멋진 타협이네요! 그런데 근친상간은 죄가 아닌가요?

돌망세 자연의 가장 아름다운 결합을 그렇게 보아야 할까? 자연이 우리에게 명령하고 최상의 것이라고 가르치는 결합이 아닐까 해. 잠시 이치를 따져보기로 하자, 외제니. 지구에서 일어났던 엄청난 재난이 끝난 뒤, 인류는 근친혼이 아니라면 어떻게 해서 번식을 할 수 있었겠니? 기독교에서 숭배하는 책에서조차 그 모범과 증거가 있지 않더냐? 아담[61]과 노아의 가계는 이런 방법이 아니라면 어떻게 이어져 왔겠니? 세상의 풍습을 참조하고 들춰 보거라. 세상 어디를 가나 근친상간이 허용되고 가족의 유대를 긴밀하게 하기 위해 만들어진 현명한 법으로 간주된다는 걸 알게 될 것이다. 한마디로 말해서 사랑이 닮음에서 비롯된다면 형제와 자매 사이나 아버지와 딸 사이에 존재하는 것 이상의 완벽한 닮음이 어디 있겠니? 몇몇 가문이 지나치게 큰 힘을 가지면 어쩌나 하는 두려움이 만들어낸 엉성한 정치체제 때문에 우리의 풍습에서 근친상간을 금지시킨 것이다.[62] 그러나 이해관계나 야심이 만들어낸 것을 자연의 법칙이라고 오해할 정도로 잘못 생각하지 말도록 하자. 우리 마음을 헤아려보자꾸나. 마음이야말로 내가 항상 우리네 현학

• •

61. (저자의 주) 아담은 노아처럼 인류를 복원한 사람일 뿐이다. 끔찍한 재앙이 일어나 아담은 지구에 혼자 남았고, 노아에게도 똑같은 일이 닥쳤다. 그러나 아담의 전승傳承은 잊혔고, 노아의 전승만 남았다.

62. 사드는 『백과사전』의 「근친상간」 항목의 추론을 따른다. "근친상간은 어떤 시대나 어떤 상황에서는 죄악으로 여겨지지 않았다. 세상이 창조되었을 때와 대홍수가 일어난 후 형제자매의 결혼이나 사촌 간의 결혼이 허용되었다. 아담과 이브의 아이들은 다른 방식으로 결혼할 수 없었고, 노아의 자손도 마찬가지다. 아브라함과 이삭의 시대에도 역시 이런 결혼이 허용되었다. 나중에 페르시아 사람들도 이러한 결혼을 허용하는데 그것은 고대 페르시아 사람들이 이를 실제로 행했기 때문이다. 어떤 사람들은 이런 결혼이 모세가 법을 제정하기 전까지 계속되었다고 생각한다." (역주)

적인 모럴리스트더러 살펴보라고 돌려보내는 곳이다.[63] 마음이라는 성스러운 기관을 검토해보자꾸나. 가족 구성원들의 육체적 결합보다 더 섬세한 것이 없음을 알게 될 것이다. 그러니 오빠가 여동생에게 갖는 감정을, 아버지가 자기 딸에게 갖는 감정을 더 이상 모른 척하지 말자는 것이다. 합법적인 애정이라는 허울을 쓰고 그들은 서로 자신의 감정을 헛되이 감추고 있다. 그들을 불타오르게 하는 유일한 감정이 더없이 강렬한 사랑인데, 그것이 자연이 그들 마음에 심어 놓은 단 하나의 것이다. 그러니 아무것도 두려워할 것 없이 저 관능적인 근친에 대한 애정을 두 배로, 세 배로 만들어 보자. 욕망의 대상이 우리에게 더 가까운 것일수록 그 대상을 즐길 때의 매력은 더 커지게 된다.

내 친구 하나는 자기 어머니와 관계해서 얻은 딸과 늘 함께 살았다. 일주일 전에 그 친구가 열세 살짜리 사내아이의 동정을 뺏었는데, 그 아이는 바로 자기 딸과 관계해서 얻은 아들이야.

● ●

63. 루소에 대한 반어적인 언급. "여러분 자신의 잘못을 다른 사람의 탓으로 돌리는 일은 그만둬라. 아이들이 목격하는 악은 여러분이 그들에게 가르치는 악보다 그들을 덜 타락시킨다. 항상 설교하고 도덕가연하고 현학적인 태도를 가지면, 여러분이 좋은 것이라 믿고 그들에게 제시한 하나의 관념을 통해 그들에게 아무런 가치도 없는 다른 스무 개의 관념을 동시에 제시하는 꼴이 된다. 여러분은 자기 머릿속에서 일어나는 생각에 골몰하여 그들의 머릿속에서 만들어지는 효과를 보지 못하는 것이다"(루소, 『에밀』 2권, 『전집』 4권, 326-327쪽[이용철, 문경자 역, 한길사, 앞의 책, 165-166쪽]). (D)

몇 년 후에 이 젊은이는 자기 어머니와 결혼을 하겠지. 그것이 내 친구가 가진 소원이란다.[64] 그는 이 계획으로 이들도 똑같은 운명을 겪도록 하겠다지. 내가 알기로 그의 의도는 이 결혼으로 얻을 아이들과 즐기려는 거지. 젊은 사람이니까 그렇게 바랄 수 있겠지. 사랑스런 외제니, 생각해 보거라. 이런 관계를 죄악으로 받아들이게 하는 편견에 조금이라도 진실한 것이 있기나 했다면 저 정직한 친구는 얼마나 근친상간이며 죄악으로 제 몸을 더럽힌 것이냐. 한마디로 말해서, 이 모든 일에 대해 내가 출발하는 원칙은 항상 한 가지이다. 자연이 남색이나 근친상간의 쾌락, 자위 등을 금지해 놓았던 거라면 어떻게 우리가 자연에서 그만한 쾌락을 찾을 수 있었던 것이냐? 진짜 자연을 위반하는 것을 자연이 용인하기란 불가능한 것이 아니겠니?

외제니 오! 존경하는 선생님들, 여러분의 원칙을 따라 지상에 죄악이란 없다시피 하고, 우리가 평화롭게 욕망에 탐닉할 수 있음을 잘 알았어요. 바보들에겐 그 욕망이 정말 이상해 보이겠지만요. 바보들이란 원래 멍청하게도 자연의 신성한 법칙과

· ·

64. 프랑스 고전주의 시대에 오이디푸스 신화는 다양한 방식으로 해석되어 무대에 올랐다. 코르네유(『오이디푸스』), 라신(『테바이아드』), 로트루(『안티고네』) 등에 이어 18세기에도 볼테르(『오이디푸스』)와 우다르 드 라 모트(『오이디푸스』)의 희곡은 광범한 논쟁을 불러일으켰다. 19세기 초에 세니에의 희곡에 이르기까지 프랑스에서 오이디푸스의 재해석은 계속된다(크리스티앙 비에, 『전제정치 시대의 오이디푸스: 고전주의 시대의 비극과 법 이론*OEdipe en monarchie tragédie et théorie juridique à l'âge classique*』, 클랭크시에크, 1994). (역주)

128

사회제도의 구분을 못하고 사소한 것 가지고 난리를 피우고 으름장을 놓곤 하죠. 그런데 친구 여러분, 자연의 목소리로부터 나온 것이라도 절대적으로 끔찍하고 확실히 범죄적인 행동이 존재한다는 것도 받아들이지 않는 건 아니시죠? 제가 여러분과 의견을 같이하는 것은, 자연이 우리에게 다양한 성벽을 부여한 만큼 자연에는 기이한 존재들이 창조되어 있고, 그래서 자연이 간혹 우리가 잔혹한 행동을 하게끔 할 때도 있다는 점이죠. 그런데 우리가 그런 타락에 빠진 나머지, 저 기이한 자연이 불어넣은 생각에 굴복한 나머지 사람 생명을 위해하는 데까지 이른다면 그런 행동은 죄가 되리라는 것에는 동의하시죠, 적어도 저는 그렇길 바라요.

돌망세 외제니, 우리는 그 점에 대해 네 의견에 전혀 동의할 수 없다. 파괴란 자연의 제일 법칙의 하나다. 파괴하는 그 누구도 죄인일 수 없다. 자연에 그토록 훌륭히 봉사하는 행위가 자연을 위반하는 것이 될 수 있겠니? 더욱이 인간이 잘못 생각하곤 하는 파괴행위란 것도 그저 환상에 불과하다. 살인은 파괴행위가 아니다. 살인을 저지르는 사람은 계속 형태를 바꾸는 것일 뿐이고, 능숙한 자연의 손이 사용하는 요소들을 자연에 돌려주어 자연으로 하여금 다른 존재로 금세 보상이 되게 한다.[65]

• •

65. "최근의 연구들은 우리가 유기적인 기관을 갖추고 있다고 알고 있는 생명체들, 즉 식물과 동물들은 옛 사람들이 믿었던 것처럼 부패 과정이나 혼돈으로부터 발생하는 것이 아니라, 미리 형성된 정자로부터 발생한다는

그런데 창조행위라는 건 그 행위에 전념하는 사람에게는 쾌락일 수밖에 없으니, 살인자는 자연에 한 가지 쾌락을 마련해주는 것이다. 살인자는 자연이 즉각 사용할 재료를 공급해주고, 바보들이 미친 듯 욕을 해댔던 살인행위는 사실 세상을 움직이는 동인動因의 관점으로 보면 공功이 되는 일이다. 살인을 죄로 여기는 건 오만한 일이지. 우리는 자신을 우주에서 제일가는 피조물이라고 자부해서 이 숭고한 피조물에게 조금이라도 피해가 가면 그건 엄청난 죄악이라는 멍청한 생각을 했다. 우리 경탄스러운 인간 종種이 지구상에서 사라지기라도 하면 자연역시 사라지고 말리라 믿었던 거야. 반면에 인간 종이 완전히 절멸하면 자연은 우리에게 양도한 창조적 능력을 돌려받고 우리가 번식하면서 자연에서 빼앗은 에너지가 다시 자연으로 돌아가게 되지. 외제니, 정말 앞뒤가 맞지 않은 생각이 아니냐! 아! 뭐라고! 야심 많은 군주라면 제 편한 대로 전혀 거리낌 없이 제 위대한 사업에 반대하는 적을 죽일 수 있을 거야…. 마찬가지로 잔혹하고 자의적이고 강압적인 법은 매 세기 수백

. .

사실과 그들은 따라서 단지 이미 존재하는 생명체들의 변형에 불과하다는 사실을 가르쳐 주었고 이는 이성으로 확인되었다. […] 자연 속에서는 모든 것이 무한으로 소급되기 때문이다. 이에 따르면 영혼뿐만 아니라 동물들도 생성될 수도 없고 소멸될 수도 없다. 그들은 단지 발전되고, 쇠퇴하고, 옷을 입고, 옷을 벗는 등 변형될 뿐이다. […] 따라서 결코 윤회란 존재하지 않으며, 그 대신 변형만이 존재한다'(라이프니츠, 「자연과 은총의 이성적 원리」, §6, 『형이상학 논고』, 윤선구 역, 아카넷, 2010, 234-236쪽). (역주)

만 명을 살육할 수 있을 거야…. 그런데 약하고 불행한 개인들인 우리는 복수를 위해, 혹은 변덕스런 마음에 따라 한 명도 희생할 수 없단 말인가? 이보다 더 야만적이고 우스꽝스럽도록 이상한 일이 또 어디 있겠니. 우리는 아무것도 들여다보이지 않는 신비의 베일에 몸을 숨기고 저 바보짓에 맞서 끝까지 반항해야 하지 않겠니?*[66]

외제니 그럼요… 오! 당신의 도덕은 정말 설득력이 있네요. 정말 좋아하게 되었어요!… 그런데 돌망세, 말씀해주세요. 양심에 손을 얹고 말해서 당신도 그런 일을 하면서 간혹 즐기셨겠죠?

돌망세 내가 저지른 잘못을 일일이 설명해달라고 하면 안 된다. 잘못을 몇 가지나 했는지 어떤 종류였는지 생각하면 얼굴이 붉어지겠어. 아마 언젠가 말할 날이 올 게다.

생탕주 부인 이 흉악한 사람은 법의 칼을 휘두르면서 자기 정념을 채우려고 자주 법을 이용했었지.

돌망세 세세 다른 비난은 말아 주시기 바랍니다!

생탕주 부인 (그의 목에 달려들면서) 멋진 분!…. 당신을 사모합니다!…. 당신처럼 모든 쾌락을 맛보기 위해서는 얼마나 용기와 지혜가 필요한 것인지! 무지와 몽매의 구속을 깨뜨려버릴 영예는 오직 천재에게 주어지는 것입니다. 입 맞춰주세요, 정말 멋진 분이십니다!

· ·

66. (저자의 주) 이 부분은 뒷부분에서 충분히 다뤄지므로 여기서는 앞으로 전개해 나갈 체계의 몇 가지 기초를 세우는 것으로 그쳤다.

돌망세 솔직하게 말해 보거라, 외제니, 누굴 죽여보고 싶다고 생각한 적이 없느냐?

외제니 오! 있어요, 있고말고요. 벌써 오래전에 무덤에 들어가는 꼴을 보고 싶었던 가증스러운 사람이 매일매일 내 눈앞에 멀쩡히 살아 있어요.

생탕주 부인 그게 누군지 맞출 수 있을 것 같다.

외제니 짐작하는 사람이 누군데요?

생탕주 부인 네 어미 아니냐.

외제니 아! 부인 품에서 제 붉어진 얼굴을 좀 감추게 해주세요.

돌망세 정말 매력적인 아이야! 나는 정말 네게 입맞춤을 퍼붓고 싶구나. 네 강렬한 마음과 네 멋진 지혜에 상賞이 되도록 말이야.

(돌망세는 그녀의 온몸에 입을 맞추고 엉덩이를 가볍게 몇 번 친다. 그가 발기한다. 생탕주 부인이 그의 성기를 쥐고 흔든다. 돌망세의 두 손은 음탕하게 맡겨진 생탕주 부인의 뒤를 이따금 더듬기도 한다. 돌망세가 흥분을 좀 가라앉히고 계속한다) 그런데 그런 멋진 생각을 우리가 못할 것도 없겠지?

생탕주 부인 외제니, 나는 네가 네 어미를 싫어하는 만큼 내 어미를 증오했다. 그래서 나는 망설이지 않았어.

외제니 방법이 없었을 뿐이에요.

생탕주 부인 용기를 내거라.

외제니 아! 전 아직 너무 어려요.

돌망세 하지만 외제니 지금이라면 어쩌겠니?

외제니 다 하죠… 방법만 찾는다면요. 두고 보세요!

돌망세 방법이 있을 거다. 외제니. 약속하마. 하지만 조건을 붙여야겠다.

외제니 조건이라니요? 못 받아들일 조건이 뭐겠어요?

돌망세 자, 흉악한 것, 자, 내 품으로 오너라. 나는 더 이상 못 참겠다. 네 이 아름다운 뒷문이 네게 약속한 강의의 대가가 틀림없으렷다. 범죄는 다른 범죄로 대가를 치러야 하는 것이다! 이리 오거라…. 아니, 그보다 우리를 불타오르게 만드는 이 신성한 불을 당신 둘이 사랑의 액체를 쏟아부어 끌 수 있게어서 달려오시오.

생탕주 부인 제발 이 난봉질에 질서를 좀 잡아 보자고요. 광기와 파렴치에도 질서는 필요합니다.

돌망세 간단한 일이에요. 제가 보기에 주된 목적은 이 어여쁜 아이에게 가능한 쾌락을 최대한 주면서 사정하는 것이겠죠. 부인이 외제니를 두 팔로 안고 몸을 숙인 그녀를 최선을 다해 자극하는 동안 나는 음경을 외제니의 항문에 집어넣을 겁니다. 제 말대로 자세를 취하면 외제니가 부인에게 되돌려줄 수 있을 거예요. 두 분 서로 입 맞추시고요. 이 아이 항문에서 왕복운동을 몇 번 한 후에 자세를 다시 바꿔봅시다. 부인, 저는 당신 속에 들어가고요, 외제니는 부인 위에 자리를 잡고, 두 다리 사이에 부인의 머리를 놓고, 음핵을 제 쪽으로 향하면 저는 그걸 입으로 애무합니다. 그렇게 해서 제가 그녀가 두 번째로 사정하도록 하겠습니다. 그 다음에 제가 다시 외제니의 엉덩이에 자리를 잡을 테니, 외제니가 제게 맡겼던 음문을 치우고 부인의 엉덩이를 제 쪽으로 돌려주시기 바랍니다. 다시 말하면 외제니가 그것을 끝내게 되면, 그녀더러 머리를 부인의 두 다리 사이에 놓게 하는 겁니다. 그러면 그녀의 음문을 빨았던 제가 부인의 항문을 빨게 되는 거죠. 부인께선 사정을 하시겠고요, 저 역시 그리하겠지요. 그동안 저는 손으로 이 아름다운 신입생의 작고 귀여운 몸을 애무하면서 음핵을 간질여 그녀 역시 정신을 잃도록 만들겠습니다.

생탕주 부인 좋아요, 돌망세 씨, 하지만 한 가지 빼야 할 것이 있네요.

돌망세 항문 삽입 말씀이신가요? 옳습니다, 부인.

생탕주 부인 오늘 아침에는 그리하지 말고 밤에 합시다. 제 동생이 도우러 올 겁니다. 그러고 나서야 우리는 절정의 쾌락을 맛볼 수 있겠지요. 이제 실행해봅시다.

돌망세 외제니가 잠시만 손으로 절 자극해주었으면 좋겠는데요. (그녀가 그렇게 한다) 옳지. 바로 그거야… 조금만 더 빠르게, 애야… 잡을 때 이 진홍빛 머리 부분이 항상 밖에 나오도록 해야 한다. 그 부분을 다 잡아버리면 안 돼… 귀두 껍데기가 내밀어질수록 발기가 더 잘되게 되지… 음경을 흔들면서 그것의 대가리를 치면 안 된다… 좋아!… 그렇게 음경이 네 안으로 뚫고 가도록 준비를 시켜라… 그것이 준비가 딱 된 것이 보이느냐?… 혀를 내어라, 망상스러운 것!… 내 오른손 위에 엉덩이를 대는 거다. 그동안 난 왼손으로 네 음핵을 애무할 것이다.

생탕주 부인 외제니, 그에게 더 큰 쾌락을 느끼게 하고 싶으냐?

외제니 그럼요… 그럴 수만 있다면 뭐든지 하고 싶어요.

생탕주 부인 자! 네 입속에 그것을 넣고 잠시 그걸 빨아보거라.

외제니 (그렇게 한다) 이렇게요?

돌망세 아! 훌륭한 입이로군! 뜨겁기도 하지!… 난 네 입이 가장 아름다운 항문만 한 것 같다!… 관능적이고 능숙한 여인들이여! 너희 연인들에게 이런 즐거움을 빼앗지 말아다오. 그 쾌락으로 당신과 당신의 연인은 영원히 묶여지게 될 것이다… 아! 제기랄 놈의 신!… 빌어먹을 놈의 신!….

생탕주 부인 이봐요, 당신 무슨 그런 불경한 말을 하나요!

돌망세 부인, 당신 엉덩이를 이리 주시오… 그래요, 이리 주오 외제니가 날 빨아대는 동안 부인 것을 애무해야겠소 내 불경한 언사에 대해 놀라지는 말아요. 내 가장 큰 쾌락 중 하나가 발기했을 때 신을 모독하는 것입니다. 내 정신은 수천 배 더 흥분했을 때 저 혐오스러운 환상을 더 잘 혐오하고 경멸할 수 있는 듯합니다. 신에 욕을 더 잘 퍼붓거나 더 잘 모욕하는 방법을 찾고 싶은 것입니다. 그리고 내 저주받은 생각들로 저 구역질나는 내 증오의 대상이 얼마나 무능한지 확신할 때 나는 자극이 되고, 그 환영이 다시 세워지기를 바라게 됩니다. 분노에는 적어도 대상이 필요하니까요.[67] 외제니, 나를 따라해 보아라. 이런 말을 내뱉을 때 틀림없이 감각에 엄청난 흥분이 일어난다는 걸 이해할 수 있을 것이다. 그런데 아! 미친놈의 신!… 알았다. 정말 좋기는 하지만 이 멋진 입에서 빨리 철수해야겠다!… 그렇지 않으면 사정을 해버릴 것 같아!… 자, 외제니, 자세를 잡아라. 내가 아까 그려본 대로 우리 자세를 잡아보자. 우리 셋이 더없이 관능적인 도취에 한번 빠져보자. (자세를 잡는다)

외제니 돌망세, 당신이 아무리 노력해도 소용없으면 어쩌죠. 크기 차이가 너무 나잖아요.

돌망세 나는 매일 더 젊은 아이들과 비역질을 한다. 어제도 했고, 일곱 살 된 소년 애가 삼 분도 안 되어서 이 물건에 동정을 잃었지… 힘내라, 외제니, 힘을 내!….

외제니 아! 찢어지겠어요!

생탕주 부인 조심해서 다뤄요, 돌망세. 내가 그 애에게 책임이 있다는 걸 생각해 보세요.

돌망세 외제니를 좀 애무해 보세요, 부인. 그러면 고통이 덜합니다. 게다가 다 끝났어요, 지금. 끝까지 다 닿았습니다.

외제니 아! 맙소사! 정말 아파요… 제 이마에 땀 흐르는 것 좀 보세요. 돌망세… 아! 하느님! 이렇게 아파 본 적이 없어요!

생탕주 부인 너는 이제 반쯤 처녀를 잃은 것이다, 애야. 이제

----

67. 사드가 1787년에 썼던 『진실』이라는 시의 중심 주제이다. "오냐, 헛된 환상아, 내 영혼이 너를 혐오하니./그 점 단단히 못 박아 이참에 제대로 확인시켜주마./이제 당분간 네가 존재하길 바라는 건/너를 더 잘 모욕하는 재미 누리기 위함이다."(*CLP*, 14권 81쪽[성귀수 역, 『사드 전집』 1권, 워크룸프레스, 2014, 91쪽]). (D)

너는 여자가 된 거야. 이 영광을 사려면 약간의 고통쯤은 지불해야지. 내 손가락으로 좀 진정이 안 되더냐?

외제니 그거라도 없었으면 어찌 견뎠겠어요!… 부인, 절 애무해주세요… 저도 모르게 고통이었던 게 쾌락으로 변하는 것 같아요… 더 밀어보세요!… 더!… 돌망세… 저 죽어요!….

돌망세 아! 제기랄 놈의 신! 빌어먹을 놈의 신! 망나니 같은 놈의 신! 우리 바꿔봅시다… 더 이상 못 참겠어요… 부인, 뒤를 좀, 제발, 말씀드린 대로 바로 자세를 잡아주세요. (서로 자세를 바꾼다. 돌망세가 계속한다) 여기선 더 수월하군… 내 것이 들어가는 것 좀 봐!… 그런데 부인, 이 아름다운 엉덩이도 못지않군요!….

외제니 제 것이 그런가요, 돌망세?

돌망세 훌륭합니다! 이 작고 귀여운 처녀의 음문이 내 눈앞에 황홀히 보이는군. 난 죄인, 범죄자야, 나도 알아. 그런 매력이 나부라고 있는 거겠어. 그런데도 이 아이에게 관능에 대한 강의를 해주려는 욕망이 다른 생각을 죄 앞서고 마는군. 정액을 쏟게 하고 싶고… 할 수만 있다면 녹초로 만들어주고 싶은 거야…. (그녀를 핥는다)

외제니 아! 너무 좋아서 죽을 것 같아요. 못 참겠어요.

생탕주 부인 나 할 것 같아! 아! 더!… 더!… 돌망세, 나 사정해요!

외제니 저도 마찬가지예요, 부인… 아! 하느님, 그가 날 빼는 것 좀 봐!

생탕주 부인 이제 모독해라, 이 창녀야, 욕을 해봐!…

외제니 자! 제기랄 놈의 신! 저 사정해요!… 정말 기막히게 흥분했어요!…

돌망세 자리로 돌아와!… 자세를 바로 해, 외제니!… 하도 자리를 바꿔서 정신이 하나도 없군. (외제니가 다시 자리를 잡는다) 아! 자! 처음의 자리로 다시 돌아왔군…. 부인, 당신의 항문을 좀 보여주세요. 제가 편하게 핥아볼 수 있게요… 내가 방금 들어간 그곳에 입 맞춘다는 게 얼마나 좋던지!… 아! 잘 좀 핥아주세요, 그동안 나는 당신 친구 속에 사정을 하게 되겠죠… 믿어지세요, 부인? 이번에는 힘들이지 않고도 쑥 들어가는군요!… 아! 이 애가 얼마나 죄는지, 얼마나 압박을 해대는지 상상도 못하실 거예요!… 하느님 맙소사. 이리 좋을 수가 있더냐!… 아! 됐어. 못 참겠어… 드디어 나온다… 나 죽겠어!….

외제니 저도 죽을 것만 같아요, 부인, 정말이에요….

생탕주 부인 사기꾼 같으니! 이렇게 빨리 익숙해질 수가 있단 말이야!

돌망세 세상에 뭘 준대도 다른 식으로는 즐기지 않았던 저 나이 또래 처녀들을 무수히 경험해봤지. 처음만 힘들 뿐이지. 여자는 일찍이 이런 식으로 해본 적이 없으니 다른 걸 해볼 생각을 하지 않는 거야… 오! 맙소사! 이젠 기진맥진이다. 잠시 숨 좀 돌리게 해줘.

생탕주 부인 외제니, 바로 이런 게 남자들이다. 욕망이 다 채워지고 나면 우리들을 돌아보지도 않지. 힘이 소진되고 나면 그들은 혐오감을 느끼고 그 혐오감은 이내 경멸로 변하지.

돌망세 (냉정하게) 아! 무슨 비난을 그리하십니까, 아름다우신 분! (두 여자에게 입 맞춘다) 지금 상태가 어떻더라도, 두 분 모두는 찬사를 받기 위해 태어나신 분입니다.

생탕주 부인 그래도 기운 내라, 외제니. 그들이 욕심을 채웠기에 우리를 무시할 수 있게 된 것이라면 우리라고 똑같이 남자들을 무시할 권리가 없는 것이겠니? 남자들이 우리를 무례하게 대할 때 말이다. 티베리우스가 카프리섬에서 제 정념을 채웠던 사랑의 대상을 희생시켰다면,[68] 아프리카의 여왕 징가는 자기 애인들을 그렇게 똑같이 희생시켰다.[69/70]

• •

68. (저자의 주) 수에토니우스와 니케아의 디온 카시우스를 보라.

69. (저자의 주) 『앙골라의 여왕, 징가 이야기』를 보라.

70. 티베리우스가 카프리에서 저지른 살육에 대해서는 수에토니우스의 「티베리우스」 60장과 디온 카시우스의 『로마사』 58장 14절을 참조 사드는 이 일화를 『쥘리에트 이야기』에서 다시 환기한다(사드, 『선집』 3권, 1081-1082쪽).

　　또 변호사 장-루이 키스티옹Jean-Louis Castilhon(1720-1793)과 '툴루즈의 루소'라 불렸던 『미신과 오류에 관하여』의 저자 피에르 루소Pierre Rousseau(1725-1793)가 1769년에 부이용에서 『앙골라의 여왕 징가, 2부로 구성된 아프리카의 역사Zingha, reine d'Angola, Histoire africaine en deux parties』를 펴냈다. 이 책에는 잔혹성과 관능미가 결합되어 있다. 이 책의 서문에서 저자들은 성 프란체스코회의 선교사였던 앙투안 드 가에트 Antoine de Gaëte의 권위를 빌리는데, 이야기를 따라가다 보면 여주인공이 나중에 죄를 회개한다는 교훈을 준다. 여기 언급된 일화에 대해서는 파트리크 그라유Patrick Graille와 로랑 키유리에Laurent Quillerié의 비평판 (부르주, 1993, 60쪽)을 참조 이 여왕의 이미지는 나중에 헤겔의 『역사

돌망세 너무나 단순한 이런 잔혹사에 대해서는 저도 잘 알고 있습니다. 확실히 그런 일이 우리들 사이에서 일어나면 안 되겠지요. "늑대들은 서로 잡아먹지 않는다"는 속담이 있지요. 이 속담이 아무리 별것 아니어 보여도 정당한 것입니다. 절 두려워 마세요, 친구들. 아마 제가 당신들더러 악을 행하게 만들지는 모르지만 제 스스로 당신들에게 악을 행할 일은 없을 것입니다.

외제니 오! 아니에요, 아니에요. 제가 감히 보증하겠어요. 절대 돌망세 씨는 우리가 맡긴 권리를 남용하지 않을 거예요. 저는 돌망세가 '찢어 죽일 놈들'의 정직함을 갖고 있다고 생각해요. 아주 훌륭한 것이 아닌가요. 우리 선생님이 다시 원칙을 찾을 수 있도록 해요. 제발 부탁드리는데 우리가 진정되기 전에 우리를 불타오르게 했던 그 큰 주제로 돌아가 보아요.

생탕주 부인 뭐! 이 사기꾼아, 너 아직도 그 생각을 하고 있느냐? 나는 네 머리가 흥분해서 하는 이야기이겠거니 했다.

외제니 그보다 확실할 수 없는 제 마음의 움직임인 걸요. 그 죄악을 다 수행한 다음에야 만족이 될 것 같아요.

생탕주 부인 오! 좋다, 좋아. 그녀를 용서해라. 그 여자가 네 어미라는 걸 생각해.

외제니   펙이나 좋은 이름이군요!

••
속의 이성』과 『역사철학 강의』에도 등장한다. (D)

돌망세 그녀가 옳아요. 그 어미가 외제니를 낳으면서 그녀 생각이나 했을까요? 탕녀는 쾌락을 찾았으니까 사내와 놀아난 것이지요. 하지만 그 여자가 이 아이를 낳을 목적으로 그리했던 것은 아니오. 그 점에 대해서 원하는 대로 행동해야지요. 그러니 전적으로 자유를 주고 아무리 이런 종류의 끔찍한 일을 할지라도 그것이 전혀 범죄를 저지르는 것이 아님을 확신시켜주면 그만입니다.

외제니 난 엄마가 싫어요. 증오한다고요. 증오하는 정당한 이유를 말하라면 수만 가지라도 댈 수 있어요. 어떤 희생을 치르더라도 그 목숨을 가져갈 거예요!

돌망세 좋아. 네 결심이 견고하니까 넌 그렇게 하도록 해라. 외제니. 틀림없다. 그래도 내가 충고를 좀 하마. 행동하기 전에 네게 가장 필요한 것이 될 것이다. 절대로 네 비밀을 입 밖에 내서는 안 된다. 그리고 특히 혼자 행동할 것. 공모를 하는 것보다 더 위험한 것이 없다. 항상 우리와 가장 가깝다 생각하는 사람들조차 믿지 마라. 마키아벨리는 "결코 공모를 해서는 안 되고, 일단 이용한 뒤에는 곧바로 공모자들을 쫓아버려야 한다"[71]고 했다. 여기가 끝이 아니다. 외제니, 네가 품은 계획에

• •

71. 이 표현은 마키아벨리의 『로마사 논고*Discours sur la Première Décade de Tite-Live*』(1권 9장)의 한 페이지를 요약한 것이다. (D)
   마키아벨리는 『군주론』 21장에서 베네치아 공화국이 프랑스와 동맹을 맺었던 점을 비판한다. 베네치아는 1449년에 프랑스 왕 루이 12세와 동맹을 맺고 밀라노를 정복한 후, 파국을 맞았다. "[…] 불가피하지 않다면

는 아닌 척하는 태도가 필수 불가결하지. 그 어느 때보다 희생자에게 가까이 간 다음에 희생시켜야 한다. 동정하고 위로하는 태도를 보여주어야 한다. 비위를 맞추고 고통을 나누고 네가 그 자를 사랑한다고 믿게 해야 한다. 그 이상 나아가, 네가 그렇다는 점을 설득을 시켜야 한다. 이런 경우에 허위[72]만으로는 한계가 있을 수밖에 없다. 네로는 아그리피나를 빠뜨려 물속에 잠겨버리기 전에도 배 위에서 그녀에게 입 맞추었다.[73]

• •

군주가 자신보다 더 강한 사람과 공격적 동맹을 맺어서는 결코 안 된다는 것이다. 왜냐하면 당신들이 승자라면, 당신은 그의 포로가 되기 때문이다. 군주는 다른 사람의 처분에 맡겨지는 것을 피하기 위해 최선을 다해야 한다'(마키아벨리, 『군주론』, 권기돈 역, 펭귄클래식코리아, 2008, 137-138쪽). 또 마키아벨리는 다음과 같이 썼다. "군주, 특히 새로운 군주는 덕이 있다는 평판을 듣게 하는 성품들 모두를 지킬 수는 없다. 왜냐하면 자신의 국가를 유지하기 위해서는 자주 신의, 자비, 호의, 믿음을 무시하며 행동할 수밖에 없기 때문이다. 따라서 그는 운과 상황이 명하는 대로 변신하는 유연한 성향을 가져야 할 것이다. […] 군주는 가능하다면 선에서 벗어나서는 안 되지만, 필요하다면 악행을 저지르는 법을 배워야 한다'(마키아벨리, 위의 책, 18장, 114쪽). (역주)

72. 트레부사전은 '허위la fausseté'를 '진리의 은폐, 거짓말, 변질된 진실'로 정의한다. 그렇지만 '허위'와 '거짓말'은 다르다. 『백과사전』의 해당 항목에서 볼테르는 '허위'는 진실의 반대말로서, 항상 목적을 숨기는 거짓말과 동의어가 아니라고 말한다. "리스본 대지진 때 십만 명의 사람이 죽었다고 한다면 이는 거짓말이 아니라 허위사실이다." 1755년 11월 1일에 발생했던 대지진으로 줄잡아 만 오천에서 이만 명이 죽었으므로, 앞서 언급한 말은 허위사실이다. 『백과사전』의 「거짓말」항목도 둘을 분명히 구분한다. 말과 사물의 단순한 일치만으로 판별되는 논리적 진리는 상황에 따라 허위가 될 수 있다. 볼테르는 "그가 갖지 않은 감정을 치장하고 미화하는 데 습관이 되었을 때 그는 마음속에 허위를 가진 것이다. 이때 허위는 감추는 것보다 더 나쁘다"고 했다. (역주)

이런 모범을 따라라. 머리에 떠오를 수 있는 모든 사기와 모든 간계[74]를 사용해라. 여자에겐 항상 거짓말이 필요하지만 무엇보다 속이고자 할 때 거짓말이 더욱 필요한 법이다.

외제니 이 가르침을 받아들이고 실행에 옮길게요. 하지만 심화해보도록 해요. 여자가 사용해야 한다고 하신 허위를 말이에요. 그러니까 허위를 세상에서 가장 중요하다고 보시나요?

돌망세 살아가면서 더 필요한 것이 뭐가 있을지 모른다. 확실한 사실 하나만으로도 그것이 얼마나 필수 불가결한지 알 수 있을 거다. 모든 사람이 허위를 말하지. 그 점을 따라 생각해 본다면, 한 진실한 개인이 거짓된 사람들 우글거리는 사회 한가운데에서 어떻게 좌초하지 않겠는지 네게 묻고 싶다. 그런데 흔히들 주장하듯 미덕이라는 것이 문명사회에 유용할 수 있다는 점이 사실이더라도 미덕을 행하고자 하지도 않고, 행할 수도 없고, 미덕이란 것을 전혀 갖고 태어나지도 않은 사람이 있지. 그런

• •

73. 타키투스의 『역사』 14권 5장 1절에 나오는 이야기. 수에토니우스 역시 「네로」편 34장에서 이 이야기를 다뤘다. (D)

74. 『백과사전』은 '간계la fourberie'를 "거짓말과 결합된 저열하고 악의적인 꾀"라고 정의한다. 이는 진실을 감추면서 이득을 보려는 것이다. 일반적으로 도상학에서 '간계'는 한 손에는 가면을 들고 다른 쪽에는 여우를 가지고 있는 여자로 표현된다. 예를 들면 자신의 이득을 위해 우정의 이름을 들먹이는 것 같은 것이다. '사기l'imposture'는 "행동이나 말로 사람을 속이는 것"인데 자주 사기꾼은 "알려지지 않은 것을 가지고 사람을 미혹한다." 디드로는 "우리가 잘 모르는 것만큼 화고하게 믿을 수 있는 것이 없고 연금술사들처럼 그럴듯한 이야기로 우리를 만족시키는 사람들처럼 사람들을 안심시키는 사람들이 없다"고 썼다. (역주)

사람들이 수도 없이 많다. 내 말은 그런 존재가 제 경쟁자들이 빼앗은 행복의 작은 한 부분을 얻어 보려 하는 데도 원칙을 내세워 가장假裝하는 것은 절대 안 된다고 주장할 수 있는지 하는 것이다. 그리고 사실 사회생활하는 사람들이 반드시 갖추어야 하는 것이 미덕인 것이냐, 아니면 미덕의 외관인 것이냐? 틀림없이 외관만으로 충분한 것이란다.[75] 외관을 가지면 필요한 것을 다 가진 거야. 사교계에선 사람들을 스쳐 지나갈 뿐인데, 사람들은 우리에게 외관만 보여주면 되는 것 아니겠나? 더욱이 미덕을 실천한다는 건 미덕을 갖춘 사람에게나 유익한 일이라고 생각하자. 그렇지 않은 사람들이 미덕을 실천해서 얻을 게 뭐냐. 우리와 함께 살아가야 하는 사람이 덕성스러운 사람처럼 보이기만 한다면 실제로 그런 사람이든 아닌 사람이든 마찬가지가 아니겠니. 더욱이 허위라고 하는 것은 항상 성공에 이르는 가장 확실한 방법이야. 마음속에 허위를 가진 사람은 그와 교제하거나 관계를 맺는 사람에게 우위를 점하게 된다. 거짓된 외관을 통해 눈을 멀게 하면서 설득하게 되고, 그 순간부터 성공하게 된다. 속았다는 걸 깨닫는다면 탓할 사람은 내 자신뿐 아니겠니. 내가 자존심 때문에 볼멘소리를 못하게 될 테니 날 속인 그자는 더 좋은 패를 가진 셈이지. 나보다 그가

75. 이는 분명히 『인간불평등기원론』에서 "외관과 본질은 서로 완전히 다른 것"(루소, 『인간불평등기원론』, 주경복, 고봉만 역, 책세상, 2003, 111쪽)이라고 말했던 루소를 겨냥한 말이다. (역주)

훨씬 우월하다고들 할 것이고, 내가 틀릴 때 그가 옳고, 내가 별 볼 일 없을 때 그가 앞서가고, 내가 파산할 때 그는 부자가 될 것이니, 결국 그는 나보다 항상 월등한 존재로서 이내 대중의 여론을 장악하겠지. 내가 고발을 해도 내 말을 들어줄 사람이 아무도 없을 거야. 그러니 과감하게, 그리고 끊임없이 정말 탁월한 허위에 빠져보자꾸나. 그걸 최고의 은총, 최고의 호의, 최고의 명성, 최고의 부를 가져올 열쇠로 생각하자. 멋진 사기꾼이 된다는 짜릿한 즐거움을 생각하면서 사람들을 속였다는 사소한 슬픔 따위는 한가하게 접어두도록 하자꾸나.

생탕주 부인 내 생각에 이 주제에 대해선 필요 이상으로 충분히 말한 것 같다. 외제니, 이해했으면 진정하고 용기를 내거라. 원할 때 행동하면 된다. 내 생각엔 지금 리베르티나주에서 남자들이 가진 다양한 기벽에 대한 논의를 계속할 때인 듯합니다. 대단히 넓은 영역임에 틀림없으니 그걸 다뤄보기로 합시다. 우리는 좀 선에 우리의 학생에게 몇 가시 기이한 것을 실전에 옮기면서 경험하게 했죠. 그러나 이론을 무시하면 안 됩니다.

돌망세 부인, 남자의 정념에 대한 리베르탱의 세부사항들은 특히 외제니 같은 젊은 처녀에게는 교육의 주제로 적절하지 않아요. 그녀는 몸을 팔게 되지는 않을 테니까. 외제니는 결혼을 하겠고, 이 가정하에 남편이 이런 취향을 갖지 않을 확률이 십중팔구일 테니까요. 남편 취향이 그렇다면야 처신하기는 쉽겠죠. 남편에게 자상하고 상냥하면 될 테니까. 다른 경우라면 허위와 보상을 은밀히 해야겠죠 이 몇 마디로 모든 것이 설명됩니다. 그래도 외제니가 리베르티나주의 행동에서 남자의 취향에 대한 분석을 알고 싶다면 더 요약적으로 검토해서 그 취향을 세 가지로 나누어 보도록 하죠. '남색', '신성모독의 욕망', '잔혹한 취향' 이렇게 세 가지입니다. 첫 번째 정념은 오늘날에는 보편적인 것이죠. 우리가 벌써 했던 애기들에 몇 가지 고찰을 추가해 보도록 하겠습니다. 우리는 그것을 두 가지로 분류해 볼 수 있습니다. 능동적인 것과 수동적인 것이 있는 것이죠. 남자에게든 여자에게든 엉덩이로 들어가는 자는 능동적인 남색을 하는 것이고, 그것을 받아들이는 자는 수동적인 남색을 하는 것입니다. 남색을 행하는 이 두 가지 방식 중 어느 쪽이 더 쾌감을 주는지 묻곤 했습니다. 분명 수동적인 방식이 그렇습니다. 앞쪽에서의 감각과 뒤쪽에서의 감각을 동시에 가질 수 있으니까요. 성 역할을 바꾸는 것은 달콤한 일이고, 창녀 흉내를 내는 것, 우리를 여자처럼 다루는 사람에게 몸을 맡기는 것, 그 남자를 애인이라고 부르는 것, 자기를 그의 정부라고 말하는 건 관능적인 일이 아닐 수 없습니다! 아! 여러분, 이 얼마나 관능적인 일인가요! 하지만, 외제니, 우리는 여기서 몇 가지 세부적인 충고를 해두는 것으로 그치기로 하자. 우리를 모범으로 삼아 남자로 변장을 해서 이 관능의 쾌락을 즐기고자 하는 여자들에 관련해서 말이다. 조금 전에 나는 네게 이런 식의 공격이 어떤 것인지 가르쳐 주었다. 외제니, 내가 본 바로는

이 길에서 네가 언젠가 대단한 진보를 이뤄 내리라 확신할
수 있다. 충고를 하자면 키테라섬의 가장 관능적인 여신 비너스
처럼 그 길을 두루 밟아나가 보거라. 네가 이 충고를 잘 이행하리
라 정말 확신한다. 누군가 이런 종류의 쾌락이나 그것과 유사한
쾌락만을 추구하겠다고 결심했다면 그들에게 필요한 두세 가
지 중요한 사항을 언급하는 것으로 그칠까 한다. 우선 상대가
너의 뒤로 들어갔다면 음핵을 애무해주는지 살펴라. 그 두
가지 쾌락처럼 잘 맞는 것이 없으니까. 이런 식으로 행위를
끝내고 난 다음에 국부를 물로 닦거나 천으로 문지르면 안
된다. 그곳을 그대로 열린 대로 두는 것이 좋다. 그러면서 다시
욕망이 생기고 간질간질한 흥분이 생기게 되기 때문이지. 청결
하고자 하면 그런 느낌은 이내 사라져버리니까. 감각이 어디까
지 이어질지 모르는 것이다. 외제니, 그래서 이런 방식으로
즐기고 있을 때 산성 물질[76]이 들어가지 않도록 해야 한다.
항문 부위가 곪을 수 있고 삽입 시 통증을 유발하게 된다.
여러 남자들이 차례대로 네 항문에 사정을 하지 못하게 해야
한다. 정자가 혼합이 되면 머릿속으로는 그것이 꽤 관능적으로
비칠지 모르지만 종종 건강에 나쁜 영향을 줄 수 있다. 사정이
여러 차례 계속될 때는 그때마다 항상 밖에다 해야 한다.
외제니 그런데 사정이 앞에서 이루어졌다면 문제가 없겠죠?

. .
76. 비누를 말한다. (D)

생탕주 부인 이 미친 것아, 남자의 정액을 그 큰길에서 벗어나게 하는 일이 전혀 어려운 일이 아니라고 생각하지 말거라. 생식은 절대로 자연의 목적이 아니라니까. 그건 그저 관용에 불과하다. 생식을 하려 들지 않을 때 자연의 의도는 더 잘 채워지게 된다. 외제니. 이 진절머리 나는 생식에 대해서 불구대천의 원수가 되어라. 결혼한 후에도 끊임없이 그것을 피해야 한다. 저 부정한 액체가 몸에 들어와 자라면 우리 몸매가 망가지고 관능의 감각을 무디게 할 뿐 아니라 체력저하는 물론 노화의 주범으로, 결국 건강까지 해치게 만든다. 네 남편이 정액의 손실에 적응하게끔 해라. 네 비너스의 신전으로부터 찬사를 거두게 만들 모든 길을 그에게 제시해주란 말이다. 남편에게 직접 네가 아이들이 싫다고, 제발 부탁이니 아이를 만들지 말자고 말해라. 애야, 이 조항을 명심해라. 내가 생식에 대해 끔찍한 공포심을 갖고 있으니까 네게 분명히 말하는데, 네가 임신을 하는 순간부터 난 더는 네 친구가 아닐 거다. 그렇지만 이런 불행이 네 잘못이 아님에도 닥친다면 나에게 예닐곱 주 안에 알려주어라. 그럼 흔적도 없이 네게서 그걸 흘려보내주마. 아이를 죽이는 일을 두려워 말거라. 그걸 죄라 생각하는 건 환상일 뿐이야. 우리는 항상 우리 뱃속에 품고 있는 것의 주인이다. 우리는 필요하다 생각될 때 의약품을 써서 정화하는 것 이상으로 이런 물질을 아주 쉽게 죽이게 된다.

외제니 그런데 아이가 달이 차서 나오게 되면 어쩌죠?

생탕주 부인 세상에 나오더라도 우리는 언제나 그것을 죽일 수 있는 주인일 것이다. 지상에 아이에 대한 어미의 권리보다 확실한 권리가 있더냐? 세상 어느 민족도 이 진리를 모르지 않지. 그 진리는 이성을, 원칙을 기초로 세워진 것이다.

돌망세 이런 권리는 자연에 있는 것이죠… 의심의 여지가 없습니다. 신의 체계를 과장하는 일이야말로 조잡한 오류들을 낳은 근원이었습니다. 신을 믿었던 바보들은 신이 우리를 세상에 내보낸 것이라고, 배아가 성숙하자마자 신이 부여한 작은 영혼이 곧 태아에게 영혼을 불어넣었다고 믿었지요. 말씀드리건대 저 바보들은 분명 저 어린 생명체를 죽이는 것을 엄청난 죄악을 저지르는 것으로 봤던 겁니다. 그들 이야기를 들어보면 태아는 인간의 것이 아니라, 신의 창조물이라는 거예요. 태아를 좌우할 권리가 신에 있다나요. 그러니 우리가 죄짓지 않고는 태아를 좌지우지할 수 없다고 하지요. 그런데 철학의 횃불이 저 모든 사기를 휩쓸어버리고, 신의 환상이 짓밟히고, 자연학白然學의 비밀과 법칙이 더 잘 밝혀져 생식의 원리를 설명했고, 생식이라는 물질의 메커니즘이 밀알의 생장 이상으로 더는 우리에게 놀라움을 주지 않게 된 이상, 우리는 인간의 오류가 아니라 자연을 따르게 된 것입니다. 우리가 가진 권리의 한계를 넓히면서 마지못해서였든 우연에 의한 것이든 우리가 준 것을 완전히 자유롭게 되찾아올 수 있다는 것을 결국 인정했던 거지요. 원치 않는다면 그 누구도 억지로 아버지가 되어라, 어머니가 되어라 강요할 수 없고, 더욱이 지상 위의 한갓 피조물에 불과한 그것이 중대한 결과를 갖는 것도 아니었고, 한마디로 말해서 그것이 아무리 살아 있는 존재라 해도 우리가 그 조그만 살덩어리의 주인이다 이 말입니다. 손가락에 붙은 손톱을 잘라내고, 몸에서 과도하게 자라난 살덩이를 제거하고, 장에서 자란 화농化膿을 떼어내는 것과 뭐가 다릅니까. 어느 쪽도 우리에게서 나온 것이고, 어느 쪽도 우리 권리하에 있고, 우리는 절대적으로 우리에게 나온 모든 것을 소유하기 때문입니다. 외제니, 지상에 존재했던 살인행위가 평범하기 이를 데 없다는 점에 대해 설명했으니, 철들 나이가 된 아이를 포함한 영아살해에 관한 모든 일이 역시 전혀 대수로운 일이 아니라는 것을 잘 이해했으리라 본다. 그러니 그 주제를 반복할 필요가 없겠지. 머리가 영특한 아이이니 내 이야기를 잘 알 것이다. 지상에 존재하는 민족들의 풍속과 역사를 읽어보기만 해도 이런 관행들이 다 있었다. 그러니 결국 이 아무래도 좋은 행위를 악이라고 하는 것이 얼마나 바보 같은 짓인지 납득할 수 있을 것이다.

외제니 (먼저 돌망세에게) 얼마나 절 설득하셨는지 말할 수 없을 정도예요. (다음에 생탕주 부인에게 말한다) 그런데 부인, 말씀해주세요. 제게 주신다는 몸 안에서 태아를 죽일 때 쓰는 약을 가끔 사용해보신 적이 있어요?

생탕주 부인 두 번 있다. 두 번 다 기가 막히게 성공을 했지. 하지만 임신 초기에만 그것을 시험해 보았을 뿐이라는 점을 네게 고백해 두어야겠다. 내가 아는 두 여자가 다섯 달이 되었을 때 그 약을 사용했는데 역시 성공적이었다고 말하더라. 그러니까 애야, 문제가 생기면 나를 믿어라. 하지만 나는 네가 그런 약이 필요한 경우를 아예 만들지 말라고 권고하는 것이다. 그것이 가장 확실한 길이지. 이제 이 아이에게 약속한 리베르탱의 세부사항들을 다시 시작해보기로 하지요. 계속하세요, 돌망세, 신성모독의 욕망에 대해 말씀하실 차례지요.

돌망세 제가 보기에는 외제니가 벌써 종교의 오류에서 벗어났기 때문에 바보들이나 깊이 믿는 신앙의 대상을 농락하는 데 관련된 이 모든 일을 전혀 대수롭지 않은 것으로 생각할 것 같네요. 사실 그런 욕망은 영향력이 크지 않아서 아주 젊은 아이들의 생각에나 불을 지필까 하는 정도죠. 젊은이들은 족쇄를 깨는 것에서 큰 즐거움을 얻으니까요.[77] 가벼운 처벌 정도면 상상력이 불타오르고 그게 분명 어느 순간 즐거움이 됩니다. 그런데 제기 보기에 이런 쾌락은 우상으로 심은 대상이 형편없는 존재라는 사실을 깨닫고 이해하기만 하면 금세 열기가 사라지고 무미건조해지고 맙니다. 우리가 조롱하는 그 우상은 그저 대상을 보잘것없이 재현해놓은 데 불과하니 말이죠. 성유물聖遺

· ·

77. 오비디우스는 "우리는 금지하는 것에 이끌리며 거부된 것을 욕망한다"(『여인들』, III, 4곡)고 말했다. 족쇄를 끊고 위반할 때의 매혹에 대해서 사드의 『알린과 발쿠르』(사드, 『선집』 1권, 575쪽, 670-671쪽)를 참조. (D)

物, 성인상, 성체의 빵, 십자가를 모독하는 것은 철학자가 봤을 때는 이교도 성상을 파괴하는 것일 뿐이죠. 그런 개똥 같은 것들을 일단 경멸해버린 뒤에는 더는 신경을 쓰지 말고 그냥 내버려두어야 합니다. 다른 건 다 버려도 신성모독만은 남겨두는 것이 좋겠죠. 거기에 무슨 실재성이 있어서는 아닙니다. 신이 더는 존재하지 않게 된 순간부터 신의 이름을 모독하는 것이 불필요해지게 되지 않겠어요? 왜 그러느냐 하면 쾌락에 취했을 때 큰 소리로 이런 더럽고 좋지 않은 말들을 하는 게 중요하고, 신성모독의 말들이 상상력을 잘 자극해 주기 때문이죠. 아껴둘 게 뭐 있겠습니까. 그런 말들에 더없이 호화로운 장식을 하고, 할 수 있는 한 추문을 일으키도록 해야 합니다. 그렇게 추문을 일으키는 일이 참 달콤한 일이거든요. 자존심의 작은 승리 같은 거랄까요. 그런 걸 절대 경멸해서는 안 됩니다. 두 분께 고백하지만 제가 한 가지 은밀하게 느끼는 관능이 그것입니다. 제 상상력에선 도덕적 쾌락이 작동을 안 해요. 외제니, 한번 해봐라. 어떤 쾌락이 생기는지 알 수 있을 거다. 아직도 미신의 암흑 속에 무기력하게 살아가는 네 또래 사람들을 만날 때 찬란한 불경不敬의 모습을 내보여 봐. 네 난봉질이며 리베르티나주를 보여주라고. '창녀'처럼 굴고 가슴을 까 보여주거라. 또래 여자애들과 은밀한 곳에 가면 외설적으로 치마를 걷어 올려봐. 네 몸의 은밀한 부위를 열정적으로 보여줘 봐. 그 애들더러 똑같이 해보라고 해. 유혹하고 설교하고 그네들이 가진 편견이 얼마나 우스꽝스러운 건지 보여줘. 혼히 하는 말로 그 애들을 '악'에 물들여 봐. 남자처럼 그 애들과 모독을 해보란 말이야. 너보다 더 어린 애라면 완력을 써서 차지하고, 즐기고, 타락시켜. 본보기를 보여주든, 충고를 하든, 한마디로 말해서 그 애들을 타락시키는 데 네가 생각할 수 있는 모든 방법을 다 써서든 그리해. 마찬가지로 남자들과는 끝닿는 데까지 자유로워져야지. 남자들과는 무신앙과 후안무치한 모습을 과시해. 남자들이 제멋대로 군대도 전혀 두려워하지 말고, 평판을 해치지만 않으면 남자더러 즐기고 싶은 대로 다하라고 은밀하게 허락하라고, 애무를 받고 용두질을 해주고, 네게도 그렇게 하라 해. 엉덩이를 맡길 때까지 가라고. 하지만 여자들의 허구에 불과한 영예는 남자들에겐 앞쪽의 처녀성이니, 그것에 대해서는 까다롭게 굴어라. 일단 결혼하면 몸종을 몇 잡아. 하지만 애인을 두면 안 돼. 아니면 확실한 젊은 놈을 몇 명 매수해라. 그 순간 넌 안전하게 되는 것이다. 냄판에 흠집날 일이 없지. 만에 하나라도 누구도 너를 의심할 수 없다면 네가 좋을 대로 할 수 있는 기술을 찾은 것이다. 계속 살펴보도록 하자.

분석해보기로 약속했던 세 번째 것은 잔혹성이 주는 쾌락이다. 오늘날 이런 종류의 쾌락은 사람들 사이에서 보편적인 것이 되었다. 사람들이 어떤 논거로 이를 정당화하는지 살펴보자. 이들이 하는 말로 우리는 자극받기를 바라고, 이것이 관능에 탐닉하는 모든 이의 목적이라지. 우리는 가장 능동적인 방법으로 그리되고자 한다. 이 점에서 출발하면 우리의 방식이 우리에게 봉사하는 대상에 쾌를 주느냐 불쾌를 주느냐 생각할 필요가 없다. 가능한 가장 강렬한 충격으로써 우리의 신경 전부를 뒤흔들기만 하면 되는 것이다. 그런데 고통의 자극이 쾌락보다 더 강렬하기 마련이다. 그러니 타인의 고통이 일으키는 충격에서 우리가 받는 진동이 더 크므로 우리 내부에 더 격렬한 반향이 일어나, 동물정기[78]를 더 강력하게 순환하게 할 것임이 틀림없다. 동물정기는 본질적으로 높은 곳에서 낮은 곳으로 운동[79]하므로 낮은 곳에 자리를 잡게 되니, 곧 성적 흥분에 관계된 신체기관을 자극하고 그 기관이 쾌락을 느끼도록 해줄 것이다. 여자들은 쾌락의 효과를 흔히 잘못 생각하고 있지. 더욱이 용모가 추하거나 늙은 남자가 쾌락을 만들어내기는 참 어려운 것이다. 그들이 쾌락에 이를까? 약한 존재인 데다 신경에 가해지는 충격은 강하지 못하다. 그러니까 효과가 확실하고 더 능동적

. .

78. 데카르트는 이 문제에 대해 갈레노스의 학설을 부분적으로 취한다. 트레부사전에 따르면 동물정기는 "신경과 뇌에 포함된 대단히 미세하고 활동성이 있는 육체의 한 부분"으로, "두뇌를 구성하는 선腺에 의해 피와는 구분된다. 이것을 통해 동물이 움직이게 되는 것"이라고 설명한다. 사드의 『알린과 발쿠르』(『선집』 1권, 575쪽)에서 동물정기는 전류와 동일한 것으로 간주된다. (D)

79. 트레부사전에서 '높은 곳에서 낮은 곳으로Rétrogradation'라는 표현은 문자 그대로 '역행'을 의미하는데 "이 작용에 의해 신체는 반대쪽으로 운동하게 된다. 천문학에서 천체의 운동을 설명할 때 말고는 쓰이지 않는다." 여기서는 문맥에 따라 높은 곳에서 낮은 곳으로 이동하는 움직임을 뜻한다. (D)

으로 진동을 일으키는 고통을 선호할 수밖에. 그런데 이렇게
미친 듯한 편벽증에 사로잡힌 남자들을 비난하지 않더냐? 이
고통이 주변 사람을 괴롭게 만든다고 하면서 말이다. 자기
혼자 즐겁자고 타인을 고통스럽게 하는 것이 인자한 일이냐,
하는 거지. 그러면 그 악당들은 네게 이렇게 대답할 것이다.
그들은 쾌락의 행위를 할 때 자기가 전부이고 타인은 아무것도
아니라고 생각하는 데 익숙하다. 그러므로 그들은 자연스럽게
주어지는 자극이 약해서 아무것도 느끼지 못하는 것보다는
강한 자극으로 강력한 것을 느끼는 것을 선호하는 것이 당연하
다고 확신하지. 그들은 이렇게 말할 거야. 주변 사람이 고통을
받게 된들, 그것이 자기들에게 무슨 상관이냐고 말이다. 우리가
그 고통을 느끼기라도 할까? 그렇지 않다. 반대로 우리는 지금
어떤 향락의 감각은 그 고통에서 나온다는 점을 증명했다.
그러니까 우리에게 아무런 자극도 못 주는 사람을 배려해야
한단 말이냐? 우리에게 눈물 한 방울의 값어치도 안 되는 고통을
그 사람에게 무슨 권리로 면해주어야 한단 말이냐? 그 고통에서
우리가 그토록 커다란 쾌락을 갖게 되는 것이 확실한데도?
우리보다 타인을 선호하라고 가르치는 자연의 충동이 있다는
데 그걸 하나라도 경험해본 적이 있느냐? 우리 모두는 오직
자신을 위해 세상에 존재하는 것이 아니냐? 타인이 우리에게
하기를 원하지 않는 것을 우리가 타인에게 행해서는 안 된다[80]
는 자연의 터무니없는 목소리에 대해 말한다. 그러나 저 말도

80. 몽테스키외는 『법의 정신』(1권 3장)에서 "이 법(자연의 법)은 창조주에
대한 생각을 우리 내부에 새기면서 우리를 그에게 이끈다. 이 법은 법들의
체계를 따라서가 아니라 그 중요성에 따라 모든 자연법의 제일조라고
할 수 있다. 자연 상태의 인간은 지식을 가졌다기보다는 지식을 얻을
수 있는 능력을 갖추고 있었을 것이다. 그가 가진 최초의 생각이 논의를
따지는 것이 아니었을 것이라는 점이 확실하다. 그는 자기가 어디에서
나왔는지 따지기 전에 자기 보존을 생각하게 되었을 것이다. 사람은
먼저 자기가 연약한 존재라는 것을 느낄 수밖에 없다. […] 이 상태에서
각자는 자기가 열등한 존재라고 생각하게 되므로 서로 공격할 생각을
하지 않았을 것이다. 그러므로 최초의 자연법은 평화이다"라고 쓰면서
홉스의 '전쟁상태로서의 자연'의 주제를 반박한다.

사드는 『알린과 발쿠르』에서 몽테스키외의 이 논증을 직접 거론한다.
"당신의 몽테스키외가 말하기를 이 법의 가장 훌륭한 점은 시민들에게
일종의 정치적 자유를 보존하는 것이라 했습니다. 이 자유를 통해서
법의 보호를 받으면서, 사람은 타인의 공격으로부터 보호를 받으며 나아갈
수 있는 것이지요. […] 법의 제일조가 자연의 법이라는 것은 그것이
인간이 정말로 필요한 유일한 것이라는 점입니다. 마음속에 '우리에게
일어나기를 바라지 않는 것을 타인에게 해서는 안 된다'는 생각이 없는
악한은 절대로 법의 공포 때문에 할 일을 그만두는 일이 없습니다'(사드,
『선집』 1권, 664쪽).

또 『소돔 120일』에도 다음의 내용이 나온다. "예컨대 살인을 죄악으로
여기는 바람에 우리가 누릴 수 있는 쾌락이 얼마나 협소해지는지 감히
상상조차 할 수 없어. 그따위 편견의 지긋지긋한 허상을 마치 진리인
양 떠받드느라 비할 데 없이 감미로운 쾌락을 얼마나 많이 포기하는가
말이야. 도대체 이 세상 인간이 하나든, 열이든, 스물이든, 오백이든 더
많고 적고가 자연에 무슨 영향을 미친다는 거지? 정복자, 영웅, 폭군이
언제 남이 내게 하지 말았으면 하는 일을 나도 남에게 하지 말라는 그
얼토당토않은 계율을 자신에게 부과하던가? 친구들, 이참에 아주 솔직히
말하겠는데, 나는 세상 바보들이 저런 계율이야말로 자연의 법칙이라고
감히 내 앞에서 종알댈 때마다 온몸이 부들부들 떨린다네. 맙소사! 실제로
는 살인과 범죄에 굶주린 자연이야말로 그것들을 실컷 부추기고 저지르는
것을 원칙으로 삼아 굴러가고 있는데 말이야. 자연이 우리 마음 깊숙이
각인해놓은 유일한 좌우명은, 어느 누구를 희생시켜도 좋으니 너 자신의

되지 않는 충고는 사람이, 그것도 허약한 사람이 우리에게 한 것이다. 강한 사람이라면 그런 말을 할 생각조차 않았겠지. 멍청한 체계를 가졌기에 늘 박해를 받던 초기 기독교도들은 그 체계를 이해해주었으면 했던 이들에게 이렇게 외쳤다. "우리를 불 속에 집어던지지 마세요, 우리 살가죽을 벗겨내지 마세요! 자연은 타인이 우리에게 하기를 원하지 않는 것을 타인에게 해서는 안 된다고 가르칩니다"[81]라고 말이다. 바보 같은 것들! 우리더러 언제나 즐기라고 충고하는 자연이, 우리 안에 다른 움직임이며, 다른 생각은 새겨둔 적이 없는 자연이 어찌 다음 순간 전례 없이 일관성을 잃고, 우리더러 타인에게 해가 될 수 있으면 즐기려는 마음을 가져서는 안 된다고 말할 수가 있겠느냐? 아! 외제니, 그리 생각하자, 그리 생각해. 우리 모두에게 어머니 같은 존재인 자연은 우리에 대한 이야기만 한다. 자연의 목소리처럼 이기적인 목소리가 없고,[82] 가장 명쾌하게

• •

만족을 추구하라는 건네 말이지"(사드, 『소돔 120일』, 성귀수 역, 앞의 책, 387쪽). (역주)

81. "그리하여 너희들은 사람들이 너를 위해 해주었으면 하고 바라는 모든 것을 그들을 위해 몸소 행하라. 이것이 법이요, 진리니라"(마태복음, 7장 12절). "사람들이 네게 해주었으면 하고 네가 바라듯이 그들을 위해 똑같이 행하라"(누가복음, 6장 31절). (역주)

82. 사드의 악한늘은 이기주의를 자연의 법칙으로 승격시킨다. 한 예로 『누벨 쥐스틴』에서 징세청부인 뒤부르와 델몽스 부인의 집에서 절도혐의로 무고하게 체포되어 감옥에 간힌 쥐스틴은 같은 운명의 사형수 뒤부아를 만난다. 뒤부아는 자기 동료들이 탈옥을 위해 곧 감옥에 방화를 할 계획임을 쥐스틴에게 알리면서 다음과 같이 말한다. "분명 많은 사람이 불타

알아볼 수 있는 것은 우리더러 누굴 희생하더라도 마음껏 즐기라고 하는 불변하고 신성한 충고뿐이다.[83] 그러나 그 점에 대해 이렇게들 말할 테지. 타인이 복수를 할 수 있다고 말이다… 잘된 일 아니냐. 가장 강한 사람만이 옳게 되는 거야.[84] 자, 이것이 영원한 전쟁과 파괴의 원시 상태이다.[85] 이를 위해

· ·

죽을 거야. 쥐스틴, 뭐 상관없지. 우리 안락이 문제가 될 때 타인의 운명이란 항상 전혀 중요치 않은 것이지. 난 형제애의 관계를 몰라. 그건 인간이 약한 존재이고 미신에 사로잡혀 만들어낸 것일 뿐이야. 애야, 우리 이기적으로 살자. 자연이 우리를 그렇게 낳은 거라니까. 자연이 사람과 사람의 관계를 이어주고 있다는 걸 본 적이 있어? 간혹 필요 때문에 가까워질 때는 있지. 그렇더라도 이해관계가 걸리게 되면 서로 멀어져야지. 이기주의가 자연의 제 일법칙이며, 분명 가장 정당하고, 가장 성스러운 법칙이니까 말이다. 타인을 오직 우리 정념이나 변덕을 채우기 위한 개체로만 봐야 한단다"(사드, 『누벨 쥐스틴』, 『선집』 2권, 431쪽).

83. "자연은 어느 누구에게나 모든 것에 대한 권리를 부여했다. 순수한 자연 상태에서, 또는 사람들이 서로 계약을 맺거나 연대하기 이전의 시기에, 사람은 자기가 원하는 것을 실행하고, 다른 사람에 대해 자기가 적합하다고 생각하는 행동을 하며, 또 자신이 갖고 싶거나 가질 수 있는 것을 소유하고 사용하고 향유하는 것은 정당하다"(토마스 홉스, 『시민론』 1부 1장 10절, 이준호 역, 서광사, 2013, 44~45쪽). (D)

84. "많은 사람이 동시에 동일한 대상에 대한 욕망을 갖게 된다. 그렇지만 많은 사람들이 그 대상을 함께 향유할 수도 없지만(없고), 나눠 가질 수도 없는 경우가 아주 혼하다. 이 경우에는 가장 강한 사람이 그것을 가질 수밖에 없고, 가장 강한 사람은 무력으로 결정될 수밖에 없다"(토마스 홉스, 『시민론』 1부 1장 6절, 위의 책, 42쪽). (D)

85. "인간이 사회를 이루기 이전, 즉 인간의 자연 상태는 전쟁일 뿐이며, 전쟁일 뿐만 아니라 만인에 대한 만인의 투쟁이라는 것을 부정할 수 없다. 힘으로 싸우는 의지가 언어와 행위를 통해 극명하게 드러나는 세월이 전쟁이 아니고 무엇이란 말인가? 그 밖의 시대를 평화라고 한다" (토마스 홉스, 『시민론』 1부 1장 12절, 위의 책, 46쪽). (D)

자연의 손이 우리를 창조했던 거고 우리가 자연에 득이 되는 것은 오직 그 자연 상태에서뿐이다.

　자, 외제니, 이런 식으로 추론하고 있단다. 난 여기에 내 경험과 연구를 바탕으로 잔혹성은 악이기는커녕 자연이 우리 마음속에 새겨둔 최초의 감정이라는 점을 덧붙이겠다. 아이는 철들 나이가 되기 한참 전부터 딸랑이를 부수고 유모의 젖을 물어뜯고 키우던 새의 모가지를 비틀어 죽여.[86] 동물에게도 이런 잔혹성이 발견된다. 내가 이미 말했던 대로 자연의 법칙은 우리 인간보다는 동물들에게서 더 강력하게 이해되고, 잔혹성은 문명화된 인간보다 자연에 더 가까운 야만인들에게 있지. 그러니 그것을 두고 타락의 결과라고 주장하는 것은 터무니없는 일이다. 반복하지만 그런 생각은 잘못된 것이다.[87] 잔혹성은

• •

86.　"당신이 아이들에게 아이들이 원하는 것을 모두 주지 않으면, 경우에 따라 아이들은 역정을 내며 울고 슬퍼하며 부모를 때리기도 하는데, 이 모든 것은 아이들의 본성 때문이다. [⋯] 사악한 사람은 힘은 세고 우둔하게 성장한 아이와 거의 차이가 없거나, 아이 같은 성향의 사람과 거의 차이가 없다. [⋯]"(토마스 홉스, 『시민론』 서문, 24쪽). 디드로는 『백과사전』의 「홉스주의」 항목에서 "홉스가 말하는 악한은 건장한 아이다. [⋯] 육 주 된 아이가 그 나이의 우둔한 판단력과 마흔 살 사내의 힘과 정념을 가졌다고 생각해보자. 아이가 아버지를 구타하고 어머니에게 폭력을 행사하고 유모의 목을 조를 것은 불 보듯 뻔한 일"이라고 썼다. (D)

87.　루소는 『인간불평등기원론』에서 홉스는 "자연 상태란 우리의 자기 보존을 위한 노력이 타인의 보존에 가장 해를 끼치지 않는 상태이므로 이와 같은 상태는 결과적으로 평화롭게 살아가는 데 가장 적합하며 인류에게 가장 바람직한 것"이라고 말했어야 했지만, 정작 정반대로 말했다고

자연에 존재하는 거야. 우리 모두는 일정 정도 잔혹성을 갖고
태어나는데 나중에 교육 때문에 수정이 될 뿐이다. 그런데
교육은 자연을 따르는 것이 아니다. 땅을 갈면 나무에 해가
되듯 교육을 하면 자연의 성스러운 인과관계에 해가 된다.
과수원에서 버려진 채 자연의 손길에 맡겨진 나무와 네가 강제
로 손길을 더해 가꾸는 나무를 비교해 보거라.[88] 어떤 것이
더 맛이 좋을지, 어떤 것이 더 훌륭한 열매를 맺을지 알 수
있을 것이다. 잔혹성이란 문명이 타락시키기 전 인간이 가졌던
에너지와 다른 것이 아니다. 그러니 그건 덕이고 악일 수가
없다. 법이며, 처벌이며, 관습이며 하는 것을 제거해봐라. 잔혹
성은 더는 위험하지 않게 된다. 똑같은 길을 통해 곧장 되받아쳐

· ·

비판한다. "홉스는 악인이란 튼튼한 아이라고 말한다. 그러나 미개인이
튼튼한 아이인지 여부는 아직 알 수 없다. […] 타인에게 의존하고 있을
때 인간은 약한 법이다. 그리고 인간은 자유로워져야 건강해진다. 홉스는
우리 법률가들이 주장하는 것처럼, 미개인으로 하여금 이성을 사용하지
못하게 하는 그 원인이, 바로 홉스 자신이 주장하는 것처럼 미개인으로
하여금 그들 자신의 능력을 사용하지 못하게 한다는 사실을 미처 몰랐던
것이다. 따라서 미개인은 선하다는 것이 무엇인지 모른다는 바로 그
이유 때문에 악하지 않다고 말해도 무방할 것이다"(루소, 『인간불평등기
원론』, 주경복, 고봉만 역, 책세상, 2003, 79-80쪽). (역주)

88. "모든 것은 조물주의 손에서 나올 때는 완전하나 인간의 손에 들어오면
변질되고 만다. 인간은 어떤 땅에다 다른 토양에서 자랄 수 있는 산물을
억지로 키우려는가 하면 이 나무에다 저 나무의 열매를 맺게 하려 한다.
[…] 인간은 어떤 것이든 자연이 만들어놓은 그대로를 원하지 않는다.
심지어 인간마저도 그러하다. 조련된 말을 다루듯 인간을 자신에게 맞게
길들여야 한다. 그리고 마치 정원수처럼 인간을 자기 마음대로 뒤틀어놓아
야 한다"(루소, 『에밀 1』, 이용철, 문경자 역, 나남, 2007, 57쪽). (역주)

160

질 수 없다면 절대 작용하지 않을 테니 말이다. 잔혹성이 위험해지는 건 문명사회에서이다. 피해를 받은 사람은 모욕을 되받아칠 힘이나 수단이 부족하기 때문이다. 그러나 비문명사회에서 힘 있는 자에게 잔혹성이 작용한다면 그는 당장 되받아치고 말 거고, 힘없는 자에게 작용한다면 자연의 법칙에 따라 힘 있는 자에게 지고 말 존재들이나 피해를 줄 테니까 어떤 불편함도 있을 수 없다.

남자들의 음란한 쾌락에 존재하는 잔혹성은 분석하지 않겠다. 외제니, 넌 남자들이 갖게 되는 다양한 극단의 행동들을 대략 이해하고 있고, 네 불타는 상상력이면 완고하고 철저한 무관심으로 일관하는 사람에게 그런 행동들에 한계가 없다는 점을 쉽게 이해하겠지. 네로, 티베리우스, 엘라가발루스는 아이들을 제물로 제 욕심을 채웠어. 레 원수[89]와 콩데 공의 삼촌 샤롤래[90] 역시 방종한 끝에 살인을 했다. 심문을 해보니 전자는 남자애든 여자애든 자기와 부속 사제가 형벌을 가하면서 얻을 수 있었던 쾌락보다 더 강한 것을 경험한 적이 없다고 고백했다. 브르타뉴에 있던 그의 여러 성 중 하나에서만 칠팔 백의 희생자를 발견했지. 이 모든 것이 이해가 된다. 내가 증명해 보인

• •

89. 레Retz 원수, 질 드 라발Gilles de Laval(1400-1440)을 말한다. 푸른 수염 Barbe-Bleue이라 불렀다. (D)
90. 샤를 드 부르봉Charles de Bourbon, 샤롤래 공작comte de Charolais(1700-1760), 대 콩데 공Grand Condé의 손자로 1740년부터 그의 조카인 루이 조제프 드 부르봉Louis Joseph de Bourbon의 후견자였다. (D)

것이 그것이다. 우리의 체질, 신체기관, 체액 순환, 동물정기에서 나오는 에너지, 봐라, 이런 것이 물리적인 동인인 것이다. 그것으로 인해 똑같이 태어나도 티투스도 되고 네로도 되며, 메살리나도 되고 샹탈[91]도 되는 것이다. 악을 행했음을 회개하는 이상으로 미덕을 행했음을 뽐내면 안 된다. 우리를 흉악한 자로 태어나게 한 이상으로 우리를 선하게 태어나게 했던 자연을 비난해서는 안 되는 것처럼 말이다. 자연은 자신의 목적, 계획, 필요에 따라 행동했을 뿐이다. 그러니 자연에 복종하도록 하자. 이제 여자들의 잔혹성에 대해서 고찰하는 일만 남았다. 여자들의 신체기관의 감수성이 극단적으로 강하기 때문에 남자들보다 여자들이 항상 더 잔혹하다.

일반적으로 두 종류의 잔혹성을 구분한다. 첫 번째는 우둔함 때문에 생기는 것이다. 추론도 분석도 해본 적이 없으므로 그렇게 태어난 자는 야수野獸와 다를 바가 없지. 그런 잔혹함에서는 쾌락을 얻을 수 없는 것이, 그런 성향을 가진 자는 전혀 꾸밀 줄 모르기 때문이다. 그런 존재는 난폭하더라도 위험하지는 않다. 그런 자를 피해 숨는 일은 항상 쉬운 일이거든. 두 번째 잔혹성은 신체기관의 감수성이 극단적으로 민감해서 생긴다. 대단히 섬세한 사람들이 가졌다고 알려져 있지. 잔혹성이 그들에게 과도한 것은 지나치게 섬세함을 추구하기 때문일

• •

91. 잔 프랑수아즈 드 샹탈Jeanne Françoise de Chantal(1572-1641)은 프랑수아 드 살François de Sales과 함께 성모방문회를 세웠다. (D)

162

뿐이다. 이 섬세함은 극단적으로 예민하므로 금세 무뎌지게
마련이다. 그런 이유로 감각을 깨우기 위해 잔혹성의 수단이란
수단을 모두 사용하게 되는 것이지…. 이런 차이를 인식하는
사람은 정말 극소수에 불과하다![92] 그 차이를 느낄 수 있는
사람은 또 얼마나 적은지! 하지만 차이는 존재하고, 그것도
의심할 여지없이 존재하는 것이야. 그런데 여자들은 이 두
번째 잔혹성을 자주 느끼게 되지. 그 점을 잘 살펴보아라. 여자들
을 그런 데로 이끌고 갔던 것이 감수성의 과잉이며, 그것이
상상력의 극단적인 활동이며, 여자들의 정신이 갖춘 힘이 그
여자들을 흉악자로, 포악자로 만든다는 것을 알게 될 것이다.

. .

92. 이것을 루소가 말하는 '민감한 마음âme sensible'과 비교해보자. 『신엘로이
즈』에서 생프뢰는 자신이 그렇게 태어났다고 생각한다. "며칠 만에 내
처지가 얼마나 변했는지 모릅니다! 당신에게 가까이 가는 즐거움에 얼마
나 큰 괴로움이 뒤섞이는지요! 얼마나 많은 우울한 생각이 나를 괴롭히는
지요! 내 두려움이 예상케 하는 난관이 얼마나 많은지요! 오 쥘리, 민감한
마음은 하늘이 준 얼마나 치명적인 선물인지 모릅니다! 그 선물을 받은
사람은 지상에서 괴로움과 고통밖에 기대할 수 없다는 것을 각오해야
합니다. 대기와 계절의 천한 노리개인 그의 운명은 태양이나 안개, 흐리거
나 청명한 대기에 의해 결정될 것입니다. 그리하여 그는 바람의 변덕에
따라 기쁘기도 하고 우울해하기도 할 것입니다"(루소, 『신엘로이즈 1』
1부 26번째 편지, 앞의 책, 128-129쪽). 미셸 들롱은 『전환기의 에너지에
대한 생각』에서 이와 같은 민감한 영혼과 리베르탱을 구분해주는 것은
감수성에 대한 정의 자체라고 말한다. "감수성은 민감한 영혼들에게는
도덕적인 것이며, 눈물과 같은 육체적인 기호들에 의해 표현된다. 그러나
리베르탱들에게는 육체적인 것이며 관능적인 동기를 넘어서는 것이다.
리베르탱의 논점은 적어도 도덕적 쾌락에 대해서 성적 쾌락이 가지는
에너지의 우위에 세워진다"(미셸 들롱, 『전환기의 에너지에 대한 생각』,
앞의 책, 307쪽). (역주)

그러니 이런 여자들이 참 매력적인 게 아니겠니. 그러니 그런 시도를 할 때 여자들이 정신을 잃는 게 아니겠니. 불행한 일이지만 우리 풍속이 엄격하고, 터무니없는 것이기 때문에 여자들이 잔혹하도록 내버려두질 않는다. 여자들은 마음속으로는 역겨워하지만 보란 듯이 호의를 베풀면서 타고난 성향을 덮어두고 가장하고 숨기고 있다. 더없이 어두운 베일 아래에서나 신중에 신중을 기해서만, 확실한 몇몇 친구의 도움을 받아서만 비로소 자기들의 성벽에 탐닉할 수 있는 것이다. 이런 여자들이 많기 때문에 결과적으로 세상에는 불행한 여자들로 가득 차 있는 거지. 그 여자들을 만나보고 싶으냐? 잔인한 볼거리가 있다고 알려줘 보거라. 결투라든지 화재라든지 전투라든지 검투사의 싸움 같은 것 말이다. 여자들이 앞다퉈 그리로 달려가는 것을 확인할 수 있을 것이다. 그러나 그 여자들의 광포한 마음을 달래기엔 턱없이 부족하지.[93] 자기를 억제하면서 또 괴로워들

<hr />

93. 앙토냉 아르토는 1936년에 다음과 같이 썼다. "감수성이 둔화되는 만큼 확실히 우리의 신경과 마음을 일깨워주는 연극이 필요하다. [···] 자극을 주는 모든 것이 잔혹함이다. 연극이 갱생하기 위해서는 끝까지, 극단에 이르는 행동을 생각해야 한다. 대중은 무엇보다 감각을 통해 사고한다는 생각에 이르러, 일상적인 심리극에서처럼 이해력에 대한 호소가 터무니없는 것이라고 생각하게 되므로 잔혹극은 군중이 등장하는 스펙터클에 호소하게 된다. [···] 사람들이 거리로 쏟아져 나오는 군중 속에, 축제 속에 존재했던 이와 같은 시詩가 오늘날에는 극히 드물다. [···] 한마디로 말해서 시 속에 생생한 힘이 존재한다고, 이렇게 얻은 연극적인 상황에 제시된 죄악의 이미지가 실제로 실현된 동일한 죄악 이상으로 대단히 끔찍한 어떤 것을 우리의 정신 속에 제시한다고 우리는 믿는다"(앙토냉

164

한다.

이런 종류의 여자들에게 잠시 눈을 돌려보자. 앙골라 여왕 징가만큼 잔인한 여자가 세상에 없었다. 자기와 잔 애인들을 잡아 죽였지. 여왕이 보는 앞에서 전사들끼리 싸우게 시키곤 했고 자기는 승리자의 전리품이 되었다. 여왕은 광포한 마음을 달래려고 서른 살이 되기 전에 임신을 한 여자들을 회반죽 속에 이겨 넣으면서 즐거워했지.*[94] 중국의 황후였던 조에는 자기가 보는 앞에서 죄인들이 참수되는 장면을 보는 것을 정말 즐겼지. 죄인이 없을 땐 황제와 성교하는 동안 노예를 죽이도록 했어. 저 불행한 사람들의 불안이 커져감에 따라 그 여자는 사정의 분출을 조절했어. 희생자들에게 가하는 형벌의 종류에 신경을 써서 안을 우묵하게 판 저 유명한 청동기둥을 고안했지. 죄인을 그 안에 가두고 불을 붙이는 거야. 비잔틴의 황제 유스티니아누스의 아내였던 테오도라는 남자를 거세하는 걸 보면서 즐겼고, 메살리나는 자기가 보는 앞에서 남자가 탈진할 때까지 강제로 수음을 시키면서 자위를 했지. 플로리다 여자들은 남편

<hr />

아르토, 『연극과 그 분신』, 갈리마르, 131-133쪽). 사드 소설에서 타인에게 가한 죄악은 고통에서 환희로 전이되면서 비일상적인 에너지를 분출한다. 『알린과 발쿠르』 서문에서 사드는 "덕이 제시되는 흥미롭고 진실한 방식으로 덕을 사랑하지 않을 수 없게 된다면, 확실히 악을 그리기 위해서 우리가 사용했던 끔찍한 색채들이 악을 증오하지 않을 수 없게 만든"다고 썼다(사드, 『선집』 1권, 387쪽). (역주)

94. (저자의 주) 한 선교사가 쓴 『앙골라 여왕 징가의 이야기』를 보라.

의 음경을 크게 만든 다음에 귀두에 곤충을 올려 두곤 했다. 이렇게 되면 남자들은 끔찍한 고통을 받게 되지. 그걸 해보려고 이 여자들이 남편들을 붙잡아 맸어. 그리곤 한 남자 주위에 빙 둘러서 더 확실히 끝까지 가보고자 했지. 저 야만스럽기 짝이 없는 에스파냐 사람들이 와서 사람을 다 죽이는데도 그 여자들은 남편들을 풀어주지 않았던 거야. 라 보아쟁과 라 브랭빌리에는 죄악을 저지르면서 느끼는 쾌락 때문에 독살을 했다.[95] 한마디로 말해서 역사를 들춰보면 여자들의 잔혹함에 대한 무궁무진한 사례가 발견된다. 여자들은 자연적인 성벽에 비례해서 그런 움직임이 마음속에 일어나게 된다. 잔혹한 남자들은 광포함을 누그러뜨리려고 채찍질을 하는데, 여자들도 능동적으로 채찍질을 하는 데 좀 익숙해졌으면 한다. 내가 알기로 여자들 중에 그리하는 자가 있기는 하다만 내가 바라는 만큼 보편적인 건 아니지. 여자의 야만성을 이런 방식으로 해결하면 사회에도 득이 될 것이다. 이런 방식으로는 사악해질 수 없는 여자가 저런 방식으로는 그리될 테니까. 여자들은 세상에 그런 식으로 독을 퍼뜨리면서 가족과 남편을 절망시키게 된다. 기회가 왔을 때 선한 행동을 하지 않고, 불행에 빠진

· ·

95. 독살 사건으로 유명한 두 여자. 카트린 데 에 라 보아쟁Catherine Des Hayes La Voisin(1640-1680), 마리 마르게리트 도브레 라 브랭빌리에후작 부인marquise de Marie Marguerite d'Aubray La Brinvilliers (1630-1676). (D)

자를 돕지 않는 것으로 어떤 여자들이 자연적으로 이끌리는 광포함에 날개를 달아주게 되지. 하지만 이런 방식은 너무 약하고 그 여자들이 최악의 행동을 해야 할 필요가 있을 때는 별로 소용이 없어. 민감하고 광포한 여자가 제 격렬한 정념을 진정시킬 수 있을 다른 수단이 분명 있을 거야. 그런데 외제니, 그런 수단은 위험한 것이라 너더러 해보라고 감히 충고를 못하겠구나… 오! 하느님! 애야, 무슨 일이냐?… 부인, 당신 학생이 어떤 상태인지 좀 보시구려!….

외제니 (자위를 하며) 아! 하느님! 당신이 제 머리를 미치게 만들어요… 당신 말을 들으니까 이렇게 되어요!….

돌망세 도와요, 부인, 좀 도와요! 저 예쁜 아이가 혼자 사정하도록 내버려둘 겁니까?….

생탕주 부인 오! 그러면 안 되지! (두 팔로 외제니를 안는다) 이 사랑스런 아이야, 너만 한 감수성을 본 적이 있는지 모르겠다. 그토록 관능적인 두뇌를 본 적이 없어!….

돌망세 부인, 앞을 맡으세요. 저는 그녀의 작고 예쁜 항문을 혀로 건드려 보겠습니다. 볼기를 가볍게 치면서 말이죠. 이런 식으로 우리 손에 좋이 예닐곱 번은 사정을 할 테죠.

외제니 (정신을 잃으며) 아! 해주세요! 어렵지 않을 것 같아요!

돌망세 부인들, 지금 우리가 취한 자세면 두 분이 제 음경을 차례차례 빨아볼 수 있을 것입니다. 이런 식으로 흥분이 되면 저는 엄청난 에너지로 우리 사랑스러운 학생의 쾌락에 착수할 수 있겠습니다.

외제니 부인, 저 아름다운 음경을 두고 부인과 다퉈야겠네요.

(그녀가 그것을 가져간다)

돌망세 아! 정말 황홀하군!… 얼마나 관능적인 열기인가!… 그런데 외제니, 위기의 순간[96]에 잘할 수 있겠느냐?

생탕주 부인 삼켜버려라… 삼켜버려. 내가 그 앨 책임지지. 더욱이 어려서인지… 뭔지 모를 이유로… 여기서 관능 때문에 행해야 하는 의무를 저버린다면….

돌망세 (대단히 흥분되어서) 그렇다면 그녀를 용서하지 못할 거예요. 부인. 용서하지 않을 거라고!… 따끔하게 혼을 내주어야지… 이 아이에게 매질을 할 겁니다… 피가 철철 흐르도록 말이요… 아! 하느님! 사정한다… 흘러나오는구나!… 마셔라!… 삼켜라, 외제니, 한 방울도 남김없이!… 부인, 당신은 제 뒤를 좀 맡아요. 부인에게 맡깁니다… 제 그곳이 하는 일 없이 하품이나 하고 있다는 것이 안 보입니까?… 그것이 당신 손가락을 달라는 것이 안 보이느냐고요?… 하느님! 절정에 다다랐다… 주먹이 들어가도록 쑤셔보라고요!… 아! 이제 제자리로 돌아갑시다, 더는 못하겠습니다… 이 사랑스러운 아이가 천사처럼 빨아주었어….

외제니 사랑스러운 선생님, 한 방울도 남기지 않았어요. 입 맞

---

96. 절정의 순간이라는 뜻이다. (역주)

춰주세요, 내 사랑, 당신 정액이 지금은 제 위로 다 들어갔어요.

돌망세 정말 사랑스러운 아이구나… 이 아이 사정한 것 좀 보게!….

생탕주 부인 홍수가 났구나!… 오! 맙소사! 무슨 소리를 들었지!… 누가 문을 두드리네. 누가 우리를 방해하러 온 거지?…. 내 동생이구나. 신중하지 못한 것 같으니!….

외제니 하지만 부인, 이런 이야기는 없었잖아요!

돌망세 생각도 못했지, 안 그러니? 외제니, 두려워 말아라, 우리는 다 네 쾌락 때문에 노력하는 것이다.

생탕주 부인 아! 외제니도 곧 이해하게 될 거다. 들어오너라, 동생아, 널 안 보려고 숨어버린 이 예쁜 아이를 놀려주려무나.

네 번째 대화

생탕주 부인, 외제니, 돌망세, 미르벨 기사

기사 두려워 말아요, 부탁드립니다. 아름다운 외제니, 신중히 행동하겠습니다. 이분이 누님이시고, 이분이 제 친구입니다. 당신께 이 두 분 모두 제가 믿을 만한 사람이라고 보증해주실 겁니다.

돌망세 우스운 인사치레 의식을 단번에 끝낼 수 있는 게 무언지 알지. 자, 기사, 우리는 이 아름다운 처녀를 교육하고 있다. 그 나이의 처녀가 알아야 하는 모든 것을 강의하고 있거든. 이해를 도모하기 위해서 항상 이론과 실천을 연결시키고 있어. 지금 사정하는 음경에 대한 그림이 필요해. 강의가 거기까지 온 것이지. 모델이 되어줄 수 있겠느냐?

기사 간곡한 제안을 하시니 거절을 못하겠네요. 아가씨가 매력

170

이 넘쳐서 금세 기대하시는 강의의 효과가 나올 것 같습니다.

생탕주 부인 자! 자! 바로 실행해보자!

외제니 오! 정말이지 너무 심하시잖아요. 어디까지 제 젊음을 망칠 생각이세요⋯. 그런데 절 뭐라고 생각을 하실까?

기사 매력적인 처녀라고 생각하지요, 외제니⋯. 제가 지금껏 만났던 사람들 중 가장 아름다운 사람이라고 생각합니다. (그는 입 맞추고 손을 외제니의 가슴 위로 쓸어 본다) 오! 맙소사! 정말 싱싱하고 귀여운 매력이 있네!⋯ 얼마나 매혹적인지!⋯.

돌망세 기사, 말을 줄이고 더 행동을 하자고. 내가 어떤 장면을 꾸밀지 지시를 내려주지. 난 그럴 권리가 있거든. 이번 강의의 목적은 외제니에게 사정의 메커니즘이 어떻게 이뤄지는지 알려주기 위한 거야. 그런데 그녀가 냉정한 상태로 그런 일이 어떻게 이루어지는지 관찰하기가 어려우니, 우리 넷이 서로 마주보고 아주 가깝게 모여 앉기로 하자. 부인, 당신은 친구를 애무하고요, 나는 기사를 맡겠습니다. 수음에 관한 한 여자보다 남자가 훨씬 더 잘 이해하겠죠. 어떻게 하는 것이 좋은지 알고 있을 테니 다른 사람들에게 뭘 해주어야 할지도 잘 알겁니다⋯ 자, 자리를 잡아 봅시다. (자리를 잡는다)

생탕주 부인 너무 가까이 앉은 것은 아닌가요?

돌망세 (벌써 기사에게 달려가 있다) 너무 가까이 앉은 것은 아닐 겁니다, 부인. 외제니의 가슴과 얼굴이 당신 동생의 남성성의 승거로 흠뻑 젖어야 하니까. 코앞에 바짝 대고 사정해야 합니다. 내가 펌프의 주인이 되어 외제니가 다 젖어버리도록 물줄기를 조절하겠어. 그동안 정성을 다해서 그녀에게 용두질을 해주세요. 몸에서 욕정을 자극하는 부분들을 전부 말입니다. 외제니, 상상력을 전부 동원해서 리베르티나주의 극단의 탈선에 몰두해보거라. 두 눈앞에 더없이 멋진 신비가 만들어지는 것을 보게 될 거다. 조심성 같은 것은 짓밟아버려. 정숙하다는 것은 결코 미덕인 적이 없었다. 우리가 신체 일부분을 감췄던 것이 자연이 원한 일이었다면 수고스러워도 우리에게 옷을 입혀 태어나게 했을 거다. 그런데 자연은 우리를 벌거벗은 채 태어나게 했잖느냐. 그러므로 옷을 벗고 있는 것이 본성을 따르는 것이며, 이에 반대되는 방식은 자연의 법칙을 완전히 거스르는 거다. 아직 쾌락이 무엇인지 모르므로 신중을 기해 쾌락을 더욱 세찬 것으로 만들 필요가 없는 아이들은 제가 가진 것을 다 보여주지. 또 더 큰 기행奇行을 볼 때도 있다. 풍속은 정숙하지 않은데 의복을 정숙하게 차려입는 것이 관례인 나라들이 있다. 오타이티섬에선 처녀들이 옷을 입고 있지만 남자가 요구하면 치마를 걷어 올리지.[1]

. .

1. 여기서 디드로의 『부갱빌 여행기 보유』를 암시하고 있다고 볼 수는 없다. 디드로의 이 책은 작가 사후인 1796년에나 출판되었기 때문이다. 그러나 사드는 1771년에 출판된 부갱빌의 『세계여행기』를 읽었을 것이다. 사드는 그의 아내에게 두 번 이 책을 부탁했다(CLP, 12권, 288, 316쪽). 사드는 뱅센 감옥에서 부갱빌의 책 8장에 나오는 다음과 같은 이야기를 읽었을 수 있다. "이 님프들 대부분은 알몸으로 지냈다. 그녀들을 따르는 남자들과

생탕주 부인 내가 돌망세를 좋아하는 건 시간 낭비를 하지 않는다는 거지. 이야기를 계속하면서 그가 뭘 하고 있는지 봐라. 내 동생의 저 멋진 엉덩이를 기쁘게 들여다보고, 저 젊은 애의 멋진 성기를 관능적으로 용두질하고 있지 않니…. 자, 외제니, 우리도 시작해보자. 이것이 하늘로 우뚝 솟은 펌프의 도관導管이다. 이것으로 곧 우리는 홍수가 날 거야.

외제니 아! 부인, 정말 흉측한 놈이로군요! 저는 손으로 잡을 수도 없겠어요!…. 오! 맙소사! 이것들은 다 저렇게 큰가요?

돌망세 외제니, 이제 넌 내 것이 대단히 형편없다는 걸 알았지. 젊은 처녀에게 이 같은 건 끔찍하지. 그런 게 아무런 위험 없이 네 안으로 들어가기 어렵다고 느낄 거야.

외제니 (벌써 생탕주 부인의 수음을 받고서) 아! 용기를 내어 즐겨보겠어요!….

돌망세 네가 옳다. 처녀는 이런 것을 두려워해서는 안 된다. 본성에 부합하는 거고, 본성이 채워주는 쾌락의 격류가 그보다 앞서 오는 약간의 고통을 이내 보상해준다. 난 너보다 더 어린 아이들이 더 큰 음경을 견디는 것도 봤다. 용기와 인내가 있으면 더 큰 장애물을 극복할 수 있는 거야. 처녀를 잃을 때는 가능한 아주 작은 물건으로 해야 한다고 믿는 건 미친 짓이다. 반대로 내 생각엔 처녀는 만날 수 있는 가장 큰 물건에 몸을 맡겨야

●●
　　노인들이 여자들이 일상적으로 입었던 옷을 빼앗아버렸기 때문이다."
　　(D)

한다. 그렇게 하면 처녀막이 찢어지기가 무섭게 쾌락의 감각이 여자 안에서 더욱 신속히 이루어지게 되겠지. 일단 이 왕국에 몸을 담그기만 하면 여자는 평범한 것으로는 다시 돌아가지 못하리라는 것이 사실이다. 그런데 여자가 돈이 많고 젊고 아름다우면 그런 크기의 것을 원하는 만큼 얻게 되겠지. 남자가 덜 굵은 것을 내놓는다면 거기 매달려야 되나? 그래도 해보고 싶은 마음이 들면 그땐 그걸 뒤로 넣어야겠지.

생탕주 부인 분명한 것이다. 더 좋으려면 이쪽저쪽을 동시에 다 써봐야죠. 앞으로 넣는 사람을 선정적으로 흔들어대면서 자극하여 뒤를 뚫는 사람을 절정에 이르게 해야죠. 여자는 두 명의 정액에 범벅이 되어 쾌락으로 숨이 넘어가면서 사정에 이르러야 합니다.

돌망세 (대화를 하는 동안 수음이 계속 이루어지는지 살펴야 한다) 당신이 주재하는 그림에는 두셋의 성기가 더 들어가야 할 것 같군요. 좀 전에 말씀하신 대로 부인이 배치한 여자는 입에 하나 양손에 하나씩을 가질 수 있을 테니까요.

생탕주 부인 겨드랑이에 하나씩 넣고 머리칼에 넣을 수도 있죠. 가능하다면 여자 주변에 서른 명도 있을 수 있겠습니다. 그 순간에는 자기 주변에 있는 것밖에 갖지 못하고 만지지도 못하고 입에 넣어볼 수도 없겠지만요. 여자가 사정을 하는 바로 그 순간 모든 사람이 배출해서 범벅이 되어야죠. 아! 돌망세, 제아무리 당신이 망할 놈이더라도 이런 사치스럽고 감미로운 전투로는 절 넘어설 수 없을 겁니다. 이런 종류의 것에서 가능한 건 다 해봤거든요.

외제니 (여전히 부인에게 수음을 받고 있다. 기사는 돌망세의 수음을 받는다) 아! 부인… 당신 때문에 정신을 잃겠어요… 뭐라고요! 수많은 남자들을… 탐닉할 수 있다고요!… 아! 얼마나 관능적인 일일까요!… 부인, 당신이 제게 해주는 것처럼 말이죠… 부인은 정말 쾌락의 여신이세요!… 그런데 저 아름다운 성기가, 저 부풀어 오른 것 좀 봐요!… 저 위엄 넘치는 대가리가 커지면서 시뻘겋게 되네요!….

돌망세 거의 절정에 다다른 것이다.

기사 외제니… 누님… 가까이 좀 오세요…. 아! 기가 막힌 가슴이로군!… 얼마나 부드럽고 통통한 허벅지야!… 사정하세요!… 두 분 모두요… 내 정액이 당신들 것과 합세할 거야!… 나온다!… 아! 제기랄 놈의 신!… (이렇게 절정에 이르렀을 때 돌망세는 기사의 정액의 물줄기를 두 여자에게 향하도록 주의를 기울이고, 특히 외제니 쪽을 향한다. 그녀는 그것으로 흠뻑 젖게 된다)

외제니 정말 멋진 광경이로구나!… 고상하고 장엄해![2]… 이것

- -
2. "고상하고noble 장엄하다majestueux"는 외제니의 찬탄은 단지 눈(감각)에 보기 좋은 아름다움을 추구하고자 했던 로코코 양식에 맞선 (신)고전주의 예술의 기본 이념을 요약한다고 볼 수 있다. 사드는 이 장면에서 생탕주를 '[쾌락의] 여신'으로, 외제니는 여신의 애정을 누리는 '요정'으로 그리고, 그녀들 주변에는 남성성을 상징하는 사티로스와 미소년을 배치하면서 고전주의 회화의 대작이 자주 다뤘던 구성을 모방한다. (역주)

좀 봐 다 젖어버렸네… 눈에도 튀었어!….

생탕주 부인 잠깐, 애야, 저 아름다운 보석을 내가 거두게 해다오. 네 음핵을 문질러 더 신속히 사정을 촉진시켜보겠다.

외제니 아! 좋아요, 부인, 아! 좋아요. 정말 관능적인 생각이에요… 하세요, 부인 두 팔에 안길래요.

생탕주 부인 멋진 아이야, 수천, 수만 번 내게 입 맞춰주렴!… 네 혀를 빨게 해줘. 그것이 쾌락의 불로 달아오를 때 관능의 숨결을 마시도록!… 아! 맙소사! 나도 사정한다!… 동생, 마무리를 부탁해, 제발!….

돌망세 그래, 기사… 그래, 이제 누나에게 해줘.

기사 저는 누님과 하는 것이 더 좋아요. 아직도 발기되어 있어요.

돌망세 자, 엉덩이는 내 쪽으로 하고 그녀를 맡아라. 저 관능적인 근친상간이 이루어지는 동안 나는 너와 할 것이다. 외제니는 이 인조음경[3]을 차고 내 뒤로 들어온다. 언젠가 호색의 모든

· ·

3. 인조음경gaudemiché. 사드는 『처녀들의 학교』(암스테르담, 1655)에 나오는 다음과 같은 이야기를 읽었을 것이다. "처녀들은 […] 인조음경이나 자연적인 남성 성기를 닮게 만들어진 천이나 유리로 된 단순한 형태의 성기를 가지고 만족을 구한다." 이것은 『철학자 테레즈』에도 등장하는데 여기서 "여덟 자 길이의 충분히 굵은 밧줄인데 단단하고 떨어지지 않도록 수지를 발라둔다. 음경의 표피로 사용되는 진홍빛 부드러운 천을 덧씌워둔다. 한마디로 이것이 우리가 인조음경이라 했던 수녀들의 비품들 중 하나다." 16세기의 시인 롱사르가 쓴 소네트에서 'godmicy'라는 말을 찾아볼 수 있다. 18세기에 이 말은 'consolateur' 혹은 'suppléant'라는 말과 동의어였다. 어원을 찾기는 어려운데 라틴어 'gaude mihi', 스페인어

역할을 다양하게 즐기게 될 테니 지금 우리 강의에서 그 역할 모두를 똑같이 연습해야 한다.

외제니 (인조음경을 찬 우스꽝스러운 모습으로) 오! 해볼래요! 리베르 티나주에 관한 한 제가 실망스럽지 않으실 거예요. 그것이야말 로 지금 제게는 유일신, 제 행동의 유일한 원칙, 제 행동의 유일한 기초입니다. (외제니는 돌망세의 뒤로 들어간다) 이렇게요? 선생님?⋯ 저 잘하고 있는 건가요?

돌망세 훌륭하다!⋯ 정말 저 예쁜 사기꾼이 남자처럼 하고 있 어! 좋아! 지금 우리 넷이 완벽하게 이어져 있는 것 같다. 하기만 하면 돼.

생탕주 부인 아! 나 죽어. 기사!⋯ 너무도 황홀한 네 아름다운 음경의 움직임에는 익숙해질 수가 없어!⋯.

돌망세 하느님! 이 멋진 엉덩이가 얼마나 쾌락을 주는지! 아! 더! 더! 우리 넷이 동시에 사정을 해보자!⋯ 하느님! 나 죽는다! 나 죽어!⋯ 아! 내 인생에 이렇게 황홀한 경험이 더는 없을 거다! 기사, 벌써 사정한 거야?

기사 여기 좀 봐, 온통 더럽혀졌네.

돌망세 아! 친구, 내 건 그만큼은 아니네!

생탕주 부인 우리 좀 쉬기로 해요. 죽겠어요.

돌망세 (외제니에게 입 맞추며) 이 아이는 마치 사랑의 여신같이 해.

⋅ ⋅

'gaudameci', 네덜란드어 'kodde', 프랑스어 속어의 'miché' 혹은 'michet'들 을 참조할 수 있다. (D)

외제니 정말 저도 너무 좋았어요.

돌망세 여자가 리베르탱일 때 과도한 행위가 더 즐거움을 주지.[4] 여자는 최선을 다해 가능한 그걸 배가倍加해야 한다.

생탕주 부인 나는 전에 오백 루이를 공증인에게 맡겼어요. 누구라도 내가 몰랐던 정념을 가르쳐 주거나, 아직 즐겨보지 못한 관능에 내 모든 감각을 젖게 할 수 있는 사람에게 주려고 말이죠.

돌망세 (이때 네 명은 자세를 바로 하고 이야기에만 몰두한다) 참 이상한 생각이군요. 이해는 되지만 부인, 부인이 추구하는 그 기이한 욕망이 부인께서 좀 전에 맛본 보잘것없는 쾌락과 비슷한 것 같습니다.

생탕주 부인 왜 그렇죠?

돌망세 음문으로 얻는 쾌락처럼 지겨운 것이 없기 때문입니다. 부인처럼 단 한번이라도 항문의 쾌락을 맛본 사람이 어찌 다른 쾌락으로 돌아갈 수 있는지 저는 이해를 할 수 없습니다.

생탕주 부인 오래된 습관의 결과가 아니겠어요. 누구나 저처럼 생각한다면 어디로나 성교를 하고자 하죠. 성기가 어디로 들어가든지 그게 들어오는 걸 느낄 때 행복한 것 아니겠어요. 하지만 당신의 의견에 동의합니다. 이제 저는 세상의 모든 호색한 여자들에게 말하노니, 항문을 통해 경험하게 될 쾌락이 음문을 통해 얻게 될 쾌락보다 우월하다는 점을 분명히 하겠습니다.

· ·
4.   "과도하다면 아무래도 좋다", 『쥘리에트 이야기』(사드, 『선집』 3권, 387쪽). (D)

178

이 점에 대해 여자들은 이쪽으로도 저쪽으로도 가장 잘했던 유럽의 여인을 믿고 따라야겠죠. 저는 조금도 비교할 여지가 없음과, 여자가 뒤에서 쾌락을 느낀다면 절대 앞으로 돌아오는 일이 없을 것임을 확증합니다.

기사 저는 꼭 그렇게 생각하진 않아요. 저라면 상대가 원하는 것은 다 들어주겠지만, 제 취향은 자연이 여인들에게 영예를 바치기 위해 정해놓았던 제단만을 좋아하는 것입니다.

돌망세 아! 그게 엉덩이라니까! 친애하는 기사, 자연의 법칙을 세심히 연구한다면 자연은 절대 뒤쪽 구멍만을 영예를 바칠 제단으로 정해놓았다는 걸 알아야지. 자연이 다른 나머지를 허용하지만 그렇게 정해둔 것이다.[5] 아! 제기랄 놈의 신! 뒤로 하는 것이 자연의 의도가 아니라면 자연이 어떻게 그렇게 정확하게 남자들의 성기에 딱 맞춰서 그 구멍을 뚫어놓을 수 있단 말인가? 그 구멍은 성기처럼 둥글지 않더냐? 양식良識을 거부하는 어떤 존재라도 자연이 이 타원형의 구멍을 둥근 남자 성기가 들어가도록 창조했다는 걸 의심할 수 있겠느냐! 자연의 의도가 이런 기형에 명백히 나타나 있다. 그러니까 그 점을 보면 자연이 관용을 베푸는 것일 뿐인 생식행위가 증가되면서 너무 이 부위

· ·

5. 이것은 사실상 종교적 관용에 대한 패러디이다. 신은 악에 대해서도 관대하지만 선을 명령했다. 트레부사전에서 "신은 악을 허용한다. 그러나 신은 악을 만들지 않았다. 섭리는 악한의 통치를 허용한다. 하지만 용인하지는 않는다." (D)

를 한가하게 놀리면 필연적으로 그쪽으로 하는 게 싫어진다는 걸 명백하게 알 수 있지. 하지만 우리 교육을 계속해보자. 외제니는 좀 전에 사정이라는 숭고한 신비를 아주 편안히 관찰했으니, 이제는 정액의 흐름을 조절하는 법을 배웠으면 한다.

생탕주 부인 남자 두 분이 아주 녹초가 되셨으니 외제니가 좀 참아야겠네요.

돌망세 동의합니다. 그래서 전 도시에서나 시골에서나[6] 듬직한 사내를 갖춰놓고 있어야 한다고 생각하죠. 우리가 모델[7]로써서 강의를 할 수 있는 사내 말입니다.

생탕주 부인 정말 당신 마음에 들 만한 물건이 있어요.

돌망세 혹시 좀 전에 제가 당신 채마밭에서 일하던 한 젊은 정원사가 아닌가요? 준수한 외모에 열여덟이나 스무 살쯤 되어 보이던데요.

생탕주 부인 오귀스탱 말씀이죠! 맞습니다. 오귀스탱입니다. 물건의 길이가 삼십삼 센티미터, 둘레가 이십이 센티미터나 되지요!

돌망세 아! 맙소사! 괴물 같은 놈이군!⋯ 그게 사정을 하면?⋯.

생탕주 부인 오! 홍수 같지요!⋯ 데려오겠어요.

••
6. 구체제의 귀족은 지방과 도시에 각각 집을 가지고 있었다. (D)
7. 모델mannequin: 여기서는 의학적인 의미로 쓰였다. 리트레사전은 이를 "외과의사가 붕대를 감거나 출산 수술 실습을 학생들에게 시킬 때 사용하는 남자나 여자의 형체를 가진 것"으로 정의한다. (D)

다섯 번째 대화

돌망세, 미르벨 기사, 오귀스탱, 외제니, 생탕주 부인

생탕주 부인 (오귀스탱을 데려오며) 제가 말씀드린 사람입니다. 자, 친구들, 우리 즐겨봅시다. 쾌락 없이 인생을 어찌 살까?… 얼간이, 이리 와!… 오! 이 바보 좀 보게!… 글쎄 이 커다란 돼지새끼를 조련한 지 여섯 달이 됐는데도 아직도 멀었다는 게 믿겨지세요?

오귀스탱 쳇! 마님, 마님께서 가끔 그러셨죠, 이젠 제가 꽤 괜찮아지기 시작했다고요. 개간할 땅이 있으면 늘 제게 그걸 맡기시잖아요.

돌망세 (웃으며) 아! 좋아!… 좋아!… 이 친구 정말 순진하고 솔직하군… (외제니를 가리키며) 오귀스탱, 여기 개간해야 할 꽃밭 좀 보게. 한번 맡아보겠나?

오귀스탱 아! 맙소사! 나리, 이런 멋진 땅은 저희 같은 놈들에게 가당치가 않습니다.

돌망세 아가씨, 어서.

외제니 (얼굴을 붉히며) 오! 하느님! 수치스러워요!

돌망세 절대 그렇게 소심하면 안 된다. 우리의 모든 행동들, 특히 리베르티나주의 행동들은 자연이 우리에게 불어넣어준 것이다. 그러니 그것이 어떠한 것이라 해도 수치를 품어야 할 것이 하나도 없다. 외제니, 어서, 이 젊은이 앞에서 창녀 짓을 해보아라. 처녀가 청년을 유혹하는 건 자연에 드리는 봉헌奉獻이라 생각해라. 여성은 남성 앞에서 창녀 짓을 하는 것보다 더 자연의 뜻을 따를 때가 없다. 한마디로 말해서 너는 성교를 하기 위해 태어났으며, 자연의 의도를 거부하는 여자는 태어날 가치가 없었던 여자다. 이 젊은이가 입고 있는 짧은 바지를 멋진 허벅지가 보일 때까지 네 손으로 직접 내려보거라. 웃옷은 겉옷 밑으로 말아 넣고⋯ 앞과⋯ 뒤가, 그놈이 사실, 여담이지만 말이다, 굉장히 멋진 걸 가졌구나, 양쪽 모두 네 마음대로 쓸 수 있다⋯ 한 손으론 여기 살덩이를 잡아. 그게 이내 어떻게 변할지 본다면 깜짝 놀랄 것이다. 그리고 다른 손으론 엉덩이를 쓸어보고 항문을 그렇게 간질여라⋯ 그래, 그런 식으로⋯. (돌망세는 말한 부분을 외제니에게 보여주기 위해 오귀스탱의 항문에 손가락을 집어넣는다[1]) 저 시뻘건[2] 귀두를 드러내 보자, 수음을 할 때 그 부분을 덮으면 안 돼. 내놓게 해야지⋯ 쭉

182

잡아당겨. 끊어질 정도로… 자! 제 강의가 얼마나 효과적이었는지 보고들 계시죠?… 애야, 정말이지 두 손 꼭 쥐고 뭘 하는 거냐? 손이 할 일이 그렇게 없더냐?… 저 아름다운 가슴에, 저 훌륭한 엉덩이에 손을 올려 쓸어보란 말이다….

오귀스탱 나리, 제게 이리 쾌감을 주는 저 아가씨에게 입 맞춰보면 안 될까요?

생탕주 부인 물론이지! 입 맞춰라, 멍청아, 네가 하고 싶은 만큼 해봐, 내가 너랑 할 때 네가 내게는 안 그러느냐?

오귀스탱 아! 하느님! 정말 아름다운 입이로군요!… 얼마나 싱그러운지! 정원에 핀 장미에다 코를 올려놓은 것 같아요! 나리, (그의 음경이 발기하는 것을 보여주며) 그렇게 하니까 이리되네요!

••

1. 사드는 『누벨 쥐스틴』에서 이 용어socratiser를 "하나 혹은 여러 개의 손가락을 피동자의 항문에 집어넣는 행위"라고 정의한다(『선집』 2권, 416쪽). (D)
    고대 그리스 시대에 동성애가 유행이었음은 주지의 사실이다. 플라톤은 동성애를 생식과 관련된 에로스와 분리해서 생각했다. 플루타르코스는 『영웅전』에서 소크라테스 시대 미색美色으로 유명했던 알키아비데스라는 청년을 소개한다. 알키아비데스는 그가 가진 "훌륭한 자질 덕분에 마침내 소크라테스의 진가를 보았으며 부유하고 이름 높은 애인들을 뒤로하고 그에게 매달렸다. […] 소크라테스는 남자답지 못한 쾌락을 좇거나 입맞춤과 포옹을 간청하는 대신 영혼의 약점을 드러내고 헛되고 어리석은 자부심을 꾸짖었기 때문이다"(플루타르코스, 『영웅전』, 이다희 역, 4권, 2011, 13쪽). (역주)
2. 퓌르티에르사전에 따르면 이 말rubicond은 붉은 얼굴을 희화화해서 가리키는 말로, 술꾼들의 붉은 얼굴이나 코의 빛깔을 나무랄 때 쓰는 썼다고 한다. (역주)

외제니   오, 맙소사! 저 커지는 것 좀 봐!

돌망세   외제니, 이제 더 규칙적으로 더 강렬하게 움직여야지… 잠시 내게 자리를 비켜줘. 그리고 내가 하는 것을 잘 보도록 해. (돌망세가 오귀스탱을 용두질한다) 이 움직임이 더 억세면서도 더 유연하게 움직이는 걸 봤느냐?… 이제 다시 잡아보아라, 특히나 귀두를 완전히 가리지 말아야 해… 좋아! 그것이 에너지로 충만해졌다. 이제 그의 것이 기사의 것보다 더 큰지 살펴보자.

외제니   말할 필요가 없네요. 손으로 잡을 수가 없어요.

돌망세 (크기를 잰다) 그렇구나, 네 말이 맞아. 길이가 삼십삼 센티미터에 둘레가 이십이 센티미터다. 이렇게 큰 것은 지금까지 본 적이 없어. 이걸 흔히 거대음경이라 한다. 이걸 써보셨죠, 부인?

생탕주 부인   시골집에 내려오면 매일 밤 정기적으로.

돌망세   뒤로도?

생탕주 부인   앞으로 할 때보다 좀 더 자주.

돌망세   아! 제기랄 놈의 신! 대단한 리베르티나주로군!… 자, 솔직히 내가 그걸 감당할 수 있을지 자신이 없군.

생탕주 부인   대범해지세요, 돌망세. 내 것에도 들어갔는데 당신 것이라고요.

돌망세   한번 보죠. 오귀스탱이 영광스럽게도 내 뒤에 사정을 해주었으면 합니다. 물론 저도 그에게 해줄 겁니다. 하지만 우리의 강의를 계속합시다… 자, 외제니, 이 뱀이 곧 독을 토할 것이다. 준비해라. 눈으로 저 숭고한 음경 대가리를 주시해. 그것이 부풀어 오르면서 더 아름다운 자주색을 띠게 되는 것을 보게 되면 그게 사정이 곧 이루어지리라는 신호다. 그때 넌 가능한 최대의 에너지로 움직여야 한다. 항문을 간질이는 손가락을 할 수 있는 한 앞쪽으로 쑥 들이밀어야 한다. 너와 즐기는 리베르탱을 완전히 탐닉하거라. 입을 찾아서 빨아대. 네 매력이 말하자면 그의 두 손 앞에 어른거리게 해야지… 그가 사정한다, 외제니, 바로 지금이 네 승리의 순간이다.

오귀스탱 아! 아! 아! 아가씨, 저 죽겠어요!… 더는 못하겠어요!… 그러니까 더 세게 제발 부탁해요… 아이고 하느님! 눈앞이 캄캄해지네!….

돌망세 더, 더, 외제니! 인정사정 보지 말거라, 그가 흥분해 있어… 아! 정액 쏟아지는 것 좀 보게!… 저 힘차게 쏟아지는 것 좀 봐!… 정액이 어디까지 날아갔는지 저 흔적 좀 봐. 열 자도 더 날아갔어… 맙소사! 방 안 가득이네!… 이렇게 사정하는 걸 본 적이 없어. 부인, 지난밤에도 그러던가요?

생탕주 부인 아홉 번인가 열 번인가, 그랬던 것 같은데. 횟수를 세어본 지가 하도 오래되어서.

기사 아름다운 외제니, 다 젖어버리고 말았네요.

외제니 저 그러는 게 좋아요. (돌망세에게) 자, 선생님, 만족하세요?

돌망세 참 잘했다. 처음치고는 말이야. 하지만 네가 잊어버렸던 몇 가지가 있다.

생탕주 부인 잠깐요. 그것은 결국 그녀가 경험을 통해서 얻어야 할 것입니다. 제 생각을 말씀드리자면 저는 외제니에게 대만족입니다. 그녀가 훌륭한 자질을 보여주었으니, 지금 우리가 다른 장면을 만들어 그녀를 즐기게 해줄 필요가 있다고 생각해요. 이제 음경이 항문에 들어가면 어떤 결과가 생기는지 보여주도록 합시다. 돌망세, 제 것으로 해보세요. 제 동생이 절 안고 있을 겁니다. 동생은 앞으로 들어오고, 당신은 뒤로 저를 갖게 되겠습니다. 외제니가 당신의 음경을 준비시키고 그걸 내 뒤로 넣어주겠고, 이 모든 움직임을 조절하고 연구할 것입니다. 그래야 이런 실행을 하는 데 익숙해지고 다음번엔 저 헤라클레스의 거대한 음경을 스스로 견뎌야 할 테니까요.

돌망세 저도 그걸 바라고 있어요. 우리가 보는 앞에서 저 어여쁜 엉덩이가 곧 용감한 오귀스탱이 난폭하게 움직이면서 헤쳐지겠죠. 그동안 부인, 제안해주신 것을 해볼 것을 승인합니다. 하지만 제가 부인을 잘 다루기를 바란다면 한 가지 조건을 허락하셔야겠습니다. 제가 부인을 남자로 만들어드리는 동안 오귀스탱이 눈 깜짝할 사이에 다시 발기하도록 할 테니 그가 제 뒤로 들어오도록 말입니다.

생탕주 부인 정말 그리하도록 승인하겠습니다. 제가 득이 되겠네요. 제 학생은 한번에 훌륭한 두 가지 학습을 할 수 있겠군요.

돌망세 (오귀스탱을 붙잡으며) 자, 애기야, 내가 널 흥분시키마… 정말 멋지구나!··· 내게 입 맞춰주렴··· 너 아직도 정액으로 축축하게 젖어 있구나. 내가 너에게 부탁하는 것이 바로 이것이지··· 아! 제기랄 놈의 신! 용두질할 때 친구 엉덩이를 좀 핥아주어야겠어!···.

기사 다가오세요, 누님. 돌망세와 누님이 바라시는 대로 하려면 제가 침대에 누워야겠네요. 누님은 아름다운 엉덩이를 돌망세에게 가능한 크게 벌려주면서 제 두 팔에 누우세요··· 그래요, 그겁니다. 이제 시작할 수 있게 되었어.

돌망세 아직 아니다. 잠깐 기다려. 우선 내가 네 누이의 뒤로 들어가야 한다. 오귀스탱이 내 안으로 그걸 밀어 넣을 테니까. 그런 다음에 내가 당신들을 하나로 만들어주지. 내 손가락으로 당신 둘을 이어주는 것이오. 절대 원칙을 지켜야 합니다. 학생이 우리를 보고 있다는 것을 생각합시다. 외제니, 내가 이 흉악한 놈의 엄청난 것을 받아들이는 동안 내게 용두질을 좀 해다오. 내 음경을 네 엉덩이에 대고 가볍게 문지르면서 그것이 계속 발기되도록 해줘···. (실행한다)

외제니 제가 잘하고 있나요?

돌망세 계속 너무 약하게 움직이고 있잖니. 외제니, 더 세게 잡고 용두질을 해야지. 수음이 좋은 건 사랑의 쾌락보다 더 압박을 해준다는 점이야. 그러니 그 행위를 돕는 손이 몸의 어떤 다른 부분보다 훨씬 더 비좁은 장소가 되어야 하지··· 훨씬 낫다! 훨씬 나아, 그거야!··· 뒤를 조금만 벌려봐. 그래야 움직일 때마다 내 귀두가 네 항문에 닿을 수 있지… 그래, 바로 그거야!… 기사, 그러면서 네 누이를 애무해야지. 잠시 후 나와 네 누이가 네 것이 된다… 아! 그래! 자, 오귀스탱이 발기한다… 어서! 부인, 준비하세요. 이 불순한 열정에 숭고한 항문을 열어주세요. 외제니, 저 단도를 이끌어라. 네 손으로 그걸 틈이 난 곳으로 이끌어야 한다. 손으로 그걸 들여보내란 말이다. 그게 안에 들어가면 넌 오귀스탱의 물건을 잡고 그걸로 내 장陽을 채우도록 해라. 신참자가 당연히 해야 할 임무이지. 하나하나마다 교육이 따른다. 너더러 그걸 해보라는 게 그 이유이지.

생탕주 부인 제 엉덩이에 만족하시나요, 돌망세? 아! 내 천사, 내가 당신을 얼마나 원하는지! 얼마나 오랫동안 그걸로 내 뒤가 채워지기를 바랐는지!

돌망세 부인의 소망이 곧 이루어지리라. 하지만 잠시 이 우상 앞에서 멈춰 봐도 괜찮겠습니까. 성소聖所 깊숙이 들어가기 전에 그걸 좀 기리고 싶습니다… 얼마나 멋진 엉덩이인가!… 그 위에 입을 맞춰야겠다!… 백 번이고 천 번이고 핥겠어!… 자, 부인이 바라던 물건이 들어갑니다!… 음탕한 것, 느낌이 와? 말해, 말해 보라고. 들어가는 게 느껴지냐고?….

생탕주 부인 뱃속 끝까지 넣어줘!… 오 정말 황홀해. 당신 정말 대단해!

돌망세 정말 훌륭한 엉덩이야, 내 인생에 이런 게 없었어. 가니메데스 그 자체라고 해둘 만한 걸! 외제니, 어서. 오귀스탱이 즉각 내 뒤로 들어오도록 해줘야지.

외제니 여기 있어요. 그걸 가져가요. (오귀스탱에게) 자, 천사님, 뚫고 들어갈 구멍이 보이지?

오귀스탱 잘 보입니다… 아가씨! 꽤 너른 자리네요! 아가씨 것 보단 더 잘 들어가겠어요. 그러니 잘 들어가게 입 맞춰주세요.

외제니 (입 맞추며) 오! 원하는 대로, 너 참 풋풋하구나!… 얘, 밀어 넣어!… 대가리가 순식간에 쏙 들어가 버렸네!… 아! 나머지도 금세 들어갈 것 같네….

돌망세 밀어 넣어, 밀어 넣으라고, 친구… 그래야 한다면 다 헤집어 버리란 말이야. 자, 내 엉덩이를 보게, 준비가 다 되었지 않아… 아! 하느님! 웬 곤봉이 들어오네!… 이런 게 들어온 적이 없었지… 외제니, 지금 바깥에 얼마나 남았어?

외제니 이제 한 오 센티미터만 더 들어가면요!

돌망세 그러니까 지금 이십팔 센티미터가 들어와 있는 거야!… 정말 황홀하군!… 나 죽겠네, 나 더 못한다!… 자, 기사, 준비되었 나?….

기사 한번 살펴보시고 생각을 말해주세요.

돌망세 이리 오거라 아이들아, 내 너희 둘을 결혼시키리라… 최선을 다해서 이 성스러운 근친상간을 도우리라. (기사의 음경을 누이의 음문에 넣는다)

생탕주 부인 아! 친구들, 그러니 내가 지금 양쪽으로 하고 있는

거군… 하느님! 얼마나 신성한 쾌락인가!… 아니다, 세상에
이만한 것이 없어… 아! 더! 이 맛을 못 본 여자를 난 동정해!…
날 흔들어줘, 돌망세, 흔들어 달라고… 격렬하게 움직여서
날 내 동생의 칼날 위로 달려들게 해줘, 그리고 너, 외제니,
날 잘 보거라. 악덕에 빠진 날 잘 보라고, 나를 모범으로 삼아서
정열적으로 악을 맛보는 법을, 황홀하게 악을 음미하는 법을
배우러 오너라… 자, 내 사랑아, 내가 한꺼번에 하는 모든
것을 보란 말이다. 죄악에 빠지도록 부추기고, 유혹하고, 나쁜
모범을 보여준다. 근친상간, 방종과 남색 이 모든 걸 말이다!…
오! 루시퍼! 내 마음이 따르는 유일신이여, 내게 더한 것을
불어넣어 주소서, 내 마음이 새로운 탈선을 행하도록 하소서,
그리하면 내가 그곳에 몸을 던질 줄을 당신이 알겠습니다!

돌망세   정말 관능적인 여자야! 날 극도로 흥분시키는구나, 네
말과 네 엉덩이가 뿜는 극도의 열기를 듣고 느끼니 곧 사정이
되려는 듯해!… 나 곧 사정을 하겠어… 외제니, 날 안고 있는
이에게 용기를 북돋아 주려무나. 허리를 껴안고 볼기를 벌려.
넌 지금 꺼져가는 욕망에 다시 불을 지피는 기술을 배웠다…
네가 다가서기만 해도 내 뒤로 들어온 음경에 에너지가 생기는
것이다… 그게 느껴진다. 움직임이 더 격렬해졌어… 사기꾼
같은 것, 내 엉덩이만 채웠으면 했던 걸 네게 다 주어야 하다니…
기사, 너 흥분하고 있구나, 다 느껴진다… 기다려!… 기다리라
고!… 오 친구들, 사정할 땐 함께해야지. 인생의 유일한 행복인

데!

생탕주 부인 아! 더! 더! 당신들이 원하면 사정하세요… 나는 더는 안 되겠어! 내 조롱하는 신의 이름을 두 번 걸고서!… 아, 제기랄 놈, 빌어먹을 놈의 신! 나 사정한다!… 친구들, 날 적셔줘… 너희들의 창녀를 적셔 보라고… 불타오른 마음 그 깊은 곳까지 바다의 포말 같은 당신들 정액의 물줄기를 쏘아보라고. 정액을 받지 못하면 마음이 있을 이유가 뭐야. 아! 아! 아! 더!… 더!… 이 극도의 쾌락은 믿을 수 없을 정도군!… 나 죽는다!… 외제니, 네게 입 맞추련다, 잡아먹듯이 입 맞추겠어, 네 걸 홀딱 삼켜버리겠어. 나 사정한다!…. (오귀스탱, 돌망세, 기사도 합창을 하듯 소리 지른다. 단조로워질 수도 있으니 이런 상황에서 모두 똑같이 내지르는 소리를 적지 않는다)

돌망세 내 인생 최고의 쾌락이었다. (오귀스탱을 가리키며) 저놈이 정액으로 날 가득 채웠어!… 난 당신에게 그리했지만 말이야, 부인!….

생탕주 부인 아! 말도 마라. 홍수가 났다니까.

외제니 난 그만큼 말할 수가 없네! (까불며 부인의 품에 달려가 안긴다) 부인은 죄를 저질렀다는 말만 하고선, 전 뭐 죄 하나 지어볼 수도 없었으니, 참 다행이네요! 아! 고기 굽는 냄새만 맡으면서 빵을 먹으면 소화불량이라는 걸 모를 거야.[3]

• •

3. 『아카데미프랑세즈사전』은 "고기 굽는 냄새를 맡으면서 빵을 먹다 Manger son pain à la fumée du rôt"는 표현을 "참여할 수 없는 여흥의

생탕주 부인 (박장대소하며) 정말 웃긴 아이야!

돌망세 얼마나 귀엽습니까!… 이리 오거라, 아가씨. 한 대 맞아야겠다. (엉덩이를 찰싹 때린다) 입 맞춰주렴. 곧 네 차례가 온다.

생탕주 부인 다음에는 오로지 외제니만 신경을 써야 하겠구나. 동생, 그녀를 잘 돌보거라. 네 먹잇감이다. 이 매력적인 처녀를 잘 살피라고. 곧 그녀가 네 것이 된다.

외제니 오! 앞으로는 안 돼요. 정말 아플 텐데. 뒤로는 맘대로 하셔도 되어요. 좀 전에 돌망세가 그리하신 대로.

생탕주 부인 정말 순진하고 매력적인 아이야! 다른 여자들이라면 당연히 거부할 걸 해달라네요!

외제니 오! 그래도 약간 후회가 되어요. 부인께서 말씀하셨던 이 무시무시한 죄[4]에 대해서 아직도 안심이 되진 않네요. 남자와 남자 사이에서 이루어지는 죄가 있다고만 들었죠. 특히 돌망세와 오귀스탱이 좀 전에 한 것처럼 말이에요. 자, 자, 선생님,

방관자가 되다"라는 뜻으로 새긴다. (역주)

4. 18세기에 '무시무시한 죄악crime énorme'은 동성애를 가리키는 표현이었다. 보브나르그Vauvenargues는 생-뱅상Saint-Vincens에게 보내는 편지에서 "최근에 내가 프로방스를 떠나기 전에 다르장스d'Argens 씨에게 '무시무시한 죄악'에 관해 알려주는 명령이 왔습니다. 그것은 대법관이 쓴 표현인데요, 저는 기쁘게 당신에게 이 사건의 세부와 경과를 전해드립니다"(1739년 10월 10일)라고 썼다. 다르장스는 당시 프로방스 지방의 고등법원장이었다. 외제니는 남자와 여자 사이에 사용되는 남색과 남자들 사이에 사용되는 남색을 구분하고 있다. 외제니에게는 두 가지 모두 반자연적인 것은 같지만, 앞의 것은 본성상 허용되고 뒤의 것은 그렇지 않다고 생각한다. (D)

어떻게 선생님의 철학으로 이런 유형의 범죄행위를 설명할 수 있나요. 소름끼치는 일이 아닌가요, 안 그래요?

돌망세 외제니, 한 가지 사실로부터 출발해 보거라. 리베르티 나주에 소름끼치는 일은 아무것도 없다는 점 말이다. 리베르티 나주가 불러일으키는 모든 것은 자연이 불러일으키는 것과 똑같기 때문이다. 정말 기이하고, 정말 이상하고, 명백히 모든 법률과 인간이 만든 모든 제도를 위반하는 것처럼 보이는 행동들 (난 하늘의 일에 대해선 말하지 않으니 말이다), 외제니, 이런 것조차 전혀 소름끼치는 일이 아니다. 이런 행위 가운데 자연에서 증명이 되지 않는 것이 아무것도 존재하지 않는다. 아름다운 외제니, 네가 말한 것이 성경에 나오는 그 행동이 맞지. 바빌론 유수기간에 한 무식쟁이 유대인 하나가 짜깁기했던 권태롭기 짝이 없는 따분한 소설 말이다. 그런데 저 도시들, 더 정확히는 작은 촌락이라 해야겠지. 그 촌락이 불에 타 사라진 것이 그들이 저지른 탈선에 대한 징벌이라는 건 전혀 사실임 직하지 않은 거짓말에 불과하다. 소돔과 고모라는 지리적으로 오랫동안 활동이 중지되었던 화산 분화구에 자리 잡았다가, 베수비오 화산이 폭발해서 용암에 묻혀버린 이탈리아의 도시들처럼 폐허가 되었다. 자, 이걸 두고 기적이란다. 유럽의 한 곳에서 자연스런 욕망에 탐닉했던 불행한 인간들을 불의 형벌로 징벌한다는 야만스러운 이야기를 지어냈던 출발점이 바로 이런 단순한 사건이었을 뿐이다.

외제니 오! 자연스럽다고요!….

돌망세 그렇다. 자연스러운 것이다. 나는 그렇게 주장한다. 자연은 오직 한 가지 목소리뿐이다. 어떤 목소리론 마음이 생기도록 하고 다른 목소리론 매일같이 이를 단죄할 수가 있겠느냐. 확실한 것은 이런 기벽에 집착하는 인간은 바로 자연의 목소리를 통해 그 뜻을 마음에 품게 되는 것이다. 그런데도 그 취향을 단죄하거나 추방하려는 사람들은 그것이 생식에 해가 된다고 주장한다. 얼마나 진부한 말이냐. 저 바보들은 머릿속에 생식 생각뿐이야. 그러니까 조금이라도 생식에서 벗어난다 싶은 건 깡그리 죄악이라고 보는 것이다. 그 사람들이 우리더러 자연은 생식을 대단히 필요로 한다고 믿으라는데 그 점이 증명이 되었더냐? 저 어처구니없는 생식이라는 생각을 벗어날 때마다 자연을 위반한다는 것이 정말 확실하더냐? 잠시 이해를 돕기 위해 생식이 이루어지는 방식과 법칙을 살펴보자. 자연이 창조만 계속하고 파괴는 하지 않았다면 저 권태로운 궤변론자들과 뜻을 같이해 인간의 가장 숭고한 행위는 끊임없이 생산행위를 경주하는 것이라고 믿고, 생산을 거부하는 건 틀림없이 죄악이리라는 점에 동의했을 것이다. 그런데 자연의 작용이 어떻게 이루어지는지 잠시 살펴만 본대도 파괴 또한 생산만큼 필연적으로 자연의 법칙을 따르며, 생산과 파괴가 서로 연결되어 있고, 그것도 아주 내밀히 연쇄되는 것이라 하나가 다른 하나 없이 이루어지기란 전혀 불가능한 일이라는 점이 증명된다. 파괴가 없다면 아무것도 생산되지 않을 것이고, 재생산도 전혀 없었을 것이다. 그러므로 파괴는 창조와 마찬가지로 한 가지 자연법칙이란다.[5]

일단 이 원칙이 승인되면 어떻게 창조를 거부하는 것이 자연을 위반하는 것이 될까? 창조행위에 악이 있다하더라도 그것은 파괴행위보다 훨씬 대단치 않은 것이 아니겠니? 방금 증명했던 대로 파괴행위 역시 여전히 자연의 법칙이기 때문이다. 한편으로는 자연이 내게 이러한 파괴의 성향을 주었음을 받아들이고, 다른 한편으로는 그 파괴가 없어서는 안 되고, 그러한 파괴에 탐닉하는 것이 자연의 목적에 순응하는 일임을 고려한다면, 그때 죄가 어디에 있다는 말인지 네게 묻고 싶다. 바보들이며 인구기계들은 반박하겠지. 이 둘이 모두 같은 뜻이라고 봐도 된다. 그들 말로는 아이를 내지르게 될 이 정자는 오직 생식을 위한 용도로만 네 뱃속에 들어가야 된다는 거야. 그 목적을 벗어나면 위반이라지. 첫째, 난 그렇지 않다는 점을

..

5. 『쥐스틴』의 냉정한 유물론자 브레삭 후작은 "인간은 파괴의 힘을 갖지 못했고, 고작해야 형태를 다양하게 만드는 힘 뿐"이라고 역설한다. "자연의 눈으로 보면 형태가 어떻든 상관없거든. 다양한 형태가 만들어지는 저 무한한 도가니에서 사라지는 건 아무것도 없지. 그리로 떨어지는 물질의 모든 부분들은 다른 형태를 띠고 끊임없이 솟구쳐 오르지. 그것에 대해 우리가 어떤 행동을 해도 자연을 위반하고 자연을 훼손하는 것은 아무것도 없어. 파괴를 함으로써 자연의 힘을 자극하고, 자연의 에너지를 유지하는 것이지 결코 감소시키는 것이 아니야"(사드, 『선집』 2권, 188쪽). (역주)

증명했다. 정자의 손실은 파괴행위와 무관하며, 그것의 손실보다 더 중대한 파괴행위도 그 자체는 죄악이 아니기 때문이다. 둘째, 액체상태의 정자가 절대적으로, 그리고 전적으로 생산의 목적이 되어야 한다고 자연이 정해놓았다는 것은 오류이다. 그랬다면 자연은 정자의 분출이 생산이 목적이 되지 않은 경우에는 이루어지지 않도록 조처해두었을 것이다. 우리의 경험으로 이 점이 증명된다. 우리가 원할 때 우리가 원하는 곳에 정액의 손실을 실행했으니까 말이다. 또 자연은 꿈을 꿀 때나 회상에 잠길 때 흔히 일어나듯이 교미행위가 전혀 없어도 정액이 손실되지 않도록 조처했을 것이다. 자연이 그토록 값진 액체를 무척이나 아꼈다면 자궁이라는 생식 단지가 아닌 경우 그것이 흘러들어가도록 두지 않았을 것이다. 자연이 우리에게 씌워주는 관능이라는 화관은 혹시라도 우리가 그것에 경의를 표하지 않을 때 심한 모욕을 느낄 수밖에 없을 텐데 이것은 확실히 자연이 바라는 바가 아닐 것이다. 우리가 자연을 위반하고 짓밟는대도, 자연이 인자하게도 우리에게 쾌락을 주는 것이라는 생각이 도대체 합리적인 것이냐. 자, 좀 더 나아가 보자. 여자가 태어난 것이 아이를 낳기 위해서라면, 자연이 분명 출산을 소중한 것으로 여긴다면야 확실히 그렇겠지만, 그런데도 어떻게 여자의 긴 인생 동안 아이를 출산할 수 있는 기간이 이것저것 다 제외해보면 고작해야 칠 년에 불과할 수 있겠느냐[6] 뭐! 자연이 생식을 갈망한다고? 자연의 그 목적을 따르지 않는

196

것이 전부 자연을 위반하는 것이라고? 여자 인생 백 년에 딱 칠 년 동안만 출산할 수 있을 뿐인데도? 자연이 바라는 게 생식뿐이라니, 남자에게 생식에 쓰라고 자연이 맡겨놓은 정액은 남자 좋은 만큼 없어지는 거야! 정액을 유용하게 쓰거나 상실하거나 우리 쾌락은 똑같아. 절대 지장을 주지 않는다!….

친구들, 그만두자. 이런 말도 안 되는 생각을 이젠 그만 좀 하자. 양식良識을 흔들어놓지 않는가 말이야. 아! 우리들의 남색과 여자들의 사랑은 자연을 위반하기는커녕 자연에 봉사하는 일임을 확신하도록 하자. 자식새끼들만 줄줄이 낳을 뿐인 이성 간의 교미는 가차 없이 거부하잔 말이야. 자연은 그걸 얼마나 권태롭게 보겠느냐. 이 번식행위는 결코 자연법칙이었던 적이 없고 이미 말했듯 고작해야 자연의 관용에 불과하단 점을 절대 기억해야 한다. 이것 봐! 인간 종족이 지상에서 절멸되어 사라지든 말든 그게 뭐 그리 중요해? 그런 불행이 닥치면 다 끝장이라고 오만하게 믿을 때 자연은 비웃기밖에 더하겠느냐! 그랬대도 자연은 절멸이 됐다는 걸 알아차리지도

· ·

6. "여자가 일혼 살까지 산다고 가정해보자. 처음 열네 해는 가임 기간이 아니다. 이후 다시 그리되지 않는 스무 해가 있다. 그러면 서른여섯 해가 남는다. 그동안 일 년에 석 달씩 제외해야 한다. 여자가 현명하고 아이가 건강하기를 바란다면 그동안은 신체적 결함 때문에 자연의 목적에 따라 노력하지 말아야 한다. 결국 자연이 여자에게 부여한 일혼 해 중 스물일곱 해가 남는다. […] 생식은 확실히 자연의 법칙이 아니라 단지 관용일 뿐이다"(사드, 『알린과 발쿠르』, 『선집』 1권, 588쪽). (역주)

않을 것이다. 벌써 동물 중에 멸종된 종이 있다는 걸 생각 못하느냐? 자연사가 뷔퐁이 여러 종의 동물이 멸종되었음을 밝혀내었지.[7] 자연은 그토록 애지중지했던 종들이 사라져버렸어도 침묵으로 일관하고 그런 줄을 알아차리지도 않아. 세상의 모든 동물은 공기가 조금만 혼탁해져도, 별들이 조금만 덜 빛나도, 우주의 운행이 조금만 어긋나더라도 멸종되고 말아. 그런데 인간 종이 세상에 너무도 필요한 존재라서 생식행위에 노력을 경주하지 않거나 생식행위를 혼란에 빠뜨릴 수 있는 사람은 필연적으로 죄인이 되고 마는 것이라 믿는 사람들이 있으니 이 얼마나 바보 같은 생각이냐! 이제 이 점을 잘못 생각하지 좀 말자. 우리보다 합리적인 민족을 모범으로 삼으면 우리가 얼마나 잘못 생각했는지 납득할 수 있다. 세상 어느 구석을 가보아도 소위 남색이라는 죄악을 숭배하는 신전과 신봉자가 없는 곳이 없다. 그리스 사람들은 남색을 미덕으로 여겨 아름다운 엉덩이를 가진 비너스[8]라는 이름의 조각상을 세우기도 했다. 로마 시대에 아테네로 법률을 찾으러 사람을

· ·

7. 조르주 루이 르클레르 뷔퐁Georges-Louis Leclerc Buffon(1707-1788). 프랑스 18세기의 자연사가. 지구에 혹한이 닥쳐 아시아의 거인들과 북아메리카 코끼리가 멸종되었다고 주장했다(자크 로제, 앞의 책, 579쪽 이하). (역주)

8. 원문에 Vénus Calipyge라고 되어 있는데, 이는 베일 밖에 엉덩이를 내놓은 비너스 여신을 재현한 조각상을 부르는 이름이다. 그리스어 칼리푸고스는 '아름다운'을 뜻하는 칼로스καλός와 '엉덩이'를 뜻하는 푸게πυγή의 합성어이다. 그리스 사람들은 이 비너스 조각상을 시라쿠사 신전에 모시고 제식을 드렸다고 한다. (역주)

보냈는데 그때 로마에 이 신성한 취향이 전해졌다.

로마의 수많은 황제들 치하에서 이 취향이 얼마나 발전을 했는지 볼 수 있다. 로마의 독수리들의 비호를 받으며 지구 끝에서 다른 끝까지 뻗어 나갔다. 로마 왕국이 무너지고 난 뒤엔 교황 곁에 피신했고, 그 기술들이 이탈리아에 전해졌다. 프랑스가 개화되면서 우리에게도 전해졌지. 지구의 다른 반구 半球를 발견해보니 거기서도 남색이 존재했다. 쿠크 선장이 신세계에 닻을 내렸더니[9] 그곳에도 남색이 있다더라. 기구氣球 를 타고 달에 갔다면[10] 어떻든지 간에 거기에도 있을 것이다. 감미로운 취향이여, 자연과 쾌락의 소산이여, 사람이 존재하는 어디든 너는 존재할 것이며, 너를 알게 될 어디든 너를 위한 제단은 세워지리라! 오 친구들, 음문보다 항문을 더 즐겼다 해서, 동시에 남자애인도 여자애인도 되면서 두 가지 쾌락을 한꺼번에 찾게 해주는 젊은이가 한 가지 쾌락만을 허락할 뿐인 처녀보다 낫다고 느꼈다 해서, 그런 사람을 괴물 취급하고

· ·

9. 제임스 쿠크James Cook(1728-1779)는 세 차례 세계여행을 통해 오세아니아와 오스트레일리아 대륙을 발견했다. 그의 『세계 여행기』는 드 프레빌de Fréville의 번역으로 1782년에 파리에 소개되었는데, 이 책에는 타히티와 뉴질랜드에 동성애가 존재한다는 언급이 없다. (D)

10. 필라트르 드 로지에Pilâtre de Rozier와 다를랑드d'Arlandes는 1783년에 최초로 열기구를 이용해서 라 뮈에트성le château de la Muette에서 라 뷔토 카이유la Butte-aux-Cailles까지 여행하는 데 성공했다. 프랑스 혁명기에 상연되어 성공을 거둔 베프루아 드 레니Beffroy de Reigny의 『달나라의 니코데무스Nicodème dans la lune』를 암시한다. 이 연극에서 니코데무스는 기구를 이용해서 달에 올라간다. (D)

죽여버려야 한다고 생각하는 것처럼 말도 되지 않는 생각이 어디에 있는가! 그자는 제 것이 아닌 성의 역할을 즐겨보려 했단 이유로 흉악한 자, 괴물이 되는 것이 아닌가! 아! 도대체 왜 자연은 그자에게 이런 쾌락을 느끼도록 태어나게 한 것인가? 어떤 신체구조를 갖고 태어났는지 생각해 봐라. 태어날 때부터 그 취향을 갖고 태어나지 않은 남자들과는 큰 차이가 있음을 알게 될 게다. 엉덩이는 더 희고, 더 포동포동하며, 쾌락의 신전에는 한 오라기의 털도 비치지 않겠고, 더 민감하고 더 감각적이며, 더 예민한 막膜이 덮인 신전의 내부는 여자의 질 내부와 대단히 비슷한 데다, 이런 남자는 성격부터 보통 사람들과 아주 달라 더 부드럽고 더 유연한 성격을 가졌을 거고, 여자의 유약한 모습까지도 볼 수 있을 게다. 이들은 여자만의 괴벽을 갖는데, 어떤 이들은 여자의 용모를 갖기도 한다. 그러니 자연이 이런 식으로 이들을 여자와 똑같이 만들었는데 이들더러 취향이 여자 같다고 분노를 할 수 있겠느냐 말이다. 다른 이들과 다른 남자의 한 계층이며, 자연은 생식이 너무 많이 이루어져서 필연적으로 자연에 해가 될 때 이를 줄이기 위해 그런 이들을 만들었다고 보는 것이 더 정확하지 않겠느냐?⋯. 아! 외제니, 거대한 음경이 우리 뒤를 가득 채워, 불알이 닿을 정도로 깊숙하게 들어와 박혀 열정에 못 이겨 몸을 비틀 때 말이다. 음경 표피까지 나왔다가 털이 닿을 때까지 다시 들어왔을 때 그것이 얼마나 황홀한 향락을 주는지 네가 알기나 한다면!

아니다, 아니야, 세상에 그만한 가치를 가진 즐거움이 있을 수가 없어. 그것은 철학자의 향락이다. 영웅의 향락이야. 또 신들의 향락이기도 할 테지. 저 성스러운 향락을 이루는 부분들 하나하나에 우리가 지상에서 흠모하지 않을 수 없던 신들이 깃들지 않았던들 말이다.*[11]

외제니 (대단히 흥분해서) 오! 친구들, 제 엉덩이로 해주세요!… 자, 제 엉덩이 여기 있어요… 여러분께 다 드릴게요!… 성교해 주세요, 사정하겠어요!…. (외제니는 이 말을 하고 생탕주 부인의 품에 달려든다. 부인은 그녀를 안고 입 맞추며 외제니의 엉덩이를 거둬 올려 돌망세에게 준다)

생탕주 부인 훌륭하신 선생님, 이 제안을 거절하실 건가요? 저 멋진 엉덩이가 당신을 유혹하지 않아요? 그게 벌어지고 열리는 것 좀 보세요!

돌망세 미안하구나, 아름다운 외제니. 네가 그걸 원한다 해도, 내가 붙인 불을 끌 사람은 내가 아닌 것 같다. 애야, 내 생각으로는 네가 여자가 되는 것이 아니었다. 나는 선입견을 깡그리 버리고 네 처녀를 갖고도 싶었다. 그렇지만 외제니, 내가 여기서 끝내는 것이 좋을 것이라고 생각해라. 기사가 그 역할을 맡을 거다. 그의 누이는 인조음경을 달고 동생의 엉덩이에 가공할 가격을 가할 것이다. 그러면서 부인은 오귀스탱에게 아름다운

••

11. (저자의 주) 이 책 후반부에 이 주제를 더 넓혀 논의하기로 약속하고 여기서는 간략한 분석을 하는 것으로 그쳤다.

뒤를 허락하면서 그에게 뒤를 맡기고 그동안 나는 오귀스탱의 뒤로 들어갈 것이다. 한 시간 전부터 저 멋진 오귀스탱의 엉덩이에 매료되었다는 걸 네게 감출 생각이 없다. 정말이지 난 그가 내게 해준 걸 되돌려주고 싶구나.

외제니 받아들이겠어요. 하지만 돌망세, 사실 말이지, 솔직한 고백을 하셨어도 무례가 감滅해지지 않겠네요.

돌망세 정말 미안합니다, 아가씨. 하지만 우리 같은 사람들은 솔직하다는 것과 원칙에 충실하다는 것만을 자랑으로 여기는 거예요.

생탕주 부인 그렇지만 솔직하다는 명성은 당신처럼 단지 뒤쪽만 좋아하는 데 익숙해진 사람들이 받을 만한 것은 아니지요.

돌망세 좀 음흉하다는 말씀이죠, 그래요, 좀 위선적이란 말씀이고… 그리 생각하시죠? 자, 부인, 이런 성격이 사회에 없어선 안 된다는 점을 벌써 증명해 드렸습니다. 우리는 좋으나 싫으나 우리 눈에 보이지 않게 자신을 감추고 저들이 가진 악을 우리에게 숨기는 것으로 큰 이득을 챙기는 사람들과 같이 살아야 합니다. 저들은 한번도 예찬해본 적이 없는 미덕을 우리에게 보여줄 뿐인데 그 사람들에게 솔직하기만 한다면 정말 위험한 일이 아니겠습니까. 그럴 때 저들은 우리가 이득을 못 보도록 하는 데 반해 우리는 그 이득을 저들에게 마련해주리라는 것이 명백하니까요. 명백히 사기라는 것입니다. 사회가 만들어준 두 가지 필요가 은폐와 위선이라는 것이지요. 그러니 그걸 따를 수밖에요. 잠시 본보기로 제 이야기를 해드려도 되겠습니까. 부인, 사교계에서 저보다 더 타락한 사람은 아무도 없다고 분명히 말씀드립니다. 그런데도! 다들 감쪽같이 속아 넘어가죠. 그들더러 절 어떻게 생각하느냐고 물어보세요. 모두들 저더러 정직한 사람이랍니다. 범죄를 저지르는 것을 제 달콤한 쾌락으로 삼았는데도 말이죠.

생탕주 부인 오! 끔찍한 범죄를 저질렀다는 말씀은 마세요.

돌망세 끔찍한 일이라… 부인, 사실 저는 엄청난 짓을 저질렀습니다.

생탕주 부인 자, 자, 당신은 고해신부에게 고백을 하는 사람 같군요. "신부님, 일일이 열거해보았자 소용이 없습니다. 살인과 도적질만 아니면 모든 짓을 다 했다고 믿으셔도 됩니다!" 하면서요.

돌망세 그래요, 부인, 같은 얘깁니다. 그 예외조항만 빼놓으면 말이죠.

생탕주 부인 뭐라고요! 이 리베르탱, 뭐까지 저질렀다고요…?

돌망세 전붑니다. 부인 다 해봤어요. 제가 가진 기질과 원칙으로 무언들 못하겠습니까?

생탕주 부인 아! 우리 또 해봅시다! 해보자고요!… 이런 말을 들으니 더는 참을 수가 없네. 당신 이야기는 나중에 듣고요, 돌망세. 당신의 고백을 좀 더 믿어보려면 '맑은 정신으로' 들어야겠네요. 당신은 발기가 되면 끔찍한 말을 하는 걸 좋아하는군요, 아마 지금 우리더러 불타오른 상상력이 만들어 놓은 리베르탱의 이야기를 진실로 믿게 할 생각인가 본데요. (모두들 자리를 잡는다)

돌망세 잠깐만, 기사, 잠깐 기다려. 내가 먼저 삽입하련다. 하지만 사전에 외제니에게 사과부터 해야지. 외제니가 준비 단계에서 채찍을 맞는 걸 양해해주어야 하거든. (그가 외제니에게 채찍질을 가한다)

외제니 그런 의식儀式은 불필요하다고 말씀드립니다… 돌망세, 그런 건 당신 음욕을 채워주는 거라고 말씀하세요. 그리하면서 저를 위해선 아무것도 하지 않는 양 굴지 마시고요.

돌망세 (계속 채찍질을 가한다) 아! 조금 후에 넌 다른 얘길 하게 될 걸!… 넌 이런 사전 행위가 얼마나 대단한 건지 모르지… 자, 자, 작은 악마야, 널 태형笞刑에 처한다!

외제니 오! 맙소사! 웬일이람!… 내 엉덩이에 불이 나네!… 정말 아프단 말이에요!….

생탕주 부인 애야, 내가 복수를 해주마. 내가 그에게 똑같이 해주겠어. (돌망세에게 채찍을 가한다)

돌망세 오! 기꺼이. 난 단지 외제니에게 용서를 구할 뿐이지. 내가 맞기를 바라는 만큼 세게 채찍을 가하는 게 좋은 것이란 말이야. 난 자연의 법칙을 따르고 있는 것이라고. 하지만 기다려. 좀 정돈을 해보자. 부인, 외제니가 당신 허리 위로 올라가고서 당신 목에 매달려야 해. 어미가 애들을 등에 업는 것처럼 말이야.

그럼 나는 엉덩이 둘을 내 손 안에 둘 테고, 똑같이 때려줄 거야. 기사와 오귀스탱은 둘은 내 엉덩이를 마찬가지로 때리면서 그리하도록 한다. 그렇지, 그렇게… 아! 되었다!… 정말 좋구나!

생탕주 부인 절대 저 음탕한 어린 것을 배려하지 마. 난 용서를 구하지 않을 거니까, 당신도 절대 용서를 구해선 안 되지.

외제니 아! 아! 아! 정말 피가 날 것 같아요.

생탕주 부인 돌망세가 엉덩이를 아름답게 채색해 줄 거다… 용기를 내, 내 천사야, 용기를 내라고. 언제나 고통을 견뎌야 쾌락에 이른다는 걸 명심해.

외제니 정말 더는 못 견디겠어요.

돌망세 (자기가 만든 자국을 응시하려고 잠시 중단한다. 그리고 다시 시작하며) 한 예순 번은 더해야 해. 그래, 그래, 양쪽에 예순 번씩… 오! 음탕한 것들! 매를 맞으면서 너는 곧 쾌감을 느끼게 될 것이다! (자세가 흐트러진다)

생탕주 부인 (외제니의 엉덩이를 살피며) 아! 가여운 것, 피범벅이 되었네!… 이 흉악한 놈, 잔인하게 만들어 놓은 상처에 그렇게 입 맞추니 좋더냐!

돌망세 (음경을 흔들며) 그럼요. 숨기지 않겠습니다. 그 흔적이 더 끔찍했다면 제 입맞춤이 더 열정적이었을 겁니다.

외제니 아! 당신 괴물 같아!

돌망세 그럼!

기사 적어도 좋은 뜻으로 한 일이라 생각해!

돌망세 어서, 기사, 외제니의 뒤로 들어가….

기사 허리를 잡아줘요. 세 번이면 들어간다.

외제니 오! 맙소사! 돌망세의 것보다 더 크다니!… 기사, 찢어지겠어요!… 좀 살살요, 부탁드려요!….

기사 그건 안 돼요, 내 천사님. 목적지까지 가야 하니까… 여기서 선생님이 저를 보고 있다는 걸 생각해요. 그의 수업에 충실하지 않으면 안 되니까.

돌망세 됐다!… 음모가 항문 내벽을 문대는 걸 보는 것이 기가 막히게 좋단 말이지… 자, 부인, 동생 뒤로 들어가세요… 오귀스탱의 음경이 들어갈 준비가 이제 다 되었습니다. 보증하건대 오귀스탱은 가차 없을 겁니다… 아! 잘됐다! 우리는 염주처럼 꿰어졌다. 이제는 사정할 생각만 하면 돼.

생탕주 부인 애 좀 봐요. 애 움직이는 것 좀 봐.

외제니 제가 잘못한 건가요? 저 죽겠어요!… 매질에… 이 엄청난 음경에… 이 사랑스러운 기사는 지금도 제게 수음을 해주죠!… 부인, 부인, 저 못하겠어요!….

생탕주 부인 제기랄 놈의 신! 네게 그만큼 해줄게, 나 사정한다!….

돌망세 친구들, 함께 좀 합시다. 잠시만 시간을 주시면 저도 곧 당신들처럼 절정에 이를 수 있을 겁니다. 모두 함께해야죠.

기사 그럴 시간이 없어요. 제 정액이 벌써 아름다운 외제니의 엉덩이 속으로 흘러갑니다… 나 죽겠네!… 아! 빌어먹을 놈의 신! 기가 막힌 쾌락이다!….

돌망세 나도 곧 간다, 친구들… 나도 곧 간다고… 나 역시 미칠 듯 사정하고 싶다….

오귀스탱 저도요!… 저도 그래요!….

생탕주 부인 정말 멋진 장면이 아닌가!… 이놈이 내 항문을 꽉 채워 놓았어!….

기사 부인들, 씻어요, 씻어.

생탕주 부인 아니, 난 이게 더 좋다. 내 뒤에 그것이 차 있다고 느끼는 게 좋아. 들어온 이상 내보내진 않아.

외제니 정말 저도 그러고 싶지 않네요… 친구들, 이제 제게 말해주세요. 여자가 이런 식으로 사랑하자는 제안을 받으면 언제나 받아들여야 하는 건가요?

생탕주 부인 언제나 그래야 한다, 언제나 말이다, 애야. 여자도 마찬가지로 그 이상을 할 테니까. 이런 방식이 얼마나 감미로운 것인지 모른다. 여자는 상대하는 사람들에게 항상 그렇게 요구해야 해. 하지만 여자가 함께 즐기는 사람의 취향을 따라야 하고, 그의 호의나 선물, 감사 표시를 기대한다면, 여자는 자신을 돋보이게 해서, 남자들이 어쩔 줄 모르게 해야 한다. 이런 경우 남자를 더욱 달아오르게 하려는 의도로만 능숙하게 거절할 줄 아는 여자를 만나면 이 취향을 가진 남자 중에 파산에 이르지 않을 사람이 없지. 남자가 요구하는 걸 시기적절하게 허락하는 기술만 있다면 여자는 원하는 걸 전부 얻어낼 것이다.

돌망세 자, 예쁜 천사님, 이제 마음을 바꾸셨나요? 이제 남색이 죄라는 생각을 더는 안 하게 되었어?

외제니 죄라고 한들 이젠 제겐 중요하지 않네요. 벌써 죄악이라는 것이 아무것도 아니라는 점을 증명하지 않으셨어요? 이제 제겐 죄악의 행위라는 것이 없어요.

돌망세 애야, 세상 사람이 뭐라던 범죄란 절대 존재하지 않는다. 가장 끔찍한 행위에 어찌 우리에게 좋은 구석이 있을 수 있느냐?

외제니 누가 그걸 의심하겠어요?

돌망세 좋다, 이 순간부터 남색은 더 이상 죄악이 아니다. 어떤 사람에게는 봉사가 되는데 다른 사람에게는 해가 되는 행위를 죄악이라고 하려면 자연이 그렇게 피해를 입은 사람을 봉사가 되는 사람 이상으로 소중히 한다는 점이 증명되어야 할 것이다. 그런데 자연의 관점에서는 모든 존재가 평등하므로, 이런 식의 편애는 불가능하다. 그러므로 어떤 사람에게는 봉사가 되는데 다른 사람에게는 해가 되는 행위에 대해 자연은 완전히 무심하지.[12]

· ·

12. 루소는 『인간불평등기원론』에서 자연 상태의 "인간들은 서로 간에 도덕적인 관계도, 분명한 의무도 갖고 있지 않아서 선인善人일 수도 악인일 수도 없었으며, 악덕도 미덕도 가지고 있지 않았다고 생각된다. 다만 이런 말을 물리적인 의미로 해석하여 개인의 자기 보존에 해가 되는 성질의 것을 악덕이라고 부르고 자기 보존에 도움이 되는 것을 미덕이라고

외제니 그렇지만 그 행동이 대다수 사람들에게 피해를 입히고, 우리에겐 아주 적은 양의 쾌락밖에 주지 않는다면 그때 그 행위에 탐닉한다는 것은 끔찍한 일이 아닐까요?

돌망세 더 끔찍한 일이 아닌 거다. 타인이 느끼는 것과 우리가 느끼는 걸 비교할 수 없기 때문이다. 타인이 엄청난 고통을 느끼더라도 그 고통이 우리에게는 분명 아무것도 아니지. 닿을 듯 말 듯 살랑거리는 쾌락일지라도 우리가 느끼기만 하면 우리에게 즐거움이 된다. 그러므로 우리는 어떤 대가를 치르더라도 우리를 조금도 동요하게 할 수 없는 타인의 엄청난 불행의 총합보다, 우리를 행복하게 만들어주는 저 가벼운 살랑거리는 쾌락을 선호해야 하는 것이다. 그런데 이와는 반대로 우리가 남다르게 갖고 태어난 신체기관 때문에, 그것이 이상스럽게 생겨서 상대방은 고통을 느끼는데 우리에겐 쾌감이 되는 일이 있다. 그런 일이 흔하지. 그런데 우리에게 쾌락의 박탈이 되어버릴 타인의 고통의 부재보다, 우리를 즐겁게 하는 타인의 고통을 선호해야 한다는 것은 전혀 의심의 여지가 없는 일이다. 우리가 저지르는 모든 도덕적 과오는 기독교인들이 저들의 불운과 절망의 시대에 고안했던 박애라는 우스꽝스럽기 짝이 없는 생각을 받아들인 데 그 원인이 있다. 구걸하듯이 타인이 제발

. .

부른다면 이야기가 달라진다. 이 경우에는 다만 자연의 단순한 충동에 가장 많이 거역하지 않는 사람을 가장 덕이 있는 사람이라고 해야 할 것이다"(루소, 『인간불평등기원론』, 앞의 책, 78쪽). (역주)

연민을 가져주기를 바랄 뿐이었으니 만인이 모두 형제라고 주장하는 일이 꽤나 그럴듯하지 않느냐. 그런 식으로 가정하면 도움을 어찌 거절하겠어? 하지만 그 교리는 절대 받아들일 수 없다! 우리는 모두 홀로[13] 태어난 것이 아니냐? 한발 더 나아가 만인은 만인의 적이며 서로 영원한 전쟁상태에 있다고 주장한다. 그런데 소위 박애란 끈이 필요로 했던 미덕이 정말 자연에 존재한다고 가정할 수 있는 것인지 묻겠다. 자연의 목소리가 사람에게 미덕을 불어넣었다면 태어나면서부터 그 목소리를 들었어야 할 거다. 그래야만 연민이니 선행이니 인류애니 하는 것이 자연적인 미덕일 수 있었을 것이다. 그랬다면 그 미덕에 저항할 수 없었을 거고, 야만인의 원시 상태는 지금 우리가 보는 바와는 완전히 달랐을 것이다.

외제니 그런데 말씀하신 대로 자연이 인간을 홀로 태어나게 해서 각자 독립적인 존재로 만든 거라면 적어도, 필요에 의해 사람들은 서로 가까워지면서 필연적으로 서로 어떻게든 관계

• •

13. 여기서 사드는 '고립된isolé'이라는 표현을 썼는데 사드는 이 말을 단지 타인과 동떨어져 있다는 의미뿐 아니라 '이기심'의 의미를 갖춰 흔히 사용한다. 사드의 저작에서 이 말이 나올 때마다 이를 '이기적'으로 해석하면 뜻이 더 잘 통한다. 『미덕의 불운』의 첫 부분에서 쥐스틴은 부모를 잃고 수녀원을 나와 사회에 첫 발을 내딛게 되지만 그녀를 기다리고 있는 것은 '고립주의'뿐이었다. "사제는 문을 열어젖히더니 그녀를 거칠게 밖으로 내쫓는다. 쥐스틴은 첫날부터 두 번이나 거절을 당하고 고립주의 isolisme를 당하게 되었다"(사드, 『선집』 2권, 7쪽). 고립주의라는 말은 사드가 만든 신조어이다. (역주)

를 세워야 했다는 점을 이해시켜주셔야 하겠어요. 거기서부터 사람들이 언약을 통해 상호 결합하여 혈연관계, 사랑, 우정, 감사의 관계가 생기는 거잖아요. 적어도 이런 관계들은 존중하시는 거죠?

돌망세 정말이지 똑같이 존중하지 않는다. 그 관계들을 분석해 보자. 외제니, 개별자로서의 인간 각자에게 눈을 돌려보자. 너는 설마하니, 내 핏줄이 끊어지지 않게끔 하려는 목적에서든, 내 재산을 불리려는 목적에서든, 결혼이 필요하기 때문에 내가 인척 관계를 맺을 사람과 성스럽거나 끊어질 수 없는 관계를 맺어야 한다고 말할 테냐? 한번 물어보자, 그 관계를 유지하는 일은 정말이지 말도 안 되는 일 아니냐? 성행위가 지속되는 한 분명 나는 그 행위에 참여하기 위해 그 대상이 필요할 수 있다. 그런데 일단 만족하고 나면 그와 나 사이에 뭐가 남느냐? 어떤 실제적인 의무가 나나 그를 교접의 소산에 묶어 놓을 것이냐?[14] 이런 관계는 부모가 늙어서 버려지면 어쩌나 하는 두려움 때문에 생긴 것이다. 우리가 어렸을 때 부모가 우리를 관심을 갖고 정성껏 키우기는 했지만 그건 나중에 그들이 만년晚年에 이르렀을 때 똑같은 관심을 받기 위해서였다. 더는 이런 관계들

· ·

14. "원시 상태에서는 집도, 오두막도 없고 어떤 종류의 재산도 없이 각자 우연한 기회에, 그리고 대개 하룻밤을 지내기 위해 거처를 정하곤 했다. 그리하여 남성과 여성은 기회가 있을 때마다 욕망에 따라 우연히 결합했다"(루소, 『인간불평등기원론』, 앞의 책, 69쪽). (역주)

을 잘못 생각하지 말도록 하자. 우리는 부모에게 갚아야 할 것이 전혀 없어…. 조금도 없다, 외제니, 그들이 노력했던 건 우리를 위해서가 아니라 그들을 위해서였어. 그러니 그들을 증오해도 되는 거야. 그리고 그들이 우리를 대하는 방식이 싫으면 없앨 수도 있는 거다. 물론 그들이 우리를 잘 대해주면 사랑할 수도 있지. 그때 이러한 애정은 우리가 다른 친구들에게 가질 수 있는 것 이상이 되어서는 안 된다. 출산의 권리로는 어떤 관계도 수립할 수 없으며, 그 권리에 기초한 것은 아무것도 없기 때문이다. 현명하고 사려 깊게 살펴본다면 부모란 작자들이 제 행복만 추구하면서 우리를 자주 불행하고 건강하지 못한 존재로밖에 못 만들었다는 사실에 증오할 이유만을 찾게 될 뿐이다.

외제니, 넌 내게 사랑으로 이어진 관계에 대해 말했다. 네가 절대로 그런 관계를 모르고 살기를 바란다! 아! 내가 네게 바라는 행복을 찾기 위해서라면 절대로 그런 감정이 네 마음에 깃들지 않게 하거라! 내가 보기에 사랑이란 우리가 보기에 좋은 대상의 특질로부터 비롯되는 결과에 불과하다.[15] 이 효과로 인해 우리가 흥분이 되고 불타오르게 되지. 우리가 그 대상을

••
15. "한 사물이 좋은 것으로, 다시 말해 적절한 것으로 나타날 때, 그것에 대해 사랑을 갖게 된다. 그리고 그것이 나쁘거나 무용한 것으로 나타날 때 우리 안에서는 미움이 나타난다"(데카르트, 『정념론』, §56, 김선영 역, 문예출판사, 2013, 70쪽). (역주)

212

소유할 때 만족하게 되고, 소유하지 못할 때 절망하게 된다. 그런데 이 감정의 기초는 무엇이냐?… 욕망[16]이다. 욕망이라는 감정의 결과는 무엇이냐?… 광기다. 그러므로 정념의 동기에 만족하고 그 결과는 얻지 않도록 삼가자. 그 동기는 대상을 소유한다는 것이다. 자! 그러니 성공하도록 노력하자꾸나. 하지만 조심스러워야지. 대상을 소유한 다음에 그걸 향유토록 하자. 반대로 대상을 소유하지 못한 경우에는 위로를 하자. 세상에는 똑같은 대상이 수도 없이 많고, 그보다 더 좋은 것들도 많다. 사랑의 대상을 얻지 못한 감정을 그런 걸로 달랠 수 있는 거야. 여자나 남자나 다 거기서 거기지. 사랑이라면 건전한 성찰에서 나온 결과들을 거부해서는 안 된다. 오! 저 사랑이란 도취의 감정은 정말 엄청난 사기가 아니더냐? 사랑이라는 것에 얼마나 취했으면 감각의 욕망을 부정하면서 우리를 눈뜬 소경의 꼴로 만들어버려 미칠 듯 사모하는 그 사람이 없으면 살아갈 수도 없게 되는 것이냐! 그러니 그걸 산다고 할 수 있나? 오히려 스스로 생의 달콤한 환희를 저버리려는 것이 아니냐? 사람이 미칠 때 생기는 증상과 거의 비슷해 보이는 형이상학적인[17]

••

16. "욕망이라는 정념은 영혼에게 적절한 것으로 표상되는 것을 미래를 위해서 영혼이 원하도록 영혼을 배치시키는 정기에 의해 야기된 영혼의 혼들림이다. 그와 같이 우리는 부재한 좋은 것의 현재를 단지 욕망할 뿐만 아니라, 현재하는 좋은 것의 보존, 나아가 우리가 이미 지니고 있는 만큼 앞으로 다가올 시간에 받을 수도 있다고 믿는 나쁜 것의 부재도 욕망한다"(데카르트, 『정념론』, §86, 위의 책, 89쪽). (역주)

쾌락 말고는 다른 행복을 우리에게 남겨주지도 않고 우리를 삼켜 없애버리려는 불타는 열병의 상태에 머무르고자 하려는 것이 아닌가? 우리가 그 숭배의 대상을 한결같이 사랑해야 했다면, 절대로 그 대상을 저버려서는 안 된다는 점이 분명했다면, 분명 이상한 생각일 테지만 그래도 용서할 만한 것이긴 할 것이다. 그런데 그런 일이 일어나더냐? 결단코 변하지 않았던 영원한 관계들의 수많은 예를 찾을 수 있더냐?[18] 향락의 몇 달이 지나면 우리는 사랑의 대상을 이내 본래 자리로 되돌리고 제단의 향로에 불을 지폈던 생각을 하면 그만 부끄러워지게 된다. 어떻게 사랑의 대상이 그 정도까지 우릴 유혹할 수 있었는지 생각할 수도 없게 되는 일이 벌어지게 된다.

오 관능적인 처녀들이여, 그러니 할 수 있는 만큼 너희의 육체를 우리에게 맡겨다오! 성교하고 즐겨라. 그것이 중요한 일이다. 그러나 사랑만큼은 피해라. 자연사가 뷔퐁이 말하기를 자기 육체만큼 좋은 것이 없다고 했다. 뷔퐁이 훌륭한 철학자로

• •

17. 추상적이라는 뜻. (D)

18. 사드는 디드로가 이 주제를 다루었던 『운명론자 자크Jacques le fataliste』를 읽지 못했다. 왜냐하면 이 책은 1796년에야 출판이 되었기 때문이다. 그러나 사드는 디드로가 쓴 『백과사전』의 「파기될 수 없는 것indissoluble」 항목의 다음 구절은 읽었을 것이다. "결혼은 파기될 수 없는 약속이다. 현자는 파기될 수 없는 약속이라는 생각만으로도 몸서리를 친다. 사람들에게 파기될 수 없는 관계를 부여하는 입법가들은 그것이 자연적으로는 영원한 것이 아니라는 것을 몰랐다. 그리하여 그들은 얼마나 죄인과 불행한 자들을 만들어낸 것인가." (D)

추론했던 것은 단지 그것만이 아니다.[19] 반복하노니, 즐기되, 결단코 사랑은 말라. 사랑으로 시달리는 일이 없도록 하라. 탄식하며, 한숨지으며, 추파를 던지며, 달콤한 쪽지를 주고받으며 수척한 채 살아가서는 안 된다. 성교하고, 성교자를 바꿔가며 수를 늘리고, 특히 한 사람이 너희를 차지하려 들면 강력히 맞서야 한다. 그 영원하다는 사랑의 목적은 너희를 그에게

19. 1782년에 사드는 당블레D'Amblet 신부에게 보낸 편지에서 "저는 조금쯤 뷔퐁처럼 생각합니다. 저는 쾌락만을 좋아하고 그것이 아니라면 사랑은 좋지가 않습니다"(CLP, t.XII, 347 쪽)라고 썼다. 이런 맥락에서 보면 뷔퐁의 표현은 이기심의 비판에 관련되어 있다. "사랑! 내적인 욕망! 자연의 마음! 존재의 마르지 않을 원리! […] 사랑이여! 너는 왜 모든 존재의 행복과 인간의 불행을 고려하지 않느냐? '사랑이라는 선한 정념에는 육체만 존재할 뿐이기 때문이다.' 사랑을 하는 사람들이 끄집어낼 수 있는 말이 어떤 것이든, 이때 도덕은 아무 가치가 없기 때문이다. 사실 사랑의 도덕이란 것이 무엇인가? 허영이다. 정복의 쾌락 속에 들어 있는 허영이다. 우리가 이를 너무 높이 평가를 하기 때문에 이런 오류가 나온다. 그것을 배타적으로 가지고 싶어 하는 욕망이 내놓는 허영이다. 그것은 질투를 동반하는 불행한 상태이다. 질투란 사람들이 늘 감추고자 했던 저열한 정념이다. 쾌락을 증가시키지 못한 채 몸짓과 노력만을 배가하게 만드는 향유의 방식에 허영이 있다. 사랑을 잃는 방식에 허영이 있다. 우리는 그 관계를 끊어버리고 싶다. 우리가 버려진다면 정말 부끄러워질 테니까! 이 수치심은 우리가 오랫동안 속아왔음을 알게 되면 절망적인 것이 된다. 그러나 동물은 이런 불행의 노예가 되지 않는다"(뷔퐁, 『자연사』(1753), 전집, 플로랑스, 가르니에, 1853-1855, t.II, 351-352쪽). 2년 후 루소는 『인간불평등기원론』에서 이 문제를 다시 고려한다. "사랑의 도덕이 인위적인 감정이라는 것을 이해하기는 너무 쉬운 것이다. 그것은 사회의 관습에서 태어난 것이다"(루소, 『전집』 3권, 158쪽). 뷔퐁이 사드에게 준 지적인 영향에 대해서는 장 뒤프렝의 「사드와 그의 시대의 생물학적 철학」을 보라(『사드 백작』, 189-203쪽; 『데카르트로부터 낭만주의까지』, 브랭, 1987에 재수록). (D)

묶어두고 다른 이에게 가지 못하게 하는 것이기 때문이다. 끔찍한 이기주의가 아니냐. 그것이 네 쾌락을 이내 끝장내고 말 것이다. 여자가 한 사람을 위해 만들어졌더냐. 자연은 만인을 위해 여자를 만들었다. 여자는 자기를 원하는 누구라도 전혀 개의치 않고 몸을 맡겨야 한다는 성스러운 자연의 목소리만을 들어라. 언제나 창녀로, 결코 연인이 아니도록, 사랑을 피하고 쾌락을 사랑하며, 여자들이여, 인생의 길을 걸으며 오로지 장미꽃만을 찾도록 하라, 여자들이여, 우리에게 아낌없이 장미꽃을 허락하라. 외제니, 네 교육의 책임자인 저 매력적인 여자에게 한번 즐기고 난 후에도 남자를 존중해야 하는지 물어보거라. (오귀스탱이 듣지 못하도록 낮게 말한다) 오늘 그녀에게 기쁨을 안겨준 저 오귀스탱과 관계를 유지하기 위해 노력을 할 생각인지 물어 보거라. 그녀가 오귀스탱을 떼어놓고자 한다면 그녀는 다른 남자를 얻을 테고, 더는 오귀스탱을 생각하지도 않을 것이다. 그리고 이내 새로운 남자에게도 질려 두 달 후면 차버리고 말겠지. 한 사람을 버려서 새로운 쾌락을 다시 얻을 수 있다면 말이다.

생탕주 부인 우리 여자들이 마음 깊은 곳을 열어주기라도 한 것처럼 돌망세가 내 마음과 모든 여자들의 마음을 설명했다는 걸 우리 사랑스러운 외제니가 확신했으면 좋겠다.

돌망세 제 분석의 마지막 주제는 우정과 감사의 관계에 대한 것입니다. 우리가 필요로 하는 만큼 우정의 관계를 존중합시다.

친구들이 우리에게 소용이 되는 한 친구 관계를 유지합시다. 하지만 더는 득을 볼 것이 없다면 그들을 잊어버려야 합니다. 사람을 사랑하는 것은 오직 자기를 위한 것입니다. 그들을 위해 사랑한다는 말은 사기입니다. 자연은 절대로 인간에게 무언가 틀림없이 도움이 되지 않는 한 마음이 움직이도록, 가슴에 느껴지도록 하지 않습니다. 자연처럼 이기적인 존재가 없습니다. 그러니 우리가 자연의 법칙에 순응하고자 한다면 우리도 자연처럼 그리해야 합니다. 외제니, 확실히 감사의 관계는 인간이 맺는 모든 관계 중 가장 약한 관계이다. 사람들이 우리 좋으라고 친절을 베풀더냐? 애야, 천만의 말씀이다. 과시하려고, 오만해서 그러는 것이다. 그러니까 타인의 이기심에 휘둘리는 장난감이 될 때 수치스러운 것이 아니겠느냐? 감사를 해야 할 때 더 수치스럽지 않더냐? 누구에게 선행을 받는 것만큼 부담스러운 일이 없다. 받은 선행을 돌려주거나 비굴해지거나 둘 중 하나이지, 중간은 없다. 자존심이 강한 마음을 가진 사람은 선행을 받는 데 부담을 느낀다. 이런 사람에게 선행을 베풀면 너무 깊이 마음에 두기 때문에 마음이 발산하게 되는 유일한 감정은 선행을 베푼 자에 대한 증오가 된다.[20]

· ·

20. 루소에 따르면 "은혜를 베푼 사람과 은혜를 입은 사람 사이에는 일종의 계약"이 성립한다. 그러므로 감사의 관계는 자연적이지 않다. "은혜를 입은 사람이 암묵적으로 감사해야 할 의무를 진다면, 마찬가지로 은혜를 베푼 사람도 상대방이 자격을 잃지 않는 한 이전에 보였던 선의를 유지하고, 할 수 있을 때마다 그리고 필요할 때마다 선행을 되풀이해야 할

자 이제 자연이 우리를 홀로[21] 창조했는데 네가 보기에 그걸 어떤 관계가 보충해줄 성싶으냐? 사람 사이에 어떤 관계를 세워야 하는 것이냐? 우리가 어떤 자격으로 그들을 사랑하고, 소중히 여기고, 우리 자신보다 더 좋아할 수 있느냐? 우리가 무슨 권리로 그들에게 닥친 불행을 덜어준단 말이냐? 선행, 인류애, 자비라는 아름답고도 쓸데없는 덕의 요람이 우리 마음 어디에 있더냐? 그런 것은 몇몇 멍청한 종교의 말도 안 되는 법전에서 찾아낸 것으로, 사기꾼이 아니면 동냥아치들에게나 가르치는 그런 미덕들이란 그것을 참아내고 인내할 수 있던 사람들에게나 충고할 수 있는 것이 아니냐?

자, 외제니, 너는 아직도 사람들 사이에 성스러운 어떤 관계가 있다고 생각하느냐? 그것보다 우리를 더 좋아해서는 안 되는 이유를 생각해 볼 수 있겠느냐?

외제니 머리가 거부하기엔 가슴이 앞서는 너무나 달콤한 말씀이세요.

생탕주 부인 그 모든 것이 자연에 다 존재하는 것이란다, 외제니. 네가 그 말에 동의한다는 것만으로도 증명이 된 것이다. 네 가슴속에 이제 막 피어났던 것인데 어찌 네가 느끼는 것이 타락의 열매라고 할 수 있겠느냐?

의무를 지는 것이다'(루소, 『고독한 산책자의 몽상』, 진인혜 역, 책세상, 2013, 90쪽). (역주)

21. 210쪽 각주 13번 참조. (역주)

외제니 하지만 부인께서 권장하시는 저 모든 과오가 여전히 자연에 존재하는 것인데, 왜 법은 그걸 못하게 막는 것인가요?

돌망세 법은 개별자를 위해서가 아니라 보편자를 위해 만들어 졌기 때문이다. 그러니 사적 이익과는 영원히 대립할 수밖에 없는 것이지.[22] 그런데 법이 사회를 유지하기에 훌륭한 것이라 해도 사회를 구성하는 개인에게는 그렇지 않을 수 있다. 법이 일단 개인을 보호하거나 개인에 특권을 부여하게 되면 인생의 사분의 삼은 구속을 받고 저당이 잡히는 거야. 그래서 법을 경멸하는 현명한 사람은 관용을 하는 것이다. 뱀과 독사를 관용하듯 말이다. 비록 상처를 주고 독을 뿜지만 약으로 쓰기도 하지 않느냐. 현명한 자는 독을 가진 야수를 대하듯 법으로부터 자신을 보호하겠지. 신중을 기하고, 연막을 치면서 법의 위험에 서 벗어나겠지. 외제니, 어떤 죄악을 저지르고자 하는 욕망이 네 마음에 타오른다면 부인과 내 도움으로 그 죄악을 아무런 위험 없이 행할 수 있다는 점을 절대 의심하지 말거라.

외제니 아! 벌써 그 욕망이 제 마음에 자리 잡았어요!

. .

22. 루소는 『사회계약론』에서 "내가 법의 대상이 언제나 일반적이라고 말할 때 뜻하는 것은, 법은 단체로서의 신민과 추상적인 행위를 고려하며, 개인으로서의 어떤 인간이나 개별적인 행위는 결코 고려하지 않는다는 것이다. [⋯] 일반의지는 언제나 바르지만, 일반의지를 인도하는 판단이 언제나 밝은 것은 아니다. 인민이 대상을 있는 그대로 보게 해야 하고, 때로는 보아야만 하는 방식으로 보게 해야 한다. 인민이 찾고 있는 바른 길을 보여주어야 하고 개별의지의 유혹으로부터 인민을 보호해야 한다" (루소, 『사회계약론』 2부 6장, 김영욱 역, 앞의 책, 50-52쪽). (역주)

생탕주 부인 어떤 기발한 생각이 너를 휘젓는 것이냐, 외제니? 우리를 믿고 말해보거라.

외제니 (혼란스러워하며) 죄를 저지르고 싶은 사람이 있어요.

생탕주 부인 남자냐 여자냐?

외제니 (여전히 혼란스러워하며) 여자요!

돌망세 자, 부인, 당신의 학생에게 만족하시나요? 진도가 정말 빠르지 않은가요.

외제니 (앞에서처럼 혼란스러워한다) 희생자로 만들고 싶어요, 부인, 희생자로 만들고 싶다고요!… 오! 맙소사! 그러면 제 인생이 얼마나 행복해질까요!….

생탕주 부인 어쩔 셈이냐?

외제니 모든 것!… 모든 걸 다할 거예요!… 그 여자를 세상에서 가장 불행한 여자로 만드는 일이라면 모든 걸 다할 거예요. 오! 부인, 부인, 절 불쌍히 여겨주세요, 더는 참을 수가 없어요!….

돌망세 하느님 맙소사! 굉장한 상상력이군!… 자, 외제니, 아름다운 것… 이리 오거라, 내가 입 맞춰주마, 백 번 천 번 해주마! (품에 안는다) 자, 부인, 이 리베르탱을 좀 보세요, 우리가 건드리지 않아도 이 아이는 '머리로' 사정을 하는군요… 한 번 더 그녀를 차지해야겠어요!

외제니 그런 다음엔 제가 원하는 게 이루어질까요?

돌망세 그래, 미친 것아!… 그래, 약속하마!

외제니 오! 사랑하는 분, 여기 제 엉덩이 받으세요!… 원하시는 대로 하세요!

돌망세 기다려라, 좀 더 호색한 방식으로 즐길 생각이다. (모두 돌망세의 지시를 따라 실행한다) 오귀스탱, 침대가에 누워라. 외제니가 네 품에 안긴다. 내가 외제니를 남자로 만드는 동안 오귀스탱의 멋진 귀두로 음핵을 문지르겠어. 오귀스탱은 조절을 잘 해가면서 사성하지 않도록 조심해라. 기사는 아무 말 하지 않고 우리 하는 이야기를 들으며 용두질을 한다. 그러면 외제니의 어깨 위에 눕고 싶겠지. 내 그 멋진 엉덩이 위에 입맞춤 세례를 퍼부으리라. 그러면 난 아래에서 용두질을 해주지. 그러면 음경을 엉덩이에 담그고 양손에 하나씩 잡고 용두질을 할 거야. 그리고 부인, 제가 좀 전에 남편 역을 맡았으니, 이제는 부인이 제 남편 역을 맡아주셔야겠습니다. 제일 큰 인조음경을 착용하세요. (생탕주 부인은 인조음경으로 가득 찬 상자를 연다. 돌망세가 제일 큰 것을 고른다) 좋습니다! 이것은 둘레가 이십오 센티미터에 길이가 삼십오 센티미터짜리군요. 허리에 두르십시오, 부인, 지금 가능한 세계 들어오세요.

생탕주 부인 정말 당신은 미쳤어요, 돌망세. 이걸 쓰면 당신 불구가 될지 몰라요.

돌망세 걱정하지 마세요. 밀어붙이세요, 나의 천사여, 들어오라고요. 당신의 거대한 음경이 내 엉덩이 앞에 제대로 들어와야 내가 당신의 외제니 뒤로 들어가지 않겠어요!… 되었다! 됐어,

하느님!… 아! 구름 위로 오르는 것 같네요!… 외제니, 사정
봐주지 않겠어!… 분명히 네게 말했다. 나는 준비 없이 네
뒤로 들어갈 거야… 아! 하느님! 정말 굉장한 엉덩이로군!…

외제니 오! 사랑하는 분, 저 찢어져요… 준비는 좀 해주셔야
하는 거 아니에요.

돌망세 나는 그리 안 한다. 그 바보 같은 준비 때문에 쾌락의
절반을 잃을 수 없지. 외제니, 우리 원칙을 생각해보기 바란다.
나는 나를 위해 이러는 거야. 이제, 넌 잠시 희생자가 되는
거지. 아름다운 천사야, 조금 후에는 박해자가 될 것이면서…
아! 하느님! 들어간다!….

외제니 저 죽겠어요!….

돌망세 오! 하느님! 끝에 닿았다!….

외제니 아! 하고 싶으신 대로 다 하세요, 됐어요… 쾌락밖에
안 느껴져요!….

돌망세 나는 이 커다란 걸 처녀의 음핵에 문지르는 것이 그리
좋더라!… 기사, 엉덩이를 줘… 리베르탱, 내가 제대로 하고
있는가?… 그리고 부인, 당신, 더 하란 말이에요, 빌어먹을
당신의 창녀에게 더 하라고… 그래 난 창녀다, 그리되고 싶다…
외제니, 사정해, 천사야, 그래, 사정해!… 오귀스탱, 날 좀 채워
달라고… 기사가 내게 뿜으면 거기다 내 것을 섞을 거야…
아 더 안 되겠다… 외제니, 엉덩이를 세차게 움직여봐, 항문으로
내 음경을 조이라고. 네 장陽에다 불처럼 터져 나오는 정액을

222

쏘겠어… 아! 하느님 맙소사! 나 죽는다! (그가 물러난다. 자세가 흐트러진다) 자, 부인, 당신의 어여쁜 리베르탱이 또 정액으로 가득해졌습니다. 질 입구에 홍수가 났습니다. 애무해주시고, 정액으로 흠뻑 젖은 음핵을 힘차게 흔들어 주세요. 그 이상 관능적인 것이 없습니다.

외제니 (헐떡거리며) 오! 부인, 당신이 절 얼마나 좋게 해주실까! 아! 내 사랑, 관능으로 뜨거워졌어요! (자세를 잡는다)

돌망세 기사, 이 아름다운 아이의 처녀를 가질 사람이 바로 너니까 누이를 도와 저 아이를 네 품에서 혼절하게 만들어라. 그리고 이런 자세로 넌 엉덩이를 내게 맡기고. 오귀스탱이 내 뒤로 들어오는 동안 너와 한다. (모두 자세를 잡는다)

기사 이렇게 하면 되겠어요?

돌망세 엉덩이를 약간만 좀 위로. 내 사랑. 자, 좋다… 기사, 준비 없이….

기사 물론요, 원하시는 대로요. 이 관능의 처녀 품에서 쾌락 말고 무얼 또 느낄 수 있을까? (가볍게 음문에 손가락을 넣으면서 입 맞추고 애무한다. 그동안 생탕주 부인은 외제니의 음핵을 긴지른다)

돌망세 나는 말이다. 그걸 알았어. 확신해. 외제니와 하는 것보다는 너와 하는 것이 훨씬 좋다. 젊은 남자애와 처녀의 엉덩이는 정말 많이 달라. 그러니 오귀스탱, 들어오너라! 결심하기가 그리 힘들다냐!

오귀스탱 저런, 나리, 이 예쁜 비둘기 거기 옆에다 이제 막 그걸 흘렸는데 당신 엉덩이에다 거시기를 금방 세우라고 하시네요. 그건 정말 그리 예쁜 것도 아닌데요, 네!

돌망세 어리석은 것 같으니! 왜 칭얼대고 그래? 그게 섭리인걸. 각자는 자기 성인聖人에다 절하는 거야. 자, 어서, 밀어 넣어봐, 솔직한 오귀스탱아. 그리고 네가 경험을 좀 더 쌓게 되면 뒤보다는 앞이 낫다는 말은 안 할 게다… 외제니, 기사가 네게 해준 것을 그에게 돌려줘. 넌 네 생각만 하는구나. 하지만 네가 옳다. 리베르탱 같으니. 네 쾌락을 위해서라도 그에게 용두질을 해줘라. 기사가 네 처녀를 가지게 될 테니까.

외제니 자, 하고 있어요. 입도 맞추고, 정신이 없네… 아! 아! 친구들. 저 못하겠어요!… 제 상태가 어떤지도 좀 생각해 주세요… 저 죽어요… 저 사정해요!… 하느님! 제 정신이 아니에요!

돌망세 난 좀 참아보겠다! 내가 원하는 것은 이 아름다운 항문에 넣는 것뿐이야. 생탕주 부인에게 줄 정액이 벌써 후끈 달아올랐어. 시작은 여기서 하고 끝은 다른 데다 하는 것처럼 재미 보는 게 없지. 자, 기사, 잘되고 있나? 처녀를 가져볼 텐가?…

외제니 오! 맙소사, 안 돼, 그에게 빼앗기고 싶지는 않아, 그리되면 죽을 거야. 돌망세, 당신 것이 더 작으니까, 이걸 당신께 맡길게요, 제발요.

돌망세 그럴 수 없다, 내 천사야. 내 인생에 음문으로 해본 적이 없다! 이 나이에 새로운 것을 해야겠니. 네 처녀는 기사의 것이다. 여기서 기사만이 그럴 자격이 있다. 그의 권리를 빼앗지 말아라.

생탕주 부인 처녀를 거부하다니요… 이 아이처럼 싱싱하고 아름다운 아이가 어디 있다고? 파리에서 내 외제니보다 더 아름다운 처녀가 어디 있다고요. 오! 이것 봐요!… 정말 원칙을 좀 너무 지나치게 지키시는 것 아닌가요!

돌망세 제가 지켜야 했던 만큼은 아니었습니다, 부인. 제 동료 중엔 여자의 뒤로 절대 들어가지 않을 사람도 많습니다… 저는, 했지요, 또 그럴 거고요. 부인이 의심하는 것처럼 제가 광신에 이를 정도는 아니에요.

생탕주 부인 기사! 어서 해라. 그래도 조심스럽게 다뤄라. 네가 들어가게 될 좁디좁은 저 협로를 보거라. 들어갈 것과 들어갈 곳이 크기가 맞느냐?

외제니 오! 그거로는 저 죽어요. 어쩔 수 없는 건가… 하지만 해보고 싶은 욕망이 강렬해서 두려워 않고 위험을 무릅써보겠어요… 자, 들어와, 날 네게 바칠게.

기사 (한 손 가득 발기하는 성기를 쥐고) 그래, 하자! 들어가야 하는 것이라면… 누이, 돌망세, 그녀의 다리를 하나씩 잡아주세요… 아! 하느님! 굉장한 일이군!… 그래, 그래, 그녀가 쪼개지고 찢겨져 버린대도, 하느님, 그리로 들어가야 한다면!

외제니 천천히, 천천히 좀요, 저 못 견디겠어요… (소리를 지른다. 눈물이 두 뺨에 흐른다) 살려 주세요! 부인… (몸부림을 친다) 안 돼. 그만했으면 좋겠어요!… 당신이 계속하면 살인난다고 소리지를 거예요!….

기사 하고 싶은 대로 소리 질러, 나쁜 것 같으니, 수천 번 찢어지는 한이 있더라도 들어가야 한다고 내가 말했지!

외제니 야만스럽기도 해!

돌망세 아! 어서! 발기할 때 쾌감을 느끼는 것이 아니냐?

기사 자, 됐다!… 됐어, 하느님!… 자! 순결은 이제 멀리 떠나버렸다!… 저 피 흐르는 것 좀 봐!

외제니 더! 호랑이 같으니!… 더, 원하는 대로 날 찢어발겨봐, 조롱해 보라고!… 입 맞춰줘, 이 나쁜 놈, 입 맞춰줘, 사랑해!… 아! 그게 안에 들어가 있어도 이젠 더 이상 아무렇지 않네. 고통이 없어졌어… 이런 공격을 두려워하는 처녀들에게 저주를!… 작은 고통 무섭다고 그 큰 쾌락을 거부하다니!… 더! 더! 기사, 나 사정한다!… 너 때문에 생긴 상처에 정액을 뿌려… 자궁 깊이까지 밀어 넣으라고… 아! 고통이 지나고 쾌락이 오는구나… 혼절할 것 같다!… (기사가 사정한다. 기사가 성교하는 동안 돌망세는 기사의 엉덩이와 고환을 애무했다. 생탕주 부인은 외제니의 음핵을 애무한다. 자세가 흐트러진다)

돌망세 길은 뚫렸으니 저 사기꾼은 당장 오귀스탱하고도 할 수 있지 않을까.

외제니 오귀스탱하고!… 저 크기의 음경으로!… 아! 그것도 당장!…피가 이리 계속 나는데!… 당신들 절 죽일 생각이세요?

생탕주 부인 내 사랑, 입 맞춰다오… 네게 미안하다… 하지만 결정은 내려졌지. 이젠 돌이킬 수 없어, 애야. 네가 참아내어야 하는 것이다.

오귀스탱 아! 하느님! 저 준비됐는데요. 이 아가씨를 꿰는 일이라면, 제길! 로마에서라도 걸어오겠어.

기사 (오귀스탱의 거대한 음경을 쥐어보며) 자, 외제니, 이렇게 커진 것 좀 봐… 날 대신할 만하지 않겠어!….

외제니 아! 세상에 맙소사, 무슨 결정들을 하신 거예요!… 오! 날 죽일 셈이야, 분명해!….

오귀스탱 (외제니를 잡으며) 오! 아니에요, 아가씨. 그걸로 죽었단 사람 없어요.

돌망세 잠깐만, 이보게, 잠깐만. 네가 하는 동안 그녀가 엉덩이를 내 쪽으로 돌리게 해야 하네… 그래, 그렇게, 다가오세요, 생탕주 부인. 제가 당신 뒤로 들어가겠다고 약속했으니, 그 말을 지켜야죠. 하지만 당신과 하면서 저는 외제니를 채찍질할 수 있게 자세를 잡아주세요. 그동안 기사는 내게 채찍질을 해줘. (모두 자리를 잡는다)

외제니 아! 맙소사! 그가 날 죽이려고 해… 자 제발 천천히 좀 해주세요, 아이고 크다!… 아! 엄청난 걸! 들어온다!… 들어왔어! 맙소사!… 끝에 닿았네!… 나 죽는다!… 오! 돌망세, 절 때리시네!… 양쪽에서 날 달아오르게 하는구나. 엉덩이에 불이 나요.

돌망세 (있는 힘을 다해 채찍질을 한다) 불이 난다… 불이 나, 이 나쁜 것!… 그래서 더 관능적으로 사정하게 될 거야. 당신 참 잘하네, 생탕주… 외제니에게 오귀스탱과 내가 가하는 통증이 당신의 가벼운 손놀림이면 완화되겠어!… 그런데 당신 항문이 꼭 조이는데… 그렇지, 부인, 우리 함께 사정을 해야지… 아! 오누이 사이에서 이리하는 게 정말 대단한 것이로구나!

생탕주 부인 (돌망세에게) 더! 내 해님, 더!… 이런 쾌락이 내 인생에 한번이나 있었을까!

기사 돌망세, 자세를 바꿔봅시다. 누이의 엉덩이에서 외제니의 엉덩이로 신속히 옮겨주세요. 그래야 외제니가 양쪽에서 쾌감을 느끼죠. 저는 누이의 뒤로 들어갑니다. 그동안 외제니의 엉덩이를 피투성이로 만들었던 채찍질을 내 누이가 당신에게 돌려드릴 겁니다.

돌망세 (실행하며) 그러자… 자, 친구, 이보다 더 빨리 바꾸는 사람 봤어?

외제니 뭐라고요! 내 위에 둘이 올라온다고, 맙소사!… 누구 말을 들어야 하는지 모르겠네. 이 녀석 하나로 충분했는데!… 아! 이런 것으로 쾌락이 두 배가 된다!… 벌써 흐르네. 이런 관능적인 사정이 없었으면 나는, 내 생각으론, 벌써 죽고 말았을 거야… 아 뭐예요! 부인, 절 따라하시는 거예요?… 오! 이럴 수가, 나쁜 사람!… 돌망세, 사정하세요… 사정해, 내 사랑… 이 농투성이 때문에 홍수가 났네. 내 안에다가 사정을 하네… 아! 여러분, 뭐! 동시에 두 명과, 하느님!… 친구들, 제 것 좀 받으세요. 여러분 것과 합칩니다… 기절하겠다… (자세가 흐트러진다) 자! 부인, 당신의 학생이 만족스러우세요?… 저도 이젠 창녀죠?… 하지만 부인이 절 그런 상태에… 그런 흥분에 집어넣으신 거잖아요… 오! 그래, 이런 도취에 빠지는 거라면, 필요만 하다면 길 한복판에서 해도 되겠어요!….

돌망세 이 아이 어찌 이리 예쁜가!

외제니 전 당신 싫어요, 절 거절하시구선!….

돌망세 내가 가진 교리를 어길 수가 있나.

외제니 자, 용서해드릴게요. 저 역시 이런 탈선으로 이끌어준 원칙을 지켜야 하니까요. 전 이제 죄악이 아니면 살아가고 싶지 않은데 어떻게 제가 원칙을 못 받아들이겠어요? 우리 다들 앉아서 잠시 이야기나 해보죠. 전 더는 못하겠어요. 돌망세, 강의를 계속해주세요. 절 여기까지 이끌어온 무질서를 위로해줄 만한 말씀 좀 해주세요. 후회는 사위게, 용기는 불타게 말이죠.

생탕주 부인 옳다. 실천 다음에 이론이 따라야지. 그것이 학생을 제대로 키우는 방법이다.

돌망세 자, 외제니, 무슨 이야기를 할까. 무슨 주제로 대화를 해볼까?

외제니 저는 통치하는데 좋은 풍속이 정말 필요한 것인지 궁금해요. 풍속이 국가의 정수精髓에 큰 영향을 주는 것인지 알고 싶어요.

돌망세 아! 아무렴! 오늘 아침 출발하면서 평등의 궁[23] 앞에서 작은 책자 하나를 샀지. 제목으로 미루어보면 분명 네 질문에 대답이 될 거야… 방금 나온 건데.

생탕주 부인 한번 봐요. (웃는다) 「프랑스인이여, 공화주의자가 되기 위해 좀 더 노력을」이라. 참 대단한 제목이로군. 굉장하겠어. 기사, 멋진 목소리를 가진 네가 한번 읽어봐라.

돌망세 내가 틀렸거나 아니면 외제니의 질문에 완벽한 답변이 되겠지.

외제니 그럼요!

생탕주 부인 오귀스탱, 나가 있어. 이건 너 들을 얘기가 아니다. 하지만 너무 멀리 가 있지는 말거라. 네가 들어올 때가 되면 종을 울리겠다.

기사 그럼 시작합니다.

· ·

23. 현재의 팔레루아얄을 말한다. 이곳을 소유했던 오를레앙 공작이 '평등 시민citoyen Egalité'이라는 이름으로 국민의회Convention에 선출된 1792 년 8월 10일 이후 평등의 궁le palais de l'Egalité이라는 이름을 얻었다. (D)

'프랑스인이여, 공화주의자가 되기 위해 좀 더 노력을'

종교

내 위대한 사상을 전하노니, 들을지어다, 깊이 새길지어다. 전부 좋을 수는 없겠지만 몇 가지는 건지지 않겠는가. 지식의 진보에 기여하게 된다면 그것으로 나는 만족하리라. 그 목적에 이르기 위해 매진하는 속도가 이루 말할 수 없이 느려 터졌다는 생각을 하면 고통스럽고, 우리가 다시 한 번 실패를 목전에 둔 듯해 불안하다는 점을 감추지 않겠다. 법이 없어서 그 목적에 이르지 못한다고 생각하는가? 그리 생각해선 안 된다. 종교 없이 법으로 무얼 할 수 있겠는가?[24] 우리는 의례儀禮가 필요하

· ·
24. 루소는 『사회계약론』 제네바 초고에서 "인간은 사회에서 살아가게 되자
마자 종교가 필요하게 된다. 종교 없이 어떤 민족도 살아남지 못했으며

다.[25] 교황이 거주하는 로마의 의례[26]를 답습하는 것과는 거리
가 먼, 공화주의자의 성격에 부합하는 의례를 말한다. 종교가
도덕에 기대야지 도덕이 종교에 기대서는 안 된다고 생각하게
될 한 세기 후에도 종교는 필요하겠지만, 그때 종교는 풍속과
모순되지 않으며, 풍속의 발전된 형태, 그 필연적인 결과의
종교로서, 영혼을 드높여 고귀한 자유의 고고한 자리에 영혼을
영원히 살게 할 종교일 것이다. 저 값진 자유야말로 오늘날

살아남을 수 없다"고 썼다. 루소는 사회와 관련하여 종교의 세 가지
형태를 분류한다. "사회와 관련하여 고려된 종교는 인간의 종교와 시민의
종교 두 가지 형태로 구분된다. 첫 번째 형태는 신전도, 제단도, 의식도
없이 순수하게 지고한 신에 대한 영적인 전례와 도덕이 부여하는 영원한
의무에 국한된다. 이는 순수하고 단순한 복음서의 종교 혹은 진정한
신정론이라고 할 수 있다. 두 번째의 형태는 말하자면 한 나라의 것으로
제한되는데 민족에게 고유한 수호신들을 마련해준다. 이 종교는 제식이
있고 법이 명시한 외적인 전례를 가진다. [⋯] 대단히 이상한 세 번째
형태의 종교가 존재하는데 이것은 두 명의 왕과 두 개의 법, 두 개의
국가를 부여한다. 그래서 이 종교는 사람들을 서로 모순되는 의무에
매어두고 신자이면서 시민이 될 수 있도록 하지 못하게 만든다. 라마교나
일본인의 종교, 로마 기독교가 그런 형태인데, 우리는 이를 사제의 종교라
부른다"(루소, 『전집』 3권, 336쪽). (역주)
25. 『백과사전』은 의례儀禮/culte를 두 가지로 구분한다. 하나는 불변하는
절대적인 의무로서의 내적 의례인데 이것은 인간의 마음속에 내재해
있는 것으로 재난을 당했을 때 신께 도움을 빌게 되는 자연스러운 성향이
다. 또한 외적 의례 역시 시대와 지역에 따라 다르지만 문명사회에 여전히
필요하다고 했다. (역주)
26. 가톨릭 의례를 말한다. 『백과사전』에서 드 조쿠르는 외적 의례는 상징을
만들어 희생제의, 봉헌, 향공양香供養 같은 것을 종교라고 생각하게끔
한다고 썼다. 그는 이렇게 신앙심을 자극하기 위해 만들어진 것들 때문에
결국 신앙심이 약화되어 신앙의 불을 꺼뜨릴 뿐이라고 했다. (역주)

우리가 숭배하는 오직 하나뿐인 우상이다. 그런데 묻노니, 로마 황제 티투스가 부렸던 노예가 섬기는 종교가 한 비열한 유대 역사가의 종교가 이제 막 갱생한[27] 자유로운 전사의 나라에 도대체 적합할 수 있는가? 아니오, 동포여, 아니고말고. 그리 믿지 마시오, 불행히 프랑스 사람들이 여전히 무지몽매한 기독교에 매몰되어 있었다면, 한쪽에는 저 불순한 무리 가운데서 항상 태어나는 악漢인, 사제들의 오만, 폭정, 전횡이, 다른 쪽에는 그저 환상에 불과한 가증스러운 이 종교의 진부한 독단과 신비, 근시안과 천박함이 자랑스러운 공화주의 정신을 무디게 하여 우리 공화국의 힘찬 에너지로 이제야 끊어버린 저 굴레 속으로 이내 되돌리고 말 것이다.

저 유치한 종교가 우리네 폭군들에게 더할 나위 없는 무기였음을 잊지 말도록 하자. 종교의 제일 원리 하나는 '카이사르 것은 카이사르에게로'[28]였다. 그러나 우리는 카이사르를 폐위했으며, 그에게 더는 아무것도 돌려줄 것이 없다. 프랑스 사람들

..

27. 『백과사전』은 고대 아테네와 스파르타, 로마 공화국의 예를 드는데 "고대 인들은 귀족으로 이루어진 정치체제 위에 세워진 정부도, 한 국가의 대표자들이 형성하는 입법기관도 몰랐다. 그리스와 이탈리아의 공화국들은 각각 자신의 정부를 가진 도시국가들이었으며 그들의 성벽城壁 안에 시민을 모았다. 로마인들이 이 모든 공화국을 집어삼키기 전에 이탈리아에도, 골 지방에도, 에스파냐에도, 독일에도, 세상 어디에도 왕은 존재하지 않았다." (역주)

28. 마태복음 22장 21절 "카이사르의 것은 카이사르에게로, 신의 것은 신에게로." (역주)

이여, 선서 사제[29]와 비선서 사제가 가진 생각이 이제는 서로 다를 것이라는 기대는 헛될 것이다.[30] 결코 고쳐지지 않는 결함의 상태가 있기 때문이다. 그들은 선서를 했더라도, 비천한 상황에 처했더라도, 기독교 종교와 그 미신과 편견을 수단으로 삼아 수많은 사람들에게 예전 그들이 차지했던 영향력을 되찾으려 할 것이다. 그들은 여러분을 왕에게 다시 묶어버릴 것이다. 왕의 권력은 항상 사제의 권력을 뒷받침했기 때문이다. 그리되면 여러분의 기반은 사라져 공화국의 체계가 무너지고 말리라.

오! 프랑스 사람들이여, 손에 낫을 들고 저 미신의 나무에 최후의 일격을 가하라. 가지를 쳐내는 것에 그쳐서는 안 된다. 심히 전염성 강한 열매를 맺는 초본草本을 뿌리째 뽑아버려라. 여러분의 자유와 평등의 체계는 예수 그리스도의 제단에서 일하는 사제들과 하나가 되기에는 너무도 엄청난 차이가 있으

. .

29. 프랑스혁명 당시 성직자 기본법에 선서한 사제. (역주)

30. 알퐁스 올라르가 썼듯이, 1793년 6월 2일부터 (산악파의 출현), "산악파는 입헌교회l'Eglise constitutionnelle를 중요시할 수 없었다. 교회의 많은 사제들은 지롱드 당원과 연방주의자들을 두둔했기 때문에 방데Vendée 봉기처럼 위험한 내전의 음모에 가담했던 것이다"(『기독교주의와 프랑스혁명』, 리데, 1925, 90쪽). 라무레트가 그것의 전형을 보여준다. 그는 리용 봉기에 앞장섰다가 쿠통의 명령으로 1793년 10월 4일에 체포되었다. 도시가 수복되고, 그는 혁명력 2년 설월雪月 21일(1794년 1월 11일)에 기요틴형을 선고받고 처형되었다. 그는 블루아의 주교였던 그레구아의 혁명적 왕당파와 대립하는 경우다. 그런데 사드는 그레구아의 입장을 몰랐거나 무시하면서 1793년 후반의 몇 개월 동안 파리에서 이루어진 비기독교화의 열정을 옮기고 있다. (D)

234

므로 그 체계를 성실히 수용하든, 사람들의 의식에 예전의 영향력을 되찾게 되는데도 그 체계를 무너뜨리지 않고 그저 놓아두든 그 둘이 하나의 체계가 되는 일은 결코 없으리라는 사실을 확실히 이해해야 하겠다. 사제들이 예전에 향유했던 세상과 지금 우리가 분쇄해버린 세상을 비교해본다면, 그들이 가진 모든 것을 사용해서 이제 상실해버린 신뢰와 권위를 되찾으려 들지 않겠는가? 그렇게 된다면 노약하고 심약한 이들은 이내 다시금 저 야심에 불타는 삭발승의 노예가 되지 않겠는가! 한 번 존재했던 불행이 또다시 생겨날 수 있다는 걸 왜들 생각 못하는가? 초기 기독교 교회 시절 사제들이나 오늘날의 사제들이나 무엇이 다른가? 사제들이 어디까지 출세했는지 모르는 사람은 없다. 그런데 도대체 그들이 무엇으로 출세를 하게 되었는가? 종교가 마련해준 수단으로 그리되었던 것 아닌가? 그런데 여러분이 종교를 완전히 금지하지 않으면 종교 교리를 설교하는 자들은 언제나 같은 수단을 써 똑같은 목적에 이르게 될 것이다.

그러니 언젠가 여러분이 이룩한 일을 모조리 파괴할 수 있는 모든 것을 영원히 없애버려라. 여러분의 과업의 열매를 여러분의 후손에 남겨주어야 하는 것이 여러분이 완수해야 할 의무요, 올바른 처신이다. 우리가 그토록 빠져나오기 어려웠던 혼돈 속에 여러분의 후손을 다시 빠뜨리게 할 수 있는 그 어떤 위험한 씨앗도 남겨주어서는 안 된다. 우리는 이미 편견을 일소해버렸고, 인민은 불합리하기 짝이 없는 가톨릭을 공식적으로 폐지했다. 교회의식을 폐지했고,[31] 우상을 쓰러뜨렸다.[32] 결혼은 이제 비종교적인 것이 되었고, 고해소는 부서져 휴게소로 쓰인다. 자칭 신자라는 사람들도 사도의 영성체聖體를 버리고 밀가루 떡의 신을 생쥐에게 던져줄 뿐이다.[33] 프랑스 사람들이여, 여기서 멈추지 말라. 전 유럽 사람들이 제 눈을 가렸던 가리개에 벌써 손을 올리고 그것이 여러분의 노력으로 머리에서 벗겨지기만을 기대하고 있다. 그러니 서두르라. 여러분의

<hr />

31. 혁명력 2년 무월霧月(1793년 11월)에 비기독교주의화가 코르베이 지구에서 시작되어 급속하게 프랑스 전역으로 확산되었다. 비록 상월霜月(1793년 12월) 칙령으로 예배의 자유가 공언되기는 했지만, 1794년 봄이 되면 개인소유의 소小성당에서만 극히 예외적으로 기독교 의식이 이루어질 뿐이었다. 교회 대부분이 문을 닫았고 문화재로만 이용되었다. 혁명력 2년 목월牧月(1794년 8월)의 축제, 로베스피에르가 실각한 열월熱月 9일(7월 27일) 후에도 비기독교주의화는 끝나지 않았다. 반대로 1795년부터 점진적으로 기독교 의식이 복구되었다. 혁명력 3년 풍월風月 3일의 법령은 정교의 분리와 종교의 자유를 공언했다. 목월 11일(5월 30일)의 칙령으로 신도들이 교회를 복구하는 것이 허용되었다. 혁명력 4년 포도월葡萄月 7일(9월 29일)에는 기독교 의식에 대한 일반법이 제정되었다. 선서사제와 비선서사제들은 이렇게 허용된 자유를 이용했다. 그레구아는 서약 교회를 새로 만들었고 열월 24일(1795년 8월 11일)에 노트르담의 열쇠가 '가톨릭 소시에테'로 다시 돌아왔다(알퐁스 올라르, 『기독교주의와 프랑스혁명』, 앞의 책, 129-134쪽). (D)

32. 십자가를 비롯한 종교적 상징물들을 파괴했다는 뜻. (D)

33. 볼테르는 『장 멜리에 사상 요약Extraits des sentiments de Jean Meslier』에서 "그러니 생쥐들이 두려워 우리가 상자 안에 가둬놓은 신들은 누구란 말인가"라고 쓴다(『선집Mélanges』, 플레이아드, 500쪽). 장 멜리에 원본으로는 데스네Desné, 드프렁Deprun, 소불Soboul이 편집한 전집(Anthropos, 1970) 1권의 449쪽을 보라. (D)

에너지를 억누르고자 사방으로 날뛰는 '성지聖地 로마'가 혹시라도 개종자 몇 명을 남길 틈을 주지 말라. 저 오들오들 떨고 있는 건방진 머리통을 잴 것 없이 후려쳐라. 두 달 안에 자유의 나무가 폐허가 된 성 베드로 강단에 그림자를 드리우고, 카토와 브루투스의 유골이 안치되었던 자리에 뻔뻔스럽게 세워놓았던 기독교의 저 하찮은 우상이란 우상을 무성한 승리의 가지로 덮어버려야 한다.[34]

프랑스 사람들이여, 반복컨대, 유럽은 프랑스가 '왕홀'과 교회의 '향로'[35]에서 동시에 해방되기를 기대한다. 종교의 미신이 가져온 모든 구속을 모조리 깨뜨려버리지 않고는 폭정에서 해방될 수 없음을 명심하라. 이 둘의 관계가 너무도 밀접하여, 하나를 내버려두면, 소홀히 여겨 와해시키지 않았던 다른 것의 영향력에 곧 휩싸여버릴 것이다. 공화주의자는 상상의 존재에

• •

34. 여기서 사드는 『앙리아드』의 볼테르의 어조를 취한다. "공포로 뒤덮였던 이 신전 옆에서／벨론과 마르스의 화려한 잔해에／신관 하나 케사르의 왕좌에 앉았네／돈 많은 사제들이 말없이 발로 짓밟네／카토의 무덤과 에밀의 유골을／왕관은 제단 위에 그리고 절대 권력은／관과 향로를 똑같은 사람의 손에 쥐어주네"(네 번째 노래 179-185행, 몰랑판 전집 8권, 113쪽). 사드는 이 구절을 그의 『이탈리아 여행Voyage d'Italie』에서 인용했다 (Fayard, 1995, 125쪽). (D)

35. 로베스피에르는 "왕홀과 향로는 하늘의 명예를 앗고 대지를 찬탈할 음모를 꾸몄다"고 말했다(「공화주의 원칙과 종교적이고 도덕적인 사상과의 관계, 그리고 국가 경축행사에 대하여」, 혁명력 2월 화월花月 18일(1794년 5월 7일), 『막시밀리앙 로베스피에르 전집』 10권, PUF, 1967, 442쪽). (D)

도, 비천한 사기꾼에도 결코 무릎을 꿇어서는 안 된다. 공화주의 자가 모시는 두 신은 이제 '용기'와 '자유'가 되어야 한다. 기독교가 설파되자마자 로마제국은 사라져버렸다. 기독교 숭배가 재개되면 프랑스가 무너진다.[36]

저 혐오스러운 종교의 터무니없는 교리를, 무시무시한 신비를, 흉악한 의례를, 실행불가의 도덕을 주의 깊게 검토해보자. 그리고 공화국에 기독교 종교가 적합한지 생각해 보라. 예수를 따르는 멍청한 사제의 발밑에 방금 납작 엎드려 있었던 사람의 의견에 내가 설득되고 말리라 생각하는가? 그렇지 않다. 절대 그렇지 않다. 한번도 비열하지 않은 적이 없던 그자는 제 비열한 목적을 이루려 구체제의 잔학한 행위에 집착할 것이다. 우리가 예전에 정신이 나가서 받아들였던 종교처럼 그자가 진부하기 짝이 없는 어떤 우둔한 종교에 복종할 수 있을 때부터 그는 내게 더는 법을 말할 수 없고 지식을 전할 수도 없다. 내게 그자는 편견과 미신의 노예에 불과한 것이다.

우리네 신부들이 행하는 정신 나간 의례에 집착하는 한

• •

36. 이것은 볼테르의 주장이다. "기독교는 하늘을 열었으나 제국을 잃었다" (『풍속론Essai sur les moeurs』 11장, 가르니에판, 1963, 304쪽). 또한 『철학적 대화와 일화들Dialogues et Anecdotes philosophiques』의 「아우렐리우스와 프란체스코회 수도사의 대화Dialogue entre Marc- Aurèle et un Récollet」를 보라. 이는 에드워드 기번Edward Gibbon이 『로마제국쇠망사Histoire de la décadence et de la chute de l'Empire romain』에서 개진한 주장으로 르클레르 드 세트셴Leclerc de Septchênes의 최초의 완역판이 1788년에서 1795년 사이에 나왔다. (D)

238

줌도 안 되는 자들에게 눈을 돌려보면 이런 진실을 확신할
수 있다. 그자들은 현재 우리의 체제와 결코 화해할 수 없는
적敵이며, 당연히 경멸받아 마땅한 '왕정주의자'와 '귀족'계급
과 한 무리임이 분명하다. 왕관을 쓴 강도의 노예는 석고로
만든 우상의 발밑에 무릎을 꿇으라. 그런 존재는 마음이 진흙으
로 되어 있으렸다. 왕을 섬기는 사람은 신도 숭배하리라! 하지만
우리, 프랑스 사람들이여, 우리, 동포들이여, 우리가 또다시
저 하찮은 구속에 짓눌려 비굴하게 굽실거려야 하는가? 다시금
노예가 되느니 차라리 수백 번 고쳐 죽는 것이 낫지 않은가!
우리에게 의례가 필요하다면 고대 로마 사람들의 의례를 따라
배우자. 행동, 정념, 영웅, 이것이 로마 사람들이 존경했던 것이
다.[37] 그런 우상이 마음을 드높이고 감격시켰다.[38] 그리고 그
이상을 했으니, 존경받는 사람의 미덕을 영혼으로 옮기는 것이

• •

37. 사드가 여기서 논하는 주제는 『피크 지부에서 프랑스 인민의 대표자들에
게 보내는 청원서』(1793년 11월 15일)에서 다루어졌다. "허구를 숭배했던
자리에서 이제 미덕을 사랑하도록 하자. 교회마다 예전에 아무짝에도
쓸모없이 환영들에게 기원을 드렸던 제단에 이제 도덕의 상징을 올려놓도
록 하자"(CLP, 11권, 130쪽[이 책 437쪽을 보라]). (D)

38. 감격시키다électriser. 은유적이고 도덕적인 의미로 열광시킨다는 의미.
흥분하는 인상을 만들어낸다는 이 말은 혁명기에 대단히 빈번하게 사용된
말이었다(사드, 『선집』 1권, 166쪽, 주 1번과 『쥘리에트 이야기』, 『선집』
3권, 184쪽 주 2번을 보라). 1771년에 나온 트레부사전에는 '전기적인
성질을 교환하다', '전성電性을 띠게 하다'와 같은 물리학적인 의미밖에는
수록되지 않았다. 1792년 9월에 로베스피에르는 "파리를 감격시켰던 구원
의 충격"이라는 표현을 썼다. 이는 왕권의 몰락을 말한다. (D)

었다. 미네르바의 숭배자들은 신중함의 미덕을 배우고자 했다. 군신 마르스의 제단에 무릎을 꿇었던 자들은 마음에 용기를 품었다. 위인들이 숭배한 신치고 에너지로 충만하지 않은 신이 없었다. 그들은 자신을 찬양한 사람의 마음속에 자신의 마음을 태웠던 불을 옮겨주었던 것이다. 언젠가 제 자신이 숭배받을 수 있다는 희망이 있었기에, 적어도 모범으로 삼았던 사람만큼 위대해지기를 바란 것이다. 이와 반대로 기독교의 헛된 신들에게 우리가 구할 것이 무엇인가? 묻노니, 저 우둔한 종교*[39]에서 무엇을 얻었는가? 나사렛의 조잡한 사기꾼이 어떤 위대한 사상을 낳았던가? 더럽고 혐오스러운 그자의 어미, 추잡한 마리아가 미덕을 불어넣어주던가? 예수의 낙원을 장식하고 있는 성인들에게 어떤 위대함이나, 영웅주의, 미덕의 모범을 찾을 수 있는가? 저 우둔한 종교는 위대한 사상이라고는 하나도 주지 못하며, 그래서 그 어떤 예술가라도 기념비를 세워 놓고도 사상을 표현하는 특징들을 무엇 하나 써볼 수 없음이 사실이다. 로마에서조차 교황청을 화려하게 수놓아 장식하는 대부분은 그 모범을 이교도에서 찾는다. 세상이 존속하는 한 위인들의 예지를 자극하는 건 오직 이교도뿐이다.[40]

· ·

39. (저자의 주) 누구라도 기독교를 주의 깊게 검토해본다면 이 종교는 불경으로 가득하여 일부는 유대인들의 무지와 야만을 기원으로 하고, 일부는 이교도들의 무관심과 오해를 기원으로 한다는 점을 알게 될 것이다. 기독교인들은 고대 민족들이 가졌던 좋은 점을 받아들이지 않고, 도처에서 마주쳤던 결함들을 뒤섞어 그들의 종교를 형성한 것 같다.

순수한 유신론에서 위대함과 고양高揚의 더 많은 동기를 찾을 수 있을까? 그런 환상을 받아들일 때 우리 마음이 공화주의 미덕에 필요한 에너지를 얻어, 미덕을 소중하게 생각하고 실천하게 될까? 상상도 할 수 없는 일이다. 우리는 그 유령을 벗어났고, 이제 이성적으로 추론할 수 있는 모든 사람들의 유일한 체계는 무신론이다. 사람이 개화될수록, 운동은 물질에 내재하므로 운동의 전달[41]에 필수 동인動因은 허구의 존재가 되었고, 존재했던 모든 것은 본성상 끊임없이 운동해야 했으므로 최초로 운동을 시작하게 했던 존재란 불필요하다는 점을 알게 되었다.[42] 또 이 상상의 신은 최초의 입법가들의 순전한 창작물로,

..

40. 이와 같은 그리스 로마의 이교도에 대한 찬양은 직접적으로 엘베시우스 Helvétius에서 읽을 수 있다. "이 감각의 종교는 인간을 위해 만들어졌다. 강렬한 인상을 만들어내기에 적합하기 때문에 입법가들이 종종 이를 자극하곤 했다"(『인간론De l'homme』 15장, 파야르, 1982, 1권, 112-116쪽). (D)

41. 운동의 전달imprimer/impression. "어떤 물체의 운동이 원인이 되어 다른 물체에 일으킨 결과"(아카데미사전 1762년판).

42. 이 문제에 대해서는 77-78쪽을 참조 달랑베르는 『백과사전』의 「운동」 항목에서 '운동'을 '하나의 장소에서 다른 장소로 물체나 물체의 일부분이 옮겨지는 것'으로 정의한다. 이러한 정의는 에피쿠로스주의와 데카르트 주의에서 서로 일치한다. "운동을 물체에 전달하는imprimer 힘을 일러 동력이라고 한다. 이 힘은 최초의 원인으로서 절대자를 필요로 한다. 절대자는 운동을 그의 창조물에게 전달했다. 우리가 물체들에서 발견하는 모든 실제적인 운동이 즉각적으로 창조주가 만든 것이라고 주장하는 몇몇 철학자의 생각은 비철학적이다. […] 그리하여 최초의 동력의 일반적인 전달과정을 제시한 뒤, 움직여질 수 있는 존재들이 실제로 어떻게 운동을 하는지 설명하려면 우리가 발견할 수 있는 여러 가지 다양한

우리를 예속하는 데 썼던 한 가지 수단에 불과했으며, 그들은 저 유령을 말하게 할 수 있는 권리를 독점하여 저들의 우스꽝스러운 법을 뒷받침할 수 있을 것만을 그 유령의 입을 빌려 말하게끔 할 줄 알았다. 그 법을 통해 우리를 노예로 만들려 했음은 물론이다. 스파르타의 리쿠르고스, 로마의 누마, 모세, 예수 그리스도, 마호메트와 같은 저 사기꾼들, 우리의 사상을 통제했던 저 엄청난 폭군들은 신을 지어내 저들의 다함없는 야심과 결합시킬 줄 알았다. 어떤 이들은 신을 비준하면서 인민을 사로잡아 우리가 알고 있듯이 딱 알맞은 순간에만 신의 의중을 묻거나, 이용할 수 있겠다 싶은 것만을 신이 말하게끔 항상 신경을 썼다.

그러므로 사기꾼들이 가르쳤던 저 헛된 신과 어이없게도 신을 받아들임으로 하여 만들어진 종교의 미묘한 문제들을 똑같이 경멸하도록 하자. 저 딸랑이 장난감은 자유로운 인간에게 더는 즐거움을 줄 수 없다. 종교의례를 완전히 근절함으로써 우리가 전 유럽에 확산하는 원칙을 따라야 한다. 왕홀을 두 동강 내는 것으로 만족하지 말자. 우상을 영원히 분쇄하도록 하자. 종교적 미신과 왕정주의 사이에는 단지 한 걸음뿐이다.*[43/44] 분명히 그리될 것이다. 왕의 대관식의 제일조一條는

• •

　　원인에 주의를 기울여야 할 것이다'(『백과사전』, 「운동」). (역주)
43.　(저자의 주) 모든 인민의 역사를 따라가 보자. 미신에 사로잡힌 몽매함으로 그들이 전제적인 정부를 교체한 경우가 한번도 없음을 알아야 한다.

항상 지배적인 종교를 지지할 것임을 맹세하는 것이었기 때문이다. 종교야말로 왕좌를 가장 잘 지탱해준 한 가지 정치적 기반이었다. 그런데 왕권이 몰락했으니, 다행히도 영원히 몰락했으니, 지지기반이 되었던 것을 두려워 말고 뿌리 뽑아버리도록 하자.

그렇소, 시민들이여, 여러분도 잘 알고 있듯 종교와 자유의 체계는 서로 어울리지 않는다. 자유인은 결코 기독교의 신 앞에 머리를 숙이지 않을 것이다. 기독교 교리도, 기독교 의례도, 기독교 신비도, 도덕도 공화주의자와는 어울리지 않는다. 조금만 더 노력하자. 여러분이 편견이란 편견을 모두 근절하고자 노력하고 있으니 그 어떤 것도 남겨두어서는 안 된다. 하나만 남았대도 전부 원래 자리로 돌려놓게 된다. 여러분이 살려둔 편견 하나가 다른 모든 편견의 요람이 된다면 저 모든 편견이 결국 확실히 다시 돌아오리라고 확신해야 하지 않겠는가? 종교가 인간에게 유용할 수 있다고 더는 믿지 말도록 하자. 종교

• •

언제나 왕은 종교를 뒷받침하고 종교는 왕을 신성화한다는 걸 알게 될 것이다. "후추를 다오, 버터를 주마"라는 요리사와 집사 이야기를 모르는가? 불행한 인간들이여, 결국 이 두 사기꾼의 주인을 닮는 것이 당신의 운명인가?

44. 여기서 인용된 표현은 두 의사들이 나누는 잘 알려진 이야기와 유사하다. "대황大黃을 주게, 센나séné를 주지"(서로 조금씩 양보하자는 뜻. (역주)). 몰리에르의 희극에서 의사 데포낭드르는 "환자를 치료하게 구토제를 주게, 그러면 다음에 올 환자에겐 그가 원하는 걸 다 주겠어"(L'Amour médecin, 3막 1장)라고 말한다. (D)

대신 올바른 법을 갖자. 종교 없이도 잘 살아갈 수 있다. 그러나 인민은 한 가지 종교가 필요하다고들 한다. 사람들을 즐겁게 하고 자제도 시킨다고들 한다.[45] 좋은 일 아니겠는가! 그러니 이런 경우 자유인에게 적합한 종교를 달라. 이교도의 신을 돌려 달라. 기꺼이 제우스, 헤라클레스, 아테네 신을 숭배하리라.[46] 그러나 우리는 스스로 운동하는 우주를 창조한 가공의 신을 더는 원치 않는다. 연장延長을 갖지 않지만 자신의 무한성으로 세상을 채우고, 전능하지만 원하는 것을 결코 실행하지 못하고, 더할 나위 없이 선하지만 불만만을 토로하고, 질서의 친구이지만 모든 것이 무질서한 세상을 통치하는 그런 신을

• •

45. 명백히 볼테르의 유신론을 겨냥한 암시이다. 르네 포모René Pomeau에 따르면 볼테르는 신의 존재를 확언할 때 분명히 진지했다. 그러나 사후세계의 보상에 관련해서는 그렇지 않았다. 『볼테르의 종교La Religion de Voltaire』, 니제, 1974를 보라. 이 책은 종교의 사회적 유용성을 검토(398-406쪽)했다. 볼테르는 『「세 명의 사기꾼에 대한 논고」의 저자에게 바치는 시Epître à l'auteur des ≪Traité des trois imposteurs≫』 (1769)에서 신의 존재는 "사회의 신성한 관계/성스러운 공평무사의 제일의 근원,/흉악자의 구속, 정의의 희망/만일 하늘이 관대한 지문을 잃고/더 이상 자신을 드러내 보이지 않았다면,/만일 신이 존재하지 않았다면,/신을 창조해야 했을 것이다"라고 썼다(몰랑판 전집, 10권, 403쪽). (D)

46. 이 점은 루소의 생각과 반대된다. 『에밀』에서 루소는 "고대의 이교는 이 세상에서라면 범죄자로 처벌받았을 가증스러운 신들을 만들어냈다"고 썼다. "그 신들은 최고의 행복으로 끔찍한 죄를 저지르거나 정념을 만족시키는 것밖에 보여주지 않았다. 그러나 악덕이 신성한 권위로 무장하고 하늘나라에서 내려온다 해도 소용이 없었다. 왜냐하면 도덕적 본능이 그것을 인간의 마음에서 밀어냈기 때문이다. 사람들은 주피터의 방탕함을 찬양하면서도 크세노크라테스의 금욕을 찬미했다. 그리고 정숙한 루크레티아는 음란한 비너스를 숭배했다"(『에밀 2』, 앞의 책, 165쪽). (역주)

원치 않는다.[47] 절대로! 우리는 자연의 질서를 어지럽히고,[48] 혼돈을 낳고, 인간이 공포에 빠지는 때를 노려 자극을 일삼는 신을 원치 않는다. 그런 신을 보면 우리는 분노로 몸을 떨게 된다. 폭군 로베스피에르[49]가 그 신을 망각에서 끄집어내려고 했지만,*[50] 이제 우리는 그 존재를 영원한 망각의 세상으로 추방한다.

프랑스 사람들이여, 이 보잘것없는 신을 로마를 세상의 주인 으로 만들었던 당당한 우상[51]으로 대체하자. 기독교의 모든

● ●

47. 돌바크의 『양식론』 27장. "종교는 '연장延長을 갖지 않으며' 무한하고, '그의 무한성으로 전체를 채우는' 신 존재 앞에서 인간을 무릎 꿇게 한다. 인간은 '전지전능하지만, 그가 바라는 것을 실행하지 않는' 이 존재 앞에서, '선하지만 악인만을 만들어낼 뿐인 이 존재' 앞에서, '질서의 친구이지만 모든 것이 혼란되어 있는 세상을 통치하는 이 존재' 앞에서 무릎을 꿇는다." (D)

48. 여호수아가 태양을 멈춰버리게 한 기적을 이른다(여호수아 10장 12-14절). (D)

49. 사드는 여기서 '폭군Infâme'의 표현을 혁명력 2년 목월 20일(1794년 6월 8일)의 축제를 주관하는 신관神官을 가리키기 위해 사용했다. 사드는 혁명력 2년 상월 18일(1793년 12월 8일)에 체포되었다가 혁명력 3년 풍월 24일(1794년 10월 15일)에 석방되있다. (D)

50. (저자의 주) 모든 종교는 신의 내밀한 힘과 예지를 고양하게 해준다. 그러나 종교가 우리에게 신의 태도를 제시할 때부터, 그 안에 경솔함, 무기력함, 광기 밖에는 찾을 수 없다. 흔히들 신은 제 자신을 위해 세상을 창조했다고 한다. 지금까지 신은 명예를 부여받지 못했다. 신이 숭배받기 위해 우리를 창조했는데 우리는 신을 조롱하며 살아간다. 얼마나 가여운 신인가!

51. 『백과사전』에서 드 조쿠르는 우상simulacre을 종교에서 심상, 재현물을 의미한다고 정의한다. 사람들은 태양이나 달이나 별들에 영적인 신이

우상을 우리가 왕을 다뤘던 식으로 다루자. 우리는 예전에 폭군의 조각상을 떠받쳤던 좌대 위에 자유의 상징을 올려놓았다.[52] 기독교가 숭배했던 저 악한들의 좌대에 다시금 위인들의 형상을 세워보자.*[53] 프랑스의 농촌에서 무신론이 어떤 결과를 낳을지 두려워말자. 자유의 진정한 원칙과 그토록 모순되는 가톨릭 전례가 폐지되어야 할 필요성을 농민들이 느끼지 못했단 말인가? 농민들은 신전과 사제관이 무너지는 것에 전혀 고통을 느끼지 않고, 전혀 두려움에 떨지 않았음을 목도하지 않았던가? 아! 농민들 역시 우스꽝스러운 신을 거부하리라 믿으라. 마르스, 미네르바, 자유의 신의 조각상이 거주지에서 가장 눈에 잘 보이는 곳에 세워지리라. 매년 연례축제를 열어 칭송하리라. 조국에 가장 큰 공을 세운 시민에게 시민의 영예로운 관冠이 그곳에서 수여되리라. 인적이 뜸한 숲의 입구에는 전원田園의 신전을 세우고, 비너스, 결혼의 신, 사랑의 신의

· ·

존재하여 천체의 운행을 관할한다고 믿었다. 그리하여 이 영靈을 숭배하고 제사를 드렸는데 사실 천체는 대부분 지평선 아래에 존재하므로 천체가 보이지 않을 때는 영을 불러낼 수가 없었다. 사람들은 이러한 불편을 해소하기 위해서 조각상을 만들었는데 이것이 시뮬라크르의 기원이다. 사람들은 이 조각상에 천체의 이름을 붙였다. 그래서 사투르누스, 주피터, 마르스, 아폴로, 메르쿠리우스 비너스, 디아나 등의 신이 생겼고, 이들이 고대 다신교의 체계를 이룬다. (역주)

52. 이것은 구체적인 사실을 암시한다. 왕의 조상彫像들은 1792년 8월 10일 이후에 광장에서 쓰러졌다. 이튿날인 8월 11일 의회는 알비트Albitte의 제안에 따라 같은 자리에 자유의 조각상을 세우기로 결정했다. (D)

53. (저자의 주) 오랫동안 이름이 알려진 사람들만을 대상으로 한다.

조각상을 놓아 연인들의 경의를 받게 하리라.[54] 그곳에서 미의 세 여신의 손길로 영원히 지지 않는 아름다움이 칭송되리라. 이런 영예에 합당하기 위해서는 그저 사랑하는 것만으로는 안 되고, 사랑받을 만한 사람이 되도록 해야 하리라. 애인은 발밑에 무릎을 꿇은 연인에게 영웅적 행동, 재능, 인류애, 위대한 영혼, 고난을 이겨낸 시민정신과 같은 칭호를 받아오라 할 것이다. 예전엔 어리석은 오만함 때문에 태생이 어떻고 재산이 어떻고 하는 칭호가 필요했지만 이제는 앞서 말한 칭호가 더 큰 가치를 갖게 되리라. 이런 의례로부터 적어도 몇 가지 미덕이 꽃피게 된다. 반면 마음 약하게 고백했던 의례에서는 죄악밖에 나오지 않는다. 우리의 의례가 우리가 봉사하는 자유와 결합되어, 자유를 작동시키고, 유지하고, 불타오르게 하리라. 반면 유신론은 본질적으로, 본성적으로 우리가 봉사하는 자유의 가장 끔찍한 적이다. 동로마제국 치하에서 이교도의 우상들이 파괴되었을 때 피 한 방울이라도 흘렸던가?[55] 두 번이나 노예 상태에 빠져버렸을 정도로 우둔한 인민이 준비한

. .

54. "그리고 베누스가 숲속에서 사랑하는 자들의 몸을 결합시켰다./왜냐하면 각각의 여자를, 혹은 공동의 욕구가,/혹은 남자의 격렬한 힘과 급박한 욕망이/혹은 선물들, 도토리와 나무딸기 또는 가려 뽑은 배 따위가 데려왔기 때문이다"(루크레티우스, 『사물의 본성에 관하여』 5권, 강대진 역, 아카넷, 2012, 412쪽). (역주)

55. 서기 395년에 황제 테오도시우스 1세가 이교도 전례를 금지했다. 마을에서 추방된 이교도의 전례가 얼마 동안 시골에서는 살아남았다. 파가니슴이라는 말의 라틴어 어원 '파가누스'는 '농민'이라는 뜻이다. (D)

혁명도 아무런 방해 없이 완수되었는데 철학의 과업이 전제주의의 과업보다 더 힘들지 모른다고 두려워할 수 있단 말인가? 여러분은 그토록 인민의 개화를 걱정하는데, 인민을 허구에 불과한 신의 발밑으로 끌고 가는 자, 사제들이다. 그러니 인민을 사제로부터 멀리 떼어놓아 보라. 자연히 베일은 벗겨지리라. 인민은 여러분이 생각하는 것 이상으로 현명하며, 일단 폭정의 굴레에서 벗어나면 이내 미신의 구속에서도 벗어나게 될 것임을 믿어라. 그래도 여러분은 인민에 그런 구속이 없으면 어쩌나 두렵다. 지나친 걱정이 아닌가! 아! 시민들이여, 이를 믿으라. 법의 물리적 칼날을 들이댄대도 멈추지 않는 것은 어렸을 때부터 경멸해 마지않은 지옥의 형벌이라는 도덕적 두려움으로도 멈추지 않을 것이다. 한마디로 말해서 여러분의 유신론은 숱한 중죄를 저질렀던 반면 그 한 가지도 멈추게 하지 못했다. 정념에 사로잡히면 눈이 멀고, 정념이 우리 눈앞에 구름을 일으켜 산재한 위험을 못 보도록 감춘다는 것이 사실이라면, 신이 예고한 징벌처럼 우리와 그토록 멀리 떨어져 있는 위험이, 항상 정념을 겨누고 있는 법의 칼날조차 쫓아낼 수 없던 그 구름을 어떻게 몰아내 줄 수 있다고 생각하는가? 그러므로 신의 관념을 이용해서 구속을 부과해봤자 소용없고, 그 구속은 다른 결과를 낳게 되므로 위험하다는 점이 증명된다면, 묻노니, 그 구속이 도대체 무엇에 소용이 되는 거며, 그것을 계속 연장하기 위해서는 어떤 이유를 따라야 하는가? 우리가 눈부시게

248

성취한 혁명을 공고하게 할 만큼 아직 충분히 성숙하지 못했다고 말할 텐가? 아! 시민들이여, 1789년부터 우리가 개척했던 길과 우리가 앞으로 개척해야 할 길은 어려움부터가 전혀 달랐다. 여러분에게 제안하는 여론 선동에 대해서는 바스티유 함락의 시기부터 사방에서 뒤흔들었던 것보다는 할 일이 훨씬 적다. 프랑스 인민이 파렴치한 국왕을 위인들의 용마루에서 교수대 발치로 끌어내릴 만큼 현명하고 용맹했음을 믿자. 그리하여 저 짧은 시간 안에 편견을 무너뜨릴 줄 알았고, 수많은 우스꽝스러운 구속을 분쇄할 줄 알았던 프랑스 인민은 세상만사 잘 돌아가도록, 공화국이 번영을 구가하도록 왕이라는 환영보다 훨씬 더 허구적인 유령이라도 희생할 수 있을 만큼 현명하고 용맹할 것임을 믿자.

　프랑스 사람들이여, 공격을 개시하라. 나머지는 국민교육이 담당하리라.[56] 그런데 이 일에 신속히 달려들어 일해야 한다.

· ·

56. "군주제 국가의 교육은 마음을 고양하는 데 집중되고, 전제주의 국가의 교육은 마음을 비열하게 만드는 데 집중된다. […] 극단적인 복종은 복종하는 자의 무지를 전제로 하는데 명령하는 자에게도 똑같이 무지를 전제로 한다. 숙고하고, 의심하고 추론해서는 안 되고, 오로지 의지만 해야 한다. 전제주의 국가의 가정은 각자 독립된 왕국이다. 원칙적으로 타인과 함께 살아가도록 가르치는 교육은 극히 제한되어 있고, 마음을 두렵게 하고, 아주 단순한 종교 원리를 정신에 집어넣는 것으로 그친다. 이때 지식은 위태로워지고 경쟁은 끔찍한 것이 된다"(몽테스키외, 『법의 정신』 4권 3장, 앞의 책, 135-136쪽). 반면 "공화주의 정부에는 교육의 힘이 필요하다. 전제주의 정부에서는 위협받고 처벌받기 때문에 두려움이 생긴다. 정념은 군주의 영예를 촉진하고, 그다음에는 군주의 영예가 정념을 촉진한다.

가장 중요하게 신경 써야 할 일이 교육이어야 한다. 이 중요한 도덕이야말로 교육의 기초가 되어야 한다. 종교기관이 담당한 교육에서 이 점이 지나치게 무시되었다. 여러분이 아이들에게 반복시켜 그 아이들의 어린 신체를 지치게 만들었던 신학의 바보짓거리를 훌륭한 사회의 원칙으로 대체해야 한다. 열여섯 나이만 되면 다 잊어버린 것을 자랑으로 삼는 덧없는 기도문을 암송하고 또 암송하도록 가르치는 대신, 사회에서 그들이 담당할 의무를 배워야 한다. 예전에 아이들에게 말해주지 않았다시피 했던 미덕을, 여러분의 허약한 종교 없이도 그것이면 그 아이들 개인의 행복에 충분한 그 미덕을 소중히 하도록 가르쳐라. 이 행복이 우리에게 값진 것이기를 바라는 만큼, 타인에게도 값진 것이 되도록 해야 함을 느끼도록 하라.[57] 여러분이 예전에 어리석게도 그리했던 것처럼, 이 진리들을 기독교의 환상의 자리에 앉힌다면 여러분의 학생들은 그 기초가 얼마나 덧없는

* *

그러나 정치적인 덕은 자기 자신의 거부이다. 그것이 언제나 대단히 고통스러운 일이기 때문이다. 정치적인 덕은 법과 조국의 사랑으로 정의된다. 이 사랑은 자기 자신의 이익보다 항상 공공의 이익이 우선되어야 한다고 보기 때문에 개별적인 덕을 낳는다. 그 덕만이 선호될 뿐이다. […] 그러므로 공화국에서는 이러한 사랑을 세우는 일이 가장 중요하다. 바로 이러한 사랑을 세심하게 불어넣어주는 것이 교육이다. […]"(위의 책, 4권 5장, 137-138쪽). (역주)

57. 약간의 차이를 제외한다면 이것은 로렌 공, 선왕先王 스타니슬라스의 명구銘句이다. "진실한 행복은 사람들을 행복하게 해주는 것이다." 이 책에서 이미 두 번이나 이 황금률을 경멸했던 사드는 이번에도 지나가는 길에 슬쩍 이 문제를 취해보았다. (D)

것인지 이해하자마자 그것을 쓰러뜨려버릴 것이며, 그들이 쓰러뜨렸던 종교가 그들더러 흉악한 자가 되지 말라고 해왔다고 생각할 것이기 때문에 흉악자가 되고 말 것이다. 반대로 그 학생들에게 행복은 미덕에 달린 것이므로 미덕의 실천이 필요하다는 것을 깨닫게 해주면 그들은 이기심 덕분에 정직한 사람이 될 것이다.[58] 그리고 모든 사람을 관장하는 법이 가장 확실한 법임을 알게 될 것이다. 그러므로 국민교육에 어떤 종교적 이야기도 끌어들이지 않도록 세심한 주의를 기울여야 한다. 우리가 양성하고자 하는 사람은 신의 비열한 숭배자가 아니라 자유인임을 단 한순간도 잊어서는 안 된다. 소박한[59]

58. 18세기 프랑스 철학에서 유행이 되었던 주제다. 예를 들어 돌바크는 "타인을 사랑한다는 것은 우리의 행복의 수단을 사랑한다는 것"이라고 밀했다(『사회의 체계Système sociale』 1부 6장, 런던, 1773, 1권, 60쪽). 이 문제에 관해서는 자크 도메네크Jacques Domenech의 『계몽의 윤리. 18세기 프랑스 철학의 도덕의 기초L'Ethique des Lumières. Les fondements de la morale dans la philosophie française du XVIIIᵉ siècle』, 브랭, 1989, 35-36쪽을 참고. (D)

59. 소박한simple 철학자는 신에 대한 복잡한 생각을 강요하는 것이 아니라 인간의 본성에 따르는 단순한 원리를 가르친다는 의미이다. 루소는 『에밀』에서 "독자들이여, 여러분에게 말하고 있는 사람이 학자나 철학자가 아니라 당파도 체계도 없는 진리의 벗, 소박한simple 인간이라는 점을 항상 기억하라. 사람들과 별로 어울려 살지 않아 그들의 편견에 물들 기회는 적고, 사람들과 교제하면서 받은 강한 인상에 대해 숙고할 시간은 많은 고독한 사람이라는 점을 말이다(루소, 『에밀 1』, 이용철, 문경자 역, 앞의 책, 193쪽). 돌바크는 『양식론』의 서문에서 다음과 같이 쓴다. "진리는 단순하고 오류는 복잡하고 불확실한 태도에 돌려서 하는 말로 가득하다. 자연의 목소리는 이해하기 쉽지만 거짓의 목소리는 모호하고 수수께끼 같으며 신비스러워 보인다." (역주)

철학자는 우리의 새로운 학생들에게 자연에 깃든 이해력으로
포착할 수 없는 숭고함을 가르쳐야 한다. 신을 인식한다는
것은 인간에게 항상 너무 위험한 것으로 학생들을 전혀 행복하
게 하지 못하고, 그들이 앞으로도 더욱 이해할 수 없을 어떤
것을 이해할 수 없는 것의 원인으로 가정하게 되면 보다 행복해
질 수 없으리라는 점을, 자연을 이해하는 것보다 자연을 향유하
고 자연의 법칙에 순종하는 일이 더 중요한 일임을, 자연의
법칙만큼 단순하고 현명한 것이 없음을, 자연의 법칙은 모든
인간의 마음속에 새겨져 있음을, 자연의 법칙과 충동을 구분하
려면 마음에만 묻는 것[60]으로 족하다는 점을 증명해야 한다.
여러분의 학생이 작정을 하고 창조주에 대해 말해달라고 한다
면 사물은 지금이나 예전이나 항상 존재하는바 그대로였으며,
시작도 끝도 결코 가질 수 없기에, 아무것도 설명해줄 수 없고

· ·

60. 이 부분을 루소의 생각과 비교해보자. "모든 결의론자들 중 가장 훌륭한
결의론자는 양심이며, 사람들은 양심과 흥정할 때만 미묘한 추론을 동원하
는 것이다. 무엇보다도 먼저 배려해야 할 것은 자기 자신이다. 그러나
내면의 목소리는 타인에게 해를 끼쳐가면서 자신에게 득이 되는 일을
할 때 우리가 잘못하고 있는 것이라고 얼마나 여러 번 우리에게 속삭이는
가! 우리는 자연의 충동을 따르고 있다고 믿지만 실은 그것에 거역하고
있는 것이다. 자연이 우리의 감각에 말하는 것은 귀 기울여 들으면서
그것이 우리의 마음에 속삭이는 것은 무시하고 있는 것이다. 그리하여
능동적인 존재가 복종하고 수동적인 존재가 명령을 내린다. 양심은 영혼의
목소리이고, 정념은 육체의 목소리이다. […] 양심은 결코 속이지 않기
때문에 인간의 참된 안내자다. 영혼에 대해 양심은 육체에 대한 본능과
같은 것이다"(『에밀 2』, 위의 책, 160쪽). (역주)

252

아무 도움도 되지 못할 상상의 기원으로 거슬러 올라가기란 불가능할 뿐더러 불필요한 일이라고 대답하라. 인간으로서 우리 감각으로는 전혀 알 수 없는 존재에 대해 정확한 관념을 갖기란 불가능한 일이라고 말하라.[61]

우리가 가진 모든 관념은 우리의 감각을 자극한 대상을 재현한 것이다. 신의 관념이란 대상 없는 관념임에 분명한데, 그 관념을 도대체 어떤 대상이 재현한단 말인가? 학생들에게 이렇게 덧붙여주라. 그것은 원인 없는 결과를 상상할 수 없는 것처럼 불가능한 일이네.[62] 원형[63]이 없는 관념은 그저 환상에 불과하지 않은가? 자네들은 신의 관념을 처음부터 갖고 태어났고, 어머니 뱃속에서부터 신의 관념을 가졌다고 주장하는 몇몇

· ·

61. 여기서부터 돌바크의 『양식론』 4, 9, 10장에서 빌려온 이야기가 전개된다. (D)

62. "진실로 우리가 본성을 알지 못하고 감각으로 이해할 수 없으며 매순간 그 특질을 우리로서는 이해할 수 없는 것이 존재한다고 정말 확신할 수 있을까? 나에게 그것이 존재하는지 존재하지 않는지 설득하려면 이 존재가 도대체 무엇인지 설명하는 것으로 시작해야 할 것이다. 내가 이런 존재가 있다고 믿으려면, 이와 같은 존재가 있을 수 있다는 가능성을 믿게 하려면 서로 모순되지 않고 서로서로의 입장이 파괴되지 않고 온전하게 보전되는 사실들에 대해서 이야기를 해주어야 할 것이다. 마지막으로 내가 충분하게 이와 같은 것이 존재한다고 믿으려면 내가 이해할 수 있는 사실들을 증명하고 이 특질을 부여받은 존재는 존재하지 않을 수 없다는 사실을 내게 증명해주어야 할 것이다"(돌바크, 『양식론』 17절). (역주)

63. "그것에 따라 우리가 무엇인가를 만들게 되는 모델이나 원본. 일반적으로 주형鑄型으로 만들어진 작품이나 판화와 같은 것이다"(『백과사전』, 「원형 prototype」 항목).

학자들을 따르는 것인가? 그러나 그것은 잘못된 생각이네. 원칙은 모두 하나의 판단이며, 판단은 모두 경험의 결과이고, 경험은 오직 감각의 숙련으로 획득된다네.[64] 이로부터 종교의 원리는 전혀 근거가 없고 태어나면서 갖고 태어난 것이 아니라는 점이 명백해지네. 그리고 이렇게 계속하라. 어떻게 가장 이해하기 어려운 사실을 이성적인 사람들에게 가장 본질적인 일이라고 설득할 수 있었던 것일까? 그들이 엄청난 위협을 받았기 때문이라네. 겁을 먹었을 때 추론이 멈추는 일이 다반사가 아니던가? 이성을 경멸하라는 권고를 받았기 때문이라네. 머리가 혼란스러워지면 아무것도 검토하지 않고 모든 것을

· ·

64. "우리는 지각과 관련하여, 우리가 감각에 의해 받아들이는 관념들이 종종 성인에게서는 판단에 따라 변경되며, 이 변경은 우리가 주목하지 않은 채 이루어진다는 점을 더 고려해야 한다. […] 우리가 습관을 통해 볼록한 물체들이 우리 안에 어떤 종류의 외양을 만드는지, 그리고 물체들의 감각적 모양들의 차이 때문에 빛의 반사가 어떻게 변화하는지를 지각하는 데 일단 익숙해지면, 판단은 그 즉시 습관적으로 물체의 외양을 그것의 원인으로 바꾸어버린다"(로크, 『인간지성론 1』 2권 9장 8절, 앞의 책, 216쪽). 로크는 이 부분에서 "눈먼 채로 태어난 한 성인 남자에게 촉각으로, 같은 금속 재질로 되어 있고 거의 같은 크기의 정육면체와 구체를 구별하는 법을 가르친" 뒤, 그가 시력을 얻게 되었다면 "그가 두 물체를 손으로 만지기 전에 그의 시각만을 사용해서 지금 어느 것이 구체이고 어느 것이 정육면체인지 구별해서 말할 수 있을 것인가"의 문제를 제기한 몰리뉘 William Molyneux(1656-1698)의 문제를 다룬다. 디드로는 『맹인에 대한 편지』에서 로크가 다룬 몰리뉘의 문제를 재론하며, "선천적 맹인은 아무것도 볼 수 없거나 아니면 구체와 입방체가 다르게 보인다는 것, 또는 이 두 물체가 같은 금속으로 만들어졌고 거의 같은 크기라는 조건은 […] 이 경우 불필요한 것이며, 그 점은 이론의 여지가 없다"(디드로, 『맹인에 대한 편지』, 이은주 역, 지만지, 2010, 99쪽)고 말한다. (역주)

254

그대로 믿곤 하지 않던가? 그리고 다음과 같이 말하라. 무지와 공포, 바로 이 두 가지가 모든 종교의 원천일세. 신과 달리 인간이 불확실한 상태에 처해 있다는 사실이야말로 종교에 집착하게 되는 동기가 되는 것일세. 암흑 속에 있을 때 인간은 육체도 정신도 모두 두려움을 겪게 되지. 인간은 공포에 익숙해지고 결국 공포는 욕구로 바뀌지. 더는 희망할 것도 없고, 두려워할 것도 없었다면 제게 무언가 부족하다 생각하지 않겠나.[65] 이제 도덕의 유용성의 문제로 돌아가 보자. 여러분의 학생에게 이 중요한 주제에 대해 교훈도 교훈이지만 수많은 모범을 들어 보여주고, 책도 책이지만 사례를 들어 설명하라.[66] 그리할 때 여러분은 그들을 훌륭한 전사戰士로, 좋은 아버지로, 성실한 남편으로 만들 것이다. 굴종에 대한 생각이 더는 머릿속에 들어설 수 없고, 종교적 공포심도 정신을 혼란에 빠뜨릴 수 없으니 그들은 더욱 조국의 자유를 열망할 것이다. 그때 모든 사람의 마음속에 진정한 애국심이 터져 나올 것이다. 애국심이 힘차게 순수하게 그들의 마음을 지배할 것이다. 그것만이 단

- -

65. "어떻게 가장 이해하기 어려운 사실이 […]"부터 여기까지의 이야기는 돌바크의 『양식론』 9-10절을 그대로 베낀 것이다. (역주)

66. "적어도 인간을 덜 무지하게 만드는 것만큼 더 훌륭하게 만드는 일이 중요하기 때문에 나는 덕성이 나타난 감동적인 면면을 빠짐없이 수집하는 일을 성가시다고 생각하지 않으리라. […] 왜 인간의 사상의 역사는 그토록 신경 써서 보존하면서 인간의 행동의 역사는 소홀히 하는 것일까?"(디드로, 『백과사전』, 이충훈 역, 도서출판 b, 2014, 133쪽). (역주)

하나의 감정으로 군림하고 어떤 이질적인 생각도 그 에너지를 감소하게 할 수 없기 때문이다. 그때 여러분의 다음 세대가 안전해질 것이요, 그 세대는 여러분의 과업을 공고하게 만들어 세상의 법으로 만들 것이다. 하지만 두렵고 심약해서 이 충고를 따르지 않는다면, 완전히 파괴했다고 믿었던 교회의 기초를 여전히 남겨둔다면 어떤 일이 벌어질까? 그 기초 위에 새로 교회를 짓고 똑같이 신전의 기둥을 올릴 것이다. 끔찍한 차이가 있다면 이번에는 한층 더 강하게 단단히 붙여놓아 여러분 세대 도, 뒤이은 수많은 세대도 다시 무너뜨릴 수 없으리라는 점이다.

종교가 전제주의의 요람이라는 점은 누구도 의심할 수 없다. 폭군 중 제일은 사제였다. 로마 최초의 왕 누마[67]와 로마 최초의 황제 아우구스투스는 양쪽 모두 사제와 결합했다. 콘스탄티누스와 메로빙거 왕조의 클로비스왕[68]은 군주라고 하기보다는

⋅⋅

67. "누마 폼필리우스는 인민이 대단히 거칠다는 점을 발견하고 나서 평화적인 수단을 통해 그들이 법률에 복종하도록 만들고자 했다. 여기서 그는 질서정연한 국가를 유지하기 위해 전적으로 필요한 수단으로 종교에 주목하였다. 그리하여 그가 종교를 기초로 하여 국가를 확립한 결과, 오랜 시대 동안 신에 대한 외경이 로마 공화국만큼 강한 나라가 없게 되었다. 이는 원로원이나 로마의 위대한 인물들이 실천하고자 계획한 정책이 무엇이든 그것을 원활히 수행하도록 만들었다"(마키아벨리, 『로마사 논고*Discorsi sopra la prima deca di Tito Livio*』 1권 11장, 강정인, 안선재 역, 한길사, 2003, 116-117쪽). 마키아벨리는 "로마가 가장 커다란 빚을 진 군주가 누구인가" 묻는다면 "즉석에서 나는 누마가 으뜸가는 자리를 차지해야 한다고 믿는다. 왜냐하면 종교가 있는 곳에서는 평민을 무장시키기가 쉽지만, 무기만 있고 종교가 없는 곳에서는 평민을 무장시키기가 아주 어렵기 때문"(위의 책, 118쪽)이라고 대답한다. (역주)

성직에 속한 사람들이었다. 로마 황제 엘라가발루스는 태양의 사제였다.[69] 모든 시대와 역사를 통틀어 전제주의와 종교 사이에는 하나를 파괴하면 다른 하나가 무너지는 밀접한 관계가 존재했다. 당연히도 하나가 항상 다른 하나를 법으로 이용하기 때문이다. 그러나 살육이나 추방을 하라는 말이 아니다.[70] 내 마음은 천성적으로 잠시라도 그런 끔찍스런 일을 떠올릴 수 없도록 되었다. 안 된다, 죽이지 마라, 추방하지 마라. 그따위 잔혹한 일들은 왕이나 저지르는 것이며, 왕을 모방하는 흉악한 자들이나 하는 짓이다. 그런 자들과 똑같이 행동하면서 그 끔찍한 일들을 저지른 사람들을 미워하도록 만들 수 있겠는가. 우상을 쓰러뜨리는 데만 폭력을 사용하도록 하자. 우상을 섬기는 자들에게는 조롱밖에 줄 것이 없다. 네로황제가 자행한 형벌보다 율리아누스황제의 독설[71]이 기독교에 독이 되었다.

* *

68. 클로비스(468-511)는 프랑스의 다섯 번째 왕으로, 재위기간에 끊임없이 전쟁을 하였으며 병사들에게 용기를 심어주며 스스로 강인해지려고 노력했다. 승마경주나 격투기 같은 스포츠를 자주 벌였다. 그러나 클로비스왕은 생레미 주교에게 세례를 받고 독실한 신자가 되었다. (역주)

69. 카라칼라라는 이름으로 더 잘 알려진 로마의 황제 마르쿠스 안토니우스 바시아누스의 아들로 아버지를 이어 황제의 자리에 올랐다. 엘라가발루스라는 별명이 붙은 것은 젊은 시절 페니키아 사람들이 그에게 태양의 사제라는 칭호를 주었기 때문이다. (역주)

70. 1792년 9월 2일부터 6일까지 벌어진 살육과 1793년 4월 21일부터 23일 사이에 의회에서 내려진 기아나로의 추방령을 암시하고 있다. 대상이 되었던 사람들은 비선서사제들이나 애국심이 결여된 사제들이다. (D)

71. 율리아누스의 『갈릴리 사람들에 맞서서』는 다르장스 후작이 불어로 번역했다(『반기독교 논고』, 베를린, 1768). (D)

그렇다. 신에 대한 모든 관념을 영원히 파괴하고 신의 사제들을 병사로 만들자. 벌써 몇몇이 그리되었으니, 그들은 공화주의자에 걸맞은 그토록 고귀한 직업에 만족하고, 더는 저들의 공상적인 존재, 우리가 경멸을 퍼붓는 유일한 대상인 한낱 신화에 불과한 종교에 대해 떠들어서는 안 된다. 운 좋은 떠버리들이 여전히 신이니, 종교니 떠들어 오면 그 첫 놈을 붙잡아 벌로 프랑스 대도시 사거리에 세워두어 망신을 주고, 조롱을 받게 하고, 진흙세례를 받게 하자. 똑같은 죄를 두 번 범하는 자는 종신형을 내려 영원히 가둬두자. 다음으로 더없이 모욕적으로 불경不敬을 가하는 진정으로 무신론에 입각한 저작은 관대하게 허용될 것이다. 인간의 기억과 마음에서 우리 유년기의 저 끔찍한 장난감들을 완전히 뿌리 뽑아줄 테니 말이다. 마침내 이토록 중요한 주제에 대해 유럽 사람들을 가장 훌륭하게 개화시킬 수 있었던 저작을 심사로 뽑도록 하자. 이 주제로 모든 것을 전부 언급하고 모든 것을 전부 증명하여 동포들이 낫한 번 휘두르면 저 유령들이 쓰러지고 올바른 마음을 가진한 사람만 있어도 저 유령들을 증오하도록 해줄 사람은 보상으로 국가가 수여하는 엄청난 상을 받을 것이다. 육 개월이면 끝날 일이다.[72] 여러분의 비열한 신은 흔적도 없이 사라질

· ·

72. 우리는 현재 읽고 있는 페이지를 사드가 1793년 가을에 썼을 것으로 추측한다. 이 당시 탈기독교화 작업이 최고조에 다다랐다. 몇 가지 중요한 날짜들을 기억해보자. 혁명력 2년 무월 16일(11월 6일)에 의회의 법령으로

것이다. 그러니 끊임없이 공정하고, 존경받는 타인을 열렬히
뒤따르고, 법의 칼날만을 두려워하는 정직한 자가 되도록 하자.
조국의 진정한 친구는 왕이 부리는 노예처럼 환상에 따라 좌지
우지되는 사람이 아님을 알게 될 것이기 때문이다. 한마디로
말해서 더 나은 세상에 대한 희망도, 자연이 우리에게 보낸
것보다 더 커다란 악도 공화주의자를 이끌 수 없으리라. 공화주
의자의 유일한 길잡이는 미덕[73]이요, 유일한 구속은 회한일
뿐이다.[74]

• •

교구의 토지를 몰수했고, 무월 17일(11월 7일)에 파리교구의 고벨이 사임
했다. 무월 20일(11월 10일)에 이성의 신전이 된 노트르담에서 한 젊은
화가가 자유를 의인화해서 그렸다. 상월 3일(11월 24일)에 파리에서는
존재했던 모든 종교와 전례를 드렸던 교회 및 신전이 폐쇄되었고 이를
어기는 사람은 누구든지 체포하도록 했다. 그러나 1795년 가을에 가톨릭은
자발적으로 복권되었다. (D)

73. 몽테스키외에게 미덕은 원칙이요, 민주주의의 동력이다(『법의 정신』 3권
3장). 루소는 이와 똑같은 원칙이 올바로 구성된 국가에도 적용되어야
한다고 생각했다(『사회계약론』 3권 4장). 그러나 루소는 덕을 강화하기
위해서는 악한에게는 징벌을, 정의로운 자에게 행복을, 사후의 세계와
같은 교리를 포함하는 시민종교가 필요하다고 생각한다. 로베스피에르는
혁명력 2년 목월 20일(1794년 6월 8일)의 국가기념일에 루소의 생각을
실천하고자 했다. 소위 로베스피에르를 폭군으로 불렀던 사드는 사후세계
의 집착을 거부하고자 한다. (D)

74. 볼테르는 『소프로님과 아델로스Sophronime et Adélos』(1776)에서 다음과
같이 썼다. "신을 부당하다고 탄핵해서는 안 된다. 이집트 사람들과,
오르페우스와 호메로스가 생각했던 지옥이란 존재하지 않기 때문이다.
[…] 확실히 흉악한 사람들로서는 더욱 피할 수 없는 진정한 징벌이
존재한다. 그것이 무엇인가? 그것은 피할 수 없는 회한이다. 복수는 너무나
느물게 이루어진다. 나는 정말 잔인한 악한들을 알고 있다. 나는 그들
중에 행복해하는 사람을 본 일이 없다"(몰랑판 『전집』 25권, 466쪽). (D)

풍속

유신론이 공화주의 정부에 전혀 적합지 않다는 점을 증명했으니, 이제 그것이 프랑스의 풍속에는 더욱 적합지 않다는 점을 증명할 필요가 있을 것이다. 풍속이 곧 공포될 법에 근거를 마련해줄 것이기에 이 조항은 더욱 중요하다.

프랑스 사람들이여, 여러분은 상당히 개화했으니 새로운 정부에는 새로운 풍속이 필요하리라는 점을 충분히 알 것이다. 자유국가의 시민은 전제군주가 부리는 노예처럼 행동할 수 없다. 이해관계, 의무, 시민들 간의 관계에서 차이가 있기 때문에 사교계에서 취해야 했던 것과는 본질적으로 천양지차인 방식으로 살게 된다. 국왕이 통치하던 시절 큰일이라도 날 것처럼 여겼던 숱한 사소한 잘못들이나 사소한 범법행위들은 이제 곧 폐지될 것이다. 국왕이란 자들은 신민의 존경을 받고 그들이 범접하지 못할 존재로 생각하도록 여러 구속을 부과해야 했으니 더욱 앞의 사소한 행위들을 처벌할 필요가 있었다. 공화국에는 더는 왕도 없고 종교도 없으니 시역弑逆이니 불경不敬이니 하는 이름으로 알려진 범죄들도 똑같이 폐지되어야 할 것이다. 시민 여러분, 생각해보라. 양심과 언론의 자유를 허용했을 때는 극히 적은 일을 제외한다면 행동의 자유 역시 허락되어야 하는 것이 아닌가. 직접적으로 정부의 근간을 뒤흔드는 일을 제외한다면 처벌을 해야 할 범죄는 거의 남아 있을 수 없게 되지 않는가. 원래 자유와 평등을 기초로 하는 사회에 범죄적인 행위는 없다시피 하고, 사안을 올바로 재어보고 검토해보면 진정으로 범죄적인 행위는 법이 인정하지 않는 행위뿐 아닌가.[75] 자연은 우리의 신체구조에 따라서, 혹은 보다 철학적으로 말하면 자연이 악을 필요로 하는지 미덕을 필요로 하는지에 따라서 이 둘을 똑같이 행하라고 명령하기 때문에, 자연이 우리에게 불어넣은 것 자체는 무엇이 선이고 무엇이 악인지 정확히 재어보기에 너무나 부정확한 잣대가 될 것이다. 그러나 이처럼 중요한 주제에 대해 내 생각을 더 잘 개진해보기 위해 지금까지 범죄라고 부르는 데 합의해왔던 인간의 여러 행동을 분류해보도록 하자. 그리고 다음에 공화주의자의 진정한 의무에 따라 이 행동을 '측정'해보도록 하자.

시대를 막론하고 인간의 의무를 다음 세 가지 관계로 분류할 수 있다고 생각했다.[76]

· ·

75. 사드는 분명히 홉스Hobbes의 다음과 같은 이야기를 읽었을 것이다. "개별자의 이해관계와 국시國是 이외에 세상에 어떤 정당한 뜻도 통용되지 않는다면, 마땅히 처벌받아야 하는 일이 무엇인지 정해야 할 때는 마지막 이유(국시)를 따라야 할 것이다"(『개론Eléments』 2권 14장 17절, 271쪽, 그리고 『시민Le Citoyen』, 253쪽). 사드의 독자 발자크는 보트랭 에르라Vautrin-Herrera의 입을 빌려 "도덕은 말이오, 젊은이! 법률에서 시작된다오"(『잃어버린 환상Illusions perdues』, 플레이아드판 『인간 희극』 5권, 699쪽[이철 역, 서울대학교출판문화원, 2012, 719쪽])라고 말했다. (D)

76. 이 세 가지 분류는 대단히 고전적이다. 예를 들어 말브랑슈는 이렇게 쓴다. "내가 지금 하고자 하는 모든 것은 일반적으로 모든 인간이 할 수 있는 한 신에게, 그의 이웃에게, 그리고 자기 자신에게 해야 하는

1. 지고한 존재를 의식하고 믿어야 할 의무[77]

2. 동포들과 더불어 완수해야 할 의무

3. 마지막으로 자기 자신과 맺는 의무

우리에게 확실한 것은 신은 결코 우리 일에 개입하지 않았으며, 자연이 필요로 했던 식물이나 동물과 같은 피조물들처럼 우리는 이곳에 존재하지 않기란 불가능하므로 이곳에 존재한다는 점이다. 분명 이러한 확실성을 통해 이미 본 것처럼 앞서 들었던 세 가지 의무 중 첫 번째 조항, 즉 우리가 지켜야 한다고

• •

의무를 지적하는 것이다'(『도덕론Traité de la morale』 2부 1장). 마찬가지로 트레부사전의 「의무」 항목에서도 같은 설명이 있다. "의무는 본질적으로 의무를 부여하는 법에 순종하는 인간의 행동을 말한다. 인간은 자신을 존재하도록 한 신과 관련하여, 자기 자신과 관련하여, 사회와 동포들과 관련하여 고려되는데 이에 따라 수행해야 할 상이한 의무를 가진다." (D)

77. 18세기에 신을 가리키는 용어의 반복을 피하기 위해 자주 쓰였던 지고한 존재Etre suprême라는 표현은 이신론理神論과는 관계가 없다. 로베스피에르는 혁명력 2년 화월 18일(1794년 5월 7일)에 의회의 결정으로 일련의 시민축제를 열면서 이 표현을 새롭게 사용했다. 첫 번째 축제가 목월 20일(6월 8일)에 '지고한 존재'를 기념하기 위해 열렸다. 이 점에 대해서는 장 드프렁Jean Deprun의 논문 「지고한 존재를 기리는 축제: 로베스피에르의 두 연설 속에 나타나는 "신성한 이름들"A la fête de l'Etre suprême les "noms divins" dans deux discours de Robespierre」(『프랑스혁명 역사회보 Annales historiques de la Révolution française』, 로베스피에르연구학회, 1972. 『데카르트로부터 낭만주의로De Descartes au romantisme』에 재수록)을 참조 열월 9일(1794년 6월 27일)에 로베스피에르가 실각하면서 이러한 의식도 막을 내렸다. 확실히 사드는 '폭군 로베스피에르'의 과오들 가운데 이 제도를 꼽는다. (D)

잘못 생각한 신에 대한 의무가 단번에 사라진다. 이와 더불어 종교적인 범법행위들이 전부 사라진다. '불경'이니, '신성모독'이니, '무신론'이니 하는 이름으로 모호하고 부정확하게 알려진 모든 것들을 말한다. 한마디로 말해서 아테네 사람들이 알키비아데스를 부당하게 벌했고, 프랑스 사람들이 저 불운한 라 바르 기사를 처벌했던 바로 그 범법행위가 사라지는 것이다.[78] 세상에 터무니없는 일이 있다면, 그것은 사람들이 신과 신이 요청할 수 있는 것을 고작해야 제한된 관념을 통해 이해할 수밖에 없음에도, 상상을 통해 만들어낸 신이라는 저 우스꽝스러운 환영을 만족시키거나 분노하게 만드는 것이 무엇인지 자연을 따라 결정하고자 한다는 점이다. 그러므로 나는 모든 의례를 무심히 허용해서는 안 되고, 그 모든 의례를 자유로이 조롱하고 놀려대기를 바란다. 어떤 신전에서라도 제 뜻대로 영원한 존재를 불러내기 위해 모인 사람들은 극장의 희극배우로 간주하여 우리 모두 그들의 연기를 놀려줄 수 있어야 한다.[79]

. .

78. 기원전 421년 아테네에 서 있던 헤르메스 동상들이 시칠리아로 옮겨지기 전날 훼손되는 일이 발생했다. 그 책임자였던 알키비아데스는 신성모독을 저질렀다는 이유로 고발되었다. 재판을 받기 위해 아테네로 호송된 알키비아데스는 도망쳐 스파르타로 도피했다. 아베빌교橋에 있던 십자가를 훼손했다는 죄목으로 고발된 라 바르 기사는 1766년 7월 1일 이 도시에서 참수되었다. 볼테르의 『라 바르 기사의 죽음에 대한 회술Relation de la mort du chevalier de La Barre』(1766)(『선집』, 755-767쪽)을 참조. (D)

79. 1793년 10월 1일에 앙드레 뒤몽은 다음과 같이 썼다. "그는 민중들 앞에서 사제란 '인형극을 보여주었던 검은 옷을 입은 아를르캥 혹은 피에로였으며, 사제가 했던 모든 것들은 사기로 돈을 빼앗기 위한 원숭이 같은

여러분이 이런 관계를 바탕으로 종교를 고려하지 않으면, 종교를 중시하는 심각한 사람은 다시 종교의 영향을 받고, 종교는 이내 여론을 보전할 것이다. 종교를 구하려고 또 진저리가 나도록 치고받고 싸우느니 그보다 먼저 종교에 대한 언쟁을 말 것이다.*[80] 이들 종교 중 하나를 선호하거나 장려하면 곧 평등의 원칙은 무너져, 이내 정부는 이를 고려하지 않게 되고, '신정神政정치'가 다시 자리를 잡으면 '귀족정치'가 이내 다시 태어날 것이다. 그러므로 다음을 반복한대도 지나친 일이 아니리라. 이제 신은 그만! 프랑스인들이여, 저 위험한 영향력에 붙들려 여러분이 이내 전제주의의 공포에 빠지고 싶지 않다면 이제 신은 그만 되었다. 하지만 여러분은 신을 남우세스럽게 만들어야지 진정 신을 무너뜨리게 될 것이다. 여러분이 화를 내거나 중요성을 부여하게 된다면 신은 무더기로 위험을 만들어낼 것이다. 우상을 분노에 사로잡혀 뒤엎어버려서는 안 되고 즐기면서 분쇄해야 한다. 그러면 여론은 알아서 잠잠해질 것이

• •

짓이었다'고 선언했습니다'(알퐁스 올라르, 앞의 책, 469쪽에서 재인용). (D)

80. (저자의 주) 모든 민족은 제 종교가 가장 훌륭하다고 주장하고 이를 설득하기 위해 수만 가지 근거를 두는데, 각각의 근거는 상충될 뿐 아니라 모순이 되기도 한다. 우리가 깊은 무지 안에 빠져 있는데, 신이 존재한다고 가정한다면 신이 기뻐할 수 있는 종교란 무엇이 될까? 우리가 현명하다면 구분을 두지 말고 모든 종교를 똑같이 보전하든가 똑같이 폐지해야 한다. 그런데 모든 종교를 폐지하는 것이 가장 확실한 길이다. 모든 종교는 어린애 짓이며, 어떤 종교도 다른 종교보다 존재하지 않는 신을 기쁘게 할 수 없다는 것이 도덕적으로 확실하기 때문이다.

다.

　바라건대 종교에 관련된 범죄를 처벌하는 어떤 법도 공포해서는 안 된다는 점을 증명하기 위해서는 이 정도로 충분하다. 누구든 환상을 공격하는 자는 어떤 것도 공격하지 않는 것이고, 어떤 것도 명백히 다른 것보다 우월하다는 점을 증명해주지 못하는 종교를 경멸하거나 위반하는 사람들을 처벌한다는 것은 근거가 취약한 것이기 때문이다. 그렇게 되면 필연적으로 한 가지 입장만을 받아들이게 되어, 새로운 정부의 제일의 법인 평등이 이내 균형을 이루지 못하게 될 것이다.

　인간과 동포를 결속하는 인간의 두 번째 의무로 넘어가 보도록 하자. 분명 이 범주는 범위가 무척 넓다.

　기독교 도덕에서 인간과 동포의 관계는 대단히 모호하고 그 도덕의 기반은 궤변으로 가득 차 있기 때문에 우리는 이를 받아들일 수 없다. 원칙을 세우고자 할 때 궤변을 기반으로 삼아서는 안 되기 때문이다. 저 터무니없는 기독교 도덕이 이르기를, 이웃을 내 몸처럼 사랑하라고 한다.[81] 거짓에도 아름다움의 특징이 깃들 수 있다면야, 이보다 숭고한 일이 어디에 있겠는가. 그러나 동포를 내 몸처럼 사랑하기란 불가능하다. 그것은 자연의 모든 법칙에 반하는 것이기 때문이다. 자연의

· ·

81.　이 말은 구약성경 레위기 19장 18절에 나온다. 신약성경에는 마태복음 19장 19절과 22장 39절에, 로마서 13장 9절, 갈라디아서 5장 14절, 야고보서 2장 8절에 등장한다. (D)

목소리만이 우리 삶의 모든 행동을 지도해야 한다. 동포를 형제로서, 자연이 우리에게 부여한 친구로서 사랑하면 그뿐이다. 거리가 좁아지면 당연히 관계가 가까워지는 만큼 우리는 그들과 공화국에서 더 잘 살아나갈 것이다.

이 점에 따라 인류애, 박애, 선행이 우리가 맺는 상호 간의 의무를 규정해야 한다. 이 의무를 수행하는 데는 자연이 우리에게 부여한 에너지를 최소한만 사용하는 것이면 그만이다. 이런 관계가 감동적이라고는 하나, 천성이 남들보다 더 냉정하거나 더 성마르기에, 다른 이들이 얻곤 하는 행복감을 전혀 느낄 수 없는 사람들이 있는데 이들을 비난해서는 안 되며, 처벌은 더더욱 안 된다. 이런 경우 모든 사람에게 일률적으로 해당하는 법을 규정한다는 것은 터무니없는 일일 것이기 때문이다. 이는 군대의 사령관이 모든 병사는 동일한 치수의 군복을 입어야 한다고 말하는 것만큼 우스꽝스러운 일이리라. 사람마다 제각기 성격이 다른데 이들에게 동일한 법을 적용한다는 것은 정당하지 못하다. 어떤 사람에게는 합당한 것이 다른 사람에게는 그렇지 않기 때문이다.

나는 사람 수만큼 법을 제정할 수 없음을 인정한다. 하지만 법이 가혹하지 않고 적은 수에 불과하다면 사람들은 제각기 가진 성격이 어떻든 간에 법에 쉽게 복종할 수 있다. 나는 또한 이 적은 수의 법을 성격이 다른 모든 사람이 보다 쉽게 따를 수 있도록 요청한다. 성격이 다른 사람들을 지휘하는 사람의 정신은 목표로 삼아야 하는 개인에 따라 법의 집행에 차이를 둘 것이다. 어떤 체질의 사람에게는 듣지 않는 약이 있는 것처럼, 어떤 사람들은 어떤 미덕을 행할 수 없다는 점이 증명되었다. 그런데 법을 따를 수 없는 사람을 법으로 징벌하는 일은 정말 부당하지 않은가! 이 경우에 여러분은 앞을 보지 못하는 사람더러 색을 구분하라고 강요하는 것과 마찬가지로 불공정한 일을 저지르는 것이다. 이 최초의 원칙에서 출발해서 가혹하지 않은 법을 제정[82]하고, 특히 잔인하기 이를 데 없는 사형 제도를 영원히 폐지해야 할 필요성이 나온다. 한 사람의 생명을 위해危害하는 법은 집행될 수 없고, 정당성을 갖추지 못했고, 따라서 받아들일 수 없기 때문이다. 곧 다루게 되겠지만 자연을 위반하지 않는 한에서(곧 증명하도록 하겠다) 사람이 자연이라는 공동의 어머니로부터 전적으로 자유롭게 서로 생명을 위해도 좋도록 태어났기 때문이 아니라, 법이란 그 자체로 냉정해서 정리情理에 치우치지 않아, 인간이 살인이라는 잔혹한 행위를 저지르도록 용인하는 정념은 전혀 가질 수 없는 까닭에, 법은 앞서 말한 자연의 특권을 가질 수 없기 때문이다. 인간은 자연으로부터 이러한 행위를 용서하게 하는 마음의 작용을 받았던 것이나, 이와는 반대로 법은 항상 자연과 대립하고 자연을 수용하지 않으려 들기 때문에 동일한 탈선을 허용할

<hr />

82. 타모에Tamoé섬에서 자메Zamé가 세운 법이 이런 것이다. 『알린과 발쿠르』(사드, 『선집』 1권, 664쪽 이후)를 보라. (D)

수 없다. 동기가 서로 다르므로 권리도 동일할 수 없는 것이다. 이 차이는 대단히 섬세하고 학구적이므로 대부분의 사람들은 이 차이를 무시한다. 깊이 생각할 수 있는 사람들이 없다시피 한 까닭이다. 그러나 내 이야기를 경청하는 학식 높은 사람들이라면 이 차이를 수용할 것이다. 그리고 이 차이들이 준비 중인 새로운 법전에 반영되기를 기대한다.[83]

사형 제도를 폐지해야 하는 두 번째 이유는 그것으로 범죄를 없앤 적이 단 한번도 없기 때문이다. 매일같이 교수대 아래에서 범죄를 저지르고 있지 않은가. 한마디로 말해서 한 사람을 죽였기 때문에 그를 죽여야 한다는 것보다 잘못된 계산이 없기에 사형 제도는 폐지되어야 한다. 이런 제도는 한 사람을 덜 죽이는 것이기는커녕 단번에 둘을 죽이게 되[84]는 것이고, 이런 계산을 이상하게 생각하지 않을 사람은 사형집행관이나 바보들뿐이기 때문이다.

결국 어떻건 우리가 동포에게 저지를 수 있는 죄악은 '중상', '절도', '음란淫亂'으로 인해 타인을 불편하게 만들 수 있는 범법행위, '살인'의 네 가지로 축소된다. 이 네 행위는 왕정시대에 대죄로 여겼던 것인데 공화국도 이를 중대하게 다룰까?

● ●

83. 혁명력 4년 무월 3일(1795년 10월 25일)에 의회는 메를랭 드 두애가 제시한 형법에 표결했고 평화 시기의 사형을 폐지했다. (D)

84. 이것은 또한 파스칼의 생각이다. "범죄를 막으려고 사람을 죽여야 하는가? 그것은 한 명을 죽이는 것이 아니라 두 명을 죽이는 것이다." (D)

우리가 철학의 햇불을 들고 분석을 해야 할 문제가 이것이다. 이러한 검토를 시도하려면 오직 철학의 빛을 비추어야 하기 때문이다. 나를 위험하기 짝이 없는 혁신자로 비난하지 말 것이다. 혹시라도 이 글이 그리될지 모르겠지만, 흉악자들의 마음에서 회한을 무디게 할 위험이 있다는 말을 하지 말 것이다. 내가 가진 도덕이 가혹하지 못해 범죄에 빠질 위험이 다분한 흉악자들의 나쁜 성향을 부추길 위험이 있다고 말하지 말 것이다. 지금 나는 어떤 못된 목적도 없음을 단호히 선언하는 바이다. 나는 철든 나이부터 내 것이었고, 수세기 동안 폭군의 비열한 전제주의에 맞서왔던 사상을 제시하는 것이다. 저 위대한 생각을 가졌기에 타락했던 사람들이 있다면 안 된 일이다. 철학적 생각에서 결점밖에는 취할 줄 모르고, 그 어떤 것에서라도 타락할 수밖에 없는 사람들이 있다면 정말 안 된 일이다. 그런 이들이 세네카와 피에르 샤롱의 책을 읽고도 타락하게 될지 누가 알겠는가? 그러나 나는 그런 사람들 들으라고 말하는 것이 아니다. 나는 내 말을 이해할 수 있는 사람들 들으라고 말하고 있고, 그들만이 아무런 위험 없이 내 글을 읽을 것이다.

　정말 솔직하게 말해서 나는 중상中傷을 죄라고 생각해 본 적이 없다. 특히 우리의 공화주의 정부처럼 모든 사람이 보다 긴밀한 관계를 유지하고, 보다 가까워졌으므로 서로를 더 잘 아는 것이 가장 큰 이익이 되는 곳에서라면 더욱 그렇다. 그러므로 둘 중의 하나이다. 중상이 정말 못된 인간에게 가해지거나,

덕성스러운 사람에게 가해지거나 말이다. 첫 번째 경우를 살펴
보자면 죄악을 많이 저질렀다고 알려진 사람을 좀 더 좋지
않게 말한대도 큰 상관이 없다는 점을 인정해보자. 그럴 때
아마 존재하지 않는 악이 존재하는 악을 드러내 보여줄 것이고,
이렇게 해서 악한의 정체를 더 잘 알게 된다.

　하노버에 독감[85]이 휩쓸고 있는데, 내가 혹독한 공기에 노출
되었을 때 겪게 될 위험은 발열뿐이라고 가정해보자. 나를
그곳에 못 가게 하려고, 도착 즉시 죽을 거라고 말하는 사람을
욕할 수 있을까? 절대 그렇지 않다. 그는 나더러 심각한 병에
걸리면 어쩌나 두렵게 만들어 작은 병에 걸리지 않도록 했기
때문이다. 그런데 이와는 반대로 덕성스러운 사람에게 중상이
가해지게 된다면 어떨까? 그 사람은 중상을 받는대도 걱정할
필요가 없다. 제 자신을 다 드러내므로 중상을 한 자의 독은
이내 그 자신에게 되돌아올 것이다. 중상은 그런 사람들에게는
정화의 투표[86]와 같이, 그의 미덕을 더욱 빛나게 해줄 뿐이다.
공화국의 미덕의 총합을 고려해 본다면 여기에는 분명 이득이
있다. 덕성스럽고 민감한 감수성을 가진 사람은 자기가 겪은

● ●

85.　독감influence. 공기로 전염되는 질병. "천체로부터 지구로 전해지는 특질
　　을 이르거나 천체의 열기와 빛의 효과를 말한다. 이러한 현상들 때문에
　　천문학자들은 지구에서 일어나는 사건들을 이의 영향으로 보는 것이
　　다"(1771년판 트레부사전). (D)
86.　피크 지부에 대한 이야기. 정화 투표는 혁명적 순수성을 잃은 사람들을
　　의회에서 축출하기 위해 사용되었다. (D)

부당함에 자극을 받아 더욱 노력을 기울일 것이다. 설마 자기가 받을까 생각했던 중상을 극복하고 싶을 것이다. 그리고 자신의 훌륭한 행동을 통해 더 한층 높은 단계의 에너지를 얻을 것이다. 그렇게 해서 첫 번째 경우 중상자는 위험인물의 악을 키워 아주 좋은 결과를 산출할 것이고, 두 번째 경우 미덕이 우리에게 고스란히 보이도록 강제하면서 역시 훌륭한 결과를 산출할 것이다. 그런데 지금 나는 특히 악인을 가려내고 선인의 에너지를 증가시키는 일을 중요시하는 정부에서 중상자가 여러분에게 어떤 점에서 위험해 보이는지 묻고 싶다. 그러므로 중상을 절대 처벌해서는 안 된다. 중상을 악을 비추는 전조등과 선을 증가시키는 활력제라는 이중의 관계로 고려해야 한다. 두 경우 모두 대단히 유용한 것이 아닐 수 없다. 입법가는 노력을 경주하는 과업에서처럼 사상도 위대하지 않으면 안 된다. 그래서 입법가가 검토해야 할 것은 개별적으로 발생할 범법행위의 결과가 아니라, 대중 전반에 영향을 주는 범법행위의 결과가 되어야 한다. 입법가가 이러한 방식으로 중상에서 비롯되는 결과를 검토해본다면 처벌할 수 있는 중상은 전혀 없으며, 중상행위를 처벌할 법에 어떤 정의의 그림자로 드리울 수 없으리라 주장하는 바이다. 이와는 반대로 입법가가 중상을 조장하고 보상을 할 때 그는 대단히 공정하고 청렴한 사람이 된다.

　우리가 검토해보기로 제안한 두 번째의 도덕적 범법행위는 절도이다.

고대를 돌아보면 그리스의 모든 공화국에서 절도가 허용되었고 보상도 받았음을 알게 될 것이다. 라케다이몬이라고 불렸던 스파르타에서는 공공연히 절도를 장려했다.[87] 다른 몇몇 민족은 절도를 전사의 미덕으로 보았다. 확실히 절도에는 용기, 힘, 지략 등 공화주의 정부, 즉 우리 정부에 유용한 모든 미덕이 관련되어 있다. 어떤 편견에도 치우치지 않고 감히 묻노니, 부를 평준화하는 결과를 가져오는 절도가 평등을 목표로 하는 정부에 커다란 악이 될 수 있는가? 분명 그렇지 않다. 한편으로는 절도를 통해 평등이 유지되고, 다른 한편으로는 절도를 통해 자신의 재산을 보다 정확히 유지할 수 있기 때문이다. 도둑이 아니라 도둑을 맞은 사람을 처벌해서 재산을 공들여 지키는 법을 가르치려고 했던 민족도 있다. 이런 것을 보면 생각의 폭이 보다 넓어진다.

지금 내가 국가가 공언했던 소유권 존중의 서약을 공격하거나 파기하려고 한다는 건 당치 않은 일이다. 그러나 이 서약의 부당성에 대해 몇 가지 생각을 말해볼 수 있으면 좋겠다. 국가의 모든 개인이 공언한 서약에 깃든 정수는 무엇인가? 시민들의 완전한 평등을 유지하고, 시민 전체가 공히 소유권을 보호하는

87. 스파르타의 절도에 관해서는 플루타르코스가 쓴 『영웅전les Vies des hommes illustres』 중 「리쿠르고스」편 26-37장과 몽테스키외의 『법의 정신 De l'Esprit des lois』 19권 13장 참조. 데뫼니에Démeunier는 『관습과 관례의 정수L'Esprit des usages et des coutumes』 3권에서 절도는 용기와 솜씨의 증거가 되었다고 쓴다. (D)

법에 복종하도록 하는 것이 아니겠는가? 그런데 지금 나는 아무것도 갖지 못한 자더러 모든 것을 가진 자를 존중하라고 명령하는 법이 정말 올바른 것인지 묻는 것이다. 이 사회계약의 기초는 무엇인가? 자신의 자유와 소유권 일부를 양도해서 각자가 가진 것을 보증하고 유지하는 것이 아닌가?[88]

　　모든 법이 바로 위의 기초를 토대로 세워진다. 법은 자유를 남용하는 자에게 처벌을 가할 수 있게 하는 근거를 마련한다. 법이 세금을 거둘 수 있도록 허용하는 것도 마찬가지이다. 이 법이 있어서 시민은 세금을 내야 할 때도 항의하지 않는다. 시민은 자기가 낸 세금으로, 세금을 내고 자기에게 남은 것을 지켜준다는 것을 알기 때문이다. 그러나 한 번 더 묻노니, 어떤

．．

88. "공동의 힘을 다해 각 회합원의 인격과 재산을 지키고 보호하며, 각자가 모두와 결합함에도 오직 자기 자신에게만 복종하기에 전만큼 자유로운 회합형식을 찾는 것. 바로 이것이 사회계약으로 해결하려고 하는 근본 문제다. […] 우선, 각자가 자신을 전부 주기에 계약조건이 모두에게 공평하며, 조건이 모두에게 공평하기에 어떤 사람도 계약조건이 타인에게 부담이 되도록 만드는 데 관심을 갖지 않는다.

　　게다가 이것은 아무것도 남겨 두지 않는 양도여서, 최대로 완전한 결합이 이루어지며 어떤 회합원도 요구거리를 가질 수 없다. 만약 개별자에게 몇몇 권리가 남아 있게 되면, 각자는 어떤 사안에서 스스로 심판자 역할을 하게 되어 곧 모든 사안에 있어서 그렇게 되길 바랄 것이다. […] 마지막으로, 각자는 모두에게 자신을 주기에 아무에게도 주지 않는다. 또한 누군가 다른 회합원에게 자신에 대한 권리를 넘기면 그도 상대방에 대한 동일한 권리를 획득하기 때문에, 잃어버린 모든 것의 등가물이 주어지며, 게다가 현재 가지고 있는 것을 더 큰 힘으로 보호하게 된다"(루소, 『사회계약론』 1부 6장, 김영욱 역, 위의 책, 24-25쪽). (역주)

권리로 아무것도 갖지 못한 자를 모든 것을 가진 자만을 보호하는 협약에 묶을 수 있다는 말인가? 여러분은 서약을 통해 공정하게 부자의 소유권을 보존해준 반면, 소유권의 '보관인'일 뿐 아무것도 갖지 못한 자에게 그 서약을 요구한다는 건 부당한 일이 아닌가? 아무것도 갖지 못한 자는 여러분의 서약에서 도대체 어떤 이익을 얻게 되는가? 여러분은 왜 그 서약이 부를 현저히 많이 가진 자에게만 이득이 되는 일을 약속하기를 바라는가? 이보다 더 부당한 일은 없다. 서약은 그것을 공언하는 모든 개인에게 똑같은 결과를 가져와야 한다. 서약을 준수할 때 아무런 이익도 갖지 못하는 사람을 끌어들일 수는 없다. 그것이 더는 자유로운 인민의 계약이 아닌 까닭이다. 그것은 약자에 대한 강자의 무기일 것이며, 이에 맞서 약자는 끊임없이 반항하지 않을 수 없다. 그런데 국가가 필요로 했던 소유권 존중의 서약에서 발생한 일이 바로 그것이다. 부자만이 이 서약에 가난한 자를 끌어들여, 가난한 자가 너무도 경솔히 선의로 서명했던 이 서약에서 득을 보는 것이다. 가난한 자는 그렇게 공공연히 서약을 해버렸기에 얼굴을 마주보고서라면 할 수 없는 일을 받아들일 수밖에 없게 되었다.

여러분도 납득했겠지만 이 서약이 그토록 야만스러울 정도로 불평등한 것이었으니, 아무것도 갖지 못한 자가 모든 것을 가진 자에게 감히 무언가를 빼앗으려 했다고 처벌을 가하는 부당한 처사를 악화시키지 말라. 여러분이 불공정하게 서약을

했기에 아무것도 갖지 못한 자는 그 어느 때보다 절도할 수
있는 권리를 얻게 되었다. 아무것도 갖지 못한 자로서는 터무니
없는 서약으로써 그에게 거짓 맹세를 강요했으니, 여러분은
저 거짓 맹세가 가져올 모든 범죄를 합법화한 것이나 다름없다.
그러니 여러분 자신이 원인이 되었던 일을 처벌할 수는 없는
것이다. 더 말하지 않아도 도둑을 처벌하는 일이 얼마나 잔혹한
일인지 이해했을 것이다. 좀 전에 언급한 민족이 가졌던 현명한
법률을 따라, 도둑을 맞도록 방심했던 사람들을 처벌하되, 도둑
질을 한 자에게는 어떤 처벌도 내려서는 안 된다. 여러분의
서약으로 절도가 허용되었고, 여러분의 서약은 자연의 가장
현명한 제일 운동법칙인 자기 보존의 원리만을 따를 뿐임을
생각하라. 그때 누가 희생이 되는가는 중요치 않은 것이다.
　동포에 대한 의무의 두 번째 범주에서 검토해야 할 범법행위
는 리베르티나주로 인해 침해받을 수 있는 행위들이다. 그
행위들 가운데 각자 타인에게 수행해야 할 의무를 침해하는
것으로서 특히 '매춘', '간통', '근친상간,' '강간', '남색'이 구분
된다. 지금 언급한 모든 종류의 행위를 풍기문란이라고 부르는
데, 수단과 방법을 가리지 않고 체제를 유지하는 데 필요한
형식을 보전하는 것만을 유일한 의무로 삼는 정부는 이런 행위
들을 전혀 중요시하지 않는다는 점이 확실하다. 공화주의 정부
의 단 하나의 도덕이 바로 여기에 있다. 그런데 공화주의 정부는
폭군이 지배하는 주변국과 항상 대립할 수밖에 없으므로[89]

다섯 번째 대화　275
다섯 번째 대화　275

'도덕적 방식'으로 체제를 유지할 수 있으리라는 생각은 전혀 합리적이지 않다. 공화주의 정부가 살아남기 위해서는 전쟁을 치를 수밖에 없는데, 전쟁보다 도덕적이지 않은 것이 없기 때문이다. 지금 나는 어쩔 수 없는 상황 때문에 '부도덕'할 수밖에 없는 국가에서 어떻게 개인이 '도덕적'이어야 한다는 점이 중요할 수 있는지 묻는 것이다. 좀 더 나아가, 나는 개인은 도덕적이지 않는 편이 낫다고까지 말하련다. 그리스의 입법가들[90]은 국가 구성원을 타락시켜야 할 중대한 필요성이 있음을 정확히 느꼈다. 구성원이 '도덕적으로 와해'되면 국가도 역시 와해되는데, 이것이 국가장치에 요긴한 것이므로, 그 결과 공화주의 정부처럼 대단히 탁월한 정부는 반드시 주변국의 증오와 질투를 불러일으키게 되므로 폭동이 항상 일어나게 된다. 저 현명한 그리스 입법가들은 폭동은 '도덕적' 상태가 아니라, 공화국에서 지속적으로 나타나는 상태이므로, 국가장치를 영구히 '부도덕'한 동요 상태로 유지하지 않으면 안 될 사람들 스스로가 대단히 '도덕적'인 사람이어야 한다고 주장하는 것처

• •

89. 여기서 사드는 실제 상황을 추상화해서 환기한다. 1793년 말에 프랑스는 반프랑스 동맹국들과 전쟁 중이었는데, 이 동맹국들 중 네덜란드만 왕이 없는 공화정이었고 세습 총독이 통치했다. 혁명주의자들의 시각으로 보자면 이들 동맹국의 주권자들은 '전제군주'였다. 초반의 열세를 극복하고 결국 1795년에 프랑스가 승리하였고 스위스 바젤Bâle에서 프러시아(4월 5일)와 에스파냐(7월 22일)와 평화조약을 맺었다. 그러나 사드는 아직 이 조약을 모르고 있거나 무시한다. (D)

90. 리쿠르고스와 솔론을 말한다. (D)

럼 터무니없고 위험한 것이 없다고 생각했다. 한 개인의 '도덕적' 상태는 평화와 평정의 상태인 반면, 개인의 '부도덕'한 상태는 필연적인 폭동으로 이끄는 영구적인 운동의 상태이기 때문이다. 그래서 공화주의자는 자신을 구성원으로 하는 정부가 항상 폭동의 상태에 있도록 유지해야 한다.

이제 세부사항으로 들어가 정숙함부터 분석해보도록 하자. 그것은 마음의 심약한 움직임으로서, 마음이 느끼는 불순한 감정과 대립한다. 인간이 정숙해야 하는 것이 자연의 의도였다면 분명 자연은 인간을 벌거벗은 채 태어나게 하지는 않았을 것이다. 문명의 발전 정도가 우리보다 못한 수많은 민족이 벌거벗고 다니지만 그들은 전혀 수치스러워하지 않는다. 옷을 입는 관습을 정당화하는 유일한 근거라면 혹독한 추위와 여자들의 교태임이 분명하다. 여자들은 욕망이 불러일으키는 효력이 예고된다면 욕망은 자연스럽게 일어나는 대신 사라져버리고 만다는 점을 알았다. 자연이 여자들을 전혀 결함 없는 상태로 만들지 않았으므로, 여자들은 이 결함을 화장을 해서 감출 때 매력이 더 잘 드러나리라 확신했다. 그래서 정숙함은 절대 미덕이 아니라, 타락의 최초의 결과 중 하나일 뿐이며, 여자들이 교태를 부릴 때 사용하는 제일 수단 중 하나일 뿐이다. 리쿠르고스와 솔론은 추잡함이 시민을 공화주의 정부에 필수불가결한 '부도덕한' 상태에 붙잡아둘 수 있다고 현명하게 생각했기 때문에 젊은 처녀들이 극장에서 알몸으로 돌아다니도록 했다.*91 뒤이어 로마에서도 이러한 모범을 따랐다. 꽃의 여신 플로라를 기념하는 축제에서 사람들은 옷을 다 벗고 춤을 추었다. 이교도 비교제의秘敎祭儀 대부분이 이런 식으로 치러졌다. 옷을 입지 않는 것이 미덕이었던 민족들이 있었다. 어떻건 외설적인 성향은 추잡함에서 나온다. 이러한 성벽性癖의 결과가 우리가 분석하고 있는 소위 죄악을 구성하며, 그 첫 번째 결과가 매춘이다. 우리를 구속했던 종교의 수많은 오류에서 벗어났고, 죄가 되는 일이 있다면 그것은 자연이 우리에게 불어넣은 성벽을 반박하는 것이라기보다 그것에 저항하는 일임을 확신했다. 이러한 성벽의 한 가지 결과가 음란함이므로 우리 안에 이 정념의 불을 끄는 것이 아니라 평화로이 그 정념을 충족하는 방법을 규정하는 것이 중요함을 납득한 이상, 우리는 매춘 분야에 질서를 부여하고, 욕구가 생겼을 때 음란의 대상에 다가가게 되는 시민이 그 대상과 더불어 자신의 정념이 권하는 모든 것을 아무런 구속도 받는 일이 없이 탐닉할 때 반드시 필요한 확실한 안전장치를 마련하기 위해 노력해야 한다. 인간

· ·

91. (저자의 주) 두 입법가들은 남자들이 벌거벗은 여자에게 느끼는 정념을 무디게 하여 간혹 동성에게 느끼는 정념을 보다 강렬하게 만들려는 의도로 그러했다고들 한다. 저 현명한 입법가들은 남자들이 혐오감을 느낄 수 있는 것은 보여주고자 했고, 보다 달콤한 욕망을 불어넣을 수 있다고 생각했던 것은 감추고자 했다. 두 경우 모두 방금 언급한 목적을 위해 노력한 것이 아닌가? 우리는 그들이 공화주의 풍속은 부도덕성을 필요로 함을 알고 있었다고 생각한다.

이 가진 정념 중에 매춘보다 더 자유의 확장을 필요로 하는
정념은 없기 때문이다. 깨끗하고, 널찍하며, 필요한 가구가
적재적소에 갖춰져 있고, 모든 면에서 안심할 수 있는 다양한
장소를 도시에 세울 것이다. 그곳에서 즐기러 오는 리베르탱들
은 남녀노소 할 것 없이 모든 사람들의 도움을 받아 변덕을
채울 것이고, 가장 완전한 순종의 미덕이 그곳에 있는 사람들이
지켜야 할 규칙이 될 것이다. 조금이라도 거부를 하면 거부당한
자는 자의적으로 거부한 자를 곧바로 처벌할 것이다. 이 점을
좀 더 설명하고, 공화주의 풍속에 따라 가늠해야 할 것이다.[92]
항상 논리적으로 설명하겠다고 약속했으니 그 말을 지키겠다.

방금 말한 것처럼 매춘보다 더 자유의 확장을 필요로 하는
정념이 없다면 분명 그 정념이야말로 전제적인 것이다.[93] 그때

• •

92. 규준화에 관한 이러한 기획은 사드의 개인적인 환상을 보여주는데, 그렇다
고 해도 사드가 18세기 프랑스에서 이를 시도한 최초의 사람은 아니다.
고아용 드 라 플롱바니Goyon de la Plombanie, 『사회인L'Homme en société』
(1763), 레티프 드 라 브르통Rétif de la Bretonne, 『포르노그래피 작가Le
Pornographe』(1769), 무에Mouet, 『정의와 사랑의 침대 혹은 키테라의 법전
Lit de justice et d'amour ou Code de Cythère』(1776), 르콩트Dr Leconte,
『군신軍神의 건강 혹은 군인의 건강을 지키는 기술La Santé de Mars ou
l'Art de conserver la santé aux gens de guerre』(1790), 『팔레 루아얄의
여인들Les Demoiselles Chit-Chit du Palais-Royales』(작자 미상)(1793) 등을
보라. 그리고 위의 책들에 대해서는 에리카 마리 브나부Erica-Marie
Benabou, 『18세기의 매춘과 풍기 단속반La Prostitution et la Police des moeurs
au XVIIIᵉ siècle』의 10장(페랭, 1987)을 보라. (D)

93. 여기서 사드는 엘베시우스의 『정신론De l'Esprit』을 따른다. 엘베시우스는
"모든 사람들이 폭군으로 가지고 있는 욕망에 대하여"(3話 17장)라는

인간은 명령하고, 복종하고, 자기를 만족시켜줄 노예를 주변에 두기를 좋아한다. 자연은 사람의 마음 깊은 곳에 전제주의의 성향을 마련해놓았다. 그런데 여러분이 일정량의 전제주의를 발산하도록 해주는 은밀한 수단을 허용하지 않을 때마다 인간은 미쳐 날뛰면서 결국 그 전제주의를 자기 주변의 대상에 실행하게 되고, 결국 정부는 혼란에 빠지게 될 것이다. 여러분이 이러한 위험을 피하고 싶다면 인간을 자기 의사와는 상관없이 끊임없이 괴롭히는 저 폭군의 욕망에 부디 자유로이 날개를 달아주라. 그는 여러분이 배려하고 자기가 돈을 지불함으로써 근동의 시종무관[94]이나 황후들의 하렘에서 제 작은 지배욕심을 한번 실행해 봤다는 데 만족하여 돌아갈 것이다. 이미 만족했으니 이젠 제 음욕淫慾을 모든 수단을 동원하여 호의적으로 채워주는 정부를 혼란에 빠뜨릴 생각이 추호도 없다. 이와는 반대로

* *

제목이 붙어 있는 장에서 "이 욕망은 사랑의 쾌락에 그 원천을 두므로, 이 욕망은 모든 사람의 본성 자체에 있다"고 말했다. 데뫼니에Démeunier는 이 주제를 다시 취해, "인간은 폭군이 되고자 한다. 만일 그가 힘을 가졌다면 그 주변에 있는 사람들을 노예로 만들게 될 것"(『관례와 관습의 정신』 2권, 114쪽)이라고 썼다. 사드는 『쥘리에트 이야기』에서 엘베시우스를 두 번 인용한다(사드, 『선집』 3권, 334쪽과 836쪽). 사회적 질서의 수단으로서의 성적 폭군이라는 역할에 대해서는 사드, 『선집』 1권, 218쪽을 참조 (D)

94. 18세기 문학에서는 궁정사관Icoglan의 동성애에 관한 이야기가 자주 등장한다. 푸주레 드 몽브롱, 『범세계주의자 혹은 세계의 시민』(1750, 보르도, 뒤크로, 1970, p. 49-50). 그리고 볼테르의 『캉디드, 혹은 낙천주의자』 28장과, 사드의 『누벨 쥐스틴』(『선집』, 2권, 785쪽)을 참조. (D)

다른 방법을 써보면서 창부들에게 내각 독재며 사르다나팔로스*[95]처럼 음란한 우리의 왕들이 예전에 고안했던 우스꽝스러운 족쇄를 채워보라. 그자는 이내 여러분의 정부에 맞서 격분하고, 여러분이 실행시키는 전제주의를 시기하여 그가 찬 굴레를 벗어나고자 할 것이다. 여러분의 통치방식에 싫증이 나 이미 그래봤던 대로 통치 방식을 바꿔버릴 것이다.

이런 생각을 깊이 이해했던 그리스의 입법가들이 스파르타와 아테네에서 방탕한 행동을 어떻게 취급했는지 살펴보라. 이를 시민에게 금지하기는커녕 심취하게끔 했다. 어떤 종류일지라도 음란행위는 전혀 금지되지 않았다. 세상에서 가장 현명했다고 공언된 철학자 소크라테스는 아스파시아와 알키아비데스의 품을 무심히 옮겨 다녔지만 그리스의 영광이지 않은가. 좀 더 나아가 보겠다. 내 생각이 현재 일상적이 된 우리 관습과 모순될지라도, 우리가 수용한 정부를 보존하고자 한다면 서둘러 관습을 바꿔야 한다는 것이 내가 말하는 주제이므로, 명예로운 이름으로 알려진 여자들의 매춘행위가 남자들의 매춘행위보다 위험한 것이 아님을, 남자들이 내가 세우려는 매음굴에서 음란한 행위를 실행해보도록 해야 함은 물론, 우리 남성과는

• •

95. (저자의 주) 비열하고 흉악한 사르틴이 루이 15세에게 음란한 수단을 담은 이야기를 작성했음을 기억한다. 사르틴은 일주일에 세 번, 뒤바리 부인을 시켜 왕에게 파리의 불량한 지역에서 일어났던 일을 세세히 들려주도록 했다. 프랑스의 네로라 할 수 있는 루이 15세는 이런 리베르티나주를 위해 삼백만 리브르의 돈을 썼던 것이다!

전혀 다른 열정을 가진 여성도, 그녀들의 변덕과 기질에 따른 필요에 맞춰 양성兩性과 더불어 공히 만족할 수 있는 매음굴 역시 세워야 함을 여러분에게 납득시켜 볼 생각이다.

첫째, 자연은 여자가 남자의 변덕에 맹목적으로 순종하도록 규정해놓았는데 여러분은 어떤 권리로 여자는 이 규정에 예외가 되어야 한다고 주장하려는가? 둘째, 여자들에게 정조란 육체적으로도 불가능하고, 그것을 지킨다고 명예가 되는 것도 아닌데, 여러분은 어떤 권리로 여자들이 정조를 지켜야 한다고 주장하는가?

이 두 가지 문제를 분리해서 다뤄보겠다.

자연 상태에서 여자들이 '난교亂交'[96]한다는 것이 확실하다. 즉 암컷 동물의 특권을 누리면서, 예외 없이 모든 남성에 속하게 된다. 확실히 자연의 제일 법칙이 이러하며 사람들이 세운 최초의 군거群居생활의 사회제도가 이러하다. '이해관계', '이기심', '사랑'은 그토록 단순하고 자연적인 최초의 목적을 타락하게 만들었다. 한 여자를 차지하면서 부자가 된다고 생각했으며 여자를 가족의 재산이라고 믿었다. 내가 위에서 지적한 최초의 두 감정이 이렇게 충족되었다. 더 자주 여자를 납치했고 여자에 집착했다. 이렇게 두 번째 동기가 작동하게 되었고 어떤 경우라

• •

96. 라 메트리의 『반反세네카』에 난교vulgivague에 대한 언급이 있다. "스파르타에서는 정숙도, 도둑질도, 간통도 알지 못했다는 점을 알게 될 것이다. 게다가 여자들은 공동의 소유였고, 암캐들처럼 난교亂交했다." (D)

도 이는 부당한 것이다.

자유로운 존재는 결코 소유행위의 대상일 수 없다. 노예를 소유하는 것이나 한 여자를 배타적으로 소유하는 것이나 똑같이 부당하다. 모든 사람들은 자유로운 존재로 태어났으며, 모든 존재는 법적으로 평등하다. 이 원칙을 결코 잊어서는 안 된다. 그러므로 이 원칙에 따라 한 성性이 배타적으로 다른 성을 차지하도록 하는 합법적인 권리를 부여할 수 없다. 그리고 두 성 중 하나가, 두 계급 중 하나가 자의적으로 다른 성이나 계급을 소유해서도 안 된다. 자연의 순수한 법칙에서는 여성이라 할지라도 자신을 욕망하는 자를 거부할 목적으로 다른 남자를 사랑한다는 핑계를 끌어다 댈 수 없다. 여자의 이러한 거부행위 역시 배제의 원리가 되고, 여자가 모든 남자에게 확실히 속하게 되면 모든 남자는 여자의 소유에서 배제될 수 없기 때문이다. 소유행위는 건물이나 동물에게나 실행 가능할 뿐 어떤 경우라도 우리와 같은 개인에게 실행될 수 없다. 한 여자를 한 남자에게 묶어둘 수 있는 모든 관계는 그것이 어떤 종류의 관계일지라도 부당하며 허구적이다.

그러므로 자연이 남자에게 어떤 여자에게라도 구분 없이 애정을 피력할 권리를 부여했음에 이견의 여지가 없다면, 모순처럼 보이겠지만, 여자가 남자들의 애정에 배타적이 아니라 일시적으로*97 복종하게끔 하는 권리가 우리 남자에게 있다는 것 역시 이견의 여지가 없게 된다. 여자를 욕망하는 사람의 가슴속에 타오르는 불꽃을 여자가 순종하여 따르지 않을 수 없도록 하는 법을 제정할 권리가 우리 남자에게 있음이 확실하다. 폭력조차 이 권리가 낳는 여러 결과 중 하나이므로, 우리는 합법적으로 폭력을 행사할 수 있다. 아! 이 권리가 우리 남자에게 있음은 자연이 증명해주지 않았던가? 여자들이 남자의 욕망에 순종하게끔 하는 데 필요한 힘을 남자에게 나눠주지 않았는가 말이다.

여자들은 자신을 방어하기 위해서 정숙해야 한다느니, 다른 남자를 사랑한다느니 부질없는 주장을 해왔으나, 이런 허구의 방법은 아무짝에도 쓸모가 없다. 앞에서 정숙하다는 것이 얼마나 위선적이고 경멸받아 마땅한 감정인지 살펴본 바 있다. '미칠 듯한 마음의 열정'이라 불리는 사랑이라는 것도 여자들의 정숙함을 합리화하기 위해 만들어진 이름에 불과하다. 사랑은 사랑하는 존재와 사랑받는 존재라는 두 개인만을 만족시키게 될 뿐, 타인의 행복에는 아무 소용도 되지 못한다. 여자들의

• •

97. (저자의 주) 지금 내 말에 모순이 있다고, 앞에서는 남자가 여자를 속박할 권리가 없다는 원칙을 세워 놓고, 이제 와서 남자가 여자를 구속할 권리가 있다고 말하면서 앞의 원칙을 무너뜨리고 있다고 말하지 말라. 반복컨대 여기서 문제가 되는 것은 쾌락이지 소유가 아니다. 내가 길을 가다가 마주친 샘을 두고 그것을 내 소유라고 주장할 수 없지만, 내 갈증을 풀어주는 그 샘의 맑은 물을 즐길 권리는 있는 것이다. 내게는 그 누구라도 여자를 실제로 소유할 권리가 전혀 없지만, 여자를 향유할 권리가 있음은 두말할 필요가 없다. 여자가 가능한 이유를 들어 내가 향유를 하는 것을 거부한다면 나는 억지로라도 여자를 강요하여 향유할 권리가 있다.

존재 이유는 만인의 행복을 위해서인 것이지, 선취된 특권을 가진 자의 이기적인 행복을 위해서가 아니다. 그러므로 모든 남자들은 어떤 여자라도 똑같이 즐길 권리가 있으며, 자연의 법칙에 따르면 어떤 남자도 한 여자에게 단일하고 사적인 권리를 주장할 수 없다. 앞서 문제가 되었던 방탕의 집에서 우리가 원하는 만큼 여자들이 매춘을 하게끔 강요하고, 이를 거부하지 못하도록 만들고, 이행하지 않으면 처벌을 내리는 법이야말로 가장 공정한 법이며, 이 법에 반하는 경우에는 제아무리 합법적이고 정당한 동기라도 받아들여질 수 없을 것이다.

여러분이 공포公布한 법이 정당하다면, 어떤 이가 됐든 한 여자나 한 처녀를 즐기고자 할 남자는 내가 얘기했던 그 집에 가 있도록 여자에게 독촉할 수 있을 것이다. 여자는 비너스를 모신 신전의 포주들의 보호를 받으며 남자에게 몸을 맡겨, 제아무리 기이하고 비정상적인 것일지라도 남자가 여자와 즐기고자 하는 모든 변덕을 채워줄 것이다. 여기에는 자연에 속하지 않는 것이 없고, 자연이 인정하지 않는 것이 없기 때문이다. 이제 문제가 되는 것은 나이를 정하는 것뿐일 텐데, 나는 이것이 이런저런 연령대의 여자와 즐겨보고자 하는 남자의 자유를 제한하게 된다고 주장한다. 나무에 열린 과일을 먹을 권리를 가진 자는 분명 자기 취향에 따라 잘 익은 것을 먹을 수도 있고 아직 덜 여문 것을 먹을 수도 있다. 하지만 남자의 방식이 여자의 건강을 심각하게 해치게 될 수 있는 나이가 있다는 반박을 할 수 있을 것이다. 그러나 이런 배려를 할 가치가 전혀 없다. 여러분이 내게 향유에 대한 소유권을 허락할 때부터, 이 권리는 향유가 산출하는 결과와 무관하기 때문이다. 그때부터 이 향유에 순응할 대상에게 득이 되건 해가 되건 상관이 없다. 나는 이미 여자의 의지를 이 목적에 따라 구속하는 일이 합법적이며, 여자가 향유의 욕망을 불러일으키자마자 모든 이기주의적 감정이 제거된 저 향유에 순응해야 한다는 점을 증명했다. 여자의 건강 문제도 똑같다. 그런 문제를 고려하게 되면 여자를 욕망하거나 여자를 제 것으로 만들 권리를 가진 남자의 향유는 파괴되거나 약화될 것이다. 나이를 고려하는 일은 전적으로 무의미하다. 지금 문제가 되는 일은 자연과 법이 타인의 욕망을 일시적으로 충족시켜주도록 정해진 대상이 어떤 고통을 겪게 되느냐가 아니기 때문이다. 이렇게 검토해 봤을 때 유일한 문제는 무엇이 욕망하는 남자에 적합한가일 뿐이다. 이제 여자 쪽도 고려하면서 균형을 다시 맞춰보도록 하자.

그렇다. 다시 균형을 맞춰보도록 해야 한다. 틀림없이 그리할 것이다. 우리는 잔인하게 여자들을 예속했지만 이제는 두말할 필요 없이 보상을 해주어야 한다. 이것이 제시된 두 번째 문제에 답변이 될 것이다.

앞서 봤듯이 모든 여자가 남자의 욕망에 복종해야 한다고 가정하면, 마찬가지로 남자는 확실히 여자가 모든 욕망을 폭넓게 채울 수 있도록 할 수 있다. 이 문제에 대해 우리의 법은 여자의 불과 같은 기질에 호의를 베풀어야 한다. 남자보다 여자가 더 풍부하게 가졌던 성벽性癖에 반反자연적인 힘을 기울여 저항하는 것을 여자의 영예이자 미덕으로 삼았던 것은 터무니없는 일이었다. 여자를 유혹하면서 나약하게 만들어버리고, 그다음에는 남자가 온갖 노력을 다해 여자로 하여금 저항할 힘을 빼앗아 급기야 나락에 빠지고 말았다고 여자를 처벌하자는 것이니, 우리의 풍속은 정말 부당하지 않은가. 우리의 터무니없는 풍속은 정말이지 가혹할 정도로 공정치 못하다고 생각한다. 그래서 이런 분석만 놓고 보더라도 풍속을 보다 순화해야 할 급박한 필요를 느끼지 않을 수 없다. 그래서 나는 자연이 여자에게 음란이 마련하는 쾌락에 대해 우리 남자보다 맹렬한 성벽을 부여했으므로 여자가 원하는 만큼 결혼의 구속을 완전히 벗어날 때, 정숙함이라는 거짓된 편견에서 벗어날 때, 완전히 자연 상태로 되돌아갈 때 비로소 쾌락에 탐닉할 수 있을 것이라고 주장한다. 내 말은 여자들이 원하는 만큼 많은 남자들과 즐기도록 법으로 정해야 하고, 양성兩性의 향유와 신체의 모든 부분의 향유가 남자처럼 여자에게도 허용되어야 한다는 것이다. 그리고 그것을 욕망할 모두가 똑같이 즐긴다는 특별조항에 따라, 여자는 자신을 만족시켜줄 수 있다고 생각하는 모든 사람들을 똑같이 자유롭게 향유해야 한다.

이러한 방종이 어떤 위험을 가져오는지 묻겠다. 아이들이 아비를 갖지 못하게 된다는 위험인가? 아! 모든 개인이 조국이라는 어머니만을 갖고, 모든 이들이 조국의 아들이 되어야 할 공화국에서 그게 뭐가 중요하다는 말인가? 아! 오직 조국밖에 모르므로, 태어나면서부터 오직 조국에 모든 기대를 걸어야 한다는 것을 알게 될 아이들은 얼마나 조국을 사랑할 것인가! 여러분이 공화국의 아이들을 가정에 가두는 한 그 아이들이 훌륭한 공화주의자가 되리라고 기대하지 말라. 아이들이 공화국의 모든 형제와 나누어야 할 애정을 조금 덜어 고작 몇몇에게만 기울이는 이상, 틀림없이 그 아이들은 개개인에게 종종 위험한 것이 될 편견을 받아들이게 된다. 아이들의 의견과 사상은 고립되고 개별적인 것이 되며, 나라를 위해 일해야 할 사람에게 필요한 미덕을 갖추기란 결코 불가능해진다. 결국 아이들은 자기를 낳아준 부모에게 고스란히 마음을 주어버리게 되고, 그들을 길러주고, 그들을 인정하고, 그들을 훌륭한 사람으로 키워줄 조국에 대해서는 아무런 애정도 마음에 품지 못하게 된다. 국가가 베푸는 호의가 부모가 베푸는 호의보다 더 중요하지 않기라도 하듯 말이다! 아이들이 가정에서 그렇게 조국의 이익과는 전혀 다른 이익을 맛보도록 내버려두는 데 엄청난 문제가 있다면, 아이들을 가족과 떼어놓을 때 엄청난 이득이 생긴다. 내가 제안한 방식을 이용한다면 자연스럽게 그리되지 않을까? 결혼의 속박을 완전히 폐지한다면 여자가 쾌락을 즐겼던 결과로 생긴 아이들이 아니라, 아버지가 누군지 알고자 하는 일이 완전히 금지된 아이들만을 갖게 되기 때문이다. 그리고 이와 더불어 아이들은 하나의 가족에 속하지 않고, 마땅히 그래야 하는 것처럼, 오직 조국의 아이들이 되지 않겠는가?

그러므로 남자들처럼 여자들이 즐기게 될 리베르티나주를 목적으로 하는 집들이 정부의 보호를 받아 생길 것이다. 여자들은 그곳에서 원하는 대로 양쪽 성 모두의 사람들을 찾을 것이다. 여자가 이 집에 빈번히 드나들수록 존경을 받을 것이다. 여자의 욕망은 자연이 부여한 것인데 그 욕망에 저항하는 것을 여자들이 지켜야 할 영예요, 여자들이 행해야 할 미덕이라고 했던 것처럼 야만스럽고 우스꽝스러운 일이 없다. 어리석게도 여자들을 비난하는 자들은 줄기차게 여자의 욕망을 키워놓은 셈이다. 처녀가 가장 민감한 나이가 되었을 때부터[98] 부모의 속박에서 자유로워지고 결혼을 위해 남겨둘 것이 전혀 없기 때문에(내가 희망하는 현명한 법이 제정됨에 따라 결혼은 완전히 폐지되었다) 예전에 여성을 옭아맸던 편견을 넘어서서 이런 목적으로 세운 집에서 자기 기질에 맞는 모든 것에 탐닉할 수 있게 된다. 처녀는 그곳에서 존경을 한 몸에 받으며 접대를 받고, 대단히

• •

98. (저자의 주) 바빌론 여자들은 처녀성을 비너스의 신전에 바칠 때까지 일곱 살이 되기를 기다리지 않았다. 젊은 처녀가 음욕이 처음으로 솟아나는 경험을 할 때가 자연이 매춘행위를 하도록 정해놓은 시기이다. 처녀는 아무 생각할 것 없이 자신의 본성이 말하게 될 때부터 그 목소리를 따라야 한다. 그 목소리에 저항한다는 건 자연의 법을 위반하는 일이다.

만족을 하게 되고, 사회로 돌아와서는 오늘 무도회나 산책을 하면서 맛봤을 쾌락에 대해서처럼 공공연하게 이야기할 수 있을 것이다. 매력적인 성性을 가진 이여, 자유로워지라. 당신은 남자처럼 자연이 의무로 부여한 모든 쾌락을 향유하게 되리라. 어떤 것에도 구속받지 않게 되리라. 매춘이라는 인류애의 가장 신성한 분야에 타인의 구속을 받아들여서야 되겠는가? 아! 구속을 깨뜨려라, 그것만이 자연의 바람이다. 성벽性癖이라는 구속과, 욕망이라는 법과, 자연에게서 받은 도덕만을 받아들이라. 당신의 매력을 이울게 만들고 신과 같이 도약하는 당신의 마음을 구속했던 야만의 편견에 묶여 더는 신음하지 말라.[*99] 당신네 여성은 우리 남성처럼 자유로운 존재이니, 우리처럼 당신들 앞에 열린 길 역시 비너스의 전투를 수행하기 위한 것이다. 부당한 비난을 두려워 말라. 미신과 현학은 이미 사라졌으니, 당신의 탈선에 얼굴 붉힐 일 없다. 도금양과 장미로 장식한 화관을 쓴 여성 여러분, 우리 남자들이 여러분에게 품게 될 존경심은 오직 여러분 스스로 이뤄낸 탈선의 정도에 달린 일이리라.

· ·

99. (저자의 주) 여자들은 호색함으로 인해 얼마나 아름다워지는지 잘 모른다. 나이가 비슷하고 미모도 비슷한 두 여자를 비교해 보라. 한 사람은 독신생활을 하고, 다른 사람은 리베르티나주에 빠져 산다면, 광채와 싱싱함에서 두 번째 여자가 첫 번째 여자를 압도한다는 점을 알 수 있다. 자연을 억제하는 일이 쾌락을 남용하는 것보다 훨씬 쇠약하게 만든다. 잠자리가 여자를 아름답게 만들어준다는 걸 모르는 사람은 없다.

앞에서 설명한 것을 보면 확실히 간통에 대해 검토할 필요가 없을 것이다. 내가 세운 법을 따르면 간통이란 아무짝에도 쓸모없는 것이긴 하나, 잠시 눈을 돌려보도록 하자. 과거 제도하에서 간통을 범죄로 여겼는데 이 얼마나 우스꽝스러운 일인가! 영원한 부부관계라는 것보다 세상에 더 터무니없는 생각은 없다. 결혼관계가 어떤 부담을 주는지 검토하고 이해해보기만 해도 그 관계로 인한 구속을 덜어주었던 행위를 더는 범죄로 생각하지 않게 될 것이다. 앞서 언급했듯이 자연은 여자가 개별 남성에게 부여했던 것보다 더 강렬한 기질과 더 깊은 감수성을 갖게끔 했으므로, 여자 쪽에서 영원한 결혼의 구속을 분명 더 무겁게 느끼게 되었다. 사랑의 뜨거운 불꽃으로 타오른 유순한 여자들이여, 이제 두려워 말고 보상받으라. 자연의 충동을 따르는 일은 전혀 죄가 될 수 없으며, 자연이 여러분을 창조한 것은 한 남자 좋으라고 그런 것이 아니라, 모든 남자들을 구분 없이 기쁘게 하려는 목적에서였음을 확신하라. 여러분은 어떤 구속에도 멈춰서는 안 된다. 그리스의 여성공화주의자들을 모범으로 삼으라. 여자들을 위해 법을 마련했던 그리스 입법가들은 결코 간통을 범죄로 본 적이 없으며, 대부분 여자들의 부도덕을 허용했다. 토머스 모어는 『유토피아』에서 여자가 방탕에 탐닉하는 것이 좋은 일임을 증명했는데, 저 위대한 작가의 사상이 언제나 꿈이었던 것만은 아니다.*[100]

타타르 사람들은 여자가 매춘을 할수록 존경했다. 타타르 여자는 부덕不德의 상징을 공공연히 목에 달고 다녔고, 그런 장식이 없는 여자들은 존경받지 못했다. 페구[101]의 가정에서는 아내나 딸을 여행자에게 내어준다. 여자를 말이나 마차처럼 하루에 얼마씩 받고 임대를 한다! 두꺼운 책을 쓴대도 지상의 현명한 어떤 민족도 음란함을 죄악시하지 않았음을 증명하는 데 부족할 것이다. 기독교의 사기꾼들이 음란함을 죄악으로 규정했음을 모르는 철학자는 없다. 사제들이 음란한 행위를 못하게 했던 데에는 충분한 이유가 있었다. 저 은밀한 죄악을 인식하고 사면할 권리를 독점하여 여자들에게 상상할 수 없는 막강한 영향력을 행사하고, 그녀들로 하여금 끝도 한계도 없는 음란의 길을 걷게 했던 것이다. 사제들이 그 권리를 어떻게 이용했으며, 그들이 지금처럼 신용을 남김없이 잃어버리지 않았더라면 앞으로도 얼마나 그 권리를 남용하게 되었을지 우리는 잘 알고 있다.

근친상간이라고 더 위험한가? 결코 그렇지 않다. 근친상간은 가족의 관계를 확장하여, 결과적으로 시민이 능동적으로 조국을 사랑하도록 만든다. 근친상간은 자연의 최초의 법칙에 따라

• •

100. (저자의 주) 토마스 무어는 약혼자들이 결혼 전에 벌거벗고 서로를 살펴야 한다고 생각했다. 이 법이 실행되었다면 얼마나 많은 결혼이 취소되었을까! 물건을 보지도 않고 산다繼는 말은 이와 반대되는 일임을 인정해야 할 것이다.

101. 현재의 버마를 말한다. 타타르와 페구에 대한 세부사항은 모두 데뫼니에 Démeunier의 앞의 책 10권 2장에서 가져왔다. (D)

우리에게 규정된 것임을 경험으로 알 수 있다. 우리에게 속한 대상을 향유하는 일은 언제나 더욱 관능적인 것 같다. 최초의 사회제도는 근친상간을 권장했다. 사회의 기원으로 거슬러 올라가면 근친상간을 보게 되는 것이다. 근친상간을 허용치 않는 종교가 없으며, 근친상간을 옹호하지 않은 법은 없다. 세계를 두루 여행해 본다면 근친상간이 제도화되어 있지 않은 나라를 지구 어디에서도 찾을 수 없을 것이다. 푸아브르 연안과 리오가봉 지역의 흑인들은 제 자식에게 아내를 내어준다. 기아 나의 지다 왕국에서 장자는 아버지의 아내와 결혼해야 한다.[102] 칠레의 민족들은 누이와 딸과 거리낌 없이 동침하고, 어머니와 딸과 동시에 결혼하는 일도 다반사이다. 한마디로 말해서 감히 확신컨대 근친상간은 박애를 근간으로 삼는 모든 정부의 법이 되어야 한다. 합리적인 사람들이 어떻게 자기 어머니, 누이, 딸이 향유를 누리는데 그것이 죄가 된다는 터무니없는 생각을 할 수 있다는 말인가! 여러분에게 묻노니, 자연의 감정을 따르면 사람은 향유의 대상에 더욱 가까이 다가서기 마련인데, 이 대상을 찬양하는 것을 죄라고 보는 것은 얼마나 끔찍한 편견이 겠는가? 이 말은 자연이 우리에게 최선을 다해 사랑하라고 엄중히 명한 사람들을 지나치게 사랑하지 못하도록 금지했고, 자연이 우리에게 어떤 대상에 이끌리는 성벽을 부여할수록,

· ·

102. 지다Juida 왕국(트레부사전에는 쥐다Juda 왕국이라고 되어 있다)은 기아 나의 한 지역이다. (D)

동시에 그 대상으로부터 멀어질 것을 명령하고 있다 해도 과언이 아님을 말해준다. 이런 생각은 터무니없다. 미신에 물들어 바보가 된 민족들이 아니고서는 그런 것을 믿거나 받아들일 수 없다. 내가 세우고자 하는 여자들의 공동체는 틀림없이 근친상간을 받아들일 테지만, 더는 왈가왈부할 일고의 가치도 없음이 명백히 증명된 소위 범법행위라는 것에 대해서 이제 더는 할 말이 없다. 그래서 이번에는 강간의 문제로 넘어가기로 하자. 강간은 일견 리베르티나주의 탈선행위 중 폭력이 행사되므로 피해 관계가 확실히 입증된 것처럼 보인다. 그러나 강간은 대단히 드물게 일어나고 범죄를 입증하기가 매우 까다로우며, 이웃에 끼치는 손해가 절도보다 적다는 점이 확실하다. 강간이 신체 훼손에 그치는 반면 절도는 소유권을 침해하기 때문이다. 더욱이 강간을 한 자가 제가 범한 여자를 결혼이나 사랑을 하면서 그녀가 처할 수도 있을 상태에 조금 더 일찍 빠뜨렸던 것일 뿐이니, 그가 저지른 죄악은 대수롭지 않은 것이라고 대답한다면 그에게 어떻게 반박해야 할까?

그런데 남색은 어떠한가? 이 취향에 탐닉했던 도시에 하늘이 불벼락을 내렸다고 전한다. 그러니 이른바 남색이라는 범죄행위는 그런 징벌을 받는 것으로도 모자랄 괴물 같은 탈선이란 말인가? 분명 우리는 고통스럽게 우리의 선조先祖들을 비판해야 한다. 그들은 이 문제에 대해 법적으로 살육행위를 허용했기 때문이다. 여러분과 취향이 다르다는 것이 죄라면 죄일 불행한 개인에 어찌 야만적으로 사형을 구형할 수 있겠는가? 입법가들이 그 정도까지 터무니없었던 것이 고작 사십 년 전 일이라는 생각을 하면 전율이 일어날 정도이다.[103] 자, 시민 여러분, 기운을 내자. 더는 이러한 부조리한 일이 없을 것이다. 입법가들의 지혜를 믿어보자.[104] 몇몇 사람이 이러한 결함을 가졌음이 소상히 밝혀졌으니, 오늘날 그러한 오류가 더는 죄악일 수 없고, 자연은 허리 아래로 흐르는 체액을 우리 좋은 방식으로 흘러가게 마련한 길에 격노할 정도로 심각한 중요성을 부여할 수 없었으리라는 점을 우리는 잘 안다.

여기에서 존재할 수 있는 유일한 범죄는 무엇인가? 적어도 신체의 모든 부분이 서로 닮지 않아서, 더러운 부분도 있고 깨끗한 부분도 있다는 점을 주장하는 것이 아닌 한, 분명 이러저러한 곳을 옮겨간다는 것을 범죄라 할 수 없다. 그러한 터무니없

● ●

103. 약 오 년 정도의 차이가 있지만 정확한 주장이다. 제화업자 브뤼노 르노아 Bruno Lenoir와 하인이었던 장 디오Jean Diot가 1750년 7월 6일에 남색의 죄명으로 파리에서 화형을 당했다. 바르비에E.J.F. Barbier, 『역사와 일화 보(報)Journal historique et anecdotique』(éd. A. de la Villegille, Paris, 1851, t. III, p. 148-149)를 보라. 바르비에는 죄인들이 두 기둥에 묶여서 먼저 교수형을 받았다. 또한 클로드 쿠루브Claude Courouve, 『르누아-디오 사건L'Affaire Lenoir-Diot』(chez l'auteur, 1980)과 『남색가의 의회. 18세기 남성 동성연애에 관한 자료들Les Assemblées de la manchette, Documents sur l'amour masculin du XVIIIᵉ siècle』(chez l'auteur, 1987)을 보라. (D)

104. 클로드 쿠루브Claude Courouve의 『남색가의 의회Les Assemblées de la manchette』(위의 책, 12쪽)에서는 "1791년 혁명 형법(1791년 9월 25일과 10월 6일에 경범재판소와 시 경찰에 관한 법)에서는 여자와 남자의 동성애를 뺐다"는 언급이 있다. 1810년 형법에서도 사정은 같다. (D)

는 생각을 계속 주장할 수 없기 때문에 소위 유일한 범법행위는 여기서 정액의 손실일 뿐이리라. 그런데 자연이 보기에 정액이 대단히 값진 것이어서, 그것을 잃는 일이 반드시 죄가 되는 일이라는 것[105]이 그럴듯한 일인지 묻는 것이다. 그랬다면 자연은 매일같이 정액이 손실되도록 할 수 있었을까? 꿈을 꿀 때나 임신한 여자와 사랑할 때 정액의 손실이 용인되지 않는가? 자연이 우리가 자연을 위반할 수 있는 가능성을 주었다고 생각할 수 있을까? 자연이 인간으로 하여금 쾌락을 없애고, 그리하여 자연보다 더 강한 존재가 되는 데 동의한다는 일이 벌어질 수 있는가? 추론을 할 때 이성의 횃불의 도움을 저버리게 된다면 듣도 보도 못한 터무니없는 생각 속에 빠지게 된다! 그러니 여자를 이런 방식으로 즐기는 것이나 저런 방식으로 즐기는 것이나 마찬가지이며, 여자아이든 남자아이든 절대 구분할 필요가 없으며, 자연이 우리에게 준 것과 다른 성벽性癖이 있을 수 없음이 확실하므로, 자연이 인간으로 하여금 자연을 위반할 수 있게끔 허용하기에는 너무도 현명하고 너무도 일관된다는 사실을 확신하도록 하자.

　남색의 성벽은 신체기관의 차이 때문에 생긴다.[106] 우리는

• •

105. 생식에 관련되지 않은 정액의 배출은 죄로 간주되었다는 뜻. (역주)
106. 사드는 남색에 관한 문제에 루소에게서 나온 생각을 추가한다. 『신엘로이
　　즈』의 5권에서 볼마르는 생프뢰와는 달리 개인의 '신체구조'의 우월성을
　　주장한다. "정신을 변화시키기 위해서는 내부조직을 변화시킬 필요가
　　있고, 성격을 변화시키기 위해서는 성격을 좌우하는 체질을 변화시킬

제각기 갖고 태어난 신체기관을 전혀 어찌해 볼 수 없다. 대단히 민감한 나이의 아이들 중에 남색 취향을 보여주는 경우가 있는데, 이 취향은 평생 고칠 수 없다. 간혹 싫증이 난 결과일 때도 있다. 그러나 이 경우에서도 그것을 자연에 적합하지 않다고 할 수 있는가? 모든 관계를 종합해 볼 때 남색은 자연이 만들어 놓은 것이고, 모든 경우에 인간은 자연이 불러일으키는 것을 존중해야 한다. 정확한 조사가 이루어져서 남색의 취향이 다른 취향보다 훌륭하고, 남색으로 얻는 쾌락이 훨씬 더 강렬하고, 그런 까닭에 남색을 옹호하는 쪽이 반대하는 쪽보다 천 배나 더 많다는 점이 증명된다면, 그때 남색의 죄악은 자연의 목적에 봉사하며, 자연은 우리가 바보처럼 믿고 있는 것보다 생식에 관심이 덜하다는 결론을 내릴 수 있지 않을까? 그런데 세상 어디를 가보더라도 수많은 민족이 여자를 경멸한다는 점을 알 수 있다. 대를 잇는 데 필요한 아이를 얻기 위해서만 여자를 이용하는 민족들이 있는 것이다. 공화국에서는 일상적으로 남자들이 함께 지내곤 하므로 남색의 죄악이 더욱 빈번할 것이지만 이는 분명 위험하지 않다. 그리스 입법가들이 그렇게 생각했다면 공화국에 남색을 허용했겠는가? 그들은 전혀 그렇게 생각하지 않았으며 전사의 민족에는 남색이 필요하다고

* *

필요가 있습니다"(루소, 『전집』 2권, 566쪽[『신엘로이즈 2』, 김중현 역, 앞의 책, 233쪽]). 이 주제를 루소에서 가져오면서 사드는 양성애의 경험을 표현한다. (D)

보았다.[107] 플루타르코스는 열정적으로 '사랑하는 남자들'과 '사랑받는 남자들'의 전투에 대해서 말한다.[108] 그리스의 자유를 오랫동안 지켰던 자, 오직 그들이었다. 남색이 군인형제들의 결속을 지배했고, 강화했다. 많은 위인들에게 이런 경향이 있었다. 아메리카 대륙을 발견했을 때 이 대륙 전체에 남색 취향을 가진 이들이 널렸었다. 루이지애나와 일리노이의 인디언들은 여장을 하고 유녀遊女처럼 몸을 팔았다. 벵골의 흑인들은 공공연하게 남자들과 관계를 갖는다. 오늘날 알제리에 있는 대부분의 하렘에는 소년밖에 없다. 관용으로 그치지 않고, 테베에서 소년의 사랑이 법으로 허용되었고, 카이로네이아의 철학자[109]는 젊은이들의 풍속을 순화할 목적으로 남색을 법으로 규정한 바 있다.

남색이 로마에서 얼마나 공공연한 일이었는지 잘 알려져 있다. 로마에서는 소년들이 소녀 차림을 하고, 소녀들은 소년의 옷차림을 하고 몸을 팔았던 공공장소가 있었다. 마르티알리스,

· ·

107. 여기서 사드는 데뫼니에의 『관례와 관습의 정신L'Esprit des usages et des coutumes』(2권, 312쪽)을 요약하고 있다. 또한 플라셀리에R. Facelière 의 『그리스에서의 사랑L'Amour en Grèce』, 아셰트, 1960, 80-83쪽을 보라. (D)

108. 테베에서 일어난 이 전투에 관해서는 플루타르코스의 『영웅전Les Vies des hommes illustres』, 「펠로피다스」 33권, 플레이아드판 1권, 638-639쪽을 보라. (D)

109. 플루타르코스를 말한다. 그는 기원후 45년에 카이로네이아에서 태어났다. (역주)

298

카툴루스, 티불루스, 호라티우스, 베르길리우스는 여자 애인에
게 편지를 쓰듯이 남자 애인에게 편지를 썼다.[110] 플루타르코스
는 그의 책에서 여자는 남자들의 사랑에 참여해서는 안 된다고
쓰기도 했다.*[111] 크레타섬에 사는 아마지엔 사람들은 예전에
대단히 독특한 제의를 열어 소년을 납치하곤 했다.[112] 한 소년이
마음에 들었다면 납치하려는 날 소년의 부모에게 미리 알려주
었다. 애인이 마음에 들지 않았을 때 저항을 하는 소년도 있었다.
그렇지 않을 경우 자기를 납치한 자와 떠났고 유혹을 한 자는
소용이 끝나면 소년을 가족에 돌려보냈다. 여자에 대한 정념에
서처럼 남자에 대한 정념도 일단 질리면 과한 것이 되기 때문이
다. 고대 그리스의 지리학자 스트라본[113]은 이 섬사람들은
오직 소년으로만 하렘을 채웠다고 썼다. 공공연하게 소년들과
매춘을 했던 것이다.

　남색이 공화국에 얼마나 유용한지 증명해주는 가장 권위
있는 학설을 원하는가? 아리스토텔레스주의자 히에로니무
스[114]의 말을 들어보자. 그에 따르면 그리스 전역에 소년에

• •

110. 마르시티알리스, 『에피그람*Epigrammes*』(I, 43, V, 46, XI, 43), 카툴루스,
(XXIV), 티불루스, 『엘레지*Elégies*』(I, 4, 8, 9), 호라티우스 『오드집*Odes*』
(IV, 1, 10), 베르길리우스, 『농경시편*Bucoliques*』(II). (D)

111. (저자의 주) 도덕저작, 『연애론』.

112. 고대 크레타섬의 이와 같은 문화에 대해서는 데뫼니에의 책을 참조하라
(『관례와 관습의 정신*L'Esprit des usages et des coutumes*』 2권, 311쪽).
(D)

113. 스트라본Strabon, 『지리학*Géographie*』 10권 4장을 보라. (D)

대한 사랑이 유행처럼 번졌다. 소년과 사랑하면서 용기와 힘을 얻어 참주僭主를 물리칠 수 있기 때문이었다. 연인들이 음모를 꾸미고, 그들은 음모를 누설하느니 차라리 고문을 감수했다.[115] 애국심은 그렇게 국가의 번영을 위해 모든 것을 희생했다. 이런 관계들로 공화국이 강화된다고 확신했다. 여자들을 비난 했던 시대로, 여자들에게 집착하는 일은 전제주의 시대의 병폐 로 간주되었다.

전사의 민족들은 언제나 소년애少年愛를 행했다. 카이사르는 특히 골족이 이런 것을 좋아했다고 말했다.[116] 공화국은 전쟁을 수행해야 했기 때문에 양성이 서로 떨어져 있게 되므로 이 악행이 확산되었다. 국가에 유용한 결과를 가져온다는 점이 인정되면 종교의 승인을 이내 받게 된다. 로마 사람들이 주피터 와 가니메데스의 사랑을 승인했음은 널리 알려졌다. 그리스

• •

114. 아리스토텔레스주의자 히에로니무스Jérome le Péripatéticien는 기원전 3세 기의 아리스토텔레스주의자로, 디오게네스 라에르스가 여러 번 언급했다 (『유명한 철학자의 생애와 사상Vie, doctrines et sentences des philosophes illustres』, 1권 26-27, 2권 14, 26, 4권 41-42, 5권 68, 8권 57-58, 9권 16, 112(절)). (D)

115. 하르모디오스Harmodios와 아리스토기톤Aristogiton을 암시. 이들은 기원 전 514년에 아테네 폭군 히피아스Hippias의 형 히파르코스Hipparque를 죽였다. (D)

116. 이것의 기원은 허구적이다. 디오도로스 시켈로스Diodore de Sicile가 쓴 『비블리오테카 히스토리카Bibliothèque historique』 5권 32장에서 언급되 었다. 사드가 이 부분에서 요약하고 있는 데뫼니에의 책에는 오류가 있다(5권 21장). (D)

철학자 섹스투스 엠피리쿠스는 페르시아 남자들이 이러한 취향을 갖게 되자[117] 아내들은 무시당하게 되고 질투에 사로잡혀 결국 남편들이 소년들에게 받았던 것과 같은 것을 제공하게 되었다. 몇몇 남자들은 그렇게 시도하고는 상상력이 도무지 일어나지 않아 다시 처음 습관으로 돌아갔다.

터키 사람들이 마호메트가 코란에서 신성시했던 그러한 타락에 강한 애착을 가지고 있기는 하지만, 아주 젊은 처녀라면 소년의 대신이 될 수 있고, 이런 경험을 겪어보기 전에 아내가 되는 일은 없다시피 하다고 확신했다.[118] 교황 식스토 5세와 예수회원 산체스는[119] 이런 방탕을 허용했다. 산체스는 그것이

• •

117. 섹스투스 엠피리쿠스Sextus Empiricus, 『퓌론주의 개요Esquisse pyrro-niennes』(I, XIV, 152). (D)

118. 간접적으로 용인되었다. 마호메트의 천국에서는 정의로운 사람들에게 영원히 젊은 시종의 시중을 받을 수 있다고 한다. 이들은 '흩뿌려진 진주'와 같다고 표현된다(『코란』 76장 19절). 그러나 간음은 허용되지 않았으며(25장 68절) 성경과 아주 비슷하게 소돔과 고모라의 징벌에 관한 이야기가 있다(7장 71-81절). 아랍 문명에 존재했던 동성애에 관해서는 레몽 드 베커Raymond de Becker, 『맞은편의 에로티즘L'Erotisme d'en face』(J.-J. Pauvert, 1964, 75-83쪽)을 보라. (D)

119. 에스파냐 예수회원 토마스 산체스Thomas Sanchez(1550-1610)는 유명한 결의론자인데, 파스칼은 『레 프로방시알Les Provinciales』에서 그를 공격했다. 산체스가 쓴 결혼에 관한 논고는 1592년에 출판된 이후, 여러 차례 재판再版을 찍었다. 여기에서 그는 사드가 말하고 있는 것과는 반대로 결혼관계에서 남색에 대해 이야기한다. 그가 인용하고 있는 나바르Navarre 박사보다 더 진지하게 산체스는 항문 성교를 비난한다. 사드는 아마이 점에 대한 볼테르의 암시를 잘못 받아들였을 수 있다(「예수회원 베르티에의 질병, 고백, 죽음, 유령에 대한 보고서Relation de la maladie, de la

종족번식에 유용하며, 이러한 사전 준비를 거쳐 태어난 아이는 대단히 발육이 좋다는 점을 증명하려고 했다. 결국 여자들은 여자들끼리 욕망을 채우게 되었다. 분명 이 욕망에는 다른 것보다 성가신 문제가 없다. 그 결과 아이를 갖지 않게 되고, 생식의 취향을 가진 사람들의 방법은 대단히 강력하므로 그 반대의 취향을 가진 사람들은 아무리 해도 그것을 방해할 수 없기 때문이다. 마찬가지로 그리스 사람들은 여자들의 방종을 국시國是로 정해놓았으므로 그 결과 여자들은 여자들끼리 만족하게 되고, 남자들과 여자들의 관계가 뜸해지고, 여자들은 공화국이 당면한 사안들을 전혀 방해하지 않았다. 그리스의 풍자작가 루키아노스는 이러한 퇴폐가 엄청난 진보를 가져왔다고 말한다. 우리는 그 흥미로운 예를 여류시인 사포에서 찾아볼 수 있다.

한마디로 말해서 이러한 성벽性癖은 전혀 위험하지 않다. 이 성벽은 더 멀리 나아갈 때도 있었고, 여러 민족의 사례로 알 수 있듯이 동물이며 기형의 존재들까지 끌어안을 수 있다. 풍속의 타락이 정부에 유용할 때가 많고 어떤 면으로 보아도 정부에 해를 끼칠 수 없는 일이므로 이런 하찮은 일들에는 그 어떤 사소한 불편도 없을 것이다. 더욱이 우리는 입법가들이

• •

confession, de la mort et de l'apparition du jésuite Berthier」(1759), 몰랑판 전집 24권, 98-99쪽과 『선집Mélanges』, 플레이아드, 340쪽과 볼테르의 각주 4번을 보라). (D)

현명하고 신중할 것을 기대하므로 그들이 법을 제정하여 저 불행한 사람들을 억압하는 일은 없으리라 확신한다. 결국 절대적으로 신체기관에 달린 문제이므로, 그런 성벽에 이끌리는 사람을 두고 자연이 기형으로 만들어 놓은 개인보다 더 비난받아 마땅한 자라고 할 수는 없지 않은가.

인간이 동포에게 저지르는 범법행위의 두 번째 범주에서 마지막으로 검토할 것은 살인의 문제이고, 다음에는 자기 자신에 대해 가져야 하는 의무로 넘어갈 것이다. 인간이 동포에게 가할 수 있는 모든 위해행위 중 살인은 이론의 여지없이 가장 잔인한 것이다. 살인은 자연이 인간에게 준 유일한 재산이자, 한번 잃어버리면 영원히 되찾을 수 없는 재산을 앗아가 버리기 때문이다. 그렇지만 살인이 희생자에게 일으키는 피해를 제외해 본다면 여기서 여러 문제가 제시된다.

1. 이 행위는 자연의 법칙만을 고려해볼 때 정말 죄악인가?
2. 이 행위는 정치적 법칙을 고려해볼 때 정말 죄악인가?
3. 이 행위는 사회에 해로운가?
4. 이 행위를 공화국 정부는 어떻게 생각할까?
5. 마지막으로 살인은 또 다른 살인으로 처벌해야 하는가?

이 문제들을 분리해서 검토해보도록 하자. 대단히 중요한 문제이므로 하나하나 살펴볼 필요가 있다. 우리 생각이 좀 정도가 심하지 않은가 생각할 수 있을지도 모른다. 어떤 결과가 생기기에 그런가? 우리는 모든 것을 말할 권리가 없던가? 위대한 진리를 듣고자 기대하는 만큼 그 진리를 자세히 살펴보도록 하자. 지금이야말로 오류가 사라질 때다. 전제정專制政을 보지 못하게 했던 예전의 눈가리개가 이미 떨어졌으니 이번에는 오류를 보지 못하게 했던 눈가리개가 떨어져야 할 차례이다. 자연은 살인을 죄로 보는가? 이것이 첫 번째로 제기된 문제이다.

이제 우리는 인간의 오만을 자연이 만들어낸 다른 모든 것의 수준으로 끌어내려 그것에 모욕을 가할 것이다. 그런데 철학자는 인간의 저 사소한 허영심을 감싸주지 않는다. 철학자는 항상 열정을 다해 진리를 추구하면서 진리를 이기심이라는 어리석은 편견과 구분하고, 진리에 도달하고, 진리를 발전시키고, 놀라 깨어난 세상에 과감히 진리를 보여주는 자이다.

인간이란 무엇인가, 인간과 다른 초목이, 인간과 자연의 다른 동물이 다른 점이 무엇인가? 분명 어떤 차이도 없다. 동식물처럼 인간은 우연히 지구상에 자리 잡았고, 동식물과 전혀 다름없이 태어났다. 동식물처럼 인간도 번식하고, 자라고, 늙는다. 동식물처럼 인간도 노년에 이르고, 자연이 종種에 따라 신체기관에 맞춰 부여한 수명을 다하면 무로 돌아간다. 이렇게 인간을 동식물과 나란히 놓아보았을 때 철학자의 엄정한 눈으로 보아 이들 사이에 어떤 차이도 발견할 수 없다면, 사람을 죽이는 것은 동물을 죽이는 것만큼 죄가 되는 일이거나, 어느 쪽이든 전혀 죄가 되지 않게 될 것이다. 인간과 동식물 사이의 거리는 단지 인간이 가진 오만이라는 편견에서만 존재한다. 그런데 불행히도 오만이라는 편견처럼 터무니없는 것은 세상 어디에도 없다. 그렇지만 이 문제를 서둘러 해결해보도록 하자. 여러분은 사람을 죽이는 것이나 동물을 죽이는 것이나 똑같다는 점을 받아들일 수밖에 없다. 그런데 피타고라스주의자들이 그렇게 생각했고, 지금도 갠지스 강변에 사는 사람들이 그렇게 생각하듯이, 생명을 가진 모든 동물의 살육은 정말이지 악이 아닌가?[120] 이 문제에 답변하기 전에 독자들은 우리가 이 문제를 우선 오직 자연만을 고려해서 검토하고 있다는 점을 상기하기 바란다. 우리는 그 다음에 이 문제를 인간과 관련해서 다루기로 하겠다.

그런데 자연이 전혀 수고를 들이지도 않았고, 전혀 배려도 하지 않았던 개인들이 자연에 얼마만한 귀중한 가치를 가질 수 있는지 나는 묻고 싶다. 노동자는 그가 들인 노동과 시간에 비례해 자신의 작업을 평가한다. 그런데 자연에게 인간은 값진 존재인가? 그렇다고 가정한다면, 인간은 원숭이나 코끼리보다 더 값진가? 좀 더 멀리 가보겠다. 자연을 만드는 물질은 무엇인가? 생명을 갖고 태어나는 존재는 무엇으로 구성되는가? 생명을 갖는 존재를 형성하는 세 요소는 다른 물체가 먼저 파괴된

120. 피타고라스와 인도 불교도처럼 채식주의자의 의견을 말한다. (역주)

후 나오는 것[121]이 아닌가? 모든 개체가 영원히 살아간다면 자연은 새로운 개체를 만들 수 없게 되지 않을까? 자연에서 존재가 영원할 수 없다면 존재의 파괴가 자연의 한 가지 법칙이 된다. 그런데 이러한 파괴가 자연에게 유용한 것이고, 자연은 파괴를 절대적으로 필요로 한다면, 죽음이 마련하는 수많은 파괴 없이 자연은 결코 창조에 이를 수 없다고 한다면, 이 순간부터 죽음과 동일시했던 생명을 앗는 행위란 머릿속에서 이루어지는 상상이지 실제로 이루어지는 일이 더는 아닐 것이고, 그 행위를 더는 확인할 수 없을 것이다. 생명을 가진 동물의 종말이라고 부르는 것은 실제적인 종말이 아니라, 단지 간단한 변형일 뿐이게 된다. 변형의 기초는 물질의 진정한 핵심인 영구운동이며, 모든 현대 철학자들은 이를 제일 법칙 중 하나로 인정하고 있다. 저 부인할 수 없는 원칙을 따르면 죽음이란 형태의 변화, 한 존재에서 다른 존재로의 눈에 띄지 않는 이동에 불과하다. 바로 이것을 피타고라스는 윤회라고 했다.

이 진실을 일단 받아들인다면 파괴를 죄악이라고 주장할

••

121. 여기서 사드가 정확히 어떤 입장을 참조하고 있는지 알 수 없지만, 동시대 화학이론(특히 게오르크 에른스트 슈탈)을 따라본다면 이 세 요소는 소금, 기름, 흙을 가리킨다고 볼 수도 있다. 『백과사전』의 「부패putréfaction」 항목에서 "부패는 […] 수용액水溶液의 작용에 따라 육체에 전달되어 염성鹽性/salines, 유성油性/grasses, 토성土性/terrestres을 띤 부분들의 결합을 해체하는 내적인 운동을 말한다. 이 운동에 따라 이들 부분들이 분리되고, 감소하고, 이동하고, 결합하게 된다." (역주)

수 있을지 궁금하다. 여러분은 터무니없는 편견을 버리지 않으려고 뻔뻔하게 변용變容이 파괴가 아니냐고 하려는가? 확실히 그렇지 않다. 그렇게 주장하려면 물질 내부에 무기력의 순간, 즉 정지의 순간이 있음이 증명되어야 한다. 그런데 여러분은 그 순간을 절대로 발견할 수 없다. 작은 동물은 큰 동물의 숨이 끊어지자마자 형성된다. 극미極微동물의 생은 대형동물의 일시적 정지 상태로 인한 필연적인 한 가지 결과에 불과하다. 지금 여러분은 자연은 두 종류의 동물 가운데 한쪽을 선호하는 것 아니냐고 하려는가? 그렇게 주장하려면 한 가지가 증명되어야 하는데 이를 증명하기란 불가능하다. 자연은 길거나 각진 형태를 마름모나 삼각형보다 더 유용하고 보기 좋다고 여기는가 하는 문제가 그것이다. 자연의 숭고한 도안圖案을 따를 때 무기력과 무감각의 상태에 있는 피둥피둥 살찐 게으름뱅이가 말이나 소보다 더 유용하다는 점을 증명해야 할 것이다. 말이 우리에게 해주는 노동은 없어서는 안 되는 것이고, 소는 어느 부분 하나 소용되지 않는 데가 없는 값진 육체를 제공하지 않던가. 그러니까 그런 논리로는 독사를 충견보다 더 필요한 존재라 말해야 할 것이다.

그런데 이런 생각을 받아들일 수는 없으므로, 파괴행위란 형태를 다양하게 만드는 것일 뿐 생명의 불을 끄는 것이 아니므로 우리가 자연의 산물을 없애버리기란 불가능함을 받아들이도록 반드시 합의해야 한다. 또한 나이가 얼마든, 성별이 어떻든,

어떤 종種에 속했든 소위 생명을 죽인다는 것이 전혀 죄악이 아닐 수 있음을 증명하는 것은 인간의 힘을 넘어서는 일이 될 것이다. 모든 것을 차례차례 밟아나가면서 얻은 결론을 통해 더욱 앞으로 나아가게 되었으니, 마지막으로 여러분이 저지르는 행위가 자연을 해치기는커녕 자연이 만들어낸 피조물의 형태를 다양하게 변화시키면서 자연에 득得이 된다는 점에 동의해야 할 것이다. 여러분은 그 행동을 통해 물질이 재구성되기 위한 최초의 물질을 공급해주었으니 말이다. 당신이 없애지 않았더라면 자연의 작업이 실행될 수 없었을지도 모른다. 아! 자연 좀 그냥 내버려두시오, 라고들 한다. 그러자. 자연을 그냥 내버려두어야 한다. 그런데 동족살해에서 인간이 따르는 것은 바로 자연의 충동이다. 자연이 바로 그렇게 하라고 권하는 것이다. 자연과 동포를 죽이는 인간의 관계는 자연의 손에서 나온 페스트나 기근과 인간의 관계와 같다. 자연은 파괴의 일차 물질을 보다 빨리 얻고자 가능한 모든 수단을 사용한다. 그러니 파괴행위는 자연의 작업에 절대 필요하다.

잠시 철학의 성화聖火로 우리 마음을 비춰보자. 자연의 목소리가 아닌 다른 어떤 목소리가 우리더러 개인적인 증오, 복수, 전쟁, 한마디로 말해서 이 모든 영원한 살육의 동기를 불러일으키는가? 그런데 자연이 우리에게 그리하도록 권고하는 것이라면 그 말은 그것이 자연에 필요하다는 것이다. 그러니 이 점을 따라보면 자연의 목적을 따랐을 뿐인 것을 어찌 자연의 법칙을 어긴 범죄행위로 볼 수 있다는 말인가?

개화된 독자들이 살인은 자연의 위반일 수 없음을 납득하도록 충분히 말했다.

살인은 정치적으로 볼 때도 죄악인가? 이와는 반대로 불행한 일이지만 살인은 정치의 가장 큰 한 가지 동력일 뿐임을 두려워 말고 고백해보자. 살육을 자행하지 않았더라면 로마가 어찌 세상의 주인이 되었겠는가? 살육을 자행하지 않았더라면 프랑스가 오늘날 어찌 자유로운 국가가 되었겠는가? 지금 말하는 것이 반도叛徒나 질서의 파괴자들이 자행한 가혹행위가 아니라, 전쟁으로 발생한 살육임을 굳이 언급하지 않는대도 알 것이다. 전쟁의 살육은 공공의 증오가 귀착한 것으로 만인이 느끼는 공포와 분노를 자극하는 목적으로만 기억할 필요가 있다. 오직 속일 생각만 하는 학문, 다른 나라를 희생해서 한 나라의 성장을 도모하는 학문보다 더 살인으로 뒷받침되어야 하는 학문이 어디 있겠는가? 저 야만적인 정치의 유일한 산물인 전쟁은 정치가 필요한 것을 얻고 강화되며 뒷받침되는 수단이 아니라면 무엇인가? 전쟁은 파괴의 학문이 아니라면 무엇인가? 공개적으로 죽이는 기술을 가르치고, 전쟁에서 가장 잘 죽인 사람에게 상을 내리고, 특별한 이유 때문에 적에게 패퇴했던 사람을 처벌하다니 인간이란 정말 이상스럽게도 분별력이 없지 않은가! 이제는 이런 야만적인 오류를 벗어나야 할 때가 아닌가?

세 번째로 살인은 사회에 반하는 범죄인가? 이 점을 합리적으로 설명할 수 있었던 사람이 있는가? 아! 이렇게 많은 사람들이 모여 사는 사회에 구성원이 한 명 더 많든, 한 명 더 적든 무슨 문제인가? 그렇다고 사회의 법, 풍속, 관습이 타락할까? 한 개인의 죽음이 일반 대중에 영향을 준 적이 있는가? 대규모 전투에서 패배한 다음, 아니 무슨 말인가, 인류 절반이, 인류 전체가 죽어 없어진 다음에 살아남을 수 있었던 극히 적은 수의 사람들은 조금이라도 물질적인 변화가 있었음을 느낄 수 있게 될까? 아! 그렇지 않다. 자연은 눈 하나 깜짝하지 않을 것이다. 모든 것이 자신을 위해 만들어졌다고 믿는 어리석고 오만한 인간이나 인류 전체가 완전히 절멸한 다음에도 자연에 아무 변화가 없고 별들의 운행이 일분도 늦춰지지 않았음을 보고서는 깜짝 놀라지 않겠는가. 계속해보자.

호전적인 국가나 공화주의 국가는 살인을 어떻게 볼까? 분명한 것은 살인행위를 비난하거나 처벌하는 일은 대단히 위험한 일이 되리라는 점이다. 긍지 높은 공화국 시민이라면 다소 잔혹할 필요가 있다. 공화주의자가 유순해지거나 에너지가 감소한다면 이내 정복당하고 말테니 말이다. 정말 이상스럽기 짝이 없는 생각을 하나 제시해보려고 한다. 그것이 과감한 것처럼 보인대도 진실이기 때문에 말해보련다. 공화주의 체제로 통치를 시작한 한 나라가 있다. 그 나라를 지탱하는 것은 오직 미덕이다. 최대에 이르려면 항상 최소부터 시작해야 하기 때문이다. 그러나 이미 역사가 오래되어 타락한 나라가 공화주의를 수용하려면 용기 있게 전제주의 정치의 구속을 벗어 던질 것이고, 수많은 죄악을 통해 지탱해 나갈 것이다. 이 국가는 벌써 죄악에 빠져 있어서, 죄악에서 미덕으로 옮겨가고자 했다면, 다시 말해 폭력적인 상태에서 온화한 상태로 옮겨가고자 했다면 무기력의 상태에 떨어지고 말 것이고, 이내 폐허가 되리라는 점이 확실하다. 나무를 에너지가 풍부한 토양에서 모래 많고 건조한 곳으로 옮겨 심는다면 어떻게 되겠는가? 정신적인 모든 관념과 자연의 물리적 법칙은 떼려야 뗄 수 없는 관계이므로, 농업과 마찬가지로 도덕의 문제에서도 잘못 생각할 수가 없겠다.

가장 독립심 강한 이들, 가장 자연에 가깝게 사는 이들, 즉 야만인들은 살인에 몰두해도 일상적으로 처벌받지 않는다. 스파르타, 즉 라케다이몬 지역에서는 프랑스에서 자고새사냥을 하듯 노예사냥을 했다. 가장 자유로운 민족은 살인을 받아들이는 민족이다. 필리핀의 민다나오섬에서 살인을 저지르고자 하는 사람은 용맹한 사람들의 반열로 올라가므로 이들에게 머리에 터번을 씌워준다. 카라고스 사람들은 그 영예로운 머리 장식을 얻으려면 사람 일곱을 죽여야 했다. 보르네오 사람들은 자기가 죽인 사람들이 자기가 죽은 뒤 봉사를 해줄 것이라고 생각한다. 에스파냐의 신앙심이 깊은 사람들조차 산티아고데 콤포스텔라에서 하루에 아메리카 사람 열두 명씩 죽이게 해달라는 소원을 빌었다. 탕구트 왕국은 힘세고 용맹한 젊은이를 한 명 골라 일 년에 며칠 동안 그가 만나는 사람을 전부 죽일 수 있도록 허용한다. 유대인보다 살인을 좋아하는 민족이 있던 가? 유대인의 역사책을 넘길 때마다 모든 형태의 살인이 행해졌음을 읽게 된다.

중국 황제와 관리들은 간혹 조치를 취해 폭동이 일어나게끔 한다. 이러한 조작을 통해 끔찍한 대량학살을 자행할 권리를 얻는 것이다. 유순하고 여성화된 중국 민족이 폭군의 굴레에서 해방된다고 해보자. 이번엔 당연히 폭군을 쳐 죽일 것이다. 어느 쪽이든 항상 살인을 채택할 것이고, 항상 살인을 필요로 할 것이므로 계속 희생자만 바꿀 따름이다. 한쪽에 행복이 되었던 것이 미래엔 다른 쪽에 지복至福이 될 것이다.

수많은 국가들이 공개 살인을 용인한다. 제노바, 베네치아, 나폴리 및 알바니아 전역에서 허용된다. 산도밍고 강가에 자리 잡은 카차오에서 살인자들은 공개적이고 잘 알려진 관례에 따라 여러분이 명령만 하면 여러분이 보는 앞에서 여러분이 지목한 자의 목을 조른다. 인도인들은 살인하는 데 필요한 용기를 얻고자 아편을 한다. 그리곤 길거리로 뛰어나와 마주치는 사람들을 죄다 살육한다. 바타비아를 여행하던 영국 사람들이 이런 괴벽을 보았다.

로마 민족보다 위대한 동시에 잔인한 민족이 있겠는가? 로마보다 영광과 자유를 더 오랫동안 보존한 국가가 있겠는가? 그들은 검투사들의 시합을 관람하면서 용기를 얻었다. 살인을 놀이처럼 행하는 습관이 들었기에 전사의 국가가 된 것이다. 매일 천이백에서 천오백의 희생자들이 원형경기장을 채웠고, 여자들이 남자들보다 더 잔인해서 죽어가는 사람들더러 우아하게 쓰러지라고 그들에게 죽음의 경련을 일으키는 모습을 보여달라고 뻔뻔스럽게 요구했다. 그들은 이런 것에 그치지 않고 제 앞에서 난쟁이들이 서로 목을 조르는 것을 즐겁게 관람했다. 기독교가 지구를 물들여 사람들에게 서로 죽이는 것은 죄가 된다는 것을 설득하게 되자, 이내 폭군이 등장해 로마 민족을 속박했고, 세상의 영웅들은 폭군의 노리개가 되었다.

결국 세상 어디서나 살인자, 즉 동포를 죽이고, 공적이든 사적이든 복수를 자행하기에 이르기까지 제 감수성을 억제하는 그런 자를 대단히 용맹한 자라고, 그러므로 호전적이거나 공화주의 정부에 대단히 소중한 존재였다고 정확히 생각했다. 더 광포하기에 아이를 살육하고 더 자주 제 아이까지 살육하면서 만족해했던 나라를 두루 다녀보자. 살인이 보편적으로 받아들여졌고 간혹 법의 일부가 되기조차 한다는 점을 알 수 있을 것이다. 여러 야만족들은 낳자마자 아이를 죽인다. 오리노코강 연안에 사는 여자들은 딸은 불행을 운명으로 갖고 태어난다고 믿는다. 딸들은 결국 여자를 고통스럽게 만들 이 고장 야만인들의 배우자가 될 수밖에 없으니 말이다. 그래서 여자들은 딸을 낳자마자 죽이곤 했다. 남아시아의 트라포반과 소피르 왕국[122]

에서 기형으로 태어난 아이들은 부모의 손에 죽임을 당했다. 마다가스카르 여자들은 신생아를 일주일에 며칠씩 맹수가 다니는 길목에 두곤 했다. 그리스의 공화국들에서는 태어난 아이들 전부를 세심히 관찰하고 아이의 체격이 나중에 공화국을 지킬 수 없겠다 판단되면 바로 잡아 죽였다. 그리스에서는 저 인간 본성의 비루한 거품을 살려두려고 엄청난 돈이 들어가는 구호소를 세우는 것이 적절하다고 판단하지 않았던 것이다.*[123] 로마제국의 중심지가 이전되기 전까지 로마 사람들은 아이들을 키우고 싶지 않으면 큰길에 내다버렸다. 고대의 입법가들은 한 치의 망설임도 없이 아이들을 죽였고 그들의 법전어디를 찾아봐도 가장이 가정에 행사할 수 있다고 여긴 권리를 억압하는 부분이 없다. 아리스토텔레스는 낙태를 권했다.[124]

• •

122. '트라포반Trapobane'은 타프로반Taprobane의 오식誤植이다. 타프로반은 오늘날의 스리랑카이다. 데뢰니에에 따르면 소피트 왕국은 인도 북서쪽의 지역이다. (D)

123. (저자의 주) 아무짝에도 쓸모없는 구호소를 위한 지출에 개혁이 이루어지기를 바라야 한다. 언젠가 공화국에 쓸모 있는 존재가 되는 데 필요한 자질을 갖지 못하고 태어난 개인은 누구라도 목숨을 부지할 권리가 없다. 우리가 할 수 있는 최선은 그런 존재를 낳자마자 죽이는 것이다.

124. "인구가 과다하게 증가하는 경우, 풍속이 신생아들이 더 이상 태어나지 않기를 바란다면 생식을 어느 한도로 붙잡아 두어야 한다. 몇몇 부부가 법으로 정해둔 이 한계를 넘는다면 태아가 생명과 감각을 갖추기 전에 낙태를 할 수 있을 것이다. 이와 같은 끔찍하지만 존중해야 하는 특징은 태아가 생명과 감각을 가졌느냐 아니냐에 따라 결정될 것이다"(아리스토텔레스, 『정치학』 7권 16장, 1335b). 여기서 아리스토텔레스가 염두에 둔 기간은 수태로부터 시작해서 식물적 생장이 이루어지는 사이를 말한다.

314

조국에 대한 열정과 환희로 가득했던 고대 공화주의자들은 현대에 볼 수 있는 개인적인 동정심을 인정하지 않았다. 제 아이들을 덜 사랑하고 제 조국을 더 사랑했던 것이다. 중국의 모든 도시에서 매일 아침 엄청난 수의 아이들이 길거리에 버려진다. 동이 트면 오물차로 실어 날라 구덩이에 처넣는다. 산파들이 산모에게 아이를 받자마자 끓는 물이 담긴 통에 넣어 질식을 시키거나 강물 속에 던져버린다. 북경에서는 아이들을 골풀로 엮은 작은 바구니에 담아서 수로에 버리므로 매일같이 이를 걷어내는 것이 일이다. 저 유명한 여행가 뒤 알드[125]는 하루 삼만 명 이상의 아이들을 걷어 올리고 있다고 추산한다. 공화주의 정부에는 인구의 증가를 막도록 제방을 마련하는 것이 극히 정치적인 일이며, 이것이 반드시 필요한 일임을 부정할 수 없다. 절대적으로 반대되는 목적이지만 군주제 국가에서도 이런 정책을 장려해야 했다. 폭군들의 부는 노예의 숫자로 계산되었으므로 그들은 사람들을 필요로 한다. 하지만 공화주

· ·

그러므로 수태가 이루어진 뒤 40일까지를 말한다. 데뫼니에는 이를 다음과 같이 요약한다. "아리스토텔레스는 시민의 인구를 고정시켰으며, 법에 정해진 수를 초과하게 될 때는 태아가 생을 가지기 이전에 여자들이 낙태를 할 수 있도록 허용했다"(『관례와 관습의 정신』 1권, 273쪽). (D)

125. 이중으로 부정확한 사례. 예수회원 장 바티스트 뒤 알드(1674-1743)는 여행가가 아니고, 파리에서 동료들이 쓴 여행기들을 묶은 선집 『선교사 서한집Lettres édifiantes et curieuses』을 편집한 사람이다. 1735년에 그는 『중화제국과 중국 타타르의 지리, 역사, 연대기, 정치, 자연학에 대한 서술Description géographique, historique, chronologique, politique et physique de l'empire de la Chine et de la Tartare chinoise』을 펴냈다. (D)

의 정부에서는 지나친 인구가 실제로 악이 된다는 점이 분명하다. 현대 프랑스에서 십인十人사법판결위원[126]들의 말처럼 인구를 줄이려고 목을 졸라 죽일 수는 없으므로, 행복하기 위해 필요한 한계를 넘어버릴 수 있는 방법에 제한을 가하는 것이 좋겠다. 한 사람 한 사람이 주권자가 되는 인민이 지나치게 많은 수가 되지 않도록 조심하고, 혁명은 지나치게 많은 인구 때문에 생길 수밖에 없음을 명심하라. 여러분이 국가의 번영을 위해 전사들에게 인간을 죽일 권리를 부여하듯이, 국가의 보존을 위해 각 개인에게 가정에서 키울 수 없고 정부가 전혀 도움을 기대할 수 없는 아이들을 원하는 만큼 없애버릴 수 있는 권리를 부여하라. 이는 자연을 위반하는 일이 전혀 아니다. 마찬가지로 각 개인에게 위험과 위난危難을 받을 때 그를 해할 수 있는 적을 모조리 없애버릴 수 있는 권리를 부여하라. 이 모든 행위의 결과는 그 자체로 전혀 대수롭지 않은 것이기에 인구를 여러분의 정부를 전복할 만큼 많지 않을 정도의 적정선으로 유지할 수 있게 해줄 것이다. 왕정주의자들이 국가의 크기는 과도한 인구수에 비례한다고 떠들도록 내버려두라. 인구가 먹여 살릴 수 있는 이상이 될 때 국가는 언제나 가난할 것이고, 인구를 적정 수준으로 조절해서 초과분을 수출하게 될 때 국가는 언제나 부유할 것이다. 가지가 너무 많은 나무는 전정剪定을 해주어

● ●

126. 십인사법판결위원décemvir은 공안위원회Comité de salut public에 속한 사람들을 말한다.(D)

316

야 하지 않는가? 나무 기둥을 보존하려면 잔가지를 쳐줘야 하지 않는가? 이 원칙을 지키지 않는 모든 체계는 괴상망측하기 이를 데 없어서 우리가 그토록 힘들게 쌓아 올린 국가의 근간을 깡그리 파괴해버릴 것이다. 그런데 인구를 줄일 목적으로 사람을 죽여야 한다면 사람 모양을 이미 갖췄을 때 해서는 안 된다. 충분히 성장을 끝낸 개체가 살아야 할 나날을 단축한다는 것은 부당한 일이 아닌가? 내 주장은 세상이 필요로 하지 않으리라는 것이 확실한 존재가 생명을 갖지 못하도록 하는 게 옳지 않느냐는 말이다. 그렇게 불필요한 인간은 요람에 있을 때 제거되어야 한다. 사회가 절대 필요로 하지 않으리라 예측한 존재를 품에 있을 때 제거해야 한다는 말이다. 이것이야말로 지나치게 증가한 인구를 줄일 수 있는 합리적이고 유일한 방법이다. 이미 증명해 보였듯이 인구의 지나친 증가만큼 위험한 일이 없기 때문이다.

요약을 해야 할 때가 되었다.

살인은 살인으로써 처벌받아야 하는가? 절대 그렇지 않다. 살인자로 인해 죽임을 당한 자의 가족이나 친구들이 복수를 함으로써 받을 수 있는 고통과는 다른 것을 살인자에게 부여해서는 안 된다. 루이 15세는 심심풀이로 사람을 죽인 샤롤레[127]에게 이렇게 말했다. '내가 너의 죄를 사하노라. 그러나 나는

· ·

127. 샤롤레 공작comte de Charolais으로 알려진 샤를 드 부르봉Charles de Bourbon을 말한다. (D)

너를 죽이게 될 사람의 죄 역시 사할 것이다.' 저 숭고한 표현에 살인자를 다루는 법의 모든 기초가 들어 있다.*[128]

한마디로 말해서 살인은 끔찍한 것이지만, 자주 필요한 것이고, 결코 죄가 아니며, 공화국에서 본질적으로 용인되어야 할 것이다. 나는 세상 어디에서나 그 사례를 찾을 수 있다는 점을 보여주었다. 그러니 살인을 사형을 받아야 할 행위로 보아야겠는가? 다음의 딜레마에 답변할 수 있는 사람이 문제를 해결해줄 것이다. 살인은 범죄인가 아닌가? 범죄가 아니라면 왜 처벌을 위한 법을 만들어야 하는가? 범죄라면 여러분은 어떤 야만스럽고 우둔한 자가당착에 빠져 살인자를 똑같은 범죄로써 처벌할 것인가?

이제 인간이 자기 자신과 맺는 의무에 대해 말할 차례이다. 철학자가 이 의무를 받아들이는 것은 그것이 쾌락이나 자기보존을 지향하기 때문이므로, 그것을 실천할 것을 권할 필요가 없고, 그 의무를 다하지 못했다고 처벌을 내릴 필요는 더욱

..

128. (저자의 주) 살리카 법은 살인자에게 단지 벌금형만을 내릴 뿐이었는데, 죄인이 쉽사리 벌금을 면할 수 있는 방법을 찾았던 까닭에 메로빙거 프랑크 왕국 북동쪽 지역에 위치했던 아우스트라시아 왕국의 왕 힐데베르트는 퀼른의 법령으로 살인자가 아니라 살인자가 내야 하는 벌금을 면해준 자에게 사형을 구형했다. 라인프랑크 법도 마찬가지여서 살인자가 죽인 사람이 누구였는지를 감안하여 벌금형을 언도했을 뿐이다. 사제를 죽인 경우에는 그 대가가 상당했다. 살인자의 키에 맞춰 납으로 된 옷을 제작한 뒤, 이 옷의 무게에 맞먹는 금을 물어내야 했다. 그렇지 못했을 경우 죄인과 죄인의 가족은 교회의 노예가 되었다.

없다.

이 경우 인간이 저지를 수 있는 유일한 범법행위는 자살이다. 나는 지금 자살을 범죄로 여기는 사람들이 얼마나 우둔한 존재인지 증명하고 싶지 않다. 이 문제에 대해 아직도 의혹이 남아 있는 사람은 루소가 쓴 유명한 편지 한 통을 읽어보면 될 것이다.[129] 고대의 거의 모든 정부가 정치적으로나 종교적으로 자살을 허용했다. 아테네 사람들은 아레오파고스에서 왜 자살을 하는지 이유를 설명하고, 그 다음에는 단도로 몸을 찔러 자살했다. 그리스의 모든 공화국은 자살을 용인했다. 입법가들은 자살을 정책에 반영했다. 사람들은 공개적으로 자살했고 자살은 성대한 볼거리가 되었다. 로마 공화정도 자살을 부추겼다. 조국을 위한 엄숙한 헌신이란 결국 자살이나 다름없지 않은가. 로마가 골족의 손에 넘어갔을 때 유명한 원로원 의원들이 자살을 선택했다. 이런 생각을 이어받아서 프랑스도 똑같은 미덕을 수용했다. 1792년에 원정을 떠났던 한 병사가 동료들을 따라 제마프 전투에 참전할 수 없게 되자 슬픔을 못 이겨 자살을 선택했다.[130] 우리는 저 긍지 높은 공화주의자들에 비견될

• •

129. "하늘이 주신 모든 선물은 당연히 우리에게 소중하지만, 그것들은 너무 쉽게 성격이 변합니다. 그래서 하늘은 우리에게 그 소중한 것들을 분별하는 법을 가르치기 위해 선물에 이성을 추가해주었습니다. 만일 그 자ℝ가 우리에게 어떤 것은 선택하고 어떤 것은 버리는 것을 허락하지 않는다면 인간들에게 그것이 무슨 소용이 있겠습니까?"(『신엘로이즈 1』 3부 21번째 편지, 김중현 역, 위의 책, 519쪽). (역주)

정도가 되었으니 이제 그들의 덕을 넘어서 보도록 하자. 인간을 만드는 것은 바로 정부이다.[131] 오랫동안 전제주의에 길들여져 용기가 식었고 풍속이 타락했지만 우리는 다시 태어났다. 자유로워진다면 프랑스의 정수가, 성격이 얼마만한 숭고한 행동을 낳을 수 있을지 보게 될 것이다. 우리의 생명과 재산을 바쳐 수많은 희생을 치러 얻어낸 이 자유를 사수하자. 그 목적만 완수한다면 희생을 아쉬워할 일이 없다. 희생자 모두 기꺼이 한 몸을 바쳤던 것이다. 그들의 피를 헛되이 하지 말도록 하자. 오직 단결… 단결뿐이다. 그렇지 않으면 우리가 애써 얻은 자유의 열매를 잃게 되리라. 우리가 성취한 승리 위에 위대한 법을 세우자. 프랑스 최초의 입법가들은 우리가 결국 타도한 전제군주의 노예일 뿐이어서 아첨이나 하며 저 폭군에게 어울리는 법만을 제정했을 뿐이다. 그들의 법을 고쳐보자. 우리가

· ·

130. 몽Mons 근처 도시 제마프Jemmapes의 승리를 말한다. 1792년 11월 6일의 이 전투에서 뒤무리에Dumourier와 평등의 아들(후에 루이 필립이 된다)이 오스트리아 병사들을 무찔렀다. 퓌레F. Furet와 리세D. Richet의 『프랑스혁명La Révolution française』에서는 "혁명 이후 전쟁사에서 제마프의 중요성은 발미Valmy의 전투가 가진 중요성 이상이었다. 공격 기술(공격의 집중 대신에 선택한 전선 공격)이 일상적인 것이 되었다면 군사 대형의 구성(자원병이 대다수를 구성했던)과 열정과 숫자가 혁명 이후 최초의 승리를 만들어냈다"와 같이 설명한다. '애국적인 자살'에 관해서는 알베르 베예 Albert Bayet의 『자살과 도덕Le Suicide et la Morale』 4부 4장을 보라. 하지만 사드가 여기서 언급한 자살은 이 책에 언급되어 있지 않다. (D)

131. 몽테스키외의 말을 들어보자. "여러 가지 요소들이 인간을 지배한다. 기후, 종교, 법, 정부의 가르침, 과거의 선례들, 풍속, 몸가짐들이다. 이런 결과로 일반 정신이 형성된다"(『법의 정신』 19권 4장). (D)

기울일 노력은 철학자들과 공화주의자들을 위한 것이고, 우리의 법은 그것을 따르게 될 인민처럼 온화할 것임을 생각하라.

앞서 내가 견지한 태도처럼, 우리 선조들이 거짓 종교에 속아 죄악시했던 수많은 행위에 대해서는 아무것도 아닌 양, 무관심하면서 나는 우리의 과업을 극히 적은 수로 축소한다. 법은 많지 않지만 올발라야 한다. 구속을 늘려서는 안 된다. 중요한 것은 구속을 사용한다면 그것에 결코 파괴될 수 없는 특징이 있어야 한다는 점이다. 우리가 공포하는 법은 오로지 시민의 평온과 행복, 공화국의 영광만을 목적으로 삼아야 한다. 그런데, 프랑스 사람들이여, 프랑스 땅에서 적을 완전히 몰아낸 다음, 여러분의 원칙을 널리 퍼뜨릴 욕망으로 더 멀리까지 나아가지 않기를 바란다. 그 원칙을 세상 끝까지 옮기려 든다면 칼과 총을 들어야 한다. 결심을 하기 전에 십자군 원정이 거둔 불행한 성공을 기억하라. 적이 라인강 너머에 있다면 프랑스 국경을 지켜 프랑스에 머물러야 함을 믿으라. 다시금 상업을 활성화하고, 제조업에 힘을 불어넣어 판로販路를 개척하고, 기술을 꽃피우고, 농업을 장려하라. 특히 프랑스 정부와 같이 누구의 도움도 필요로 하지 않고 모든 사람에게 필요한 것을 공급하는 것을 가장 중요시하는 정부에 농업은 없어서는 안 될 것이다. 유럽의 왕권이 스스로 무너지게 놓아두라. 프랑스의 모범을, 프랑스의 번영을 본다면 우리가 굳이 다른 나라에 개입하지 않더라도 그들은 절로 무너지리라.

내치內治가 군건하고, 프랑스의 질서와 훌륭한 법이 모든 민족의 모범이 되니, 세상 모든 정부가 프랑스 정부를 모방하고자 하고, 프랑스와 영광스런 동맹을 맺고자 할 것이다. 그러나 헛된 영예에 사로잡혀 프랑스의 원칙을 더 멀리까지 전파하려고 프랑스의 행복을 지켜내려는 노력을 게을리한다면 그저 잠들어 있을 뿐인 전제주의가 다시 깨어나고, 내부에 도사리고 있던 대립들로 프랑스는 사분오열되고, 재정과 구매는 파탄이 날 것이다. 여러분이 원정을 떠나 프랑스를 비워놓는 동안 폭군은 여러분을 정복하여 여러분에게 구속을 강요할 테니, 다시 구속을 받고 싶거든 그렇게 하시라. 여러분이 바라는 모든 것은 굳이 집을 나설 필요 없이도 이루어질 수 있다. 다른 민족들은 여러분이 얼마나 행복한지 알게 될 것이고, 그리하면 그들은 여러분이 보여주었던 것과 똑같은 길을 따라 행복을 찾아 달려나갈 것이다.*[132]/[133]

외제니 (돌망세에게) 현명한 글이란 바로 이런 글을 두고 하는 말이군요. 정말 대부분의 주제가 당신의 원칙에 딱 들어맞아요. 마치 당신이 이 글을 쓰신 분이 아닐까 싶어요.

..

132. (저자의 주) 비열한 뒤무리에만이 외국과의 전쟁을 제안했음을 기억하자.
133. 샤를 프랑수아 뒤무리에Charles François Dumouriez(1739-1823). 프랑스의 장군으로 발미 전투와 제마프 전투에서 승리했고, 1792년 외무대신과 육군대신을 역임했다. 1793년 오스트리아군과의 전투에서 패배한 뒤 반란을 모의했으나 실패하고 오스트리아로 망명한다. (역주)

322

돌망세 분명한 것은 내가 이 성찰에 동의하는 부분이 있고, 네가 알아차렸겠지만 내 이야기는 방금 읽은 내용을 반복하고 있다는 느낌을 줄 수 있다는 것이겠지….

외제니 (말을 끊으며) 저는 그렇게 생각하지 못했어요. 좋은 이야기들을 누가 그렇게 말할 수 있겠어요. 그런데 몇 가지 원칙은 좀 위험해보여요.

돌망세 세상에 연민과 선행만큼 위험한 것이 없다. 호의는 약한 마음일 뿐이다. 정직한 사람들이 베푼 호의를 약자들은 배은망덕과 무례함으로 되갚게 되니 후회스러울 수밖에 없지. 관찰력이 좋은 사람은 연민이 가져오는 모든 위험을 계산해 볼 생각을 해야 하고, 그 위험과 단호함을 견지했을 때의 위험을 비교해야 한다. 그러면 연민 때문에 생기는 위험이 더 크다는 걸 알 수 있게 될 거다. 그런데 우리가 너무 멀리 나갔구나, 외제니. 네 교육을 위해서는 지금 읽은 것에서 끄집어낼 수 있는 한 가지 교훈만 기억하도록 하자. 네 마음의 목소리를 들으면 안 된다는 교훈 말이다. 자연이 우리에게 줄 수 있는 가장 그릇된 길잡이가 그것이지. 불행한 사람이 기만적인 목소리로 애원한대도 세심하게 마음을 닫아라. 흉악자, 모사꾼, 음모가를 받아주느니 네게 정말 이득을 줄 수 있는 자를 거부하는 편이 훨씬 낫다. 이득이 되는 사람을 거부하는 건 극히 사소한 결과를 가져올 뿐이지만, 흉악한 자들을 받아주면 엄청난 불행이 생기게 되니 말이다.

기사 부탁드리는데 허락해주신다면 돌망세의 원칙을 근본적으로 수정하고 가능하다면 폐지해 보고 싶습니다. 아! 잔인한 양반, 당신은 돈이 많으니까 정념을 채울 수단을 줄곧 찾을 수 있지요. 그만한 재산이 없어서 엄청난 불행에 몇 년만 신음해 보셨다면 그 원칙은 완전히 달라졌을 겁니다! 그런데 당신은 포악하게도 감히 그 불행에 시달리는 가난한 사람들에게 나쁜 짓을 할 생각을 꾸미고 있어요. 한번만 연민이 담긴 눈길로 그 사람들을 바라보세요. 그들이 먹을 게 없어서 질러대는 가슴을 찢는 외침을 듣고도 무정하게 눈 하나 깜짝하지 않을 정도로 당신 마음속에 켜진 불을 끄지 말란 말이에요! 그저 관능에 지친 당신 육체가 솜털이불 위에서 따분히 쉬게 될 때, 그 사람들이 어떤 상태인지 한번 보세요. 당신을 먹여 살리기 위한 노동으로 쇠약해진 그들은 짐승처럼 발을 뻗을 데가 냉골 바닥뿐이니, 바닥에서 올라오는 한기를 막아보려고 몇 조각 지푸라기를 끌어 모읍니다. 그 사람들을 한번만 바라봐 주세요. 코뮈스[134]의 스무 제자들이 매일 당신의 감각을 깨우려 만들어 바친 산해진미에 당신이 둘러싸여 있을 때 저 불행한 자들은 숲을 헤매며 메마른 땅에서 쓰디쓴 나무뿌리를 놓고 늑대와 싸웁니다. 당신이 노름과 애교와 웃음으로 키테라 신전에서

. .

134. 코뮈스Comus의 제자들은 요리사, 제빵사, 당과제조사, 포도주 담당자 등을 가리킨다. 트레부사전은 코뮈스를 향락과 향연, 밤의 무도舞蹈의 신이었다고 설명한다. (D)

가장 아름다운 미녀들을 부덕한 잠자리에 끌어들일 때 저 불행한 자들은 침울한 부인 옆에 누워 눈물 한가운데에서 조금 떠낼 수 있는 즐거움으로 만족합니다. 세상에 다른 즐거움이 있을 줄은 상상조차 하지 못하죠. 당신이 절약이라는 것을 모르고 풍요의 바다에서 수영을 즐길 때 생존에 필요한 최소한의 생필품도 갖지 못한 저 불행한 자를, 비탄에 빠진 그의 가족을 한번 보세요. 아내는 추워서 오들오들 떨고 있지만 제 곁에 쇠잔하게 앉아 있는 남편과, 사랑의 싹으로 자연이 명한 아이들에게 다해야 할 의무를 그녀가 얼마나 애정을 갖고 공평하게 나누는지 보세요. 하지만 민감한 마음을 타고난 아내에겐 그토록 신성한 의무를 다할 방법이 없지요. 그게 가능하다면 그 여자가 당신에겐 차고 넘치는 재산의 일부를 구걸하는 걸 초연한 마음으로 들어보세요. 당신은 잔인하게도 남는 것 하나 나누지 않지요.

야만스럽다니, 그건 당신 같은 사람을 말하는 것 아닙니까? 그들도 당신과 같은 사람이라면 왜 그들이 여위어갈 때 당신은 즐기는 겁니까? 외제니, 외제니, 자연의 성스러운 목소리를 마음속에서 지우지 마세요. 자연의 목소리와 그 목소리를 삼켜버리는 정념의 불을 분리한다면 자연은 당신도 모르게 선행을 하도록 인도합니다. 종교의 원칙은 버려도 좋습니다. 저도 동의합니다. 하지만 감수성이 불어넣는 미덕까지 버리지는 맙시다. 미덕을 실천할 때 가장 달콤하고 관능적인 마음의 향유를 느끼게 되는 겁니다. 머릿속에서 저지르는 헛된 탈선은 좋은 일을 해서 만회할 수 있습니다. 그것이 방탕한 행동을 할 때 생기게 되는 회한의 불을 끄고, 양심 깊은 곳에 때때로 자신을 되돌아보게 될 성소^{聖所}를 세워, 과오를 저질러 탈선에 이끌리게 될 때 그곳에서 위안을 찾기 바랍니다. 누님, 저는 젊어요. 전 리베르탱이고, 불경한 놈입니다. 머리로는 무슨 방탕한 일도 저지를 수 있습니다. 하지만 제겐 아직 마음이 남아 있어요. 아직 마음만은 순수합니다. 친구들, 마음이 있기에 제 나이에 저지르는 모든 기행^{奇行}을 위로받을 수 있습니다.

돌망세 그래, 기사. 너는 젊다, 자네 말을 들어보면 알 수 있지. 자넨 경험이 부족해. 네가 많은 경험을 쌓아 성숙해질 때를 기다리겠다. 자, 내 사랑, 그때가 되면 사람 경험을 많이 했을 테니 사람에 대해 더는 좋게 말하지 않을 거다. 내 마음을 메마르게 한 것이 뭔 줄 아나? 배은망덕한 사람들 때문이었어. 나도 자네처럼 해로운 것이지만 미덕을 갖고 태어났을지 몰라. 그런데 내 마음속에서 그 미덕을 말려 죽인 것이 뭔 줄 아나? 배신했던 사람들 때문이었어. 그런데 어떤 사람의 악이 다른 사람에게는 위험한 미덕이 된다면 일찌감치 젊었을 때 그것을 말라죽게 하는 것이 젊은 사람에게 유리한 일이 아닐까? 친구, 자네는 내게 회한에 대한 이야기를 했지? 죄악이라는 걸 전혀 모르는 사람이 회한을 느낄 수 있을까? 자네가 뼈저린 후회를 느끼게 될까 두렵다면 원칙을 지켜 회한을 억눌러야지. 자네가 한 행동이 이래도 좋고 저래도 좋은데 그 때문에 마음속 깊이 후회를 느낄 수 있겠는가? 자네가 죄악을 더는 믿지 않는데 도대체 어떤 죄악을 저질렀다고 후회할 수 있겠느냐 말이야.

기사 회한을 느끼는 곳은 정신이 아니라 마음입니다. 머리의 궤변으로는 마음이 느끼는 움직임을 절대 멈추게 할 수 없어요.

돌망세 하지만 마음은 잘못 생각하기 일쑤지. 마음의 표현은 정신이 틀리게 계산한 것일 뿐이기 때문이야. 정신을 성숙하게 만들어라. 그러면 마음은 이내 정신을 따르게 된다. 추론하고자 할 때 항상 정의를 잘못하기 때문에 혼돈에 빠지게 되는 거야. 나는 마음이 무엇인지 모른다. 나는 허약한 정신의 상태를 그 이름으로 부르지. 내 안에는 단 하나의 불꽃만이 빛날 뿐이야. 건강하고 단호할 때 정신은 내가 길을 잃지 않도록 한다. 나이가 들어, 우울하고 소심할 때 정신은 나를 속이지. 그럴 때를 나는 예민한 상태라고 하지. 반면 내 깊은 곳에서 나는 그저 나약하고 소심한 자일 뿐이야. 한 번 더 말하겠다, 외제니. 저 신뢰할 수 없는 감수성에 휘둘려선 안 된다. 감수성이란 마음의 약한 상태일 뿐임을 확신해라. 사람이 눈물을 흘리는 건 두렵기 때문이야. 왕이 폭군이 되는 이유가 여기 있다. 그러니 기사의 위험한 충고를 거부하고 증오하거라. 기사는 불운한 자가 받을 수 있는 상상할 수 있는 모든 악에 마음을 열라고 말하면서 네게 온갖 고통을 만들어주려는 거다. 그 불행이 네가 겪을 것도 아닌데 쓸데없이 네 마음을 찢어 놓고 말겠지. 아! 외제니,

무쇠심에서 생기는 쾌락에도 감수성 때문에 얻게 되는 쾌락의 가치가 있음을 믿어라. 감수성이 마음에 이르는 길은 일방통행이지만, 무쇠심은 사통팔달로 마음에 이르고 뒤집어버린다. 한마디로 말해서 모든 사람에게 허용된 향유를 우리가 말하는 향유에 견주어보는 일은 가당치도 않다. 법이란 법을 전부 뒤집어엎고 사회의 구속을 깨뜨리는 저 엄청난 유혹에 훨씬 더 자극적인 유혹을 더하는 것이니 말이다.

외제니 당신이 이겼어요, 돌망세, 당신이 우월합니다. 기사의 말은 제 마음을 그저 스쳐갔을 뿐이지만 돌망세의 말은 저를 유혹하고 설득했습니다. 아! 기사, 한 여자를 설득하고 싶다면 덕에 호소할 것이 아니라, 정념에 호소를 하셔야 할 거예요.

생탕주 부인 (기사에게) 그렇다, 애야. 성교나 잘해주지 설교는 말아라. 너는 우리 마음을 절대 못 바꿔. 이 매력적인 아이의 정신과 마음을 채워주려던 강의가 혼란에 빠질 뻔했지 않니.

외제니 혼란에 빠진다고요? 오! 그렇지 않아요! 여러분의 교육은 벌써 끝났어요. 바보들이나 타락이라고 부르는 것이 지금 제 안에 확실히 자리를 잡았으니 되돌릴 생각은 절대 마세요. 여러분의 원칙이 이제 제 마음 깊숙이 뿌리박혔으니 기사의 궤변으로는 절대 무너질 일이 없어요.

돌망세 그녀가 옳다. 기사, 그 문제에 대해선 더는 말하지 말거라. 자네 생각이 짧긴 했어도 행실만 바르면 될 일이지.

기사 좋습니다. 지금 우리 목적은 제가 이르고자 하는 목적과는 정말 다르지요. 저도 알고 있습니다. 그 목적지로 바로 나아갑시다. 동의합니다. 제 도덕률은 여러분보다 맑은 정신을 가지고 있어서 그걸 이해할 수 있는 사람들에게 남겨두겠습니다.

생탕주 부인 그래, 애야, 잘했다, 그래야지. 지금은 네 물건만 우리에게 주면 되는 거야. 도덕의 문제는 열외로 해두기로 하지. 우리같이 '찢어 죽일 사람들'에게는 너무 심심한 문제가 아니겠니?

외제니 돌망세, 잔혹성을 열정적으로 권장하시니 그것이 당신의 쾌락에 조금쯤 영향을 주는 건 아닐까 걱정스럽네요. 전 벌써 그 점을 알아차렸다고 생각했어요. 즐길 때 단호하시니까요. 저도 그런 악의 성향이 있다는 걸 잘 느낄 수 있었어요. 그 모든 점에 대해 생각을 정리하려고 해요. 부탁이니 쾌락의 대상을 어떤 눈으로 보고 계신지 말씀해주세요.

돌망세 완전히 무가치한 존재로 본단다, 애야. 내가 얻는 향유를 함께하기도 하고 아닐 수도 있고, 만족을 느끼기도 하고 아닐 수도 있고, 전혀 아무 느낌도 없거나 고통을 받을 수도 있다. 나만 행복하다면 나머지는 내 알 바 아니지.

외제니 그 대상이 고통을 받는다면 더 좋은 것이겠죠, 안 그래요?

돌망세 물론이다. 훨씬 더 좋겠지. 앞서 말한 것처럼 우리에게 더욱 능동적인 반향이 돌아올 때 훨씬 더 정력적으로, 훨씬 더 신속하게 동물정기의 방향을 관능에 필요한 쪽으로 맞추게 된다. 아프리카, 아시아, 남유럽의 하렘을 보아라. 저 유명한 하렘의 수장들이 저만 발기한다면 제가 노리개로 삼는 사람들에게 쾌락을 주어야 할지를 어디 걱정하더냐. 그들은 명령하고 나머지는 복종한다. 그들은 즐기지만 나머지는 감히 말 한마디 못하지. 그들이 욕심을 채우고 나면 나머지는 물러간다. 쾌락을 나누자고 호기를 부리는 사람은 가차 없이 처벌을 받는다. 아켐의 왕은 제가 보는 앞에서 뻔뻔스럽게 쾌락으로 자제심을 잃었던 여자의 목을 무자비하게 치게 하는데, 제 손으로 목을 베었던 일도 흔했다. 이 전제군주는 아시아에서도 가장 기이한 사람들 중 하나였는데 여자들로만 호위를 받았다. 여자들에게 명령을 내릴 때는 신호를 했는데, 그 신호를 이해하지 못한 여자들은 더없이 잔인하게 처형당했고, 처벌은 항상 그의 손으로 이루어지거나 그가 보는 앞에서 집행되었다.

외제니, 이 모든 것이 전적으로 네게 이미 자세히 설명한 원칙 위에 세워진 것이다. 우리는 즐길 때 무얼 원하느냐? 우리 주변의 모든 것이 오직 우리에게만 집중되고, 우리만 생각하고, 우리만 배려해야 하지 않느냐? 우리를 섬기는 사람이 향유를 느끼는 건 그자가 우리보다 자신에게 집중을 하기 때문 아니냐? 그러면 우리의 향유는 방해를 받는 것이다. 발기가 된 이상 폭군이고자 하지 않는 남자는 없다. 타인이 자기만큼 쾌락을 느끼는 것처럼 보이면 제 쾌락이 줄었다 생각하게 된다. 그 순간 오만이라는 마음의 대단히 자연스러운 움직임이 일어나게 되고, 제가 느끼는 걸 경험할 수 있는 세상에서 유일한 사람이 되고자 하는 것이다. 타인이 자기처럼 즐긴다는 생각을 하면 평등을 떠올리게 되고 그렇게 되면 '전제주의'*[135]로 경험하게 되는 절대적인 매력에 상처를 주게 된다. 더욱이 타인에게 전해줄 수 있는 것으로 느끼는 쾌락이 있다는 생각은 잘못된 것이다. 그건 봉사를 하는 일일 텐데, 발기한 사람은 타인에게 유용한 존재가 되고자 하는 마음이 전혀 들지 않기 마련이다. 반대로 타인에게 고통을 가하면서 활기에 넘치는 사람이 제 힘을 사용하면서 느끼는 매혹을 고스란히 경험하게 된다. 그때 그는 지배하는 자이고, 곧 '폭군'인 것이다. 이기심과 얼마나 다른 것이냐? 이 경우에 그가 아무 말 없이 잠자코 있으리라 믿지 말도록 하자.

향유의 행위는 그것에 다른 모든 것을 예속하는 동시에 그 모든 것을 결합하는 정념이다. 이 순간 자연에서 군림하고자 하는 욕망은 너무 강한 것이므로 동물도 이 욕망이 있음을 알 수 있다. 노예 상태에 놓인 동물과 자유롭게 살아가는 동물이 똑같은 방식으로 생식을 하는지 보거라. 단봉낙타는 더 심한 경우이다. 혼자 있다고 생각되지 않으면 번식을 하려 들지

••
135. (저자의 주) 프랑스어의 빈곤함 때문에 우리의 훌륭한 정부가 오늘날 정당한 이유로 거부하는 단어를 사용하지 않을 수 없다. 우리의 개화된 독자들이 이 점을 이해해주고 정치적 전제주의와 리베르티나주의 정념으로 인한 음란한 전제주의를 혼동하는 일이 없기를 바란다.

않는다. 낙타를 붙잡아 주인 될 사람을 보여주려고 해보라. 낙타는 달아나 즉시 암컷으로부터 멀어질 것이다.[136] 남자가 이러한 우월성을 갖추는 것이 자연의 의도가 아니었다면, 자연이 이 순간 남자와 짝지은 존재를 남자보다 더 약하게 만들지 않았을 것이다. 자연이 여자를 허약하게 만든 것은 두말할 것 없이 남자가 그 경우 그 어느 때보다 자신의 힘을 누리면서 제 좋을 만큼 모든 폭력을 동원해서, 제게 좋다면 모진 고문까지 가하면서 제 힘을 실행하는 것이 자연의 의도임을 보여주는 것이다. 인류의 어머니인 자연의 의도가 교미를 함으로써 분노를 다스리는 일이 아니었다면 어떻게 관능의 절정에 이르렀을 때 일종의 극심한 상태에 빠지게 되는 것일까? 건강한 신체를 타고난 사람이란 한마디로 말해서 강건한 신체를 갖고 태어났으니, 자신의 향유가 이런 식으로든 저런 식으로든 해를 받기를 바라지 않을 것이다. 자기가 느끼는 감각을 전혀 이해하지 못하는 수많은 바보들이 내가 세운 체계를 잘못 이해한다는 점을 나는 잘 알고 있다. 그런데 그런 바보들이 뭐라던 뭐가

• •

136. 뷔퐁은 낙타를 인간이 기르는 가축 중에서 가장 완전하게 노예가 되어버린 동물이라고 말한다. 낙타들은 잠잘 때 무릎을 꿇고 배를 땅에 대고 자는데 이것은 낙타의 본성이 아니라 인간이 그렇게 하도록 훈련시켰기 때문이다. 낙타가 태어나면 인간은 낙타가 그런 자세에 익숙해지도록 등에 양탄자를 덮고 무거운 돌로 고정을 시켜 일어날 수 없도록 만든다. 그런데 뷔퐁은 발정기가 되면 다른 때에는 그리 유순할 수가 없는 낙타들이 다른 동물들이나, 사람들, 그리고 그 주인에 이르기까지 공격을 하고 물어뜯는다고 보고한다(『자연사』, 1754, 11권, 234-235쪽). (역주)

중요한가? 나는 그런 자들에게 말하는 것이 아니다. 시시껄렁한 여성 찬미자들이라니, 거만한 애인들 발밑에 무릎을 꿇고 저들을 행복하게 해줄 탄식을 기다리도록 내버려두겠다. 군림해도 모자랄 여성의 비천한 노예가 된 그들이 쇠사슬에 묶여서 여자들의 천한 매력에 빠지도록 내버려두는 것이다. 자연이 남자에게 그 쇠사슬을 준 것은 타인을 짓밟으라고 준 것이란 말이다. 저 동물 같은 자들은 품위를 떨어뜨리는 천한 짓을 하면서 무력하게 살아간다. 우리가 설교를 해봤자 아무런 소용이 없다. 그러니 자기가 이해할 수 없는 걸 비방해서는 안 되지. 이런 주제에 대해 너나 나처럼 오직 엄격한 마음과 구속 없이 솟아오르는 상상력 위에 원칙을 세우고자 하는 사람들의 말만을 귀기울여 들어야 하고, 그런 사람들이 제정한 법만을 지켜야 하고, 그런 사람들의 가르침만을 따라야 함을 납득해야 하는 것이다!

제기랄! 발기가 되는군!… 오귀스탱을 불러 주세요. (종을 울린다. 오귀스탱이 들어온다) 이 멋진 아이가 가진 굉장한 엉덩이처럼 말하는 내내 머리를 떠나지 않는 건 처음 봤어! 생각이 나도 모르게 그리로만 가는 것 같으니… 오귀스탱, 그 걸작품을 좀 보여주렴… 십오 분은 입 맞추고 애무하겠다! 자, 내 사랑, 오너라, 네 멋진 엉덩이에, 날 불태우는 소돔의 불꽃에 걸맞도록 해야지. 저 멋진 엉덩이 좀 보게… 희기도 하지! 외제니, 그동안 무릎을 꿇고 오귀스탱의 음경을 빨아주겠니! 그런 자세로 외제니는 기사에게 뒤를 맡기고 기사는 그리로 들어간다. 생탕주 부인은 오귀스탱의 허리 위에 말 타듯 앉고 엉덩이는 내가 입 맞추도록 내 쪽을 향하게 해주시오. 내 보기엔 채찍을 손에 들고 몸을 좀 숙여서 기사에게 채찍질하는 것이 좋겠습니다. 우리 여학생도 이 자극적인 예식을 피해서는 안 되지. (모두 자세를 잡는다) 그래, 바로 이거야. 잘되었다, 친구들! 사실 말이지, 여러분에게 그림을 그리듯 명령을 하는 것도 즐거운 일이지. 그걸 여러분처럼 실행할 수 있는 예술가가 세상에 없을 거야!… 이 작자는 항문이 이리 좁을 줄이야!… 그리 들어가 앉으려면 여간 노력하지 않으면 안 되겠군… 부인, 내가 성교하는 동안 부인의 아름다운 살갗을 좀 물어뜯고 꼬집어봐도 되겠습니까?

생탕주 부인 원하시는 대로 하세요, 친구. 하지만 제 복수도 준비 되어 있다는 걸 알려드리지요. 아프게 하실 때마다 입에다 방귀를 뀔 겁니다.

돌망세 아! 제기랄 놈의 신! 굉장한 협박이로군!… 그러니 서둘 러 욕보이고 싶습니다, 부인. (그는 부인을 깨문다) 약속을 지키시는 지 봅시다! (부인이 돌망세의 입에 대고 방귀를 뀐다) 아! 맙소사! 감미롭 군! 이렇게 감미로울 수가!… (돌망세가 생탕주 부인을 때리고, 부인은 즉시 방귀를 뀐다) 오! 대단해요, 천사 같은 분! 절정의 순간을 위해 몇 개쯤 남겨두세요… 그때 저는 분명 당신을 대단히 잔혹하게… 야만적으로… 다룰 것입니다… 더!… 더는 못하겠 다… 사정하겠어!… (그가 부인을 물어뜯고 때리는데 부인은 계속해서 방귀를 뀌어댄다) 내가 당신 다루는 걸 보셨죠!… 당신을 조종하고 있어요… 한 번 더… 한 번 더… 이 마지막 모욕은 내가 안으로 들어가 희생시켰던 우상에게 바치죠! (그는 항문을 문다. 자세가 흐트러진다) 여러분, 어떠셨는가, 친구들?

외제니 (엉덩이와 입안에 들어 있었던 정액을 쏟으며) 아! 선생님… 선생님 학생들이 절 얼마나 익숙하게 다루는지 보셨어요! 뒤와 입에 정액이 한 바가지예요. 위아래에서 흘러나오네요!

돌망세 (격렬하게) 기다려라, 기사가 네 뒤에 쏟아 놓은 것을 내 입속에 네가 넣어주어야겠다.

외제니 (자세를 잡고서) 아, 멋진 일이네요!

돌망세 아! 아름다운 뒤에서 나온 정액만큼 훌륭한 것이 없지!… 신들의 성찬이라고나 할까. (삼킨다) 내가 하는 것을 잘 봐라. (다시 오귀스탱의 엉덩이로 가서 입 맞춘다) 부인들, 이 젊은이와 잠시 옆방에 갈 수 있도록 허락을 해주시지요.

생탕주 부인 그러니 여기서는 그 아이와 원하는 것을 다 할 수 없다는 말씀이신가요?

돌망세 (낮고 은밀한 목소리로) 그렇습니다. 절대적으로 공개하지 않아야 할 일이 있어서요.

외제니 아! 맙소사! 귀띔이라도 해주세요.

생탕주부인 말씀 안 해주시면 저 아이를 안 보내겠어요.

돌망세 정말 알고 싶으냐?

외제니 정말 알고 싶어요.

돌망세 (오귀스탱을 이끌며) 자, 부인들, 저는 갑니다… 하지만 정말 말할 수 없는 일이에요.

생탕주 부인 세상에 우리가 듣고 해볼 수 없는 비열한 일이 있단 말인가?

기사 자, 누님, 제가 말씀해 드리죠. (두 여자에게 낮은 목소리로 말한다)

외제니 (혐오스러워하는 표정으로) 당신이 옳아요, 끔찍한 일이네요.

생탕주 부인 오! 나도 그럴 줄 알고 있었다.

돌망세 제가 이 기벽에 대해서 말씀 안 드리는 이유를 아셨지요. 이런 파렴치한 일에 탐닉하려면 혼자 어둠 속에 있어야 한다는 것을 아셨을 겁니다.

외제니 저도 같이 가면 안 되나요? 당신이 오귀스탱하고 즐기는 동안 애무해드릴 수 있는데?

돌망세 안 된다, 안 돼. 이것은 명예에 관련된 일이고, 남자들 사이에서만 일어나는 것이다. 여자가 우리를 방해하면 안 돼… 잠시 후에 봅시다, 부인들. (그가 오귀스탱을 데리고 나간다)

여섯 번째 대화

생탕주 부인, 외제니, 미르벨 기사

생탕주 부인 애야, 정말 네 친구는 진정한 리베르탱이로구나.

기사 제가 그렇다고 소개했으니 누님을 속인 건 아니죠.

외제니 세상에 그분에 필적할 사람은 없을 거예요… 오! 부인, 얼마나 매력 있는 분이에요! 우리 앞으로 그분 자주 뵙기로 해요, 네?

생탕주 부인 누가 왔나봐… 올 사람이 누가 있지?… 아무도 못 들어오게 했는데… 급한 일이 있나 보다… 기사, 무슨 일인지 좀 나가 보거라.

기사 라플뢰르가 편지 한 통을 전합니다. 누님이 내린 명령을 알고 있다면서 급히 물러가더군요. 급하기도 하지만 중요한 일인 듯합니다.

생탕주 부인 아! 아! 무슨 일일까?… 네 아버지에게서 온 편지로구나, 외제니!

외제니 아버지가 보내셨다고요!… 아! 우리는 다 죽었어요!….

생탕주 부인 절망하기 전에 읽어나 보자꾸나. (그녀가 편지를 읽는다) "아름다운 부인, 제 딸이 부인 댁으로 길을 떠났다는 말을 듣자, 제 못 말리는 아내가 지금 즉시 아이를 찾으러 출발하겠다니 믿어지십니까? 아내의 머릿속엔 별별 생각이 다 떠오르나 봅니다…. 그 일들이야 생각해 보고 말고 없이 정말 단순한 일이겠지요. 그녀의 무례한 행동을 따끔히 꾸짖어주시기 바랍니다. 어제도 비슷한 일로 꾸짖어도 보았지만 그런 것이 소용이 없습니다. 그러니 부탁컨대 중요한 일이라고 둘러대 주시고,[1] 부인께서 어떤 일을 하실지라도 불평하지 않으리라는 것을 믿어주시기 바랍니다…. 저 나쁜 것은 오래전부터 절 들들 볶고 있습니다…. 정말이지…. 제 말을 이해하시나요? 부인께서 훌륭히 해내시리라 믿습니다. 제가 하고 싶은 말은 그것이

● ●

1. 엘리자베트 부르기나Elisabeth Bourguinat는 '바보로 만들다mystifier'의 표현이 '조롱하다persifler'라는 표현과 함께 18세기 리베르탱 문학에서 자주 사용되었음을 지적한다. 조롱한다는 말은 달콤한 말로 어떤 사람을 구슬려 진심이라고 믿게 만들지만 이 말을 듣는 다른 사람들은 이것을 아이러니한 표현으로 이해하는 경우다. 사드 소설에서 미스티발 씨는 규방에 모인 사람들에게 자기 아내를 속여 달라고Mystifiez-la 부탁하는데, 이는 외제니의 방문의 목적을 그럴듯하게 둘러대면서 아내를 안심시키라는 의미뿐만 아니라, 아내를 희생자로 만들어 달라는 의미까지 담겨 있다(엘리자베트 부르기나, 『조롱의 시대Le Siècle du persiflage 1734-1789』, PUF, 1998). (역주)

전부입니다. 제 편지가 도착한 직후 아내가 들이닥칠 것이니 준비를 잘 해주세요. 안녕히. 저는 정말 당신과 함께하고 싶습니다. 외제니가 잘 배우기 전에는 돌려보내지 마세요. 부탁드립니다. 저는 부인께 첫 수확을 양보하겠지만 저를 위해서도 조금쯤 애써주셔야 한다는 것을 명심하세요."

자! 외제니, 두려워할 필요가 없다는 것을 알았지? 거 참 형편없이 무례한 여자가 아니냐.

외제니 빌어먹을!··· 아! 부인, 아버지가 우리에게 전권全權을 위임하셨으니까 저 나쁜 것이 받아 마땅한 벌을 내려야 해요.

생탕주 부인 내게 입 맞추거라, 내 아가. 네가 그런 대단한 재능이 있어서 참 기쁘구나!··· 자, 진정해라. 우리가 그녀를 그냥 돌려보내지 않을 거라 믿어도 좋다. 외제니, 희생자가 필요하다 했지? 동시에 자연과 운명이 네게 희생자 한 명을 마련해 놓았구나.

외제니 즐겨봐요, 부인. 정말 우리 즐겨봐요.

생탕주 부인 아! 돌망세가 이 소식을 어떻게 받아들일지 정말 궁금하구나!

돌망세 (오귀스탱을 데리고 들어온다) 정말 훌륭했습니다, 부인들. 멀리 나가지 않아서 저도 다 들었습니다··· 미스티발 부인이 딱 좋은 때 오는군요··· 미스티발 씨의 목적을 채워줄 결심을 다 했겠지?

외제니 (돌망세에게) 목적을 채워주다뇨?··· 그 이상을 해야죠!···

아! 저 매춘부를 아무리 끔찍하게 다루신다 해도 제가 약한 모습을 보인다면 제 발밑으로 땅이 꺼져버리라죠!… 돌망세 씨, 부탁이니 이 일을 맡아서 해주세요.

돌망세 부인과 내게 맡겨라. 여러분들은 우리 말만 들으면 돼. 부탁할 것은 그뿐이다… 아! 당돌한 것 같으니! 나는 지금껏 그런 여자를 본 적이 없다.

생탕주 부인 경솔한 여자죠!… 자, 우리 좀 점잖게 그녀를 맞아야 하지 않을까요?

돌망세 그 반대죠. 그 여자가 들어오자마자 우리가 그 여자 딸과 어떻게 시간을 보냈는지 그대로 확인시켜 주어야 합니다. 모두들 가장 대단한 난봉질을 해보이도록 합시다.

생탕주 부인 소리가 들려요. 그녀가 왔습니다. 자, 용기를 내라, 외제니! 우리의 원칙을 생각해… 아! 제기랄 놈의 신! 정말 관능적인 장면이 될 거다!….

마지막 일곱 번째 대화

―――――――

생탕주 부인, 외제니, 미르벨 기사, 오귀스탱, 돌망세, 미스티발 부인

미스티발 부인 (생탕주 부인에게) 아무 기별 없이 이렇게 찾아뵙게 되어 정말 죄송합니다, 부인. 하지만 내 딸이 여기 있다고 하고, 그 애는 아직 혼자 다닐 나이가 아니라서 염치 불구하고 아이를 지금 데려가야겠습니다, 부인. 부디 제 행동을 나무라지 말아주시기를 부탁드립니다.

생탕주 부인 이렇게 무례한 행동이 없습니다, 부인. 누가 부인 말을 들으면 따님이 나쁜 사람들과 같이 있는 줄 알겠습니다.

미스티발 부인 물론입니다! 딸애 상태가 어떤지 미루어 판단해본다면 말입니다. 부인과 친구분들도 마찬가지입니다. 제가 딸애가 이곳에 있는 것이 정말 해롭다고 생각해도 잘못은 아닌 듯합니다, 부인.

돌망세 초면에 무례하시군요, 부인, 부인과 생탕주 부인이 얼마나 친밀한 관계인지는 잘 모르지만, 제가 생탕주 부인의 입장이라면 부인을 창문 밖으로 집어던져버렸을 거라는 마음을 못 숨기겠습니다.

미스티발 부인 창문 밖으로 집어던지다니 무슨 말씀이신가요? 이것 보세요, 저 같은 여자를 그렇게 하라고 배우셨나요? 누구신지는 모르지만 하시는 말씀이나 처신을 보아하니 품행이 어떤 분이신지 금세 알겠네요. 외제니, 가자!

외제니 죄송합니다, 부인. 그런데 저는 따를 수가 없네요.

미스티발 부인 뭐! 내 말을 안 듣는단 말이냐!

돌망세 부인, 보시다시피 따님께서는 정중히 거부를 한 것입니다. 가만두어선 안 되겠습니다. 말 안 듣는 아이를 고쳐주려면 매를 찾아와야 하지 않겠어요?

외제니 매가 필요한 사람이 제가 아니라 부인이면 어쩌나요!

미스티발 부인 이런 무례한 것 같으니!

돌망세 (미스티발 부인에게 다가가며) 이보세요, 조심하셔야지, 여기서는 화내면 안 돼. 우리 모두 외제니를 잘 보살폈어. 외제니에게 심하게 하면 후회하게 될 걸.

미스티발 부인 뭐라고! 내 딸이 내 말을 안 듣는다고! 그 애에 대한 내 권리가 어떤 것인지 알려줄 수 없을 거라니!

돌망세 권리라니, 무슨 권리를 말씀하시는 겁니까, 부인? 부인께서 합법적인 권리를 가졌다는 말입니까? 미스티발 씨가,

뭐 누군지는 모르겠지만 다른 사람일 수도 있겠죠. 부인 음부에 정액 몇 방울을 분출해서 그것으로 외제니를 잉태했을 때 부인께서는 아이를 가질 목적으로 그리하셨는가요? 아니죠, 안 그렇습니까? 자, 부인께서는 외제니가 부인이 더러운 음문으로 성교를 하고 그때 사정해줘서 고맙다고 감사라도 하길 바라세요?[1] 부인, 부모가 아이에게 느끼는 애정이나, 아이가 저를 낳아준 부모에게 느끼는 애정보다 더 허구적인 것이 없다는 걸 알아두세요. 여기서는 통용되고, 저기서는 증오되는 그런 감정은 근거도 없고 밝힐 수도 없습니다. 부모가 아이를 죽이는 나라가 있는가 하면 아이들이 제게 생명을 준 부모의 목을 졸라 죽이는 나라도 있기 때문이지요. 마음속에서 상호 이어지는 사랑의 감정이 자연에 속한 것이라면 핏줄이라는 것이 더는 가공의 힘은 아니겠지요. 그랬다면 서로 보지 않았어도, 서로의 얼굴을 몰랐다 해도 부모는 아이를 구분해낼 테고 사랑할 수 있겠지요. 반대로 아이는 수많은 사람들이 운집한 곳에서도 얼굴을 모르는 부모를 찾아낼 테고 부모의 품에 달려가 안겨 사랑의 감정을 느끼게 되겠지요. 그런데 이런 것 대신에 무얼 보게 됩니까? 서로 지겹도록 증오만 하지 않습니까? 아이들은 철들 나이가 되기도 전에 아버지의 시선을 못 견뎌하고, 아버지는 아이들이 다가오는 것조차 견딜 수 없어서 피하기 일쑤

· ·

1. 돌망세의 어조로 미루어볼 때 그는 미스티발 부인의 정절을 의심하며 조롱하고 있다. (D)

아닙니까! 그러니 소위 마음의 움직임이라는 건 터무니없는 환상에 불과한 것이에요. 이득이 되니까 그런 생각을 하게 되고, 그걸 관습이 정해놓고, 습관이 되어 유지되는 것일 뿐, 자연은 우리 마음속에 결코 그런 감정을 새겨둔 적이 없어요. 동물이 그런 감정을 알까요? 모릅니다. 분명합니다. 하지만 자연을 알고 싶다면 항상 동물을 참조해야 합니다. 오 아버지들이여! 정념과 이해관계에 이끌려 저 아이들에게 부당한 일들을 저지른다고 해도 개의치 말라. 정액 몇 방울이 흘렀던 탓에 태어난 저 아이들이 당신과 무슨 상관이란 말인가. 아버지들이여, 당신들은 아이들에게 주어야 할 것이 전혀 없다. 당신은 당신 좋도록 세상에 태어난 것이지 아이들 좋도록 태어난 것이 아니란 말이다. 불편한 감정 가질 필요 하나 없다. 그저 자기나 신경 쓰면 될 일인 것을. 그리고 아이들이여, 가능한 만큼 공상에 불과한 혈육의 연민을 개의치 말고 피를 주어 너희를 낳게 한 부모에게 주어야 할 것이 전혀 없다는 점을 명심하라. 연민, 감사, 사랑과 같은 감정을 줄 필요가 없고, 너희를 세상에 나오게 했던 부모들도 그런 감정을 요구할 명분이 전혀 없다. 부모들이 저희들 좋아서 했던 일이니 알아서들 해야지. 하지만 사기 중의 사기는 부모에게 도움이니 배려니 하는 것을 주는 일일 것이다. 너희 아이들은 전혀 그런 걸 해주어서는 안 된다. 법이 그렇게 해야 한다고 정해놨더냐. 관습에 젖어 그런 생각을 했던 것이든, 사회의 성격에 따라 좌우되는 도덕적인 결과 때문에 생각이 든 것이든, 너희들이 우연하게라도 법의 목소리를 들어봐야겠다는 생각이 들었다면, 가차 없이 터무니없는 감정들을… 고작해야 환경에 따른 풍속의 소산으로, 지역에 따라 천차만별인 감정을 말려 죽여라. 자연은 그런 감정을 인정하지 않으며, 이성 또한 부정하고 있으니 말이다!

미스티발 부인　아니 뭐라고요! 내가 딸에게 기울였던 배려가, 교육이!….

돌망세　오! 배려에 관해서라면 그것은 고작해야 관습과 오만에서 비롯한 열매일 뿐입니다. 부인이 사는 국가의 풍속이 정해놓은 것 말고는 따님에게 해준 일이 전혀 없으니, 외제니는 분명 부인께 갚아야 할 것이 하나도 없지요. 교육에 관해서라면 외제니는 대단히 나쁜 교육을 받았습니다. 부인이 아이에게 주입했던 원칙을 우리가 여기서 모조리 다시 세워주어야 했으니까 말이죠. 부인이 가르친 원칙 가운데 따님을 행복하게 해줄 수 있는 것이, 터무니없고 공상적이지 않은 것이 하나도 없더군요. 부인은 외제니에게 신에 대해서는 실제로 그것이 존재하기라도 하듯이 말씀을 하셨습니다. 미덕에 대해서는 그것을 반드시 행해야 하는 것처럼, 종교에 대해서는 모든 종교의 의례가 가장 약한 자의 우둔함과 가장 강한 자의 사기에서 비롯한 것이 아니기라도 하는 것처럼, 예수 그리스도에 대해서는 그 작자가 사기꾼이나 흉악한 자가 아니기라도 하는 것처럼 말씀을 하셨습니다. 부인은 '성교'가 인생에서 가장 감미로운 행위가 아니라 죄악이라고 하셨습니다. 부인은 젊은 처녀의 행복을 부도덕과 방종에서 찾을 수 없고, 가장 행복한 여자는 두말할 것 없이 오물과 리베르티나주에 뒹굴었던 여자가, 평판 따위는 신경 쓰지 않고 용기 있게 모든 편견에 맞서는 여자가 아니기라도 하듯 외제니가 훌륭한 풍속에 물들기를 바라셨죠. 아! 부인, 정신 좀 차리세요. 정신 좀 차리시라고요. 부인은 외제니에게 아무것도 해준 것이 없어요. 자연이 따님에게 명령한 어떤 의무도 채워주지 못하셨단 말입니다. 그러니 외제니가 부인에게 줄 건 증오밖에 없지요.

미스티발 부인 하느님 맙소사! 우리 외제니를 망쳤구나, 분명하다… 외제니, 우리 외제니, 널 낳았던 어미의 마지막 간청을 들어다오. 아가, 이건 명령이 아니라 너를 위한 기도야. 정말 불행하게도 넌 이곳에서 괴물들과 같이 있는 거야. 이 위험한 관계에서 벗어나 날 따라 오너라. 내가 무릎 꿇고 빈다! (그녀가 무릎을 꿇는다)

돌망세 아! 그래! 눈물 없이는 볼 수 없는 장면이로군!… 자, 외제니, 측은히 여겨드려라!

외제니 (반쯤 옷을 벗고, 기억을 더듬는 것처럼) 자, 엄마, 제 엉덩이를 드릴게요… 엄마 입 높이에 있는 게 딱 보이시죠. 그곳에 입 맞추세요, 엄마. 그리고 그걸 빨아요. 외제니가 엄마에게 할 수 있는 건 그것뿐이에요… 돌망세, 내가 항상 당신 학생의 이름에 걸맞은 일만 할 거라는 걸 기억해.

미스티발 부인 (끔찍하다는 듯 외제니를 밀쳐내며) 아! 괴물 같은 것!… 가라, 이제 넌 내 딸이 아니다!

외제니 저주를 하시죠, 엄마, 원하신다면 말이에요. 그러면 더 감동적이 될 텐데. 항상 절 냉정하게 봐주세요.

돌망세 오! 부드럽게, 부드럽게 하세요, 부인. 여기서 모욕을 하시네요. 저희 보는 앞에서 외제니를 너무 격하게 밀어내신 것 같군요. 부인께 저희가 외제니를 보호하고 있었다는 말씀을 드렸습니다. 벌을 받으셔야겠습니다. 부인의 거친 행동에 합당한 벌을 받으시려면 옷을 다 벗어주셔야겠습니다.

미스티발 부인 옷을 벗으라고요!….

돌망세 오귀스탱, 부인이 저항하시는구나. 시녀가 필요하신 모양이니 네가 도와드려라. (오귀스탱이 거칠게 옷을 벗기려 들고, 미스티발 부인은 저항한다)

미스티발 부인 (생탕주 부인에게) 오! 맙소사! 내가 지금 어디에 온 거지? 부인, 부인 댁에서 저를 이리 대하는 걸 무슨 생각으로 놓아두시는 겁니까? 이런 대접을 받고 제가 가만있을 거라 생각하세요?

생탕주 부인 당신이 그럴 수 있을지 모르겠군요.

미스티발 부인 오! 하느님! 이들이 이곳에서 절 죽이려 합니다!

돌망세 왜 아니겠어요?

생탕주 부인 여러분, 잠깐만. 여러분 눈앞에 저 아름다운 몸이 드러나기 전에 여러분이 곧 보게 될 부인의 몸 상태를 미리 말씀드리는 것이 좋을 것 같네요. 외제니가 제 귀에 대고 전부 말해주었습니다. 어제, 부인의 남편이 몇 가지 사소한 가정문제 때문에 채찍질을 심하게 했다는군요··· 외제니 말에 따르면 엉덩이가 혼색混色 호박단처럼 물들어 있답니다.

돌망세 (미스티발 부인의 옷을 다 벗긴 후) 아! 젠장. 정말이네. 이렇게 심하게 학대받은 몸은 또 처음이네··· 어이구, 제기랄! 앞이나 뒤나 이렇게나 맞았어!··· 그래도 항문 하나는 괜찮군. (그곳에 입 맞추고 애무한다)

미스티발 부인 이것 놔, 놓아 달라고, 그렇지 않으면 소리 지르겠어.

생탕주 부인 (미스티발 부인에게 다가가서 팔을 잡는다) 잘 들어, 이 창녀야! 이제 알려줄 게 있다··· 넌 네 남편이 우리에게 보낸 희생자란 말이다. 네 운명에 복종해야지. 널 지켜줄 사람이 아무도 없다··· 네 운명이 어찌될까? 난 모른다! 목을 매달거나 차형에 처하거나, 능지처참을 하거나, 불로 달군 집게로 지지거나, 산 채로 불에 태우겠지. 어떤 고문을 당할지는 네 딸에게 달렸다. 판결도 그 애가 내릴 거야. 하지만 이것아, 고통을 받아야지. 오! 그래! 미리 갖은 고통을 다 받고, 그다음에 죽어야겠다. 미리 알려두는데, 소리를 지른다 해도 소용이 없어. 소를 잡을 땐 울부짖는 소리가 안 들리는 방에서 목을 따야지. 네가 타고 온 말이나 네 시종들은 벌써 다 떠나버렸어. 이것아, 한 번 더 말하지만 네 남편이 우리가 무얼 해도 좋다고 우리에게 전권을 주었단 말이야. 네가 하도 단순하니 그런 식으로 나올 줄 알고 덫을 놓은 거지. 이렇게 잘 걸려들기도 참 어려운 거야.

돌망세 지금 부인께서 진정하셨기를 바랍니다.

외제니 이렇게까지 일러두었으니 확실히 배려라는 건 한 셈이지!

돌망세 (미스티발 부인을 만져보고 볼기를 때리며) 부인, 사실 말이지 남들이 보면 생탕주 부인이 당신의 열렬한 친구인 줄 알겠어… 지금 이렇게 솔직한 여자를 어디서 만나겠어? 생탕주 부인은 진심으로 당신에게 얘기하는 거란 말이야!… 외제니, 이리 와서 네 엉덩이를 어머니 엉덩이 옆에 대어보아라… 비교 좀 해보게. (외제니가 그렇게 한다) 확실히 네 것이 더 예쁘구나, 애야. 그런데, 젠장! 어머니의 것도 썩 좋은 걸… 잠시 내가 이 둘을 즐겨봐야겠다… 오귀스탱, 부인을 붙잡아.

미스티발 부인 아! 맙소사! 이 무슨 변고냐!

돌망세 (보조를 맞춰 미스티발 부인의 뒤부터 들어간다) 아! 정말, 이렇게 쉬울 수가 있나… 자, 느낌도 안 왔지!… 아! 보아하니 부인 남편도 이 길로 자주 드나드신 모양이네! 이번엔 네 차례다, 외제니… 얼마나 다르냐!… 자, 이쯤하고, 난 애무만 하련다. 그래야 계속 진행이 되지… 좀 질서를 잡아보자. 우선 부인들, 생탕주 당신과 외제니 너 말이야, 인조음경을 달고 차례대로 이 훌륭하신 부인에게 앞으로든 뒤로든 끔찍한 충격을 느끼게 해주시오 기사, 오귀스탱, 나는 각자 물건을 흔들면서 당신들과 바로 교대를 하겠어. 나부터 시작하겠소. 여러분 생각대로 이 엉덩이는 한 번 더 내 영예를 받게 되겠다. 그렇게 향유하는 동안 각자 좋다고 생각하는 형벌을 마음대로 집행하시오. 한 번에 끝내면 안 되고, 단계적으로 집행이 되도록 잘 살펴야지… 오귀스탱, 내 뒤로 들어오면서 날 좀 위로해다오. 그래야 어쩔 수 없이 이 늙은 암소를 남자로 만드는 일을 좀 달랠 수 있지. 외제니, 내가 네 아름다운 뒤에 입을 맞추마. 네 어머니와 일을 치르는 동안 말이야. 그리고 부인, 당신 걸 더 가까이 들이대야지 내가 애무를 하고… 남자로 만들 수 있지… 엉덩이로 할 때는 엉덩이로 둘러싸야지.

외제니 돌망세, 무얼 하시게요? 저 빌어먹을 창녀에게 뭘 하시려고 그래요? 정액을 낭비하면서 무슨 벌을 내리신다는 거예요?

돌망세 (계속하며) 세상에서 가장 자연스러운 것이다. 나는 그녀의 털을 뽑고 허벅지를 계속 꼬집어 죽여 볼 생각이다.

미스티발 부인 (학대를 당하며) 아! 괴물 같으니! 흉악한 자! 날 불구로 만들려고… 하느님 맙소사!….

돌망세 이봐, 그렇게 애원할 것 없어. 신은 네 목소리를 못 듣거든. 모든 사람의 목소리를 못 듣는 것처럼 말이지. 전능한 하늘은 한번도 엉덩이 일에는 끼어든 적이 없어.

미스티발 부인 아! 너무 아파!

돌망세 인간 정신은 정말 믿을 수 없이 기이한 일들을 만들지!… 너는 고통스러워하고 울부짖는데 나는 사정을 한다…
아! 이 창녀야! 다른 사람들에게도 즐거움을 남겨줄 생각이
없었으면 네 목을 졸랐을 것이다. 자 이번에는 당신, 생탕주가
해보지. (생탕주 부인이 인조음경을 차고 뒤로 들어갔다가 앞으로 들어온다.
몇 차례 주먹질을 가한다. 다음은 기사 차례다. 마찬가지로 두 개의 길을 거친
뒤 사정하면서 따귀를 갈긴다. 그다음에는 오귀스탱이 들어온다. 오귀스탱도
똑같이 하고 몇 차례 손가락으로 퉁기고 조롱하는 것으로 마무리한다. 돌망세는
다양한 공격이 벌어지는 동안 모든 사람들의 엉덩이를 차례로 거쳤다. 그러면서
말로써 그들을 자극한다) 자, 아름다운 외제니, 어머니와 해, 앞쪽부
터!

외제니 오세요, 엄마. 이리 와, 내가 엄마 남편이 되어줄게. 남편
것보다 좀 더 굵지 않아? 그게 뭐 중요하겠어, 들어간다…
아! 소리를 지르네, 엄마가 소리를 질러, 엄마 딸과 하면서!…
돌망세, 제 뒤로 들어오시네요!… 그러니까 나는 지금 근친상간
에, 간통에, 남색까지 동시에 겸한 것이 되는군. 이 모든 것이
오늘 처녀를 잃은 여자에게 마련된 것이라!… 친구들, 대단한
진보가 아닌가요… 이렇게 빨리 악의 가시밭길을 거치게 되다
니!… 오! 나는 방종한 여자야!… 엄마, 사정하세요?… 돌망세,
엄마 눈 좀 봐요!… 사정하는 게 맞죠!… 아! 창녀 같으니!
리베르탱은 어떻게 되는 건지 가르쳐 주겠어!… 자! 창녀야!
자!… (어머니를 누르고 목을 조른다) 아! 더, 돌망세, 더, 사랑하는
친구여, 나 죽어요!… (외제니는 사정을 하면서 어머니의 가슴과 허리에

열 번에서 열두 번 주먹질을 한다)

미스티발 부인 (정신을 잃으며) 나를 불쌍히 여겨주세요, 부탁입니다… 정말 너무 아파요… 혼절할 것 같아… (생탕주 부인이 미스티발 부인을 흔들려고 하자, 돌망세가 제지한다)

돌망세 아! 안 돼요, 안 돼. 기절하게 놓아둬요. 여자가 기절한 것을 보는 것처럼 기가 막히게 관능적인 것이 또 없지. 의식이 돌아올 때까지 채찍질을 합시다… 외제니, 희생자의 몸 위에 엎드려라… 네가 단단한 앤지 아닌지 지금 알아보련다. 기사, 실신한 어머니 가슴 위에 엎드린 외제니에게 채찍질을 해. 외제니는 양손으로 오귀스탱과 나를 애무해야 한다. 생탕주, 그동안 당신은 외제니를 애무하고.

기사 돌망세, 정말이지, 우리에게 정말 끔찍한 일을 시키십니다. 자연과 하늘, 인류애의 가장 성스러운 법을 동시에 위반하는 거라고요.

돌망세 기사가 가진 미덕에 대한 견고한 열정만큼 날 즐겁게 만드는 것이 없군. 우리가 하는 일에 자연과 하늘과 인류애를 조금이라도 위반하는 걸 어디서 찾을 수 있단 말인가? 여보게, 찢어 죽일 자들이 실행에 옮기는 원칙은 자연에서 온 것이라네. 자연은 평형의 법칙을 완벽하게 유지하기 위해 악을 필요로 할 때가 있고 미덕을 필요로 할 때도 있으므로 차례대로 자연이 필요로 하는 운동을 우리에게 전하는 것이라고 벌써 수천 번은 말했네. 그러므로 자연의 운동을 가정해보고 그 운동을 고스란히 따르는 한 어떤 종류의 악도 행할 수 없는 것이다. 기사, 제발 부탁이니, 하늘이 무슨 결과를 내릴지 두려워 말게. 세상을 지배하는 단 하나의 동인이 있고, 그 동인이 바로 자연이야. 기적이라는, 더 자세히 말하자면 인류의 어머니, 자연에서 비롯한 물리적 결과들은 사람들마다 제각기 다른 해석을 내놓고 있지만 결국 인간 스스로 무수히 많은 형태로 신격화해놓은 것에 불과한 것이다. 사기꾼이나 책략가들이 홀딱 속아 넘어가기 잘하는 동포들을 이용해서 우스꽝스러운 몽상을 퍼뜨린 것이다. 기사가 하늘이라고 부르는 게 이런 것이야, 기사가 위반하면 어쩌나 전전긍긍하는 게 이런 것이란 말이야!··· 인류의 법체계는 객설을 허용함으로써 무너진다고 하지! 이 사람아, 어찌 그리 단순하고 순진한가! 바보들이나 인류애라는 이름으로 부르는 건 그저 공포와 이기심 때문에 생긴 나약함에 불과할 뿐이라는 점을 잊지 말게. 인류애라는 가공의 미덕은 나약한 인간이나 홀릴 뿐이고 스토아학파의 무서심에, 용기와 철학을 기반으로 성품을 도야한 사람들은 그런 말을 모른다네. 기사, 그러니까 아무것도 두려워 말고 행동하라고. 저 창녀를 갈아 없애버리도록 하세. 범죄를 저지르는 것이 아닌가 조금도 생각하지 말란 말이야. 인간은 죄를 지을 수가 없어. 자연은 인간에게 죄를 짓고자 하는 억제할 수 없는 욕망을 심어주면서도 신중하게도 자연의 법을 위반할 수 있었던 행동은 하지 못하게 했지. 자 친구여, 안심해라. 그것만 빼면 나머지는 모두 절대적으로 허용되는 것이다. 자연은 우리 인간이 자연을 혼란에 빠뜨리고 자연의 운행을 어지럽힐 정도의 힘을 줄 만큼 터무니없었던 것이 아니야. 우리는 자연이 부추김에 따라 이리저리 움직이는 맹목적인 도구에 불과해. 자연이 우리더러 세계를 불바다로 만들라고 명령한다 해도, 유일한 범죄가 있다면 그 명령에 저항하는 것일 거야. 세상의 모든 흉악범은 그저 변덕에 맞춰 행동하는 자일 뿐이야… 자, 외제니, 자세를 취해라… 그런데, 저것 보게!… 창백한 걸!….

외제니 (어머니 위에 엎드리며) 제가요, 창백하다고요! 맙소사! 절대 아니라는 걸 알게 되실 거예요! (자세를 잡는다. 미스티발 부인은 여전히 실신 상태이다. 기사가 사정하자 모인 사람들이 흩어진다)

돌망세 뭐! 저 창녀가 아직도 정신이 안 돌아왔다고? 채찍을 가져와, 채찍을!… 오귀스탱, 빨리 정원으로 나가서 가시나무를 좀 꺾어오게. (그동안 돌망세는 따귀를 때리고 코에 연기를 쐬게 한다) 오! 정말이지, 죽지 않았는지 모르겠네. 아무리 해도 안 되는데.

외제니 (언짢아하며) 죽었어! 죽었다고요! 뭐야! 상복은 올 여름에 입게 했어야지. 예쁜 걸로 맞춰놨는데!

생탕주 부인 (박장대소하며) 아! 귀여운 괴물 같으니!….

돌망세 (오귀스탱의 손에서 가시나무를 받아들며) 이게 마지막 수단인데 약효가 어떤지 지켜보자. 외제니, 내가 네 어머니를 살리는 동안 내 음경을 좀 빨아다오. 오귀스탱은 내 뒤로 들어오너라. 나도 곧 해주마. 기사, 자네는 누이와 해도 괜찮아. 내가 진료를 하는 동안 네 볼기에 입 맞출 수 있게 자세를 잡아줘.

기사 그러도록 하죠. 시키는 게 하나같이 끔찍한 일이라는 걸 어디 설득할 방법이 없으니까. (자세가 잡힌다. 미스티발 부인에게 채찍질을 가하자 그녀는 정신이 든다)

돌망세 자! 내 약의 효과 봤지? 확실한 방법이라고 내가 말했지 않은가.

미스티발 부인 (눈을 뜨며) 오! 하느님! 왜 무덤 속에서 절 불러낸 건가요? 왜 제가 살아서 또 끔찍한 일을 당해야 하는 건가요?

돌망세 (계속 때리며) 이것 봐요, 어머니! 정말이지 다 안 끝났기 때문이야. 판결을 들어야 하지 않겠어?… 판결은 집행되어야 하는 거고… 자, 우리 희생자 주위에 모여보자. 우리는 둥글게 서고, 그 안에서 미스티발 부인은 무릎을 꿇고, 벌벌 떨면서 어떤 언도가 떨어질지 들어야지. 시작하시오, 생탕주 부인.

(판결이 내려지는 동안 배우들은 계속 연기를 한다)

생탕주 부인 교수형에 처한다.

기사 중국인들처럼 이만 사천 조각으로 능지처참에 처한다.

오귀스탱 자, 전 산 채로 찢어 죽이진 말았으면 하네요.

외제니 우리 엄마에게 황으로 심지를 만들어 찔러 넣고 불을 댕길래. (이때 대열이 흐트러진다)

돌망세 (냉정하게) 자, 친구들, 여러분의 선생이라는 자격으로 형을 좀 감해줄까 하오. 그런데 내 선고와 여러분의 선고에 차이가 있다면 여러분이 내린 선고는 피해자를 끔찍이 조롱하는 데서 비롯한 결과일 뿐인 반면 내가 내리는 선고는 즉각 집행이 된다는 겁니다. 밖에 시종이 한 명 있습니다. 아마 자연에 존재할 수 있는 가장 아름다운 음경을 가진 자일 겁니다. 그런데 불행히도 세상에서 볼 수 있는 가장 끔찍한 매독에 걸려 병균을 퍼뜨리고 있지요. 그자를 올라오게 하겠습니다. 저 고귀하고 사랑스러운 부인의 자연적으로 난 두 길에 그가 가진 독을 집어넣겠습니다. 그리하면 저 끔찍한 병의 영향이 지속되는 동안 이 창녀가 자기 딸의 성교를 방해하지 못하도록 명심하겠지요² (모두 박수를

• •

2. 이런 종류의 형벌은 16세기부터 중단되었다. 프랑수아 1세는 매독으로 죽었다(1547). 메즈레는 "나는 그가 아름다운 페로니에르가 가진 병에la Belle Ferronnière 걸렸다는 말을 들었다. 그녀는 그의 애첩 중 한 명이었는데 그녀의 초상화를 여전히 호사가들의 방에서 찾아볼 수 있다. 이 여자의 남편은 바보 같은 복수심에 이끌려 이 둘을 감염시키기 위해서 나쁜 장소를 찾아 이 병에 걸렸던 것이다"라고 쓴다(『프랑스사』, 1646, 2권, 533-534쪽). 레도 『수상록』에서 비슷한 예를 찾는다. "브리삭 부인은 […] 그녀의 남편이 고의로 전염시킨 병을 가지고 있었다. 부인은 오래전에 그 이야기를 내게 해주었는데 이는 남편이 부인에게 증오를 품고 있었기 때문이었다"(Œuvres, Bibl.de la Pléiade, p. 471). 조금 다른 시나리오를 탈망 데 레오Tallement des Réaux와 슈브리에Chevrier에서도 찾을 수 있다. 연인 때문에 전염이 된 여자는 자신의 불륜을 감추기 위해 행실이 나쁜 여자를 이용해 자신의 남편까지 옮게 만든다. 사드가 이 모든 예를 알고 있었는지는 확실하지 않지만 적어도 루소의 『신엘로이즈』(3부 14번째 편지)의 예를 몰랐을 리 없다. 생프뢰는 천연두에 걸린 쥘리를 낫게 하려고 일부러 그녀의 손에 입을 맞추었다. 이를 통해 병에 걸린 것은 생프뢰 자신뿐이었지만 사드는 이 장면을 생각하고 자신의 방식으로 이용할 수 있었다. 다음 세기에 발자크의 『인간 희극』에는 전염에 관한 두 가지의 복수를 찾아볼 수 있다. 『베아트릭스Béatrix』(플레이아드판 『인간희극』 2권, 989쪽)에서의 숑츠 부인Mme Schontz의 예와, 『사촌 누이 베트La Cousine Bette』(VII권, 417쪽)에서 브라질 사람의 예가 그것이다. (D)

356

친다. 시종을 올라오게 한다. 돌망세가 시종에게 말한다) 라피에르, 이 여자
랑 해보거라, 이 여자는 대단한 성녀거든. 향유로써 널 낫게
할 것이다. 전례가 없는 약은 아니지.

라피에르 사람들 다 보는 앞에서요, 나리?

돌망세 우리가 네 물건을 보는 걸 꺼리는 거냐?

라피에르 아닙니다. 그럴 리가요! 너무 좋은 일이라서요… 자,
부인, 일어나 주세요.

미스티발 부인 오! 맙소사! 이런 끔찍한 일이!

외제니 엄마, 그래도 죽는 것보다는 낫지 않아요. 적어도 여름
에는 예쁜 옷을 입겠네!

돌망세 그동안 우리 즐겨보도록 하자. 우리 모두 채찍질을 하는
것이 어떨까? 생탕주 부인은 라피에르가 맹렬하게 미스티발
부인의 앞으로 들어갈 때 그를 때려주시고, 나는 생탕주 부인을,
오귀스탱은 나를, 외제니는 오귀스탱을 때리게 되겠고, 외제니
는 기사에게 힘찬 채찍질을 받게 됩니다. (모두 자리를 잡는다.
라피에르가 음부에 들어간다. 돌망세는 엉덩이로 들어가라고 명령한다. 라피에
르가 그렇게 한다. 일이 다 끝났을 때 돌망세가 말한다) 좋아, 라피에르,
이제 나가라. 자, 십 루이를 받아라.[3] 오! 젠장! 트롱생 의사도
이런 접종은 평생 못해 봤을 것이다![4]

• •

3. 구체제에서 사용되던 통화이다. (D)
4. 테오도르 트롱생(1709-1781)은 제네바 출신의 의사로, 1756년에 파리에
    와서 오를레앙 공작의 아이들에게 천연두 접종을 했다. 『백과사전』의

생탕주 부인 지금 제일 중요한 일은 부인의 혈관을 순환하는 독이 발산되지 못하게 하는 것이라고 생각해요. 그러니까 외제니가 질과 항문을 꼼꼼히 꿰매야 합니다. 그러면 유독한 체액을 더 응축시켜 증발을 막아주고, 뼈가 더 빨리 타버리게 되죠.

외제니 정말 굉장한 생각입니다! 자, 자, 바늘과 실을 주세요!··· 엄마, 다리를 좀 벌려요. 더는 여동생도 남동생도 생기지 않게 꿰매버리겠어요. (생탕주 부인이 외제니에게 굵은 대바늘을 주는데, 바늘에는 붉은 밀랍을 칠한 굵은 실이 꿰어 있다. 외제니가 꿰맨다)

미스티발 부인 오! 맙소사! 정말 아파!

돌망세 (미친 사람처럼 웃으며) 대단해! 훌륭한 생각이야. 부인, 대단한 생각인걸. 나는 상상도 못했어.

외제니 (음순陰脣 안쪽과 배와 둔덕을 때때로 찌르며) 이건 별것 아니야, 엄마. 바늘을 시험해보려는 거야.

기사 이 망상스러운 것이 어미를 피투성이로 만드는군!

돌망세 (수술이 이루어지는 앞에서 생탕주 부인의 애무를 받으며) 아! 대단해! 이런 탈선이 날 흥분시키는데! 외제니, 더 많이 꿰매야 단단히 붙는다.

외제니 잘되려면 이백 바늘은 꿰매야죠··· 기사, 내가 수술하는 동안 날 애무해줘요.

기사 (따르며) 이런 미친 것은 본 적이 없어!

• •

「접종」 항목을 집필했다. (D)

외제니 (대단히 흥분해서) 기사, 욕하지 마. 그렇지 않으면 찔러버릴 거야! 날 잘 좀 간질여 보는 걸로 만족해. 엉덩이도 좀 해줘요, 내 천사, 부탁이에요. 손이 하나뿐이에요? 앞이 하나도 안 보이네. 아무렇게나 꿰매야겠다… 자, 바늘이 어디까지 들어가나 보자. 허벅지를 지나 젖꼭지까지… 아! 젠장! 정말 대단한 쾌감이야!….

미스티발 부인 날 찢어버리겠어, 흉악한 것!… 너를 낳았다는 것이 부끄럽다!

외제니 자, 조용해, 엄마! 거의 다 되었단 말이야.

돌망세 (생탕주 부인의 두 손에서 발기된 채로 나오면서) 외제니, 네 어미의 엉덩이를 다오, 내 전문이지.

생탕주 부인 당신 너무 흥분했어, 돌망세, 여자 잡겠어.

돌망세 별 걱정을 다하는군! 우리에겐 문서로 된 승인서도 있잖아? (그는 미스티발 부인을 납작 엎드리게 하고 바늘을 받아서 항문을 꿰매기 시작한다)

미스티발 부인 (악마처럼 소리 지르면서) 아! 아! 아!….

돌망세 (살갗에 바늘을 꽂으며) 입 닥쳐, 창녀야! 그렇지 않으면 볼기를 곤죽으로 만들어버리겠어… 외제니, 날 좀 애무해!

외제니 네, 하지만 좀 더 세게 바느질을 한다는 조건으로요. 훨씬 더 심하게 다루어야 한다는 걸 당신 아셔야겠어요. (외제니가 애무한다)

생탕주 부인 나에게도 좀 신경을 써줘. 이 큼지막한 두 볼기짝

말이야!

돌망세 기다려. 나는 곧 소 넓적다리에 하듯 찌르려고 해. 외제니, 넌 배운 걸 잊은 거냐, 귀두가 덮였잖아!

외제니 저 창녀의 고통이 제 상상력을 불타오르게 해요. 제가 무슨 짓을 하는지 잘 모를 정도로요.

돌망세 하느님 맙소사! 정신을 잃겠다. 생탕주, 오귀스탱을 내가 보는 앞에서 당신 뒤로 들어가게 해. 그동안 당신 동생은 당신 앞으로 들어가고. 내가 엉덩이들을 좀 보게 말이야. 그 장면이면 나도 끝에 이르겠지. (그가 말한 자세가 취해지는 동안 그는 볼기를 찌른다) 자, 이것아, 이것 받아라, 그리고 이것도!···. (그는 스무 군데 이상 바늘로 찌른다)

미스티발 부인 아! 잘못했어요, 나리! 백만 번 천만 번 잘못했어요! 저 죽어요!···.

돌망세 (쾌락으로 정신을 못 차리며) 내가 바라는 게 그거야··· 이렇게 발기된 것 정말 오랜만이군. 사정한 다음에는 믿지도 못하겠지.

생탕주 부인 (돌망세가 요구한 자세를 실행하며) 우리 이렇게 하면 되나요, 돌망세?

돌망세 오귀스탱이 좀 오른쪽으로 돌고, 엉덩이가 충분히 안 보인단 말이야. 좀 숙여봐라. 항문을 좀 보고 싶다.

외제니 아! 젠장! 왜 이렇게 피를 흘리는 거야!

돌망세 큰 문제가 아니다. 자, 다른 사람들도 모두 준비되었나? 나는 잠시 후에 내가 수술을 끝낸 상처 위에 생명의 향료를 뿌릴 것이다.

생탕주 부인 그래요, 그래요, 돌망세, 저도 합니다… 당신과 함께 우리 모두 절정에 이를 거예요.

돌망세 (수술을 끝내고 사정을 하면서 희생자의 볼기를 계속해서 여러 차례 찌른다) 아! 하느님 맙소사! 정액이 흐른다… 사정을 한 거야, 빌어먹을 놈의 신… 외제니, 그걸 내 순교자의 볼기 위로 조준을 해야지… 아! 젠장! 제기랄! 끝났다… 더 못하겠다!… 왜 이렇게 강렬한 정념이 끝나면 약해지는 건지!

생탕주 부인 더! 더 해라, 동생. 사정한다!… (오귀스탱에게) 좀 휘저어봐라, 맙소사! 내가 사정을 할 땐 엉덩이가 깊숙이 들이밀어야 한다는 걸 몰라?… 아! 하느님의 이름으로! 두 남자와 이렇게 하는 것이 이리도 좋담! (모인 사람들이 서로 떨어진다)

돌망세 이제 다 되었다. (미스티발 부인에게) 이 창녀야! 옷을 주워 입고 원한다면 떠나라. 우리가 한 일은 모두 네 남편이 허락했다는 걸 알아라. 네게 이미 말했지만 넌 믿지 않았지. 그 증거를 읽어보아라. (편지를 보여준다) 이렇게 네게 본보기를 보여준 것은 네 딸이 원하는 것을 할 나이가 되었다는 것을 네게 상기시켜주기 위한 것이다. 네 딸은 성교를 좋아해. 그러려고 태어난 거야. 네가 당하기 싫다면 제일 **빠른** 길은 딸이 자기하고 싶은 대로 놓아두는 거야. 가라. 기사가 널 바래다줄 거다. 인사를 해야지, 창녀 같은 것! 네 딸아이 앞에 무릎을 꿇어. 딸에게 끔찍하게 군 걸 용서해 달라고 해… 외제니, 네 어머니에게 따귀를 힘차게 두어 번 올려붙이고, 문지방을 넘어가자마자 엉덩이를 힘차게 발로 차버리는 거야. (실행한다) 기사, 잘 가거라. 가는 길에 부인과 하면 안 돼. 그녀가 봉합되었고 게다가 매독균까지 받았다는 걸 기억하라고. (모두 퇴장한다) 친구들, 이제 우린 식사를 하자고. 그리고 우리 넷이 같은 침대를 쓰는 거지. 자, 참 멋진 하루였다! 바보들이 죄악이라고 부르는 것으로 낮 동안 몸을 충분히 더럽혀야 맛있게 식사도 하고 평화롭게 잠도 자는 것이지. (끝)

사드의 정치 저작

1. 한 프랑스 시민이 프랑스 국왕에게 보내는 글
2. 자선시설 행정회의에 제출한 보고서
3. 법을 비준하는 방식에 대한 생각
4. 파리 지부에서 국민공회에 보내는 청원서 초안
5. 파리 지부에서 국민공회에 보내는 청원서
6. 피크 지부 상설 총회 의결 기록부 발췌문
7. 피크 지부에서 샤랑트 앵페리외 도道 생트 소재所在 자유와 평등의 협회의 형제와 동지들에게 보내는 편지
8. 피크 지부의 시민이자 인민협회 구성원 사드가 마라와 르 펠르티에의 넋을 기리기 위해 본 지부가 마련한 축제에서 낭독한 논고
9. 마라의 흉상에 부치는 시
10. 피크 지부에서 프랑스 인민의 대표자들에게 보내는 청원서
11. 피크 지부 상설 총회가 코뮌위원회에 보내는 편지

1. 한 프랑스 시민이 프랑스 국왕에게 보내는 글[1]

전하,

　전하께 편지를 올리는 이 사람이 일개 개인에 불과할진대, 전하께 드리는 감정만큼은 프랑스 국민 전체의 바람을 담은 것임을 헤아려주옵소서. 전하를 아끼고 존경하는 사람들은 다른 이들을 믿지 마시라고, 그자들이 전하를 속이고 있다고, 그자들이 전하를 속인다면 전하를 죽이고자 하는 것이라고 한목소리로 말합니다.

　전하, 무슨 일을 하신 것입니까? 어떤 일을 저지르신 것입니까? 전하께서는 프랑스 인민전체를 얼마나 끔찍하게 속인 겁니까![2]

· ·

1. 세계의 끝 거리rue du Bout-du-Monde라는 허구의 지명을 출판 장소로 삼고 연도도 밝히지 않은 채 지루아르 인쇄소에서 인쇄되었다. 사드가 1791년에 쓴 것으로 알려져 있고, 8절판 8쪽 분량이다.
2. 프랑스혁명 초기 전제주의의 틀과 왕권 자체는 비판받지 않았다. 그러나 루이 16세가 1791년 6월 20일과 21일 사이에 탈출 시도를 했음이 알려지면

군주제가 시작된 이래 지금까지, 프랑스 인민은 지상에 선의와 충성과 영예가 모두 사라져버렸더라도 국왕의 신전은 그의 마음속에 있는 것임을 금과옥조로 여겼습니다. 그러나 더는 그런 환상을 품을 수 없게 되었습니다. 전하께서 그 환상을 잔혹하게 깨뜨리셨으니까요. 전하께 그토록 큰 영광이 되었던 그런 환상이 산산이 깨지게 된 뒤 프랑스 인민이 무슨 생각을 하게 되었는지 헤아려주소서. 인민을 배반한 사람을 저희가 어찌 생각하면 좋을지 말씀해주소서. 연방조약이 체결되던 날,[3] 프랑스와 프랑스 국왕이 뜨거운 사랑과 다감한 마음의 언어로 맺어지던 바로 그날, 프랑스 인민 모두가 한 자리에 모여 그 광경을 바라보며 뜨거운 눈물을 흘렸습니다. 그런데 그때 앉아계셨던 옥좌를, 국왕과 국가를 맺는 성스러운 서약을 낭독하셨던 그 제단을 후안무치로 모독한 사람을 저희가 어찌 생각하면 좋을지 말씀 좀 해주소서.

전하께서는 그날의 선서를 지키지 않으셨습니다. 더없이 교활하고 더없이 부정하게 선서를 위반하고 마셨습니다. 이루 말할 수 없이 강하신 분, 모든 사람을 하나로 결합시키셨으며, 저 거역할 수 없는 매력적인 사랑의 힘으로 인민을 통솔하고 통치하셨던 전하께서 어찌 나약한 자나 이용할 법한 가증스러

서 국왕의 상징적 권위가 추락했고, 이를 계기로 국왕의 탈신성화가 가속화된다. (역주)

3.　1790년 7월 14일. (역주)

운 술책을 쓰실 수가 있습니까. 미덕이 아니고는 무엇도 찾아볼 수 없던 한 프랑스 기사의 마음에 이제 속박과 굴종이라는 악습만이 남았을 뿐입니다.

아! 전하, 진정 전하께 이득이 되는 것이 무엇이었는지 잘못 아셨습니다. 자기를 밑에 두고 전하를 드높였던 프랑스 인민을 정말 잘못 아셨습니다! 프랑스 인민은 전하의 거동과 전하의 말씀을 철석같이 믿고, 전하의 예전 각료들의 잘못된 통치에 대한 정당한 분노로써 전하께 다시 돌아오기 시작했습니다. 인민은 전하께 아첨을 일삼았던 자들이 범한 과오는 전하께 찾고자 했던 미덕과 무관하다고 생각했습니다. 그래서 "선善은 국왕의 마음이 행한 것이요, 악은 국왕의 각료가 행한 것이다"라고 말하곤 했습니다. 저희가 이렇듯 탁월하고 유순한 성품을 가졌으니 조금만 인내하시고 올바로 처신하셨다면 전하께서는 잃은 것보다 얻은 것이 더 많았을 것입니다. 전하께서 베르사유에서 존경만 받으셨다면 파리에서는 인민의 마음을 얻을 수 있기 때문입니다.

전하께서는 전하가 처하신 상황이 부당하다 하십니다. 족쇄에 매인 것이나 다름없다고 한탄을 하십니다… 아니, 맑고 어진 마음을 가진 어떤 군주가, 전제주의의 헛된 영광보다 인민의 행복을 바라는 어떤 개화된 군주가, 그 몇 달 동안 몸 좀 불편한 것도 받아들이지 못하겠다고 한단 말입니까. 국가의 대표자들이 과업을 완수하면 당장 전하께서는 다시금

마음의 즐거움을 누리지 않겠습니까! 더욱이 전하께서 당면한
상황은 잠시뿐이고, 그것이 이천오백만 프랑스 인민의 완전한
행복에 이르는 확실한 수단인데, 세상에서 가장 아름다운 도시
에서, 세상에서 가장 아름다운 궁[4]에 사시면서 불행하다니요?
전하께서 이 상황에 처한 걸 불행하다 생각하시지만 다른 수많
은 사람들에게는 행복이 됩니다. 전하께옵서 행하신 전제정치
때문에 과거에 희생되었던 사람들과, 전하께서 잠시 혹하셨거
나 미망에 빠져 서명 하나 해준 것 때문에,[5] 오열하는 가족의
품을 떠나, 전하의 왕국이 우뚝 솟아오르도록 든든히 받쳐주었
던 저 끔찍한 바스티유의 지하 독방에 영원히 내던져졌던 저
비참한 사람들의 상황을 잠시 헤아려주실 수 없겠습니까? 제가
전하의 처지와 불운한 자들의 처지를 비교해봤지만 저들이
가혹한 운명을 겪어야 했던 것은 거의 언제나 음모와 불의
때문이었으며, 그들의 운명이 공히 영원했던 데 반해 전하의
운명은 그저 잠시뿐인 데다, 그 목적이 언젠가 전하의 국가를
오래도록 행복하게 만들어준다는 점에서 엄청난 차이가 있습

· ·

4. 튈르리궁을 말한다. (역주)
5. 봉인장lettre de cachet을 말한다. 봉인장은 국왕의 명령으로 판결 없이
   투옥하거나 권력에 반대하는 사람들을 감금하도록 한 것이다. 주로 광인,
   품행이 나쁜 젊은이, 리베르티나주, 불법결혼, 중죄重罪를 범한 경우 이런
   방식으로 처리했다. 이 제도는 1790년 3월 13일의 입법의회의 칙령으로
   폐지되었고, 사드 역시 이 칙령을 통해 샤랑통에서 석방될 수 있었다.
   (역주)

니다.

전하, 그토록 무시무시한 악을 허락하셨으니 가벼운 악쯤은 견디셔야 하는 것 아닙니까.

프랑스 사람들은 자유롭기를 바라며 자유로워질 것입니다. 프랑스 사람들은 자유를 얻기 위해서는 자기들을 여전히 묶고 있는 폐습이 있음을 바로 보아야 한다는 것을 잘 알고 있습니다. 그런데 지금 이 폐습이란 '사태에' 접근하는 방식이 잘못된 것이지, 예전에 그랬던 것처럼 '사태' 자체의 폐습이 더는 아닙니다. 이 차이가 분명해질 때 우리 모두는 위안이 됩니다. 어떻게 귀결할지 금세 알 수 있기 때문입니다. 우리가 선택한 새로운 통치방식은 새로운 체제에서 발생한 폐습을 틀림없이 근절하게 해줄 것인 반면, 전하께서 행한 과거의 통치형식은 폐습을 견고하게 만들 뿐이었습니다. 시대와 본성 때문에 타락하게 된 통치형식에 폐습이 내재했지만, 그러한 폐습은 우리의 새로운 체제에 부합하지 않으니, 근절되고 말 것입니다. 이렇게 생각하면 견디지 못할 것이 없습니다. 우리가 손을 뻗어 잡고자 하는 자유, 그러는 동안 누리고 있는 저 값진 자유가 있으므로 우리의 불굴의 용기는 꺾일 일이 없고 그 용기로써 못해낼 일이 없을 것입니다. 그러니 전하, 저 자유의 결과에 저항하려 들지 마시고, 유럽 사람들에게 우리 프랑스 인민의 만장일치의 소망을 폭동이요, 분열로 선전하면서 프랑스의 격을 떨어뜨리려 하지 말아 주십시오…. 이천오백만 프랑스 인민은 결코 반란분자가 아닙니다. '분열'이라는 말을 들으면 자연히 두 개의 당파가 대립하고 있는 것 같지 않습니까…. 하지만 프랑스는 하나입니다. 오직 하나이자 동일한 의지뿐입니다. 론강 어귀에서 에스코 연안에 이르기까지,[6] 대서양大西洋 기슭에서 알프스까지, '자유'는 민족의 외침입니다. 자유를 누리고자 하는, 자유를 영원히 누리고자 하는 열망에 단 한 명의 예외도 없습니다. 자유를 향한 성스러운 소망은 이성의 과업이요, 지혜의 과업이요, 예전 정부와 현 정부의 실정失政으로 말미암아 왕국 전체가 빠져들고 말았던 절망에서 비롯한 과업이기도 합니다. 이성이 정화될 때 폐습이 살아남을 길은 없습니다. 무지가 빚은 폐습은 지옥을 다스릴 법한 군주의 가공할 소행으로서, 편견과 광신과 속박의 칠흑 같은 어둠 속에서나 작동할 수 있을 뿐입니다. 그런 것들은 어느 가을 밤, 깜깜한 구름 사이로 아침 햇살이 비칠 때처럼 철학의 횃불이 타오르면 이울기 시작하고 이내 철학의 유익한 빛 속으로 흔적도 없이 사라집니다. 전하, 지금은 저희를 을러대고 감옥에 가둘 때가 아니라 언제나처럼 전하를 사랑하게끔 해야 할 때입니다. 전하는 그리하실 수 있으십니다. 전하께옵서 그토록 애타는 마음으로 갈망하시

..

6. 론강은 프랑스 론(Rhône) 지방에서 발원하여 지중해로 흐르는 강이며, 에스코강은 프랑스 북부 엔(Aisne)도에서 발원하여 네덜란드를 거쳐 북해로 흐른다. 프랑스 북부에서 남부에 이르는 지역을 비유적으로 표현했다. (역주)

는 권위의 회복은 이제 전하가 어떻게 행동하시느냐에 달렸습니다. 전하께서 전하의 마음의 목소리만 듣고자 하셨다면 벌써 오래전에 권위를 회복하셨을 줄 압니다. 전하께서 말씀하셨듯이, 프랑스 인민은 국왕의 영광을 땅에 떨어뜨렸지만, 눈 깜짝할 사이에 되돌려 드릴 수도 있었습니다. 전하, 전하의 영광을 되찾을 수 있으십니다. 프랑스와 같은 국가의 진정한 군주에 더 합당하고, 더 멋진 영광을 되찾을 수 있으십니다. 그때 통치는 전하의 각료가 아니라 전하께서 직접 하셔야 합니다. 전하께서는 법으로, 신민의 마음으로 통치하실 것입니다. 아! 어찌 더 멋진 왕국이 있겠습니까! 그런데도 전하께서는 그 왕국을 버리고자 하셨습니다. 저희로부터 달아나 그 왕국을 잃고자 하셨습니다! 어쩌자고 그런 행동을 하셨습니까? 잠시 그 문제를 논의해도 되겠습니까? 전하께서는 망명자처럼 프랑스를 떠나신 것입니까? 유럽 변방 촌구석에서 홀로 근근이 살아가실 생각이셨습니까? 그랬다면 그 얼마나 나약한 일입니까! 손에 무기를 들고 프랑스로 돌아와 산더미처럼 쌓인 주검들 위에서 베르사유를 탈취하실 생각이셨습니까? 그랬다면 정말 잔혹한 일 아닙니까! 전하의 손으로 얼마나 많은 피가 흘렀겠습니까! 전하, 틀림없습니다. 옛 전제주의의 폐습이 되살아나는 걸 보느니 차라리 죽음을 택하지 않을 프랑스 사람은 한 명도 없습니다. 저는 모든 프랑스 인민의 말을 옮기는 것입니다. 전하께서는 그런 프랑스 인민의 용기를 모두 꺾어버리셨습니다. 제가 무슨 말을 하는 것입니까, 전하께서는 프랑스 인민 모두를 전부 짓밟아버리셨습니다. 프랑스 인민은 더는 굽히지 않습니다. 더욱이 명예가 걸린 일이 아닙니까. 전하께서는 영예가 인간이, 특히 프랑스 인민이 마음에 지닌 가장 능동적인 감정임을 아십니다.

하느님 맙소사! 여기서 우리가 힘을 잃고 만다면 우리를 주시하는 지상의 모든 나라들을 무슨 낯으로 볼 것입니까! 프랑스는 놀림감이자 노리개가 되고 말 겁니다. 아니 됩니다, 전하, 우리가 힘을 잃어서는 안 됩니다. 절대 그럴 수 없습니다. 전하께옵서 통치하고자 한다면 자유로운 국가를 통치하셔야 합니다. 그 자유로운 국가가 전하를 옹립하고, 전하를 한 나라의 수장으로 임명하고, 전하를 옥좌에 앉히는 것이지, 예전에 우리가 나약했을 때 그리 믿었듯이 세상 만물의 신이 그리하는 것이 아닙니다. 지고한 신은 우리 모두를 평등한 존재로 바라봅니다. 인간이 여왕개미에게 눈길이나 줍니까? 신이 인간의 왕에게 눈길이나 주던가요? 그러니 전하를 위대하게 만드는 것은 오직 저희의 과업인 것입니다. 그 위대함에 합당한 분이 되십시오, 영원토록 위대함을 간직하십시오. 아니, 그러니까, 운명이 그리 정해놓았기에 한 나라의 폭군이 되는 것보다, 나라 전체의 사랑을 받아 수장이 되는 것이 수천 배는 더 전하의 자존심을 세워주는 일이 아니겠습니까? 전하께서는 왕가에서 나시고 프랑스 인민의 왕이 되셨지만 프랑스 인민은 더는 왕을 원치 않습니다. 전하께옵서 어떻게 행동하느냐에 따라 프랑스 인민은 그들이 사랑으로 옹립한 수장을 가질 수 있습니다.

전하, 정말 큰 차이가 있지 않습니까! 전하께서는 섬세한 분이시니 그 차이를 느끼실 줄 압니다. 그러니 그저 무턱대고 하셨던 예전 통치방식이 아니라 새로운 통치방식을 받아들이셔야 합니다. 전하 주변에 들끓는 타락한 궁정인들과 전하를 미혹하는 광신적인 사제들의 비열하고 정략적인 조언이 아니라 전하를 존중하고 사랑할 프랑스 인민의 소중한 뜻을 우선시하셔야 합니다.

전하께옵서 과오를 범하셨으나 이를 바로잡는다면 기억의 여신[7]을 모신 신전에서 로마 황제 티투스와 베스파시아누스[8]와 나란히 자리하시기를 기대할 수 있을 것입니다. 반면 지금껏 해오신 대로 하신다면 전하의 명성은 역시 로마 황제 칼리굴라와 엘라가발루스[9]처럼 공포와 분노로만 기억될 것입니다.

· ·

7. 기억의 여신 므네모시네를 가리키는 것 같다. 헤시오도스의 『신들의 계보』에 따르면 그녀는 우라노스와 가이아의 딸로 태어났다. 티탄족의 신이지만 제우스와 결혼하여 아홉 명의 무사이를 낳았다고 한다. (역주)
8. 베스파시아누스는 9대 로마 황제였고, 그의 아들인 티투스가 그의 뒤를 이어 10대 로마 황제로 등극했다. 북아프리카 로마군 총사령관이었던 아버지를 따라 카르타고에서 군사 경험을 쌓았다. 네로황제가 사망하고 아버지 베스파시아누스가 로마 황제로 추대된 후, 유대전쟁을 이끌어 예루살렘을 함락한 인물이다. (역주)
9. 칼리굴라는 3대 로마 황제로 국고낭비와 재정파탄을 초래했다가, 살해되었다. 엘라가발루스에 대해서는 257쪽 각주 69 참조. (역주)

전하께 고통스러운 마음으로 아룁니다. 전하, 저 수치스러운 탈출을 감행하셨던 날, 모든 사람의 얼굴에 똑같은 감정이 새겨졌습니다. 전하를 위해서라면 차라리 그 얼굴에서 분노를 읽는 편이 수백 번 더 좋았습니다. 그러나 슬프게도 모든 사람의 얼굴에는 그저 경멸뿐이었습니다. 전하의 무기가 탈취되고, 전하의 이름이 지워졌습니다. 선왕들의 조각상이 전부 산산조각이 날 뻔했습니다. 무덤에 누워 계신 앙리대왕[10]께서는 "부정한 자여, 이것이 네가 초래한 일이다!"라며 부르짖으셨을 것입니다. 탈출하기 전날, 시민 모두가 전하께 품었던 사랑이 면면이 그려졌던 연극 공연[11]에서, 전하께서는 우레와 같은 갈채를 끌어내셨습니다.[12] 그랬던 전하께서 또 하루 공포의 대상이

. .

10. 프랑스 발루아 왕조의 뒤를 이어 부르봉 왕조의 시조가 되었던 앙리 4세를 가리킨다. (역주)

11. (원주) 이탈리아 극장에서 『표트르 대제』에 삽입된 가요가 불렸을 때.

12. 여기서 언급된 공연은 18세기 후반의 오페라코믹 작곡가 앙드레 에른스트 모데스트 그레트리의 『표트르 대제Pierre le Grand』(1790)를 가리킨다. 3막으로 된 그레트리의 오페라는 1790년 1월 13일에 이탈리아 극장에서 초연되었다. 이 곡에서 '우레와 같은 갈채를 끌어낸' 부분이 어떤 곳인지 알 수 없지만 오페라의 마지막 부분인 3막 5장의 보드빌 장면에서 국왕이 "인민이여, 그[표트르 대제의 각료] 덕분에/여러분의 행복과 과인의 영광이 회복되었소/세상에서 가장 뛰어난 국왕이라도/영원히 기억을 남기기란 어렵도 없지/현명한 자를, 친구를 찾아/옥좌를 밝히고 그리고 이끌지 못한다면/그는 여전히 잠든 그대로/이런 말도 듣지 못하지/[국왕께] 축복 있기를…" 하는 부분이 아닐까 한다. 이 노래 뒤에 코러스가 "축복 있기를"의 마지막 부분을 합창한다. 이 작품에서 표트르 대제와 예카테리나는 두말할 것 없이 루이 16세와 마리 앙투아네트를 암시하고 있다. (역주)

되시다니요. 전하, 도대체 어떤 행동을 하셨기에 하룻밤 사이에 반응이 극에서 극으로 바뀔 수 있습니까! 전하께서 친히 어찌된 행동이었는지 규명해보시옵소서. 그보다 더 신중치 못하고 더 범죄적인 일이 있을 수 있는지 부디 말씀 좀 하시옵소서.

전하께옵서 파리로 돌아오신다는 소식을 듣자 모든 프랑스 인민은 희망에 부풀어 다시 마음을 열고, 전하를 용서할 준비가 되었습니다. 전하, 부디 프랑스 인민의 말에 귀 기울여 주시옵소서. 프랑스 인민은 전하가 저희를 속인 것이 아니라, 전하 스스로 속임을 당했으며, 전하가 도주한 것은 사제와 조신이 꾸민 일로, 전하께서는 그저 미혹되었을 뿐이며, 그들이 아니었다면 전하께서는 그런 생각은 꿈도 꾸지 않았으리라고 생각합니다. 전하, 인민의 태도가 이러함을 아셔야 전하로 인해 격해진 사람들의 마음을 다시 얻을 수 있습니다. 전하께서는 그리하실 수 있으며, 그 점은 확신하셔도 좋습니다. 너무도 명백한 일로 보이지만, 만에 하나 운명의 동반자이신 왕비님이 그리할 것을 조언하셨음이 사실이라면, 왕비님에 대한 프랑스 인민의 복수심을 더는 자극해서는 안 되십니다. 전하께옵서 왕비님과 떨어져 지내셔야 합니다. 왕비님을 고국 오스트리아로 돌려보내십시오. 오스트리아가 왕비님을 버렸던 것은 그 나라가 항상 가졌던 증오의 파괴적인 독을 프랑스에 더 오랫동안, 더 확실히 퍼뜨리고자 했기 때문입니다. 우리는 기꺼이 왕비님이 떠나는 것을 볼 것입니다. 우리 중 그 누구도 왕비님을 그리워하지 않을 것이고, 그 누구도 왕비님을 붙잡지 않을 것입니다. 우리는 왕비님의 성별과 조국을 용서할 것입니다. 전하의 행복과 전하의 평정을 위해서는 왕비님을 희생하셔야 합니다. 그러면 프랑스 인민의 사랑을 다시 얻게 되십니다. 전하께서 누구의 말도 듣지 않고 스스로 판단하여 행동하시면 인민의 사랑이 영원히 전하와 함께할 것입니다. 그러나 전하께옵서 어떤 자들에게서는 천박함의 수단을, 다른 자들에게서는 악의의 수단을 손쉽게 취할 경우 인민의 애정은 이내 증오와 경멸로 바뀔 것입니다.

제가 전하께 이런 말을 하는 걸 들으시면 저를 군주제와 군주정의 적으로 보실지도 모르겠습니다. 전하, 그렇지 않습니다. 저는 결코 그런 자가 아닙니다. 이 세상 그 누구도 저보다 더 프랑스 왕국은 오직 군주의 통치를 받아야 한다는 점을 확신하는 사람이 없습니다. 그러나 군주는 자유로운 국가가 선출한 자이며, 성실하게 법에 순종하는 자여야 합니다…. 프랑스의 대표자들이 제정한 법에 순종해야 합니다. 오직 법을 공포할 권리가 있을 뿐입니다. 권력은 오직 법에서 나오고 전하께서 행사하는 권력은 위임된 권력에 불과하므로, 전하께옵서는 전하께 권력을 위임한 대표자들의 영광과 위대함을 위해 권력을 사용해야지 그렇지 않고 권력을 다른 방식으로는 절대로 행사할 수 없으십니다…. 전하, 이제 마칠까 합니다. 전하가 모범이 되시어 전하의 동시대 왕들과 전하의 왕위를 넘겨받게 될 후왕後王들을 눈뜨게 하시고, 전하의 통치를 받음을 영예롭게 생각하는 인민을 후왕들로 하여금 존중하도록 가르치소서. 그리한다면 배의 선장이 조타수에게 키를 맡기듯이, 저들은 저 잔혹한 학교에서 자연의 법칙에 따라 자유롭고 평등한 사람들이 인민의 손에 고삐를 쥐어주었으며, 저들은 신과 인간 앞에서 고삐를 어떤 방식으로 쥐어야 할지에 대해 영원토록 책임을 느끼게 된다는 점을 확신할 수 있을 것입니다.

2. 자선시설 행정회의에 제출한 보고서[13]

　　상기 행정회의 위원들이 추진해야 할 방식에 관한 피크 지부의 권고사항과 방침이 포함된 보고서로 상기 위원들이 본 회의에서 낭독했음.

　　시민과 동지 여러분,

　　영광스럽게 우리가 위원으로 있는 피크 지부에서 본 위원은 아래와 같은 견해를 총회에 제출한다.

　　1° 피크 지부는 보고서를 통해 파리 대부분의 지부에서 자선시설[14]의 행정회의 위원에 의사와 외과의사만을 임명했다는

• •

13. 1792년 10월 28일자. 작성자 사드의 서명이 있다. 생 피아크르 거리 소재 피크 지부 인쇄소에서 8절판 4쪽 분량으로 인쇄되었다. 아주 적은 부수만 발행된 이 글은 사드의 자필로 수정이 된 페이지가 나뉜 교정쇄 두 부만 남아 있다(Arch.nat. 4954, pièce 119-120).

14. L'Hôpital의 번역어로 자선시설 혹은 구빈원을 선택했다. 1690년의 『퓌르티에르사전』은 이 말을 "종교적이고 자선을 위한 기관"으로 "가난한

점을 고통스럽게 접하게 되었다. 피크 지부는 다음 사항을 올바로 보았다. 먼저 위 조직은 현재 파리 자선시설에 존재하는 결함을 제거할 목적으로, 행정관도 아니면서 행정관으로 자처할 수 있기에 구체제보다 더 위험한 불편을 초래할 수 있는 사람들이나, 현 자선시설의 행정관으로서 수많은 개인적인 이유로 과거의 결함을 전력을 다해 계속 유지할 목적을 가진 개인들을 배치했다는 점에서 위험하다. 또한 이렇게 되면 위 회의는 구성원 대다수가 이해관계가 상충되어 이로 인한 영향을 피할 수 없을 것[15]이므로, 무사무욕한 태도의 논의가 불가할

• •

사람들을 받아들여 극빈을 덜어주기 위한 곳"으로 정의한다. 물론 구빈원은 설립 목적에 따라 건강한 극빈자를 수용하는 곳도 있었고, 병든 극빈자를 수용하는 곳도 있었으며, 양쪽을 모두 수용하는 경우도 흔했다.

　이 기관이 사회의 빈곤의 문제를 해결하기 위한 한 가지 수단으로 마련된 것임을 부정할 수 없지만 이 시대 구빈원 및 자선시설의 운영주체가 대개 종교교단이었다는 데 주목해볼 필요가 있다. 국가는 빈곤의 문제를 감당할 수 없었기에 책임을 종교교단에 떠넘기면서도 동시에 구빈원 시설의 운영을 담당했던 종교단체의 전횡과 남용을 견제하지 않을 수 없었다. 이 문제에 대해서는 이충훈, 「구빈원을 폐하라: 사드와 18세기 말 프랑스의 구빈원에 대한 연구」, 비교문학연구 46집, 2017, 384-385쪽 참조. (역주)

15. 여기서 사드와 피크 지부의 입장은 "조합의 권리를 옹호하는 의사들"을 비판하면서 구체제 구빈원의 폐습을 제거하고자 하는 것이다. 미셸 푸코는 『임상의학의 탄생』에서 이 시기 "의사들의 조합 폐지와, 의사협회의 폐지, 의과대학을 다른 제도로 대체"(PUF, 1963, 46쪽)하는 것이 문제가 되었음을 지적한다. 구빈원의 운영을 조합의 개별 이익에 봉사하는 의사들과 외과의사들이 맡는다면 새로운 의학지식의 적용이 늦어질 뿐 아니라, 순전히 인류애를 위한 봉사여야 할 그들의 자선활동에 상당한 비용이 들어가리라는 점이 자명했기 때문이다. (역주)

것이다. 그 태도를 견지하는 것이야말로 사업 추진에 반드시 필요한데도 말이다. 그러므로 피크 지부는 총회를 열어 본 의원이 귀 자선시설의 회의에 참여하도록 결정했다. 귀 자선시설의 회의에 참여하는 구성원은 의술醫術과 무관하므로 의술에 종사하는 사람들이 확실히 가져올 영향력을 가능한 상쇄할 수 있을 것이며, 그들의 입장으로 판단하여 과거의 적폐는 새로운 정책을 도입하여 청산할 수 있을 것이다.

2° 피크 지부는 지부별 일개一個 의료소 설치안設置案을 수용하지 않는다. 지부가 우리에게 위임한 사항은 불편의 증가가 불을 보듯 뻔한 방법에 동의하느니 차라리 이를 포기하는 것이다. 불편 사항에 대해서는 요청할 경우 상세히 설명할 것이다. 그러나 피크 지부가 공개적으로 인류애와 선행의 감정을 공언하는 바, 지부 내 임시 구제원 설치안은 받아들인다. 구제원은 열에서 열두 개의 침상을 갖추어 임시적으로 환자를 수용하도록 하며, 임시 수용된 환자들은 빠른 시간 안에 이들을 수용할 목적으로 세운 자선시설로 이송된다.[16]

3° 피크 지부는 파괴를 목적으로 하는 기획안은 어느 것도

· ·

16. 여기서 사드와 피크 지부의 입장은 대형 구빈원 대신 소규모의 구제원hospice을 운영하는 편이 낫겠다는 것이다. 프랑스혁명 직전에 출판된 텔레스 다코스타Tellès-Dacosta는 "각 교구마다 구제원을 갖췄다면 더욱 많은 자선이 이루어질 수 있을 것이다. 커다란 구빈원을 네 군데 짓는 데 들어가는 엄청난 비용이 절약된다"고 주장한다(『왕립구제원 개요Plan général d'hospices royaux』(Paris, 1789, 4쪽). (역주)

수용하지 않는다. 귀 조직에서 제출한 폐지 후 신설의 기획안에 대해 지부에 문의한 결과 지부는 위원의 파견안이 자선시설 경영을 위한 질서회복에 협력하기 위한 것일 뿐 자선시설 자체의 폐지를 위한 것이 아님을 확인해주었다.

4° 피크 지부는 귀 행정회의가 사업에 착수하기에 앞서 국민 공회에 청원서를 제출하여 사업에 필요한 재원을 확보할 것을 권고한다. 피크 지부는 본 사업에 관해 귀 행정회의가 지부에 부담을 요구하는 어떤 명목의 비용의 지급 승인도 거부한다. 본 지부가 오랫동안 공공사업지원에 충당했던 비용이 이제 고갈되었다는 것이 첫 번째 이유이고, 본 지부가 귀 행정회의에 지급의 승인을 한다고 해도 당연한 결과로서 그 비용이 귀 조직의 사욕을 키우는 데 기여하게 되리라는 점이 분명하다는 것이 두 번째 이유이다.

5° 그렇지만 본 총회는 귀 조직에서 '십오 인 위원회'를 설치한 것을 기쁘게 생각했으며, 귀 조직이 특별위원회를 조직하여 신중을 기해 조직 전반에 팽배해 있는 결함을 삼갈 것을 권고하는 한편, 귀 조직이 박애의 정신으로 사태 개선을 위해 가능한 가장 적은 수의 '살레르노 학파'의 구성원만을 받아들일 것을 부탁한다. 본 총회는 서둘러 과거와 현대에 발간된 논문들을 수집하는 대로 귀 조직에 전달할 것이다. 이로써 귀 조직이 열망하는 대로 수많은 지식을 갖추게 될 수 있으며, 본 총회 위원 한 명이 자선시설 경영에 대한 대단히 훌륭한 관점을

찾아볼 수 있는 샤무세[17]의 저작을 귀 조직에 전달토록 했다.

시민과 동지 여러분, 우리가 위원으로 있는 피크 지부의 권고사항을 경청하셨으니, 위임자들의 방침을 반영한 우리의 의견이 예전 방침 그대로 아무 변화가 없을지라도 놀라지 마시기 바랍니다. 이 점 여러분께 밝혀드립니다.

총회는 상기 보고서에 기록된 의견 및 다른 부분들을 승인했고, 이 보고서를 인쇄하여 파리의 다른 마흔일곱 개 지부에서 열람하도록 결정했다.

공화국 1년 1792년 10월 28일 총회.

작성자, 사드.

의장, 귀즈망

비서, 테르누아

---

17. 클로드 샤무세Claude Humbert Piarron de Chamousset(1717-1773)는 프랑스의 박애주의자로, 구체제의 구빈원 개혁에 관한 여러 저작을 발표했다.

3. 법을 비준하는 방식에 대한 생각[18]

시민 여러분,

모든 문제 가운데 가장 중요한 문제가 제기되었는데, 그 문제에 대한 답변이 이렇게 늦어진다는 것은 참으로 이상한 일이오. 나는 여러분이 생각을 밝히지 않는 이유들을 개탄하며, 그것을 이해할 수 없다고 말해두겠소. 8월 10일[19] 봉기의 주인공들이여, 여러분은 전혀 두려워하지 않고 저 위용을 뽐내는 튈르리궁에서 전제군주를 끌어내고자 했고, 그곳에서 저 폭군은 두 번째로 인민의 피를 흘리게 만들었소.*[20/21] 주권은 오직

• •

18. 생 피아크르 거리 소재 피크 지부의 인쇄소에서 1792년 11월 2일 8절판 16쪽 분량으로 인쇄되었다.

19. 1792년 8월 9일 프랑스 인민대표들이 파리에서 코뮌을 세우고 시민들에게 봉기를 촉구했다. 이튿날인 8월 10일 파리 시민들은 루이 16세가 머물고 있던 튈르리궁에 진입을 시도한다.(역주)

20. (원주) 샤를 9세가 약간의 거리 차이를 무시한다면 같은 창문에서 프로테스탄트들에게 발포했던 사실을 우리 모두 알고 있소.

21. 앙리 2세의 갑작스러운 죽음으로 어린 나이에 왕위에 오른 샤를 9세(1550-

여러분의 것일 뿐인데도, 혁명의 세 번째 해를 맞이하고서도 그 무엇으로도 아직 주권을 확립하지 못했소. 그러나 여러분은 조금도 주저하지 않고 피로써 주권을 되찾아내었던 것이오. 오늘날 주권의 토대를 튼튼히 닦아, 주권을 확립하고, 주권을 전 유럽에 입증해 보이는 것이 필요했을 때 여러분은 죽음도 개의치 않고, 수많은 손이 여러분에게 빼앗으러 달려드는 월계관을 깔고서 평화롭게 잠이 드셨소.

시민 여러분, 나는 여러분께 시간이 없다고 말하오. 여러분의 위업으로 얻은 이 권력을 놓치게 되면 그 권력을 되찾는 건 얼마나 어려운 일이겠소!

그러니 잠시 어떻게 하면 권력을 보전할 수 있을지 함께 논의해봅시다. 우선 나는 법을 제정할 임무를 맡긴 사람들을 여러분이 어떻게 생각하고 있는지 묻겠소. 얼마나 생각을 잘못하면 그 사람들을 인민의 저 대표자들과 같다고 생각하는 것이오? 인민이 보낸 대표자들은 노예 처지나 다름없소. 여러분이 파견한 대표자들이 어찌 우둔한 자가 앉아 있는 옥좌 발치에 무릎을 꿇고 서원을, 간언을 올리는 그들일 수 있겠소. 시민 여러분, 그렇게 잘못 생각해서는 아니 되오. 루이 16세의 신민들

- -

1574) 재위 기간에 프랑스는 여러 차례 가톨릭과 프로테스탄트(위그노) 사이의 내전을 치러야 했다. 그중 가장 큰 사건은 1572년 8월 24일 성 바르톨로메오 축일에 벌어진 프로테스탄트 대량학살로, 1만에서 3만으로 추정되는 프로테스탄트들이 무차별 학살되었다. (역주)

을 대표하는 자와, 이제 자신의 권리와 권력과 자유를 동시에 거머쥔 인민의 위임을 받은 자들 사이에는 하늘과 땅의 차이가 있음을 결코 간과해서는 아니 되오. 앞의 대표자는 용서나 빌고 특혜나 얻고자 할 뿐이니, 여러분이 그를 올려준 권좌의 급級에 따라 여러분에게 특혜를 배분하는 것이오. 그는 제가 섬기는 주군 앞에 무릎을 꿇고 그자를 모방하기에 급급하니, 그들은 전제주의의 태도를 아직도 버리지 못한 것이오. 그래서 예전에 여러분은 대표에게 그런 복장을 입게 하고, 성스러운 존경심을 보냈소. 하지만 이제는 이 모든 것이 사라져버렸소. 순박하고 자유로운 사람들은, 여러분이 가진 주권의 일부를 일시적으로 위임받았을 뿐인 평등한 사람들은 어떤 경우에도 여러분보다 더 우월한 주권을 가질 수 없소. 주권은 '하나'요, '불가분'이요, '양도불가능'하오. 주권은 쪼개지면 파괴되고, 다른 곳으로 옮기면 잃게 되오.

여러분은 개화된 사람들을 소집하여 그들로 하여금 영예롭게 새로운 헌법을 만들게 했소. 그들이 가진 권리는 오직 여러분에게 견해를 제시하는 것뿐이오. 그 견해를 승인할 것인지 거부할 것인지는 오직 여러분에게 달렸소. 한마디로 말해서 여러분의 위임자들이 갖는 권력은 화경火鏡[22]에 반사된 태양

. .
22. 트레부사전에 따르면 화경火鏡/miroir ardent 혹은 verre ardent은 "태양에 노출되었을 때 태양 광선을 거울의 중심에 모아, 그 거울에 비치는 것을 한순간에 태워버리는 기구이다. […] 매끈한 표면의 두 볼록렌즈로 태양에

광선과 같소. 나는 여러분을 낮 동안 비추는 태양에 비유하고 있소. 여러분은 빛의 다발과 같고, 여러분이 뽑은 대표자들은 화경이오. 그들은 여러분에게 얻은 빛을 간직해, 전해 받은 불을 지상에 비출 뿐인 것이오. 인민 여러분, 여러분은 그들이 없어도 못할 일이 없으나, 그들은 여러분이 없다면 할 수 있는 일이 없소. 이런 기본적인 생각을 확립하는 일이 얼마나 중요한지 상상들을 못하오. 귀족주의는 우리가 생각하는 것보다 멀지 않은 곳에 있소. 얼마 전까지 귀족주의가 뿜어댔던 증기로 검게 물들었던 대기가 아직도 남아 있소. 이렇게 말할 수 있다면 여러분의 위임자들은 썩은 냄새를 풍기며 부패할 사람들은 아닐 것이오만, 어찌 됐든 그 냄새를 호흡하게 될 사람들을 타락시키기는 할 것이오. 갤리선의 노를 젓는 도형수들이 쓴 모자와 색깔은 같겠으나, 여러분이 쓴 자유의 모자[23] 뒤에는 아마도 도형수들을 잡아 맨 쇠사슬이 감춰져 있을 것이오.

오! 프랑스 시민들이여, 불신의 마음이 들겠지만 그것에 빠져서는 아니 되오. 자유를 잃지 않으려면 어찌해야 하는

· ·

서 나오는 여러 광선을 한 점에 모아 불을 붙이게 된다. 그렇게 되면 분산된 압력 전체가 한 장소에 집중되어 엄청난 힘으로 운동을 일으키고, 그렇게 되면 섬세한 물질이 작은 입자들 사이로 빠져나가면서 힘이 더욱 커지게 되고, 이로써 단단한 구체에서 입자들이 떨어져 나오게 된다." (역주)

23. (원주) 나는 어떤 터무니없는 무지 때문에 자유의 모자를 꼭 붉은색으로 해야 했는지 이해할 수 없다. 그리스 사람들과 로마 사람들이 엘레우테리아라는 이름으로 숭배한 자유의 여신에게 바친 색은 흰색이었다.

지 끊임없이 생각하시오. 엄청난 피로 간신히 얻은 자유를 잃기는 순식간이오. 타르퀴니우스 가문을 무너뜨렸던 이들은 얼마나 긍지 높은 사람이었겠소. 그런데 그들이 나중에 카이사르의 발밑에 기어 다닐 줄을 상상이나 했겠소? 또 카이사르는 로마에 브루투스와 마이케나스가 태어날 줄을 생각이나 했겠소?[24]

　시민 여러분, 여러분은 그 점을 이해할 수 있었소. 국민공회에서 제정될 법에 여러분의 비준이 소용이나 있겠냐는 말들을 하오. 여러분의 위임자들은 여러분의 위임을 받아 여러분이 그들에게 부여한 권력을 쥐게 된 것이니, 법을 제정할 힘과 동시에 법을 비준할 힘도 가졌다는 말들을 하오. 다시 말하면 그들은 자기 입장에 따라 판단할 수 있다는 말이겠소. 또 여러분이 그 법에 순종해야 한다는 말들도 하오. 분명 그렇소. 이의제기가 전혀 없었으니 여러분은 법에 순종해야 하오. 이런 것을 두고 논점을 해결하지 않은 채 논점의 주장을 사실로 가정하는 선결문제의 오류라 하오. 나는 이런 주장이 얼마나 위험한

⋅⋅
24.　로마 왕정은 로물루스(1대 왕), 누마 폼필리우스(2대 왕)를 시작으로 타르퀴니우스 가문에 이르기까지 지속되었다가, 타르퀴니우스 가문이 축출되면서 공화정이 설립되었다. 이후 기원전 1세기 율리우스 카이사르가 스스로 종신독재관dictator in perpetuum의 자리에 오르자, 브루투스가 공화국을 수호하기 위해 카이사르를 암살한다. 그러나 카이사르의 양자였던 옥타비아누스가 제정을 설립하고 황제의 자리에 오르게 된다. 사드가 언급하는 마이케나스는 옥타비아누스를 도와 제정로마를 세우는 데 공헌했던 로마의 정치가이다. (역주)

일인지 밝히기 위해 내 의견을 제시하려고 하니 부디 들어주시오.

잠시 과거를 돌아보도록 합시다. 도대체 누가 폭군을 만들었는지 살펴봅시다. 시민 여러분, '위임된 권력이 남용'되었기 때문임이 의심의 여지가 없소. 로마 황제 네로와 티베리우스, 신성로마제국의 바츨라프황제, 프랑스 국왕 샤를 9세와 루이 16세가 그토록 많은 사람들의 피를 뿌렸던 것은 그들이 '위임된 권력'을 남용했기 때문이오. 한마디로 말해서 호민관이 로마를 떨게 한 것은 오직 '위임된 권력'의 남용 때문이요, 아시아가 저 끔찍한 사슬에 묶여 신음한 것은 '이전된 권력'의 남용 때문이오. 단일한 인민의 권위가 한 사람이나 여러 사람의 손에 들어갈 때 바로 귀족주의가 생기오. 권력이 이동되고 남용되는 것이 얼마나 위험한지 보여주는 예가 바로 이것이오. 여러분의 위임자들이 법을 제정하는 데 여러분이 불필요하다면, 그들이 여러분의 비준을 필요로 하지 않는다면 그 순간부터 여러분은 노예가 되는 것이오. 만에 하나 여러분이 법을 비준하는 일이 반드시 필요하지 않다고 생각한다면, 대중의 위임을 받았다는 사람이 어떻게 주권자의 대표라는 직함만으로 주권자가 가졌던 것과 동일한 권리를 가질 수 있다고 생각하는지, 그들은 어떻게 여러분이 부여한 주권의 몫으로 다른 권리를 위해할 권리를 가질 수 있다고 생각하는지 두려워 말고 물으시오. 그들이 이 문제에 답변하지 않고 이를 무시한다면 더없이 커다란 불행이 여러분을 기다리게 될 것이오. 그들이 여러분의 비준을 거치지 않은 법을 공포한다면 여러분은 이제 끝장인 것이오. 여러분은 엄청난 희생을 치르면서 힘을 결집해내어 그들에게 빛을 전하지 않았소? 그런데 그들은 그렇게 모인 강력한 빛의 중심을 낚아채, 결코 여러분이 내주어서는 안 되는 권한을 끝내 보이지 않게 만들어버리려 하오.

위임자들에 대한 정당한 신뢰는 그대로 유지하면서, 그들은 그저 우리에게 견해를 제시할 임무를 맡은 개인일 뿐임을 받아들이라고 요청합시다. 우리에게 법을 명령할 사람은 오직 우리뿐이오. 위임자를 세웠던 유일한 이유는 우리에게 법을 제안해보라는 것이었소. 법이 계획되었을 때는 반드시 상세한 내용까지 제시되어야 하오.[25] 최초의 헌법이 대중에게 공포된 뒤 발견된 모든 불합리한 부분은 두 번째 개정 헌법에서도 역시 발견될 것이오. 모든 헌법은 서로 긴밀히 이어지거나 상호 파생되는 관계에 있소. 그래서 첫 번째 헌법이 합당하지 않을 경우 두 번째 개정 헌법 역시 받아들일 수 없을 때가 많은 것이오. 다시 말해서 여러분이 헌법에 동의할 수 있는지 알 수 있으려면 상세한 내용까지 살펴봐야 하오. 지금 여러분은 오만에 빠지면 어떤 결과가 나오게 될지를 걱정해야 하오.

• •

25. (원주) 여기서 내가 오직 헌법에 대해서 언급하고 있음을 지적할 필요는 없다. 행정명령을 위한 법은 대단히 신속한 결과를 가져와야 하고 더욱이 인민의 비준을 필요로 하기에는 중요성이 아주 덜하기 때문이다.

여러분은 첫 번째 위임자를 보내며 법전을 만들라고 했는데 그들은 이기심에 사로잡혀 저들끼리 끝내버리려고 했으니 헌법을 제정하는 작업을 마치 번갯불에 콩 구워먹듯 해치워버리지 않았는가 말이오. 헌법이 상세하게 제정되었더라면 지금에 와서 이를 다시 제정하지 않아도 됐을지 모르오. 새 법이 완성되지 않은 만큼 옛 법을 사용하고, 그 무엇으로도 흔들리지 않을 완벽한 법체계를 세우도록 시간을 충분히 주시오. 현 입법부에서 끝내지 못한다면, 다음 입법부가 완성하면 되는 것이오. 법을 신속히 제정해야 할 필요는 전혀 없지만, 법을 제정할 때 충분히 숙고하지 않는 것만큼 위험한 일이 없소. 여러분이 보낸 첫 번째 대표자들은 법을 제정하기에 앞서 폐지부터 하는 엄청난 오류를 저질렀소. 여러분에게 법이 없었던 순간이 있었다는 말이오. 물론 이제는 좋든 나쁘든 법이 있으니, 지금 일은 아니오. 그 법은 잠정적으로 기능해야 할 것이고 이제는 신중하고 공정하게 헌법을 제정해야 하오. 그 헌법이 여러분에게 행복을 가져올 것이고, 그것이 깊이 숙고한 끝에 제정된 현명한 법이라면 온 세계의 법이 될 것이오. 이와는 반대로 여러분이 저 중차대한 문제를 두고 서둘러 법을 정하고자 한다면 이는 비난받아 마땅한 일이오. 인민은 어떤 본성을 가진 구속에 동의할 수 있는가에 대한 문제를 두고 법률 하나하나마다 언제나 정당하고, 언제나 양식을 갖춘 인민의 비준을 결국 얻지 못한다면, 그때 여러분의 적들은 법을 갖지 못했거나 악법만을 가졌을 뿐인 인민의 약점을 파고들고, 여러분을 영구한 무정부 상태에 몰아넣고자 혈안이 될 것이오. 그렇게 되면 이내 여러분은… 프랑스 인민 여러분은… 그들에게 패퇴하는 것이 아니라, 분열하고 말 것이오.

시민 여러분, 위임자들이 여러분이 법의 세부사항을 비준하지 못하게 하거나, 도별道別 일인一人이 참여하는 비준을 위한 두 번째 총회를 제안한 것은 분명 불필요한 수고를 줄이고, 스스로 법을 제정했다는 영예를 누리고자 했기 때문이오. 어느 쪽이 됐든 여기 숨겨진 함정에 빠지지 않도록 조심하시오. 나는 여러분에게 비준을 하지 못하게 하는 데 함정이 쳐져 있음을 여러분에게 확인해주었으니, 현 총회의 사업에 권고를 내리거나 거부한다는 명목으로 헌법제정을 위한 두 번째 총회를 설립하고자 하는 의도에도 함정이 도사리고 있음을 쉽게 알 수 있을 것이오. 이 두 번째 총회는 첫 번째 총회에 예속되거나 경쟁하는 것이 아니라면 도대체 뭐란 말이오? 또 어느 쪽이든 얼마나 큰 위험이 도사리고 있는 것이오!

시민 여러분, 두 번째 총회의 기능은 첫 번째 총회 바로 옆에 설치되어, 첫 번째 총회에서 의결된 법안을 수용, 또는 거부하는 것에 국한되므로, 금세 부처部處가 두 개가 된다는 불편이 생기게 된다는 점에 의심의 여지가 없을 것이오. 여러분이 이를 당연히 받아들일 수 없는 것도 그 때문이오. 시민 여러분, 이 점을 믿으셔야 하오. 정화淨化의 총회가 가진 권력은 여러분이 선출한 대표자들이 가진 권력과 끊임없이 맞서게 될 테니, 그렇게 되면 이제는 영원히 여러분의 권한이 되었소만, 예전에 군주가 자기 권한을 남용하여 자행한 모든 악이 단시일 내에 회복될 것이오. 권위를 갖는 권력은 창조하는 권력이 아니라 훨씬 더 큰 영향력을 발휘해 비준하는 권력에 있음을 주목해야 하기 때문이오. 예전 의회를 지배한 자가 이전에 있었던 두 총회의 중요한 칙령 전부를 잔혹하기 이를 데 없이 마비시켰던 예를 본다면 분명 그가 불가항력의 권력을 손에 넣었던 것임을 알 수 있소 그러므로 비준을 위한 총회가 독점적인 권위를 갖게 되면 육 개월도 안 되어 여러분이 그토록 피하고자 했던 바로 그 악이 정말 끊임없이 여러분이 선출한 대표자들을 타락시킬 것임을 깨닫게 될 것이오. 반대로 기초 회합을 수도 없이 거치는 가운데 막강한 비준의 권력을 분할하면 권고 사항들이 훨씬 더 분명히 공표될 뿐 아니라, 비준의 강력한 에너지를 갖춘 저 엄청난 권력을 약화시켰고, 권력이 가진 에너지를 분할하면서 그 권력에 오직 올바른 일을 행할 자유만을, 그릇된 일을 감행 못할 자유만을 남기게 되었던 것이오.

또 다른 가정을 세워, 두 번째 총회의 구성원으로 선택된 자들이 첫 번째 총회의 맹목적 '숭배' 혹은 '예속'의 입장을 취한다면, 여러분은 강력한 두 조직에서 부과한 구속을 받게 되므로 그만큼 더 여러분은 끔찍한 힘에 짓눌리게 될 것이오.

그토록 위험한 생각 때문에 비롯될 수많은 불편을 여기서 일일이 거론할 필요는 없을 것이오. 또한 그런 생각을 품은 자들이 총검의 힘을 빌려 저들의 생각을 지키고자 했다는 데 놀랄 필요도 없소.

시민 여러분, 한마디로 말해서, 여러분의 대표자들은 여러분의 권위를 확고하게 하는 것이 아니라 루이 16세의 권위를 지키는 데 급급하여 성급히 헌법을 제정해버렸던 잘못을 저질렀음[26]을 확신하셨으니, 여러분은 이 기념비적인 법안을 반드시 손질하여, 특히 여러분이 가진 주권과, 폭군에게 유리하도록 전제군주들이 제정한 법령에서는 결코 찾아볼 수 없는 정의와 정당성을 토대로 삼아 구축해야겠소. 그런 방식으로 수정되지 않는다면, 차라리 체계도 갖추지 못하고 지리멸렬할 뿐인 선조

· ·

26. 프랑스혁명 직전인 1789년 7월 9일에 국민의회는 입헌의회Assemblée nationale를 조직하여 새로운 헌법을 제정하기로 한다. 이후 7월 14일 프랑스혁명이 발발하고, 인권선언Déclarations des droits de l'homme을 기초로 1791년 9월 3일에 헌법이 제정되었다. 이 헌법은 프랑스 정체政體를 입헌군주제로 규정하며, 재산에 따라 제한된 선거권을 가진 능동적 시민 citoyen actif들이 의원을 뽑아 입법의회를 구성하게 했다. 이 시기 사드 역시 능동적 시민의 자격으로 선거에 참여했다.

그러나 국민 대다수를 차지하는 민중을 고려하지 않은 채 졸속으로 처리된 헌법은 불완전한 헌법이어서 프랑스 국민 다수의 반발을 샀다. 루이 16세가 거처하고 있던 튈르리궁에서 이를 반대하는 시위가 벌어졌을 때 국왕이 시민들에게 발포명령을 내려 사태가 악화되었고, 이후 1793년 6월 24일 국민공회에서 개정된 헌법을 채택하게 되는데, 이 개정 헌법에 '인민주권' 및 '남성의 보통선거' 등이 인정된다. 여기서 사드는 불완전한 1차 헌법(1791년)이 시민들의 비준 없이 졸속 처리되었음을 비판하면서, 헌법 개정에 신중을 기해야 할 뿐 아니라, 헌법 개정안에 대한 시민의 비준이 반드시 필요하다는 점을 역설한다. (역주)

들의 야만적인 법률과, 그 법률을 설명하는 편찬자들의 더욱 끔찍한 해석에 파묻혀버리는 편이 더 낫지 않겠소 그런 암초를 피하고, 여러분이 가진 권리와 지식을 이용하고자 하면서 여러분은 마침내 현명한 법안을 갖고자 하오. 예전에 나약했기 때문에 여러분의 권위를 제대로 쓸 줄도 몰랐던 나머지 그것을 그만 남용이나 일삼았던 주권자들에게 넘겨버렸지만, 이제 그 권위를 되찾았으니, 지금 여러분은 사람들에게 위임을 하여 법을 제정하고, 그들이 제출한 법안들을 여러분 스스로 가려내 비준하고자 하는 것이오. 이 세상에 한 가지 현명한 사업이 있다면, 마침내 여러분이 누려야 할 행복과 평정을 확보해줄 사업이 하나 있다면, 그것은 분명 앞에 말한 바로 그 일이오.

이제 여러분은 자연으로부터 받았으나 전제주의가 앗아갔고 이제 여러분의 피로 되찾은 주권을 보존하면서 법을 비준하려면 어떤 방법이 가장 좋을지 물을 것이오 어떤 자유 국가도 인민이 직접 비준하지 않는 법을 가질 수 없소 그러니 반드시 인민의 손으로 가장 신속하고 가장 훌륭하게 비준을 이뤄내기 위한 방법을 여러분께 제안하도록 하겠소.

프랑스 영토에 속한 도청소재지의 면장에게 미리 안내편지를 보낸다. 면장은 편지를 받는 즉시 기초회합을 소집하고, 도청소재지에서 회합을 연다. 회합이 소집되면 다시 편지를 보내 프랑스 입법가들이 현명하고 신중하게 인민에게 입법 예고한 법을 전달한다. 인민의 행정관들은 인민이 모인 앞에서 법을 낭독하고, 법의 봉사를 받게 될 개인들이 전부 함께 모여 법을 심의하고, 논의하고, 심화하여, 그것을 수용할 것인지 거부할 것인지를 결정한다. 수용한 경우 편지를 가져온 자의 편에 즉시 돌려보낸다. 다수결에 따라 법이 공포된다. 찬성의견 이 소수인 경우 대표자들은 즉시 법을 손질하고, 폐지하거나 개정한다. 개선이 이루어질 경우 각 도에 속한 모든 면에서 프랑스 전 인민을 다시 한 번 동일한 방식으로 소집하여 법안을 제출한다.

여러분에게 제안한 이런 소집방식이 어려운 일이 아닐까 걱정하지 마시오. 단 한 명의 시민도 이를 힘들다고 생각하지 않을 것임을 믿어야 하오. 축제가 열렸을 때, 예배행렬을 따라갈 때 노예로 살아갔던 농민은 예전에 훨씬 더 많은 길을 갔었소. 오늘날 자유 경작민은 영예롭게 법을 비준하는 데, 자신의 주권을 더없이 장엄히 드높이는 데 소환된다면 몇 리를 걸어야 하더라도 전혀 개의치 않으리라고 생각하오. 먼 옛날 프랑크족 이 같은 이유로 민회가 열렸던 샹 드 마르스에 갈 때 먼 길을 가야 한다고 저어하기라도 했소? 더욱이 시민 여러분, 지금은 어디에서도 어려움이 생기지 않도록 하고, 가장 어려움이 덜한 것만을 주의 깊게 선택해야겠소. 인민이 수고스럽게 전부 모일 수 없다면, 대표자들이 수고스럽게 행정구역마다 일일이 편지 를 쓰지 않을 수 없소. 그러니 각자 약간씩만 수고를 해야 하오. 내가 면 단위에서 회합을 여는 것이 좋겠다고 생각한 것이 그 때문이오. 그렇게 되면 모이기가 더 쉽고 시간도 덜 들게 되오.

하지만 기초회합에서 법을 공포할 수 있겠느냐고 반박할 수도 있을 것이오.

어떤 모임에 개화된 사람들과, 그보다 더 많은 수의 개화되지 못한 사람들이 있다면, 어떻게 이렇게 '잡다하게 뒤섞인' 집단이 그토록 중대한 사안에 제 의견을 표명할 수 있을까, 사람을 정확히 선별했을 때 훨씬 더 나은 결과가 나오게 되지 않을까, 하는 식으로 생각하지는 말도록 합시다. 법을 제안하는 데 선별된 사람이 필요하더라도 법을 비준하는 데도 그렇게 선별된 사람이 필요하다고 생각하지는 마시오. 인민의 권고가 아니라면 인민의 마음을 사로잡을 목적으로 제정된 법을 승인 또는 거부할 수 있는 것이 없소. 그러니 그때 인민은 선거로 선출되는 것이 아니라 집단으로 존재해야 하오. 선거란 언제나 선택의 결과이므로 불행히도 아주 자주 선택을 피할 줄 아는 기술이나 선택에서 벗어날 수 있는 방법을 가진 사람을 배치하여 법을 수용하거나 거부하게 될 것이오. 수단과 방법을 모두 동원해서 피해야 할 암초가 바로 그것이오.

고대 그리스의 입법가 솔론은 '법은 거미줄과 같아서 똑같은 파리라고 해도 몸집이 큰 것은 빠져나가고, 몸집이 작은 것만이 걸려든다'[27]라고 말했소. 이를 사람에 비유해본다면 법을 비준함에 있어 본질적으로, 그리고 되도록이면 가장 가혹한 운명을 겪는 이 부류의 인민을 받아들여야 할 필요가 있음을 깨닫게 되오. 바로 그들이 언제나 법의 '타격'을 받게 되므로 그들 스스로 '타격을 받아'도 좋다는 데 동의하는 법을 선택해야 하는 것이오.

시민 여러분, 내 생각을 이제 다 말했소. 내 생각이 옳은지 아닌지는 여러분이 결정하도록 하시오. 내가 말한 어조로 판단한다면 여러분은 정의와 평등에 대한 가장 순수한 사랑을…, 여러분이 그토록 비싼 희생을 치러, 여러분 스스로 얻어낸 자유가 보전되기를 지켜보고자 하는 가장 강렬한 열망을 알아볼 수 있을 것이오. 나는 그 누구도 의심하지 않으며, 그 누구도 불신하지 않소. 세상 누구도 우리의 대표자를 나보다 더 신뢰하는 이는 없을 것이오. 하지만 나는 권력이 어디까지 잘못 사용될 수 있는지 잘 알고 있소. 나는 전제주의에서 즐겨 썼던 모든 술책을 밝혀내었소. 나는 인간을 연구했기에 인간을 잘 아오. 사람이 '위임받은' 권력을 물리치기란 너무도 힘들지만, '위임받은' 권위에 제한을 가하기란 너무도 쉽다는 것을 나는 알고 있소. 나는 인민을 사랑하오. 내가 쓴 글을 읽어 본다면 바스티유를 함락한 불길이 온 세상에 알려지기 훨씬 전에 벌써 내가

· ·

27. 디오게네스 라에르티오스, 『그리스철학자열전』, 「솔론 편」, 전양범 역, 동서문화사, 2008, 38쪽. 이 문장은 발자크의 『뉘싱겐 상사』 마지막 부분에도 인용되는데, 블롱데는 이 말을 몽테스키외가 『법의 정신』에서 썼다고 했다. (역주)

현 체계를 밝혀놓았음을 알 수 있소. 내 인생에서 가장 아름다웠던 날은 황금시대의 저 달콤한 평등이 다시 태어난 것을 봤다고 생각한 날이었소. 그날 나는 자유의 나무가 유익한 가지를 뻗어 왕홀과 옥좌의 잔해를 덮어버리는 것을 봤소. 나는 노파심에 이 미약한 글을 내놓는 것이오. 내 두려운 마음이 여러분에게 전해진다면 즉시 그런 마음이 들게끔 했던 것을 비난해주시오. 그리하면 우리 모두는 행복할 것이오. 내가 잘못 생각한 것이라면 내 잘못은 마음에서 나온 것이니, 여러분께서 너그러이 용서해주기를 바라오. 여러분의 지식을 내게 전해주시오. 그에 따라 계획을 정리해 보겠소. 지금 내가 오만해 보인다면 그것은 감수성의 오만일 뿐이오. 내가 다른 이보다 말을 잘 못한다는 데는 동의하지만 여러분에 대한 사랑은 누구 못지않소.

피크 지부 총회는 본 법을 비준하는 방식에 대한 생각을 두 차례 경청한 후 이를 인쇄하여, 파리의 다른 마흔일곱 개 지부에 이렇듯 중요한 주제에 대해 가장 빠른 시일 내로 각 지부의 의견을 밝혀달라는 부탁을 첨부하여 송부할 것을 만장일치로 결정했다.

프랑스 공화국 1년, 1792년 11월 2일 총회에서 작성됨.

의장, 기아르
서기, 테르누아

4. 파리 지부에서 국민공회에 보내는 청원서 초안[28]

주권을 위임받은 사람들에게,

공화국의 단일성, 분할불가능성, 자유, 불가침의 인권을 지켜주는 균형의 유지를 항상 최우선으로 생각하는 파리 지부들은 위임자 여러분이 파리 방어를 위해 육천의 유급 병력을 징집한다는 법령을 제출했다는 소식을 통탄의 마음 없이 받아들일수 없었다.

입법가들이여, 우리는 여러분에게 이 계획이 '현명하지 못하'고 '부당하'고 '위험하다'는 점을 감히 말하려 하고, 여러분에게이 점을 밝히고자 한다. 그런데 이러한 어떤 것도 우리 국회에서나왔을 리 없다. 우리의 신전에서 정의의 여신과 자유의 여신사이에 앉아 있는 프랑스 인민의 대표자들은 인민의 영광과행복을 위해 제출한 법령만을 국가에 제안하기 때문이다.

••
28. 생 피아크르 거리 소재 피크 지부의 인쇄소에서 8절판 4쪽 분량으로
인쇄되었다.

우리는 이 법령이 '현명하지 못하다'고 생각한다. 공화국을 수호하는 군인들에게 차등을 두고 급료를 지급하는 것보다 더 현명하지 못한 일은 없다. 급료에 이렇게 부적절한 차이가 생기면 병사들은 이내 혼란과 분열에 빠지게 된다. 아울러 이 법령은 공장의 공동화空洞化를 초래하기 때문에 '현명하지 못하다'. 공장 노동은 어느 면으로 보나 공화국의 중차대한 문제이다.

여러분의 법령은 '부당하다'. 가혹한 운명을 겪는 계급에 도움이 되기는커녕 혁명군 병사들에게 이처럼 높은 급료를 제안하게 되면 이 자리가 일을 하지 않는 사람들과 책략가들의 차지가 될 수도 있기 때문이다. 그들 말고 불충분한 급료에 만족할 수 있는 사람들은 없을 테니 말이다. 파리의 성실한 노동자가 받는 일당을 생각해 보라. 여러분의 법령이 아무 일도 하지 않는 사람에게 목숨을 걸고 조국을 지키는 사람보다 두 배나 많은 급료를 지급하므로, 그것은 '부당하다'. 여러분은 시민정신의 보증서를 요구하면 된다고 반박할 것이다. 서약을 하지 않는 사람은 군대에 들어갈 수 없을 것이라고 답변할 것이다. 그러나 이런 이유를 가지고는 루이 16세의 추종자들 역시 시민정신의 보증서를 가졌음을 알고 있는 사람들을 설득할 수 없을 것이다.

여러분의 법령은 '위험하다'. 파리의 혁명군은 친위대에 불과하여 야심가나 부당한 찬탈자들이 이를 이용하여 우리를 속박할 수 있기 때문이다. 이 법령은 방향은 반대일지라도 시민들을 필연적으로 유해한 방식으로 구분 짓게 될 것이므로 '위험하다'. 혁명이 지나온 역사의 여러 페이지를 돌이켜 본다면 저 끔찍한 부대들이 가져온 폐해가 어떤 것인지 눈에 선하게 그려진다. 병사, 척탄병, 스위스 용병, 국왕근위대를 설치하면서 생긴 대립과 혼란을 기억하라. 그 때문에 생겼던 악이 여전히 남아 있다고 느낄 때 우리가 동일한 조치를 거부했다는 점에 놀라지 말라. 적은 의심할 여지없이 우리 내부에 존재한다. 적들에게 용감무쌍한 힘을 만들어주지 말도록 조심하자. 파리는 혁명을 이뤄냈으니 이제 그 혁명을 유지할 줄 알 것이다. 입법가들이여, 프랑스 공화국 병사들이 나라 밖에서는 여러분을 수호하고 나라 안에서는 여러분을 감쌀 수 있음을, 누가 배신자인지 가려낼 줄 안다는 점을, 인민의 진정한 대표자들의 권리를 지켜줄 수 있다는 점을 여러분보다 더 잘 아는 이는 없다. 바스티유 성벽을 함락했던 사람들, 한마디로 말해서, 전제군주의 왕홀을 부숴버렸던 사람들은 보수도 급료도 받지 않았다. 그들의 마음을 고양했던 유일한 것이 조국애였고 승리를 보상해준 유일한 것이 온전한 자유였던 것이다.

우리들 가운데 하루하루 노동으로 먹고사는 사람들은 우리가 그들의 이득을 고려하지 않는다고 생각해서는 안 된다. 우리가 그들이 봉사한 것에 대해 정당한 보수를 지급하지 않으려는 것이 절대 아니다. 우리가 반대하는 것은 오로지 그렇게 지불된 보수가 용병들에게 분배될 때 로마 시대의 카틸리나나 영국의 크롬웰과 같은 자가 언젠가 나타나 여러분에게 족쇄를 채울 수 있다는 사실이다. 하루하루 먹고 살아가는 사람들에게 고생한 데 대한 보상을 하지 않으려는 것이 아니라, 전쟁세를 걷어 제일 먼저 이 돈을 쓸 데가 그들에게 사십 솔이 아니라 오십 솔의 급료를 보장해주는 것임을 요구하는 것이다. 그들이 자기 시간을 희생하여 시민의 소유권을 수호하고자 할 경우에 말이다. 그들이 소유한 것은 오직 그들의 시간뿐이며, 따라서 그들이 아무런 보상 없이 자기 시간을 낭비해서는 안 될 것이기 때문이다. 하지만 파리 안에는 혁명군이 없다. 입법가 여러분, 우리는 앞서 이 병력에 대한 법령이 '현명하지 못하'고 '부당하' 고 '위험하다'고 앞서 증명했으므로 여러분이 이 법령을 철회할 것을 요구한다.

파리를 방어할 권리를 가진 사람은 오직 파리 시민뿐이다. 장엄하고 웅장한 파리는 북 한번만 울려도 즉시 남자 십오만 명이 정렬하므로 용병을 고용할 필요가 없다. 용병은 급료를 받는다는 사실만으로도 파리를 방어할 자격이 없는 자들이다.

그런데도 다른 생각이 있다고들 하고 있다. 병력을 일으킨 건 다른 목적이 있다는 것이다. 입법가들이여, 그 목적이 무엇인 지 알려 달라. 그 목적을 감춘다면 의심을 살 수밖에 없다. 우리가 사는 시대는 정부가 저지르는 죄악을 숨기기 위해 신비 의 베일을 둘렀던 저 야만의 시대가 더는 아니다. 공화국의 구성원 전체는 직접 행정에 참여하므로 어떤 종류의 비밀도 있어서는 안 된다. 비밀은 범죄의 수단이며 우리는 장차 미덕만을 추구하며 살고 싶다. 저 음험한 공포를 견디지 못해 우리는 전제주의의 구속을 벗어던졌다. 그리고 한 번 족쇄를 끊었던 손은 영원히 그 족쇄를 받아들이지 않을 것이다. 아니다, 결코 프랑스 사람들은 자유를 희생할 정도로까지 약해지지 않을 것이다. 그런 일이 벌어진다면 다시 노예 상태에 빠져들 생각이리라. 우리는 지금 여러분에게 공화국 내에 유급 병력을 결코 설치해서는 안 된다고 선언하고 있으며, 이 선언으로써 우리는 우리의 군대와 더불어 여러분을 외부의 적의 공격이나, 종종 그보다 더 위험한 내부의 배신자들로부터 지켜낼 성벽을 쌓으리라 맹세한다.

주권을 위임받은 자들이여, 여러분은 우리가 공화주의자의 긍지를 가졌다고 불평하면 안 된다. 바로 여러분이 우리를 당당하게 만들어주었던 것이 아니겠는가. 여러분이 마련한 정부가 우리를 그렇게 만든 것이 아니겠는가. 우리는 국왕의 지배하에 비겁하고 소심한 노예로 살았다. 그런 우리가 자유로운 인간이면 당연히 가져야 할 저 용감하고 패기에 넘치는 얼굴을 들지도 못한다면 우리를 유럽의 모든 인민들 위로 드높인 우리 공화국 정부에 합당한 자가 될 수 없는 것 아니겠는가.

입법가 여러분, 이것이 우리의 원칙이고, 우리의 선서이다. 그렇게 여러분 앞에 온 마음을 내놓는 모든 사람의 혈관이 뜨겁게 끓어오르고 있다. 그 혈관에 두 피가 함께 흐른다. 여러분을 지키는 데 써야 할 피가 하나요, 폭군을 멸절하는 데 흘려야 하는 피가 다른 하나인 것이다.

5. 파리 지부에서 국민공회에 보내는 청원서[29]

인민의 대표자들에게,

공화국의 단일성, 분할불가능성, 자유와 불가침의 인권을 지켜주는 균형의 유지를 항상 최우선으로 생각하는 파리 지부들은 위임자 여러분이 파리 방어를 위해 육천의 유급 병력을 징집한다는 법령을 제출했다는 소식을 통탄의 마음 없이 받아들일 수 없었다.

입법가들이여, 우리는 여러분에게 이 계획은 '현명하지 못하'고 '부당하'고 '위험하다'는 점을 감히 말하려 하고, 여러분에게 이를 밝히고자 한다. 그런데 이러한 어떤 것도 우리 국회에서 나왔을 리 없다. 우리의 신전에서 정의의 여신과 자유의 여신 사이에 앉아 있는 프랑스 인민의 대표자들은 인민의 영광과 행복을 위해 제출한 법령만을 국가에 제안하기 때문이다.

• •

29. 생 피아크르 거리 소재 피크 지부의 인쇄소에서 1793년 6월경 8절판 4쪽 분량으로 인쇄되었다.

우리는 이 법령이 '현명하지 못하다'고 생각한다. 공화국을 수호하는 군인들의 급료에 차이를 두는 것보다 더 현명하지 못한 일은 없는 것이다. 급료에 이렇게 부적절한 차이가 생기면 병사들은 이내 혼란과 분열에 빠지게 된다. 아울러 이 법령은 공장의 공동화空洞化를 초래할 수도 있기 때문에 '현명하지 못하다'. 공장 노동은 어느 면으로 보나 공화국의 중차대한 문제이다.

여러분의 법령은 '부당하다'. 가혹한 운명을 겪는 계급에 도움이 되기는커녕 혁명군 병사들에게 이처럼 높은 급료를 제안하게 되면 이 자리가 일을 하지 않는 사람들과 책략가들의 차지가 될 수 있기 때문이다. 그들 말고 불충분한 급료에 만족할 수 있는 사람들은 없을 테니 말이다. 파리의 성실한 노동자가 받는 일당을 생각해보라. 여러분의 법령이 아무 일도 하지 않는 사람에게 목숨을 걸고 조국을 지키는 사람보다 두 배나 많은 급료를 지급하므로, 그것은 '부당하다'. 여러분은 시민정신의 보증서를 요구하면 된다고 반박할 것이다. 서약을 하지 않는 사람은 군대에 들어갈 수 없을 것이라고 답변할 것이다. 그러나 이런 이유를 가지고는 루이 16세의 추종자들 역시 시민정신의 보증서를 가졌음을 알고 있는 사람들을 설득할 수 없을 것이다.

여러분의 법령은 '위험하다'. 파리의 혁명군은 친위대에 불과하여 야심가나 부당한 찬탈자들이 이를 이용하여 우리를 속박할 수 있기 때문이다. 이 법령은 방향은 반대일지라도 시민들을 필연적으로 유해한 방식으로 구분 짓게 될 것이므로 '위험하다'. 혁명이 지나온 역사를 돌이켜 본다면 저 끔찍한 부대들이 가져온 폐해가 어떤 것인지 눈에 선하게 그려진다. 그 때문에 생겼던 폐해가 여전히 남아 있다고 느낄 때 동일한 조치를 취해야 하는지 대단히 염려하고 있대도 놀라지 말라. 적은 의심할 여지없이 우리 내부에 존재한다. 적들에게 용감무 쌍한 힘을 만들어주지 않도록 조심하자. 파리는 혁명을 이뤄냈 으니 이제 그 혁명을 유지할 줄 알 것이다. 입법가들이여, 프랑스 공화국 병사들이 여러분을 지켜줄 수 있음을, 누가 배신자인지 가려낼 줄 안다는 점을, 인민의 진정한 대표자들의 권리를 지켜줄 수 있다는 점을 여러분보다 더 잘 아는 이는 없다. 바스티유 성벽을 함락했던 사람들, 전제군주의 왕홀을 부숴버 렸던 사람들은 보수도 급료도 받지 않았다. 그들의 마음을 고양했던 유일한 것이 조국애였고 승리를 보상해준 유일한 것은 온전한 자유였던 것이다.

우리들 가운데 하루하루 노동으로 먹고사는 사람들은 우리 가 그들의 이득을 고려하지 않는다고 생각해서는 안 된다. 우리가 그들이 봉사한 것에 대해 정당한 보수를 지급하지 않으 려는 것이 절대 아니다. 우리가 반대하는 것은 오로지 그렇게 지불된 보수가 용병들에게 분배될 때 로마 시대의 카틸리나나 영국의 크롬웰과 같은 자가 언젠가 나타나 여러분에게 족쇄를 채울 수 있다는 사실이다. 하루하루 먹고 살아가는 사람들에게 고생한 데 대한 보상을 하지 않으려는 것이 아니라, 전쟁세를 걷어 제일 먼저 이 돈을 쓸 데가 급료를 보장해주는 것임을 요구하는 것이다. 그들이 자기 시간을 희생하여 시민의 소유권을 수호하고자 할 경우에 말이다. 가난한 자가 소유한 것은 그들의 시간뿐이며, 따라서 그들이 아무런 보상 없이 자기 시간을 낭비해서는 안 될 것이기 때문이다.

파리를 방어할 권리를 가진 사람은 오직 파리 시민뿐이다. 파리는 북 한번만 울려도 즉시 남자 십오만 명이 정렬하므로 충분히 방어될 수 있다.

그런데도 다른 생각이 있다고들 하고 있다. 병력을 일으킨 건 다른 목적이 있다는 것이다. 입법가들이여, 그 목적이 무엇인지 알려 달라. 그 목적을 감추면 의심을 품을 수밖에 없다. 우리가 사는 시대는 정부가 저지르는 파렴치한 행위를 숨기기 위해 신비의 베일을 둘렀던 저 야만의 시대가 더는 아니다. 공화국의 구성원 전체는 직접 행정에 참여하므로 어떤 종류의 비밀도 있어서는 안 된다. 비밀은 범죄의 수단이며 우리는 장차 미덕만을 추구하며 살고 싶다. 저 음험한 공포를 견디지 못해 우리는 전제주의의 구속을 벗어던졌다. 족쇄를 끊었던 손은 영원히 그 족쇄를 받아들이지 않을 것이다. 아니다, 프랑스 사람들은 그토록 자유를 희생하여 노예 상태에 빠져들지 않을 것이다. 그러니 우리를 이내 노예 상태에 빠뜨릴 수 있는 법령의 철회를 요구하는 바이다.

인민의 대표자 여러분, 여러분은 우리가 공화주의자의 긍지를 가졌다고 불평하면 안 된다. 바로 여러분이 우리를 당당하게 만들어주었던 것이 아니겠는가. 여러분이 마련한 정부가 우리를 그렇게 만든 것이 아니겠는가. 우리는 국왕의 지배하에 비겁하고 소심한 노예로 살았다. 그런 우리가 자유로운 인간이면 당연히 가져야 할 저 용감하고 패기에 넘치는 얼굴을 들지도 못한다면 우리를 유럽의 모든 인민들 위로 드높인 우리 공화국 정부에 합당한 자가 될 수 없는 것 아니겠는가.

입법가 여러분, 이것이 우리의 원칙이다. 그렇게 여러분 앞에 온 마음을 내놓는 모든 사람의 혈관이 뜨겁게 끓어오르고 있다. 그 혈관에 두 피가 함께 흐른다. 여러분을 지키는 데 써야 할 피가 하나요, 폭군을 멸절하는 데 흘려야 하는 피가 다른 하나인 것이다.

위원장, 피롱
서기, 사드

6. 피크 지부 상설 총회 의결 기록부 발췌문[30]

단일하고 분리불가한 프랑스 공화국 혁명력 2년, 1793년 7월 12일자.

본 총회는 공화국이 처한 상황을 조사하는 과정에서 여러 도와 특히 파리에서 칼바도스도에 등장한 자유를 침해하는 선언과 반혁명의 기도[31]에 대해 몇몇 지부가 동의했다는 점에

• •

30. 생 피아크르 거리 소재 피크 지부의 인쇄소에서 1793년 7월 12일 8절판 8쪽 분량으로 인쇄되었다.

31. 1793년 초 국민공회는 지롱드파와 산악파로 양분되었고 갈등이 깊어졌다. 미국식 연방주의를 채택하고자 하는 지롱드파와 당통이 제안한 '단일하고 분리불가한 공화국République une et indivisible'을 지향하는 산악파의 대립이었다. 이런 점에서 탈중앙집권주의를 주장하는 지롱드파와 중앙집 권주의를 주장하는 산악파가 맞섰는데, 결국 산악파가 승리(1793년 5월 10일)하여, 지롱드파를 축출하게 된다. 이에 맞서 같은 해 5월 31일에 노르망디 지역의 칼바도스도에서 지역 군대 창설에 투표하고, 열 명의 국민공회 의원을 파리에 보내 이를 알렸다. 이때 지롱드파 의원들이 추방되고 이를 계기로 지롱드파 지지자들fédéralistes에 의한 봉기가 잇달 았다.

결국 피크 지부의 이 총회 기록이 작성된 7월 12일 이튿날 밤을 기해

큰 충격을 받았다. 총회는 이들 지부가 외르도 구성원과 연대할 목적으로 대표자를 파견했던 일이 규탄받았다는 사실을 보고받고 이루 말할 수 없는 고통을 느꼈다. 이 교섭은 그 자체로 애국심을 고양할 목적뿐이었으므로 찬사를 받아 마땅했다고 하나 정반대로 혁명의 적들과 회담하러 갔다는 구실이 되었을 뿐이다. 파리 시민의 애국심이 의심할 수 없이 확고함을 알고 있고, 파리 시민들이 만장일치로 의견의 일치를 볼 때 비로소 프랑스에 자유가 회복될 수 있음을 잘 알고 있는 피크 지부 총회는 이러한 규탄을 진지하게 받아들일 것인지 아직 결정을 내릴 수 없었지만, 반대로 이런 모든 이유로 피크 지부 총회는 엄격한 법을 발의하여 이 규탄에 대해 선동자들, 반혁명주의자들이 꾸며낸 새로운 중상으로 간주하고자 했다. 이들은 진정한 애국자를 박해하고 그 어느 때보다 혁명을 단단히 강화해줄 단일한 관계를 파괴하기 위해 수단과 방법을 가리지 않는 자들이다. 피크 지부 총회 전 구성원은 불행히도 사태가 그러하였다면, 불운하게도 유혹에 빠졌을지 모르는 미망에 사로잡힌 타지부의 동지들을 우정과 형제애의 권고로써 자유의 오솔길로 되돌아올 수 있도록 가용可用한 모든 수단을 동원하기로 약속했

국민공회는 천오백의 병력을 급파해 외르도에서 지롱드파의 폭동을 분쇄하게 된다. 동시에 바로 이날이 칼바도스도 출신으로 산악파의 입장에 맹렬히 맞섰던 샤를로트 드 코르데가 파리에 잠입하여 로베스피에르의 동료로 자코뱅파를 이끌던 장 폴 마라를 암살한 날이다. 그녀는 나흘 후 기요틴형을 받고 참수되었다. (역주)

다.

　그러나 의견이 대립되었을 때 공화국이 감당해야 할 모든 악이 드러난 비통한 상황과, 현재 여러 도에서 자유의 친구들을 억압하고 있는 모든 재앙이 드러난 상황을 생각하면 피크 지부는 그 어느 때보다 노력과 주의를 배가(倍加)하여 야심에 찬 모든 기도와, 모든 알력과, 모든 종류의 단체의 싹을 자르는 일이 필요하다는 점을 통렬히 느꼈다. 특히 단체들의 경우 누군가 이들을 미망에 빠뜨린다면 앞서 언급한 시도를 충분히 지원할 수 있으며, 누군가 이들이 다시 헌법으로 정한 정부기관을 동원하도록 한다면 자유를 침해할 목적으로 이를 충분히 이용할 수 있는 것이다.

　파리 애국 시민들에게는, 조국을 사랑하는 진정한 모든 애국 프랑스인들에게는 이런 생각이 너무도 끔찍한 일이다. 따라서 피크 지부는 다음 두 가지 사항을 고려했다. 첫째 국민공회의 공안위원회는 국가의 안녕을 위해 파리 지역 유급 병력 설치 법령의 철회를 위한 다수 지부의 요구를 다시 한 번 긴급히 제출한다. 둘째, 상기 법령은 다른 도에도 역시 적용되므로 애국심이 약한 행정관들의 손에 넘어가게 되면 그들이 주도권을 쥐고 범죄적 기도를 실행할 수 있다는 점을 상기시킨다. 피크 지부는 국민공회가 공안위원회로 이송한 다수 지부의 청원서에 개진된 원칙을 보고 최근 국민공회의 한 구성원이 의회에 제출한 제안을 떠올리지 않을 수 없었다. 이 제안은

8월 10일의 혁명 봉기[32] 기념식에 기초 회합마다 두 명의 지원자를 무장시켜 파리로 올려 보내 이들로써 중심 병력을 구성하자는 것이었다. 이 계획이 실행되었다면 육천의 유급 병력보다 훨씬 더 위압을 주는 근위대가 창설될 테니 위기를 맞은 자유에 경종을 울려주었을 것이다.

위 계획을 구상한 사람의 마음이 아무리 순수할지라도, 그가 아무리 애국심 가득한 사람일지라도 우리는 다음과 같이 자문하지 않을 수 없다. 마흔네 개 행정구역에서 지원자를 두 명씩 무장해서 올려 보내면 전국적으로 모두 팔만 팔천에 이르는 중심 병력이 생기는데 이를 가지고 무엇을 하고자 하는가? 특히 많은 수의 도와 코뮌이 연방제를 지향했다[33]는 점이 사실이라면 이런 요구를 하는 목적이 도대체 무엇인가? 파리에 연방군을 갑작스럽게 불러들여 자유의 요람을 포위하고, 악의를 가진 사람들이 그 군대를 마음대로 사용할 수 있는 수단을 제공하는 일이 아닐 것인가? 저 악의로 가득한 자들의 부정한 기도가 최근 며칠 동안 명명백백해졌다. 총회는 공안위원회에 이러한 측면에서 불안이 가중되고 있음을 마찬가지로 경고해야 한다고 생각했다. 피크 지부는 공안위원회가 신뢰를 받을

• •

32. 1792년 8월 9일부터 시작된 시민혁명으로 루이 16세가 이들에게 발포명령을 내리면서 격화되었다. 이에 분개한 시민들이 튈르리궁에서 의회로 도피한 루이 16세를 체포하게 된다. (역주)
33. 연방제를 주장한 지롱드파의 의견을 따랐다는 뜻. (역주)

만한 사람들로 구성되었기 때문에 상기위원회가 계속해서 유급 병력 창설 법안 철폐를 위해 노력하고, 자유를 사랑하고 진정으로 혁명을 신봉하는 모든 이의 이름으로 어떤 것이라도 근위대, 중앙군, 군사단체 등 외부의 적과 내부의 반역자와 맞서 싸울 군대를 보충할 필요에서 비롯하지 않은 모든 기도를 거부하리라고 확신한다.

다음으로 헌법이 정한 파리의 정부기관들과 전쟁부 장관에 대한 개별적인 규정의 문제로 넘어가자. 피크 지부 총회는 외르도로 떠나기 위해 천팔백 명의 징집이 필요했으며, 이들이 신속히 입대하고 무장되어 편성되기를 간절히 염원한다는 점을 이미 밝힌 바 있다. 총회는 지난 6월 한 달 동안 밀레르 부대령이 코뮌 의회에서 파리에 조직하고자 했던 유급 병력에 육천 정의 총기를 개방했다고 보고했음에도, 병력을 무장할 수단이 없다고 난처해들 했던 것을 보고 놀라지 않을 수 없었다.

총기 상태 불량으로 사용될 수 있는 상태가 아니었다고 반박한대도 본 총회는 전혀 개의치 않는다. 누가 될지라도 뻔뻔스럽게 그런 답변을 할 사람의 말을 의심할 수밖에 없을 것이다. 피크 지부는 한 달 넘게 여러 차례 반복해서 총기가 현 상태 그대로 각 지부에 분배되어, 각 지부에서 총기 수리를 맡아야 한다고 요구했기 때문이다. 본 지부는 천팔백 명을 징집해서 무엇을 할지는 전혀 비밀이 아니고, 병력을 외르도로 이동하는 외에는 수행할 다른 임무가 없다고 확신한다. 이런 점에서 피크 지부는 공식적으로 파리 애국 시민들에게 도움을 요청한 외르도에만 병력을 징집해 할당하지만, 피크 지부에서 징집한 스물여섯 명이 파리 도의 어떤 부대에도 소속되지 않도록 할 것이고, 지금부터 며칠 동안 천팔백 명이 정해진 행선지로 이동하지 않을 경우 본 지부에 속한 스물여섯 명은 소집 해제되어 즉각 지부로 복귀해야 함을 선언한다. 이는 공공의 안녕에 필요한 모든 조치에 집단적으로 전체적으로 지부와 협력하도록 하기 위함이다.

다음으로 총회는 위험에 처한 조국을 위해 대포 1문을 제공하는 법령을 제정해서 프랑스 서부 방데 지방에서 강도들과 광신자들로 군대를 구성한 흉악자들을 공격하기 위해 진군케 할 것을 고려한 바 있다. 그러나 본 지부가 아시냐 지폐 제조, 법무부 장관 관저, 세무 장관 관저, 국가 과세부, 또 지척에 파리 도청을 직접 보호하고 있으므로 대포를 시급히 교체해야 한다는 의견을 제출했다. 코뮌위원회는 이 사안의 중대성을 깨닫고 첫 번째 대포를 피크 지부에 우선 인도하기로 결정했다. 전쟁부 장관 역시 이와 같이 배치하기로 선언했다. 여러 지부에서 이미 대포가 교체되었지만 피크 지부에서 몇 가지 조치를 취했음에도 본 지부에 배정된 대포의 교체는 아직 이루어지지 않았다.

위의 모든 점을 고려하여 피크 지부 총회는 시민 다밀로와 벨장브를 선임하여 국민공회의 공안위원회, 코뮌위원회, 전쟁부 장관에 현 법령을 제출하고자 한다. 총회는 다음 사항을 엄중히 명한다.

1° 국민공회의 공안위원회가 파리에 육천의 유급 병력 설치에 관한 법령을 신속히 폐지하고 근위대, 중앙군 및 투표를 거쳐 파리 지부들 대다수가 승인하지 않는 모든 종류의 자치단체에 관한 모든 계획에 반대하도록 주의를 기울여줄 것.

2° 코뮌위원회가 외르도로 징발할 천팔백 병력이 신속히 군수품을 갖추고 무장하여 출발하도록 할 것.

3° 코뮌위원회와 전쟁부 장관은 파리 지역 마흔여덟 개 지부에 밀레르 부대령이 자신의 재량으로 유급 군대에 지급하겠다고 했던 육천 정의 총기를 분배하고, 신속한 총기 수리는 본 지부의 의무이므로, 전쟁부 장관은 총기 상태 여하와는 무관하게 본 지부가 현재까지 여러 차례의 징발로 소진한 오백팔십 정의 총기를 재지급해 줄 것.

4° 전쟁부 장관은 피크 지부가 방데로 보낸 4파운드 포 1문을 이십사 시간 안에 교체하도록 하는 명령을 내릴 것.

5° 본 법령에 포함된 세부사항들이 필요로 하는 여러 일반 안전 조치는 코뮌위원회가 감독하도록 할 것.

6° 총회는 이에 더해 현 법령을 파리의 마흔일곱 개 지부로 송부하여, 피크 지부와 함께 파리 지역에 통일과 형제애를 보존하고 공화국을 분리불가능한 상태로 유지할 수 있는 방법을 선택하는 데 협력하도록 촉구하기로 결정했다.

의장, 피롱
부의장, 지라르
서기, 아르토, 사드, 클라비에

7. 피크 지부에서 샤랑트 앵페리외 도 생트 소재 자유와 평등의 협회의 형제와 동지들에게 보내는 편지[34]

단일하고 분리불가한 프랑스 공화국 혁명력 2년, 1793년 7월 19일, 파리에서.

공화주의자 여러분,

피크 지부는 이달 3일자로 된 여러분의 청원서를 깊은 감사의 마음으로 받았습니다. 본 지부는 만장일치의 박수갈채로 이를 회의록에 기재할 것을 지시했습니다.

그렇습니다! 형제와 동지 여러분, 우리는 자유를 다시 옥좌에 앉혔으니, 프랑스 영토에 파리 시민이 단 한 명 남게 되더라도 폭군들은 결코 우리에게 자유를 끌어낼 수 없을 것입니다. 자유의 신이 여러분의 봉헌과 우리의 봉헌을 공히 받을 수 있을 신전을 세우는 것만이 우리가 할 일이었습니다. 그리고

· ·
34. 생 피아크르 거리 소재 피크 지부의 인쇄소에서 1793년 7월 19일 8절판 4쪽 분량으로 인쇄되었다.

그 신전은 단일하고 분리불가한 공화국의 신전일 것입니다.
결국 우리의 기원祈願이 저 '성스러운 산'의 정상에 다다랐습니
다. 그 산에 공화국을 세웠던 신탁이 있습니다. 곧 자비로운
헌법이 우리의 불안, 즉 우리의 인생과 여러분의 인생을 불행에
빠뜨렸던 빈곤과 예속에 대한 불안을 끝내고 진정한 행복을
가져올 것입니다. 프랑스 사람들의 도도한 머리를 숙이지 않을
수 없게 했던 악의 굴레가 오히려 그들에게 공화국의 에너지를
키워주어 이제 왕들을 두려움에 떨게 하고 있습니다. 그러나
용맹한 동지들이여, 우리는 여러분에게 약속합니다. 우리는
프랑스 전역의 형제들에게 약속합니다. 7월 14일의 영웅들,
8월 10일의 영웅들, 5월 31일의 영웅들[35]이여, 우리가 이제
공화주의로 뭉친 대가족이 되었으니, 오랜 세월 갈망해왔던
새로운 체제의 환희를 맛볼 때까지 꼿꼿이 서 있으십시다.
모든 도에서 올라온 대표자들이 우리와 함께 조국의 신전 아래
에 엎드려 '자유롭게 살지 못한다면 차라리 죽겠다'고 선서하러
오게 될 그날이, 영원토록 기억될 그날이 다가오고 있습니다.
그 엄숙한 날, 모든 분쟁이 끝났음을 영원히 기리도록 합시다.
우리의 사상, 우리의 마음, 우리의 심장이 하나 되어야 하고,

· ·

35. 각각 1789년 7월 14일 프랑스혁명의 주역들, 1792년 8월 10일에 튈르리궁으
로 진격했던 시민혁명의 주역들, 1793년 5월 31일(과 6월 2일)에 국민공회
를 습격하여 지롱드파를 숙청하고 축출했던 상퀼로트 봉기의 주역들을
가리킨다. (역주)

'단일'한 공화국이 우리의 '단일'한 행복이 되어야 하고, 가능하다면 지상의 모든 인민이 이 행복을 느낄 수 있어야 합니다!

형제와 동지 여러분, 8월 10일 혁명 봉기 기념일을 위해 형제애 가득한 포옹을 미리 받아 주시기 바랍니다. 여러분의 충직한 동지이자, 여러분의 충직한 동료인 파리 시민은 더없이 다정하게 여러분을 다시금 포옹할 것입니다.

위원장, 피롱

부위원장, 지라르

비서, 아르토, 사드, 클라비에

8. 피크 지부의 시민이자 인민협회 구성원 사드가 마라와 르펠르티에의 넋을 기리기 위해 본 지부가 마련한 축제에서 낭독한 논고[36]

시민 여러분,

진정 공화주의적인 마음을 가진 사람들의 가장 값진 의무는 위대한 인물에게 감사의 마음을 바치는 것이다. 그러한 성스러운 행동이 분출될 때 비로소 국가의 유지와 영광에 필요한 모든 미덕이 태어나게 된다. 찬사를 저이하는 자 누구일까. 공을 세우면 아낌없이 찬사를 보내는 국가에는 언제나 스스로 찬사를 받아 마땅한 일을 하고자 하는 사람들로 넘쳐날 것이다. 고대 로마 사람들은 이 고상한 영예에 지나치게 인색했기에 널리 알려진 인물이 죽은 후 오랜 시간이 흘러야 비로소 찬양의 글을 쓸 수 있도록 법으로 엄격히 정해놓았다. 물론 로마처럼 엄격할 것은 없겠다. 그런 엄격함은 우리 프랑스 사람들의 미덕에 찬물을 끼얹는 일이 아니겠는가. 불편이 심하지 않고

36. 생 피아크르 거리 소재 피크 지부의 인쇄소에서 1793년 9월 29일 8절판 8쪽 분량으로 인쇄되었다.

틀림없이 값진 결과를 얻을 수 있다면 열광을 억압하지 말도록 하라. 프랑스 사람들이여, 여러분의 위대한 인물을 항상 칭송하고 항상 찬양하라. 그토록 값진 열광은 여러분 가운데 더 많은 위대한 인물을 만들어줄 것이다. 만에 하나 후세 사람이 여러분더러 오류를 범했다고 비난한들, 감수성이 예민했기에 그랬다는 변명을 할 수 있지 않겠는가?

마라여! 르 펠르티에여! 지금 여러분을 높이 찬양하는 사람들은 그런 두려움을 모른다. 오늘날 번영하고 있는 세대가 여러분에게 표하는 경의에 다가올 미래의 목소리가 더해질 것이다.

자유의 숭고한 순교자들이여, 여러분들은 이미 기억의 여신을 모신 신전[37]에 자리했다. 그곳에서 여러분은 언제나 인류의 숭배를 받고 자비로운 별처럼 사람들 머리 위 높은 곳에 자리할 것이고, 어떤 사람들에게는 보배로운 인생의 원천이 되고, 또 어떤 사람들에게는 미덕의 훌륭한 모범이 될 것이니 어느 쪽이든 인류에 유익할 것이다.

마라여, 참으로 운명이란 기이하지 않은가. 당신은 저 캄캄한 동굴 깊은 곳에서 뜨거운 애국심으로 열을 다해 폭군과 맞서 싸워왔다. 그런데 프랑스의 정수精髓가 오늘 우리가 당신을 기리는 이 신전에 바로 그 자리를 마련했으니 말이다.

흔히 모든 인간 행동의 근원은 이기주의라고들 한다. 개인의

• •

37. 373쪽 각주 7번을 참조.

이익을 제일 동기로 삼지 않는 행동은 없다고 확신들을 한다. 모든 아름다운 일에 중상을 일삼는 저 끔찍한 이들은 바로 이기주의라는 저 잔인한 생각에 기대어 그런 아름다운 일을 무가치하게 만들어버렸다. 오! 마라여! 당신의 숭고한 행동들은 얼마나 당신을 이기주의라는 저 보편법칙의 예외로 만든 것인지! 개인적인 동기가 무엇이었기에 당신은 사람들의 교류도 끊고, 인생의 모든 달콤한 낙도 포기하고, 무덤 속에서 산 채로 유형을 살았던 것인가? 동포를 개화하고 형제들의 행복을 확고히 하는 것 말고는 아무런 다른 동기도 없지 않았나? 가장 완전한 무사무욕이, 인민에 대한 가장 순수한 사랑이, 지금껏 보아왔던 전례 없는 뜨거운 시민정신이 아니었다면 당신을 처단하기 위해 몰려든 병력에도 용감히 맞서 싸웠던 용기는 도대체 어디에서 나온 것이란 말인가!

로마의 스캐볼라여, 브루투스[38]여, 당신의 유일한 공로는 두 폭군의 생명을 끊어버리기 위해 잠시 무장한 것뿐이다. 그러니 여러분의 애국심은 고작 한 시간 빛났을 뿐이겠다. 하지만 마라여, 당신은 얼마나 더 힘든 길을 걸어 자유로운 인간의 인생을 살았던 것인가! 목적지에 이르기까지 얼마나

· ·

38. 카이우스 무시우스 스캐볼라Caius Mucius Scaevola는 로마 공화정 초기의 영웅으로 건국 초기 로마가 에트루리아족의 공격을 받고 포위되자, 적의 진영으로 잠입해 포르세나왕을 암살했다. 브루투스Marcus Junius Brutus는 로마 공화정 말기에 카이사르를 암살하여 공화정을 지킨 인물이다. 389쪽 각주 24번 참조. (역주)

많은 가시밭길이 당신의 발걸음을 막아섰던가! 당신은 폭군들 가운데서 우리에게 자유를 말했다. 우리가 성스러운 자유의 여신을 모실 만큼 아직 충분히 성숙하지 않았을 때, 우리가 자유라는 걸 알기도 전에 당신은 벌써 자유를 숭배했다. 마키아벨리가 경계했던 단도가 사방에서 당신 머리 위로 달려들었어도 당신의 준엄한 정신은 끄떡없어 보였다. 스캐볼라와 브루투스는 각자 그들의 폭군에 위협을 가했지만, 당신의 영혼은 그들보다 훨씬 더 위대했기에 지상에 가득한 폭군들을 동시에 없애고자 했다. 그런데 노예의 삶을 사는 사람들은 당신을 피에 굶주린 자라고 비난했던 것이다! 위대한 인간이여, 당신이 가차 없이 폭군의 피를 흘리게 했던 것은 오직 인민의 피를 아끼기 위해서였다. 그 수많은 적들에 맞서 어찌 죽지 않을 수 있었겠는가? 당신은 배신자들이 누구인지 보여주었으니 배신의 타격을 받지 않을 수 없었다.

소심하고 사랑스런 여인[39]아, 어찌 네 섬세한 여인의 손으로 유혹의 날이 선 단도를 잡았던 것이냐!… 아! 당신이 저 진정한 인민의 친구[40]가 잠든 무덤에 꽃을 바치러 오는 호의를 보여준

• •

39. 마라를 암살한 마리 안 샤를로트 드 코르데Marie-Anne-Charlotte de Corday (1768-1793)를 말한다. 413쪽 각주 31 참조. (역주)

40. '인민의 친구'라는 표현은 물론 마라를 가리키지만 동시에 1789년 9월 12일에 마라가 창간한 『인민의 친구L'Ami du peuple』를 지칭한다. 이 신문은 보통 8절 판형(간혹 10절, 12절, 16절 판형도 있었다) 8쪽 정도로 인쇄되어 파리에 벽보형식으로 게재되었다. 마라는 이 신문을 통해 부유한

428

다면 당신의 손으로 범죄가 저질러질 수 있었다는 걸 생각지도 못했을 것이다. 마라를 죽인 저 야만적인 살인자는 어느 성性으로도 볼 수 없는, 두 성性을 하나로 가진 존재를 닮았고, 두 성 모두를 절망에 빠뜨리려 지옥이 토해낸 존재인 것이니, 바로 남성이라고도 볼 수 없고 여성이라고도 볼 수 없다. 죽음의 베일을 씌워 그녀의 기억을 영원히 덮어야 한다. 특히 감히 그리들 하는 것처럼 매혹적인 아름다움이 드러난 상징으로 허수아비를 만들어 우리 눈앞에 보이는 일을 즉각 중단해야 한다. 너무나 순진한 화가들이여, 저 괴물의 모습을 부수고, 뒤집어버리고, 흉하게 만들어 보시라. 분노한 우리들 앞에 저 괴물을 보이려 한다면 타르타로스의 분노의 여신들 가운데에 나 두라.

다정하고 민감한 마음을 가진 이들이여! 르 펠르티에[41]여,

• •

시민에게만 선거권을 주었던 데 반발했고, 프랑스 식민주의와 노예제도를 강력히 비판했다. (역주)

41. 루이 미셸 르 펠르티에 드 생파르조 후작Louis-Michel Le Pelletier de Saint-Fargeau(1760-1793)은 1789년 귀족 대표로 삼부회에 참여했으나, 귀족의 입장을 대변하지 않았던 인물이다. 1792년에 국민공회에 참여하여 산악파의 입장을 따랐다. 같은 해 10월 30일, 언론의 자유에 대한 논설을 발표하고 신에 대한 불경을 더는 범죄로 처벌하지 못하도록 했다. 국민교육위원회를 주재하면서 콩도르세의 입장에 따라 아동교육에 대한 견해를 피력했다. 사형제 폐지를 주장하는 입장이었으나 루이 16세에게 8월 10일의 학살의 책임을 묻는 재판에서 국왕 사형안에 찬성표를 던졌는데(1793년 1월 20일), 이날 밤 왕당파였던 필립 드 파리스Philippe Nicolas Marie de Pâris가 그를 암살했다. 루이 16세의 처형 전날의 일이었다. 화가 다비드는 그의 죽음을 기리며 '임종을 맞는 르 펠르티에 드 생파르조의 두상Tête de

앞의 상황들 때문에 날이 섰던 생각이 당신이 보여주었던 미덕을 돌이켜본다면 잠시나마 약화되도다. 국민교육에 대한 당신의 훌륭한 원칙을 따른다면 우리가 규탄하는 죄악들로 프랑스 역사가 시들어 퇴색하는 일은 더는 없으리라! 어린이와 어른들의 친구여, 당신이 정치 인생을 인민의 대표자라는 숭고한 역할을 수행하면서 온통 헌신했던 시기에 내 얼마나 기쁘게 당신을 따랐던가. 당신이 처음으로 제시했던 생각을 따르며 우리는 저 소중한 출판의 자유를 확보할 수 있었다. 출판의 자유 없이는 지상에 자유가 있을 수 없다. 터무니없는 공상에 불과한 편견들은 당신을 거짓 광채만이 빛나는 곳에 올려두었으나, 당신은 이를 경멸하면서 사람들 가운데 차이가 존재할 수 있다면 그 차이는 오직 미덕과 재능에 달렸을 뿐임을 믿었고 이 점을 널리 공포했다.

폭군의 준엄한 적으로서 당신은 인민 전체를 감히 죽이고자 모의했던 자를 사형에 처하자는 입장에 투표했다. 그러자 광신자가 당신에게 공격을 가했다. 그는 칼을 휘둘러 우리 모두의 가슴을 갈기갈기 찢었다. 그가 느낀 양심의 가책이 우리의 치욕을 씻어주었다. 그는 스스로 제 자신의 형리가 되었으나, 그것으로는 충분치 않았다. 흉악한 자여! 우리는 네 넋까지

··

Le Pelletier de Saint-Fargeau sur son lit de mort'을 그렸는데(현재 남아 있지 않다), 이 그림 한쪽에 "자유의 최초의 순교자"라고 기록했다고 한다. (역주)

죽일 수는 없지 않은가! 아! 모든 프랑스 사람들은 마음속에서 당신을 판결했다. 시민들이여, 여러분 가운데 그러한 자유의 친구들에게 애국심이 마련하는 감정을 충분히 느끼지 못하는 사람들이 있어서, 그들이 르 펠르티에의 마지막 말에 잠시나마 주의를 기울였다면 그들은 사랑과 숭배의 감정으로 충만하여 저 아름다운 생을 베어버렸던 존속살해자를 기억할 때 그 어느 때보다 더 증오의 감정을 느낄 것이다!

프랑스 사람들이 모시는 유일한 여신, 성스럽고 숭고한 자유의 여신이여, 우리가 당신의 제단 아래에서 보다 충직한 두 동지의 죽음 앞에 눈물 흘릴 수 있게 하라. 당신을 장식한 참나무 화환을 실편백나무에 감아 애도하게 하라. 우리의 쓰디쓴 눈물은 당신의 향을 정화할 테니 그 향불 꺼뜨리지 않으리라. 그 눈물은 우리의 진실한 마음이 당신 앞에 내세우는 사람들에 대한 경의 이상의 것이다…. 아! 시민 여러분, 이제 그만 울라! 우리가 슬퍼하는 저 이름난 사람들은 아직 살아 숨 쉬며, 우리의 애국심으로 그들은 부활하리라. 나는 우리들 가운데 그들이 있음을 본다…. 나는 그들이 우리의 시민정신이 의례를 표할 때 미소 짓는 것을 본다. 나는 그들이 우리에게 고대 로마보다 훨씬 훌륭한 파리가 재능의 피난처가 되고, 전제군주의 두려움이 되고, 예술의 신전이 되고, 모든 자유로운 사람들의 조국이될 저 청명하고 평온한 날들의 여명이 밝으리라고 선언하는 것을 듣는다. 지구 한쪽 끝에서 다른 쪽 끝까지 모든 나라들이 프랑스 인민과 영예롭게 연합하기를 갈망할 것이다. 외국인에게 그저 우리의 풍속과 우리의 방식만을 전해주었던 저 경박한 장점을 우리는 법, 모범, 미덕, 사람으로 대체하여 저 경천동지한 세상에 제공할 것이다. 만에 하나 세상이 혼란에 빠져 세상을 움직이는 절대적인 법을 따르면서 무너지고… 한 덩이로 뒤섞여버리는 일이 벌어졌다면, 우리가 분향하면서 찬양하는 불멸의 여신은 미래의 종족들에, 지구를 가장 잘 사용할 수 있었던 인민이 살았던 지구를 보여주고자 하면서 자연이 다시 창조하게 될 새로운 사람들에게 오직 프랑스만을 가리켜 보여줄 것이다.

작성자, 사드

피크 지부 총회는 본 연설의 원칙과 힘이 넘치는 표현에 갈채를 보내면서 이를 인쇄하여 국민공회, 각 도, 군대, 헌법이 정한 정부기관, 파리의 다른 마흔일곱 개 지부, 인민협회에 송부하기로 결정했다.

단일하고 분리불가한 프랑스 공화국 혁명력 2년, 1793년 9월 29일 총회에서 결정됨.

의장, 뱅상
서기, 지라르, 망쟁, 파리스

9. 마라의 흉상에 부치는 시[42]

진정한 공화주의자라면 소중한 우상은 하나뿐!
마라여, 당신이 죽었으니, 당신 모습 바라보며 위안 삼는다.
위대한 인물을 소중히 여기는 자는 미덕 또한 취하는 법
스캐볼라의 유골에서 브루투스가 태어났듯이.

• •

42. 1794년 『시신詩神의 연감Almanach des Muses』 81쪽에 실린 "시민 사드"의
서명이 붙어 있는 4행시.

10. 피크 지부에서 프랑스 인민의 대표자들에게 보내는
청원서[43]

입법가 여러분,

철학의 치세는 결국 위선의 치세를 폐지하게 된다. 인간은 개화되어 한 손으로는 터무니없는 종교의 경박한 노리개를 부수고, 다른 손으로는 자기 마음의 가장 소중한 신을 위해 제단을 쌓아 올린다. 우리의 신전에서 이성은 성모 마리아의 자리를 차지하고, 간음한 여인이 무릎 꿇고 피웠던 향은 우리를 속박한 구속을 깨뜨린 여신의 제단 아래에서 타오를 것이다.

입법가 여러분, 우리의 눈을 가리지 말라. 사태가 그토록 신속히 진행된 것은 이성이 진보한 결과라기보다는 우리의 공화주의 풍속의 결과이다. 우리가 거침없이 비약을 이뤘던 것은 오직 우리 정부가 힘찬 에너지로 가득했기 때문이다. 오래전에 철학자는 가톨릭주의의 우스꽝스러운 행동거지를

• •

43. 생 피아크르 거리 소재 피크 지부의 인쇄소에서 1793년 11월 15일 8절판 8쪽 분량으로 인쇄되었다.

남몰래 비웃었다. 감히 목소리를 높였다면 즉시 바스티유 지하 감옥행이었다. 전제주의 정부는 그자를 바스티유에 집어넣어 입 다물게 할 줄 알았다. 아! 미신이 없다면 어찌 폭정이 가능했을까? 광신주의의 두 딸인 폭정과 미신은 같은 요람에서 자라나, 신전에서는 사제라 불리고, 옥좌에서는 군주라 불리는 아무짝에도 쓸데없는 자들에게 봉사했으니, 이 둘의 토대는 하나이며 이 둘 모두가 보호받아야 했던 것이다.[44]

오직 공화주의 정부만이 왕홀을 부수고, 피비린내 나는 종교를 단번에 폐지할 수 있었다. 저 종교에서 신이란 불순한 측근의 정념을 섬기기 위해서나 받아들였을 뿐이었으면서도, 그 신의 이름으로 그토록 자주 성스러운 단도를 휘둘러 사람들의 목을 베었던 것이다. 우리는 분명 새로운 풍속을 갖게 되었으니, 의례도 새로워야 했다. 로마 사람들의 노예로 살았던 유대인의 의례가 스캐볼라의 아이들에게 어찌 적합할 수 있었겠는가.

입법가 여러분, 갈 길은 이미 정해졌다. 단호한 발걸음으로 그 길을 걸어 나가자. 무엇보다 우리는 항상 일관성을 갖도록 하자. 갈릴리의 창녀[45]는 십팔 세기 동안이나 한결같이 처녀로 있으면서 잉태할 수 있음을 우리가 믿게끔 노력했으니, 이제 그녀를 그만 내버려두자! 그녀의 시중을 들며 따랐던 이들도 모두 몰아내자. 이성의 신전에서 숭배할 수 있는 성인들은

44. 237쪽 참조
45. 80쪽 참조

쉴피스, 바울, 막달레나, 카타리나[46]가 더는 아니다. 허위로 얼룩진 저 값비싼 기념물들이 보다 장엄한 용도로 쓰일 수 있게 해야 한다. 허구를 숭배했던 자리에서 이제 미덕을 사랑하도록 하자. 교회마다 예전에 아무짝에도 쓸모없이 환영들에게 기원을 드렸던 제단에 이제 도덕의 상징을 올려놓도록 하자. 힘차게 표현된 그 도덕의 상징이 우리의 마음을 뜨겁게 하여 끊임없이 우상숭배를 버리고 지혜를 택하게끔 해야 한다.[47] 효심, 위대한 마음, 용기, 평등, 양심, 조국애, 선행 등 이 모든 미덕을 우리의 예전 신전에 하나씩 세워, 우리는 오직 그 미덕에 경의를 표해야 한다. 미덕을 사랑하고, 따르고, 모방하는 법을 배우도록 하자. 그 미덕은 우리가 그것을 드높이게 될 저 제단에서 나와 우리의 마음에 깃들 것이다. 도덕은 우리의 모든 사회적 관습의 성스러운 기초이고, 자연이 인간에게 생명을 부여할 때 영원히 마음속에 갖게 했던 소중한 목소리이고, 모든 협약, 모든 정부를 이어주는 없어서는 안 될 끈이다. 그랬던 도덕이 미신이라는 무자비한 적 때문에 그토록 오랫동안 보이지 않았

• •

46. 쉴피스Sulpice le pieux는 7세기 프랑스 부르주의 주교였는데 금욕과 청빈한 생활로 많은 이교도를 회심했다고 전해진다. 그의 축일은 1월 17일이다. 마리아 막달레나는 예수의 제자 중 한 명으로 예수의 죽음과 부활에 함께했다. 그녀의 축일은 7월 22일이다. 성 카타리나는 4세기 이집트 알렉산드리아 출생으로 기독교로 개종한 후, 신앙과 정절을 지키기 위해 순교한 인물로서 축일은 11월 25일이다. (역주)

47. 246쪽 각주 52번을 참조. (역주)

지만, 언제나 우리 눈앞에서 살아 있으면서 우리의 기본적인 의무가 되었으니 만인의 행복을 가져다주고 공화국을 튼튼히 강화해줄 것이다.

도덕적 인간이 자연의 인간이고, 공화주의 정부가 자연의 정부라면, 당연한 결과로 공화주의자가 가져야 하는 성격의 숨은 동기는 도덕이 되어야 한다. 입법가 여러분, 우리를 미덕에 젖게 하려거든 미덕을 찬양하는 예배를 허용하자.

열흘에 한 번씩[48] 신전의 연단을 그날만큼은 대중에 개방하여 그 신전에서 모시어 기리는 미덕이 찬양되고 그 미덕을 가장 잘 수행했던 시민들의 찬양이 울려 퍼지게 하고, 그 미덕에 경의를 표하는 찬가를 부르자. 제단 아래 향을 피우고 제단 위에는 그 미덕의 조각상을 세울 것이고, 시민 한 사람 한 사람은 우리 정부와 같은 공화주의 정부에 합당한 의식이 끝나고 나오면서 좀 전에 기념한 미덕을 실천해보고자 하면서 배우자가…, 아이들이 미덕을 행할 때 느끼는 행복과 그 필요성을 느낄 수 있도록 해야 한다. 사람은 이와 같이 정화될 것이고, 예전에 종교를 가르치는 떠버리들이 주입했던 악을 길어 올릴 뿐이었던 곳에서 이와 같이 마음을 진리에 활짝 열고 미덕을

● ●

48. 국민공회는 그레고리력을 폐지하고 1793년 10월 6일(포도월 15일)을 기해 혁명력을 사용했다. 혁명력 1년 1일은 소급해서 1792년 9월 22일부터 시작하기로 했다. 1년은 360일과 5일의 축제로 이루어지고, 한 달은 30일이 지만 이를 열흘씩 세 부분으로 나누었다. 여기서 '열흘에 한 번씩'이라고 한 것은 이런 혁명력의 체제를 따른 것이다. (역주)

마음에 품을 것이다.

그때 개인의 행복으로 비롯할 만인의 번영이 세상의 가장
후미진 곳까지 뻗어갈 것이고, 이성과 미덕이 하나가 되어
타오르는 횃불이 끝까지 쫓을 저 가공할 히드라, 로마 교회의
미신이 숨을 곳은 이제 꺼져가는 귀족주의의 더러운 은신처일
뿐이니 지상에 철학이 승리를 구가하는 것을 절망적으로 깨달
으며 이내 소멸에 이르게 되리라.

작성자, 사드

피크 지부 총회의 토의록에서 발췌

피크 지부 총회는 본 청원서의 원칙을 승인하고 채택하여
만장일치로 이를 천 부 인쇄해서 국민공회에 제출하기로 결정
했다. 국민공회는 무월霧月 25일 아침 회합에서 본 청원서의
내용을 경청하고 최우수 평가를 내리며 이를 회보에 실어 공공
교육위원회에 송부키로 했다.
피크 지부 총회는 다음의 위원을 선임하여 본 청원서를 제출했
다. 총회 의장 뱅상, 총회 비서 아르토와 시민 벡, 사네, 비주아,
제라르, 기유마르 및 작성자 사드가 그들이다. 단일하고 분리불
가한 프랑스 공화국 혁명력 2년 두 번째 달, 세 번째 열흘,
다섯 번째 날.[49]

위원장, 뱅상

서기, 아르토, 보게

49. 혁명력 두 번째 달은 무월Brumaire이며, 각주 48에서 보았듯이 세 번째
    열흘, 다섯 번째 날이므로, 25일을 가리킨다. (역주)

11. 피크 지부 상설 총회가 코뮌위원회에 보내는 편지[50]

인민의 행정관 여러분,

여러분의 인가를 받은 공공토목사업 행정관들이 피크 지부 관할[51] 도로명 변경을 권고하셨기에 본 지부는 이러한 애국적 제안에 열렬히 화답하여 여러분에게 본 조항을 위임키로 한다. 도로에 등재된 이름이 금지되거나, 상스럽거나 무의미했기 때문에 본 지부는 이를 새 도로명으로 바꾸고 과거 도로명을 병기하는 한편 지부 위원들의 간략한 설명을 달아 새로운 도로명을 결정한 이유를 밝혔다.

생토노레 거리는 콩방시옹 거리로 개칭한다.

50. 본 거리명 변경 기획안은 사드가 1793년 11월 7일 피크 지부 총회에서 제안한 것이지만 인쇄되지 않았다.
51. 1790년 6월 22일의 입법의회의 명령에 따라 파리는 마흔여덟 개의 지부로 나뉘었다. 이 시기에 현재의 방돔 광장 인근 지역이 피크 지부이다. (역주)

포부르 거리는 포부르 드 라 콩방시옹 거리로 개칭한다.

위의 두 거리는 우리 지부에 일부분이 속해 있다. 여러분이 이 개칭을 승인한다면 다른 지부들과 합의를 거쳐 이 이름으로 결정해야 할 것이다.

뇌브 뒤 뤽상부르 거리는 리쿠르고스 거리로 개칭한다.

스파르타 사람들의 입법가 리쿠르고스는 프랑스 사람들에게 존경받기 위해 태어난 듯했다. 리쿠르고스는 조국의 폭군이 될 수 있었으나, 오직 입법가이기를 바랐다. 그가 제정한 법률은 폭군의 전제주의를 쓰러뜨렸고 공화주의 정부에 승리를 가져왔다. 프랑스 사람들의 친구가 되고 모범이 될 사람들은 오직 그러한 사람들이어야 한다.

성 프란체스코파 수녀들의 거리는
프랑스 여자시민들의 거리로 개칭한다.

뇌브 데 마튀랭 거리는 카토 거리로 개칭한다.

저 유명한 카토의 조국애는 열광적일 정도였다. 카토는 열네 살에 로마제국의 폭군 술라를 살해하기 위해 칼을 달라고 했다. 카이사르의 가장 큰 적이었던 그는 공화주의자에 합당한 극단적인 두 가지 입장을 취했다. 폼페이가 승리하면 고국을 떠나겠다는 것이 하나요, 카이사르가 승리하면 목숨을 끊겠다는 것이 다른 하나였다. 결국 카이사르가 승리했고, 카토는 조국이 불명예를 당한 이상 살고자 하지 않아 약속을 지키고 자신의 심장에 칼을 꽂아 넣었다.

성聖 니콜라 거리는 자유인의 거리로 개칭한다.

성 프란체스코파 수도사들의 거리는
레굴루스 거리로 개칭한다.

로마 장군 레굴루스의 이름은 프랑스 책력에 기록되어야 한다. 레굴루스는 포로로 잡혀 있었던 카르타고에서 그를 기다리고 있던 죽음을 택했다. 마음 약하게 조국이 휴전을 받아들이게 하여, 살아남을 수도 있었으나 그는 결국 수치스러운 휴전안을 택하지 않았다.

성 라자르 거리는 솔론 거리로 개칭한다.

모든 왕들의 적이라 할… 저 유명한 그리스 사람 솔론은 왕이 되기를 거부하고 아테네가 현명한 법으로 통치되도록 법을 제정했으니, 파리 거리 한군데에 그의 이름이 등재되어야 할 것이다. 시민 한 사람 한 사람은 걸어가면서 눈을 들어 그의 이름을 보면서 걸음의 폭을 정할 것이다. 시민 모두는 솔론의 이름을 갖는 자의 원칙을 따른다면 함부로 행동할 수 없음을 기억할 것이다.

뇌브 생트 크로아 거리와 티루 거리는 코마르탱 거리의 연장선에 있으므로 이 세 거리를 최고인민의 거리로 칭했다.

인민이 자신의 권리를 기억할 수 있게 하는 모든 것을 눈앞에 늘려, 영혼을 타오르게 하는 에너지로 죽음에 이르기까지 권리를 다투고자 하는 사람들과 싸우도록 해야 한다.

보드로 거리와 트뤼동 거리도 마찬가지로 두 길의 연장선에 있으므로 이 두 거리를 키케로 거리로 칭했다.

저 위대한 로마의 웅변가는 시민의 제일가는 한 가지 재능으로 웅변을 꼽는 자유로운 인민의 나라에서 숭배되어야 한다. 카틸리나의 가면을 벗긴 그를 항상 눈앞에 두도록 하자. 우리들 가운데 카틸리나와 같은 자들이 있다면 키케로를 기억함으로써 우리의 마음은 뜨거워지고, 그가 했던 것처럼 음모를 꾸민

자들과 싸우는 법을 배워야 한다.

[사드의 주—코뮌은 키케로 대신 소크라테스의 이름을 사용하고자 했고, 총회는 명칭의 변경에 동조했다.]

라 페름 데 마튀랭 거리는 샹 드 라 글루아 거리로 개칭한다.

이 거리는 들판에 접해 있다. 파리 주변의 모든 거리를 그 이름으로 칭할 만하다. 적이 감히 그곳에 접근하고자 한다면 적이 나타나자마자 우리가 분쇄할 들판을 벌써 샹 드 라 글루아, 즉 영광의 들판이라는 이름으로 부른다는 점을 아는 것이 좋을 것이다.

아르카드 거리는 스파르타쿠스 거리로 개칭한다.

로마 사람들이 위대한 민족이기는 하지만 검투사 경기에서 사람을 죽이기까지 할 정도로 비인간적인 면도 있었다. 노예였던 스파르타쿠스가 그런 비천한 지경에 이르렀다. 인간으로서의 지위가 그를 보호해주어야 한다고 믿었다. 그는 죽음을 즐기고자 했던 야만적인 사람들에 맞서 폭동을 일으켰다. 그는 스스로 당파를 이루고, 인간의 자유와 평등을 지지했다. 후세는 그를 가장 열렬한 인권의 수호자 중 한 명으로 볼 것이다. 우리의 거리 중에 하나는 반드시 그의 이름을 가져야 한다.

그의 이름을 읽게 될 모든 사람은 만에 하나 프랑스에 폭군이
나타난다면 스파르타쿠스들을 만나게 되리라는 점을 반드시
기억하게 될 것이다.

마들렌 거리는 코르넬리아 거리로 개칭한다.

로마 정치가 그라쿠스 형제의 어머니는 유명하기로 갈릴리
의 창녀에 못지않다. 한 여자가 어느 날 부臻를 어디에 두었느냐
고 묻자, 그녀는 아이들을 가리키며 "여기 있소"라고 했다.
분명 그녀의 두 아이는 한 어머니의 재산으로 태어났다. 아이들
은 항상 인민의 편에서 평등의 체계를 지지하는 것으로 이름을
날렸다. 그들은 열정의 희생자가 되었고, 그들이 부자로 만들고
자 했던 로마 인민은 그들이 죽은 뒤 비참한 상태에 빠졌다.

쉬렌 거리는 마들렌 거리로 연결된다. 마들렌 거리에는 어머니의
이름을 주었으므로 다른 거리에 아이들의 이름을 주어, 쉬른 거리는
그라쿠스 형제의 거리로 개칭한다.

르 펠르티에의 이름을 다게소 시장에 붙였다. 폭군의 사형에
투표했다는 것으로 자유의 최초의 순교자가 되었던 사람은
폭군에게 모범적으로 복종하는 것밖에 할 수도 없고 하지도
않는다고 말했던 자보다 더 훌륭한 사람이다.

그 옆에 앙리 4세의 뜰이 있는데, 이 뜰에 로마의 왕을 몰아내었던 유니우스 브루투스의 이름을 붙여 파리의 왕들을 잊도록 했으면 좋겠다.

인민의 행정관 여러분, 여러분이 본 과제를 승인한다면 이를 서둘러 실행될 수 있게 해주시기를 부탁드린다. 사람들의 마음을 감격시키는 일은 지연될 때마다 약화되기만 할 뿐이다. 확신컨대 여러분은 이와 같은 일을 반복하지 않을 것이다. 애국의 신전은 애국심이 넘치는 동지들을 언제나 맞아들일 것이다.

피크 지부 총회는 이 과제의 낭독을 경청한 뒤 만장일치로 승인하고, 이 기획의 작성자인 총회 의장과 부의장이 본 과제를 코뮌위원회와 공공토목사업의 행정관들에게 제출하도록 했다.

부의장, 사드

위원회는 이 과제에 갈채를 보내고 공공토목사업 행정관들이 본 과제를 실행할 것을 명한다.

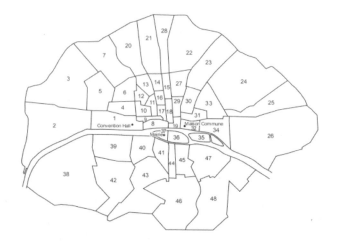

1. Tuileries
2. Champs-Élysées
3. République
4. Montagne
5. Piques
6. Lepeletier
7. Mont-Blanc
8. Muséum
9. Gardes-Françaises
10. Halle-aux-Blés
11. Contrat-Social
12. Guillaume-Tell
13. Brutus
14. Bonne-Nouvelle
15. Amis-de-la-Patrie
16. Bon-Conseil
17. Marchés
18. Lombards
19. Arcis
20. Faubourg-Montmartre
21. Poissonnière
22. Bondy
23. Temple
24. Popincourt

25. Montreuil
26. Quinze-Vingts
27. Gravilliers
28. Faubourg-du-Nord
29. Réunion
30. Homme-Armé
31. Droits-de-l'Homme
32. Maison-Commune
33. Indivisibilité
34. Arsenal
35. Fraternité
36. Cité
37. Révolutionnaire
38. Invalides
39. Fontaine-de-Grenelle
40. Unité
41. Marat
42. Bonnet-Rouge
43. Mutius-Scaevola
44. Chalier
45. Panthéon-Français
46. Observatoire
47. Sans-Culottes
48. Finistère

[파리의 48개 지부]

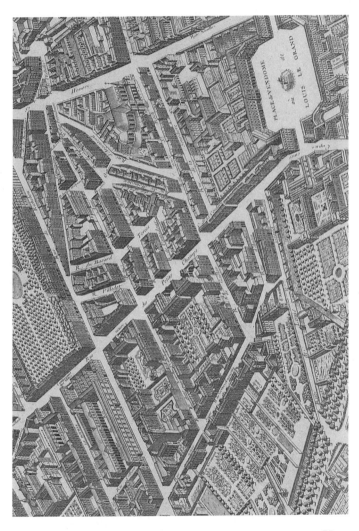

[18세기 파리 방돔 광장 인근 지도 (plan de Turgot, 1739)][52]

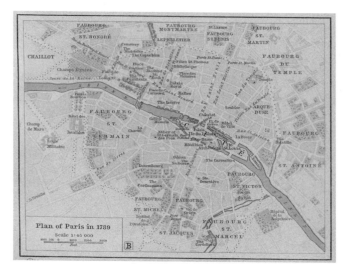

[1789년의 파리]

· ·

52. 지도의 우측 상단의 광장이 방돔 광장이다. 지도의 상단을 가로지르는 거리가 생토노레 거리이다. 위의 지도에서 생토노레 거리 좌측 끝부분에서 아래쪽으로 길게 내려가는 거리는 리슐리외 거리이다. 지도의 좌측 하단에서 리슐리외 거리와 교차하여 다시 우측 상단 방돔 광장 쪽으로 올라가는 긴 거리가 뇌브데프티샹 거리이고, 이 거리와 방돔 광장에서 나와 아래편으로 내려가는 길이 성 프란체스코 수녀들의 거리이다. 지도 상단 생토노레 거리에서 중앙을 향해 내려가다가 뇌브데프티샹 거리에서 끝나는 그곳이 생로크 거리이다.

마들렌 거리는 지도 상단의 생토노레 거리를 오른쪽으로 연장한 곳에서 만나게 되는 거리이다. 생토노레 거리와 리슐리외 거리가 만나는 지도의 좌측 상단에서 지도의 중앙(뇌브데프티샹 거리와 생로크 거리의 교차점)을 연결하고, 이를 지도의 우측 하단으로 연결해보면 그 길이 현재의 오페라 대로이고, 오페라 가르니에는 지도의 우측 하단쯤에 위치한다. 18세기 말의 이곳 풍경은 현재의 풍경과 많이 다르며, 지명도 마찬가지이다. (역주)

사드와 프랑스혁명

    사드를 본격적으로 찬미했던 최초의 작가이자, 그를 프랑스 문학사의 중요한 자리로 단번에 올려놓았던 프랑스 현대시인 기욤 아폴리네르는 "참으로 오랜 기간 금서 보관소의 고약한 공기 속에 처박혀 농익어온 [사드의] 사상들이 바야흐로 기를 펼 때가 온 것 같다. 19세기 내내 별것 아닌 것처럼 치부되었던 이 남자는 20세기를 확실히 지배할 수 있게 될 것이다"[1]라고 말했다. 아폴리네르는 사드의 작품을 선별하고 서문과 주석을 붙여 『사드 후작 작품집*Œuvre du Marquis de Sade*』(Bibliothèque des Curieux, 1909)을 출간했는데, 이 책은 그가 내다본 대로 한 세대 후에 다다와 초현실주의를 선언하면서 기존 사상과 문학에 반기를 들었던 젊은 작가들의 애독서가 된다. 초현실주의 시인 루이 아라공은 "나와 내 친구들은 어렸을 때부터 사드를

- -

1.   Apollinaire, *Œuvres en prose complètes*, t. III, éd. M. Décaudin et P. Caizergues, Gallimard, Bibliothèque de la Pléiade, 1993, 799쪽(『사드 전집』 1권, 「신성한 후작」, 성귀수 역, 워크룸프레스, 2014, 119쪽).

읽고 자랐다[2]고 회상하며, 폴 엘뤼아르 역시 "내 사유를 해방시킨 세 명이 있었으니, 사드 후작, 로트레아몽, 앙드레 브르통이 그들이다"[3]라고 말한 바 있다.

이 젊은 작가들은 두말할 것 없이 그들 공동의 스승 아폴리네르의 관점에 따라 사드를 읽었다. 이제 그들에게 사드는 "이전까지 왜곡되고 과장되어 전해진" 사드가 아니었다. 20세기의 독자들은 사드가 "미치광이도 정신병자도 아니었음을 알고 있다."[4] 스베인 에이리크 페우스페보그는 그의 탁월한 저작 『초현실주의 시대의 사드』에서 19세기 이전에 사드라는 이름이 리베르탱, 흉악한 자, 부도덕한 자, 괴물에 다름없는 자의 대명사였다면, 20세기 초반에 사드의 신봉자들이 그를 부르는 애칭이었던 '신성한 [사드] 후작divin marquis'은 "새로운 관념들의 체계"를 가리키는 것이었고, 그 이름은 "무정부주의적 개인의 봉기와 새로운 시적 가치를 수용하고자 하는 열망이라는 모순 속에서 반향하고 있다"[5]고 말했다. 이들은 각자 정도의 차이는 있을지라도 사드에게서 새로운 사회를 위한 도덕적,

● ●

2. Pierre Varillon et Henri Rambaud (éd.), *Enquête sur les maîtres de la jeune littérature*, 1923, 17쪽.

3. Paul Eluard, *Œuvres complètes*, éd. Marcelle Dumas et Lucien Scheler, t. II, Gallimard, Bibliothèque de la Pléiade, 1968, 959쪽.

4. Apollinaire, *op. cit.*, 795쪽(성귀수 역, 114쪽).

5. Svein Eirik Fauskevåg, *Sade dans le surréalisme*, Privat-Solum Forlag, Toulouse-Oslo, 1982, 198쪽.

정치적, 시적 혁명을 보았다. 그래서 그들에게 유수한 귀족 출신의 사드가 바스티유 함락 이후 석방되어 프랑스 혁명기에 투표권을 가진 능동적 시민citoyen actif의 자격으로 정치에 참여하고, 파리의 마흔여덟 개 지부 중 가장 과격했던 피크 지부(현재 파리 방돔 광장 지역) 의회에 열성적으로 참여했다는 사실은 전혀 상상할 수 없는 일이 아니었다. 더욱이 초현실주의자들은 프랑스 혁명기의 사드의 정치적 혁명 사상과 그의 유래 없는 도덕적, 시적 혁명을 떼려야 뗄 수 없는 것으로 본다. 초기 초현실주의의 주요 인물이었던 로베르 데스노스는 『에로티즘에 대하여De l'érotisme』에서 사드에게 한 장을 할애하고 있는데, 여기서 그는 "사드 후작의 작품은 현대 정신의 철학적이고 이미지로 가득한 최초의 선언문"과 같다고 극찬한다.

　　현재 우리의 모든 갈망은 본질적으로 사드에 의해 이미 제시되었다. 그는 감각적이고 지성적인 삶을 토대로 총체적으로 성性적인 삶을 제시했던 최초의 사람인 것이다. […] 관능적인 관점에서 볼 때 사드의 작품은 지성적이라는 점에서 월등하다. 그가 색정광이었을 수도 있고 감옥에 갇혀 있어서 성생활이 불가능했을 수도 있다. 그렇지만 그의 작품의 원인이 무엇일지라도 그의 작품은 절대적으로 새로운 세계의 창조라 할 것이다. […] 사드는 다른 것 이상으로 모럴리스트이다. 그가 그린 모든 인물들은 내적 삶과 외적 삶을 조화시키기

위한 욕망에 사로잡혀 있다. 그들 모두는 확고한 사랑의 관념
을 가졌으며 사건들은 어느 하나 긴밀히 이어지지 않는 것이
없다.[6]

그러나 아폴리네르와 초현실주의자들이 본 '혁명적révolution-
naire'인 사드는 과장된 바가 없지 않다. 그들은 20세기 이전에
사드에게 따라붙었던 오명을 제거하여 그들이 추구하는 전혀
'새로운' 문학과 사상의 선구자로 만들고자 했기 때문이다.
장젠 빌메르는 "사드 정치 저작을 맥락과는 무관하게 단순하게
독서하여 그를 혁명적인 인물로 만드는 몇몇 해석들"[7]이 가져
오는 오류를 지적했다. 또한 사드 연구의 선구자 중 한 명인
모리스 르베는 적어도 사드에 대한 초현실주의자들의 혁명적
해석에 미온적이다. 그는 "사드의 정치적 사유를 단숨에 한
가지로 요약하기에는 사실 너무 모호한 데가 많고 모순도 많다.
사드를 그의 행동이나 공개적으로 취한 입장을 통해서 판단할
때 대단히 심각한 오류에 빠질 수 있는 위험이 있다"[8]고 단언한
다. 르베가 자신의 책 제목으로 가져온 "저는 지금 도대체
누구인가요?…"라는 말은 사드가 그의 변호사이자 친구였던

• •

6.   Robert Desnos, *De l'érotisme*, éd. Annie Le Brun, Gallimard, 2013, 93-95쪽.
7.   Jean-Baptiste Jeangène Vilmer, *Sade Moraliste*, Genève, Droz, 2005, 162쪽.
8.   Maurice Lever, *Marquis de Sade. 'Que suis-je à présent?…'*, Eds. Bartillat,
     1998, 18쪽.

가스파르 프랑수아 고프리디에게 보낸 한 편지에서 가져온
것이다.

저는 자코뱅 반대파antijacobite입니다. 그들이 죽도록 싫습
니다. 나는 국왕을 숭배하는 사람입니다만, 과거의 폐습은
역겨울 정도입니다. 저는 제헌의회가 제정한 헌법 대부분이
좋습니다만, 정말 싫은 조항들도 있습니다. 저는 귀족에게
영예를 되찾아주었으면 합니다. 그걸 뺏어봤자 그들에게 도움
될 것이 전혀 없거든요. 그리고 국왕은 국가의 수장으로 있어
야겠습니다. 저는 의회 대신 영국식 양원제가 필요하다고
봅니다. 그렇게 되면 국왕은 자연히 권력이 약화되고, 국가는
당연히 두 계급으로 나뉘고, 합의를 통해 균형을 이룰 수
있어요. [성직자들의] 다른 세 번째 계급은 필요 없으니 없어졌
으면 좋겠습니다. 이상이 제 양심선언이라고 할까요. 저는
지금 도대체 누구인가요? 귀족인가요, 민주주의자[9]인가요?
제발 말씀 좀 해주십시오. 저는 정말이지 진혀 모르겠습니
다.[10]

• •

9. 여기서는 편의상 '민주주의자'로 옮겼는데 혁명기에 나온 『아카데미프랑
    세즈사전』(1798)은 démocrate라는 말을 "오늘날 귀족과 대립하여 혁명에
    투신한 자를 그렇게 부른다"고 정의한다. 현재 쓰는 민주주의자의 의미와
    는 일치하지 않는다.

10. Lettre de Sade à Gaufridy (le 5 décembre 1791), in Maurice Lever, *Donatien
    Alphonse François, Marquis de Sade*, Paris, Fayard, 1991, 471쪽.

확실히 사드가 프랑스혁명에 취한 입장이 어떤 것이냐에 따라 그의 작품의 해석은 극과 극으로 갈릴 수 있다. 그러나 초현실주의자들의 입장이든, 그들에 반대하는 입장이든, 어느 쪽도 분명하지 않다. 따라서 혁명기의 사드가 전적으로 프랑스 혁명의 이상에 동의했는지 아닌지 따지는 논쟁은 소모적일 뿐 아니라, 결국 해석자의 정치적 입장에 따라 사드를 독서하는 일일 것이다. 그런데 정작 그보다 더 중요한 사실은 사드가 프랑스 혁명기에 결국 반혁명 용의자로 몰려 투옥되었다는 것이다. 1793년 9월 17일 가결된 반혁명 용의자 체포령을 통해 같은 해 12월 8일 체포되어 수감된다. 혁명기에 사드가 애써 감추고자 했던 자신의 출신과 과거의 난잡한 품행이 드러났기 때문이다. 그는 구체제의 폐해에 의해 바스티유에 갇혔고 이제 는 혁명의 적으로 몰려 다시 여러 감옥을 전전하는 신세가 되었다.

그러나 사형을 선고받았던 사드는 결국 다시 석방된다. 그를 가뒀던 로베스피에르가 테르미도르의 반동(1794년 7월 27일) 으로 실각했기 때문이다. 그는 1794년 10월 15일에 석방되었으 며, 이 시기에 고프리디에게 보낸 편지를 보면 다음과 같은 배경이 있었음을 알 수 있다.

정말 불가능했던 특별배려 덕분에 자유를 얻게 되었습니다.

공안위원회는 제가 귀족이었음에도 파리에 계속 남아 예전에
제가 했던 대로 내 애국적 저작을 통해서 대중의 정신을
계속 자극하도록 허용해주었습니다.[11]

이렇게 또 한 번 구사일생으로 살아 돌아온 사드는 더는
정치활동에 참여하지 않고 그가 오랫동안 바랐던 작가로서의
인생을 다시 시작한다. 그리고 이듬해인 1795년에 그의 두
걸작 『규방철학』과 『알린과 발쿠르』가 출판된다. 전통적인
서한체로 된 소설 『알린과 발쿠르』는 사드가 자신의 이름으로
출판한 최초의 소설이었다. 반면 『규방철학』은 "『쥐스틴』을
지은 작가의 유고작"이라고만 표시되어 있다. 이 두 소설은
모두 사드가 진행 중인 프랑스혁명을 의식하면서 썼다는 공통
점이 있다. 『알린과 발쿠르』의 저자 서문에서 그는 "이 작품이
정말 특별한 것은 바스티유에서 썼다는 점 때문이다. 관료들의
횡포가 있었지만 우리의 저자가 프랑스혁명을 예견했던 방식
은 정말로 대단한 일이며, 그 방식이 본 작품에 대단히 생생한
흥미를 더하고 있다"[12]고 쓰고 있다. 『규방철학』에서는 프랑스
혁명과의 관계가 더욱 직접적이다. 사드는 「프랑스인이여, 공

• •

11. Sade, *Correspondances du marquis de Sade et de ses proches*, éd. Alice
   M. Laborde, t. XXIII, Slatkine, 1996, 228쪽.

12. Sade, *Aline et Valcour, Œuvres*, t. I, éd. Michel Delon, Gallimard, Bibliothèque
   de la Pléiade, 1990, 388쪽.

화주의자가 되기 위해 좀 더 노력을」이라는 제목의 팸플릿을
실어 그의 급진적 공화주의적인 입장과 반反로베스피에르의
입장을 분명히 한다.

그러나 사드의 프랑스혁명은 우리가 흔히 생각하듯이 "철학
의 햇불"[13]로 무지와 편견이 일소되고, 무지한 대중에게 편견을
불어넣으면서 권력을 쥐고 남용했던 전제정의 종말과 새로운
공화국의 창설과는 거리가 멀다. 그는 핏속에서나 의식 속에서
나 여전히 귀족이었고, 그의 리비도는 억제할 수 없이 광포했고,
혁명 초기 상퀼로트들의 약탈, 방화, 살육의 광경은 그가 바란
사회의 그림일 수 없었다. 그런 점에서 사드의 여러 작품에는
그가 경험한 좌절과 공포가 정확히 반대 방향으로 그려진다.
『쥐스틴』연작과 그 후속편인『쥘리에트 이야기』에 나오는
미덕의 화신인 쥐스틴의 거듭된 불운과 악덕의 화신인 쥘리에
트의 연속된 번영이 바로 사드의 철저한 절망과 이로 인한
냉소적인 분개의 표현임은 물론이다. 또한『규방철학』의 등장
인물들은 모두 귀족이며, 리베르티나주의 취향을 채우기 위해
"일 년에 십만 에퀴를 쓰는"(112쪽) 사람들이라는 점은 결코
우연한 일이 아니다.『규방철학』은 어떤 점에서 귀족들의 극에
달한 낭비의 축제라고 볼 수 있으며, 그래서 그들의 축제가
열리는 장소는 오직 그들에게만 허락된 규방이다. 물론 그들의

• •

13. *Ibid.*

향연에는 정원사 오귀스탱도 초대받지만, 그것은 '평등한 시민'으로의 인격과는 전혀 무관하며, 그의 '쓸모 있는' 육체에 대한 또 다른 의미의 착취이다. 귀족들이 「프랑스인이여, 공화주의자가 되기 위해 좀 더 노력을」을 읽기 전에 생탕주 부인은 "네가 들을 이야기가 아니니 나가 있으라"(230쪽)고 오귀스탱에게 말하자 그는 그녀의 말에 순종한다.

그렇지만 『규방철학』의 사드가 옛 귀족정치를 옹호하고 그 체제로 복귀하고자 한다고 생각하지는 말자. 그는 민중의 정치를 믿지 않았던 만큼이나 귀족정치와 왕정의 복귀를 열망하지 않았다. 물론 귀족들의 '좋았던 시절'은 분명 사드에게 여전히 노스탤지어로 남아 있다. 그가 『규방철학』의 주인공들을 '규방'에 모아두는 것이 정확히 그 이유이다. 18세기에 돈 많고 권세 높은 유한계급들이 누렸던 전원의 프티트 메종과 그곳의 상징적인 관능과 타락의 공간인 규방은 그들의 노쇠한 상상력을 자극하는 유일한 곳이다. 그곳은 프랑스혁명이 진행 중인 뜨거운 파리라는 실제 공간과 '동떨어져' 있고, 돌망세가 파리에서 가져온 「프랑스인이여, 공화주의자가 되기 위해 좀 더 노력을」이라는 정치 팸플릿으로만 간신히 연결되어 있다. 그곳에 모인 사드의 리베르탱들은 마치 전제군주정의 압제를 피해 불온하고 위험한 사상을 은밀히 키워갔던 옛 철학자(이들을 예전에 불렀던 이름이 바로 리베르탱이었다)들을 닮았다. 그러나 그들은 더는 새로운 시대를 준비하고 행동에 나설 능력도 힘도 없는 이들이다. 그들이 할 수 있는 유일한 힘의 행사는 '고작' 딸을 찾으러 온 독신자篤信者를 무참히 유린하는 것밖에 없지 않은가?

이 이야기가 잔인해 보이는가? 그의 상상력이 사악해 보이는가? 물론 그렇다. 하지만 사드가 그의 주인공들을 통해 보여주고자 하는 것은 그들이 가진 위험한 사상과 사악한 심성이 아니라, 오히려 그들의 무기력이다. 그리고 그런 무기력은 바로 사드 자신의 것이다. 달아오른 머리로 폭력을 꿈꾸지만 현실에서는 외국으로 도망가 혁명을 포위하도록 사주하는 형편없는 과거의 특권계층에게 보내는 조롱이자 야유이다. 그래서 나는 어떤 점에서 사드를 (칸트보다는) 망명귀족이었던 샤토브리앙의 이면으로 볼 수 있을 것 같다. 그의 『무덤 너머의 회상록』의 유명한 다음 장면을 잠시 읽어보자.

> 누더기를 입은 무리가 길 끝에서 다가왔다. 그 한가운데 깃발이 우뚝 서 있는데 멀어서 잘 보이지 않았다. 그들이 다가오자 머리를 산발하고 얼굴이 훼손된 두 개의 머리가 보였다. 마라의 선배라고 할 사람들이 창끝에 머리 하나씩을 꽃아 둔 것이다. 풀롱과 베르티에의 머리다. 모든 사람이 창문 뒤로 물러났지만 나는 남았다. 살인자들이 내 앞에 다가와 멈춰 서서 노래를 부르며 내게 그 창끝을 휘둘렀다. [⋯] 그 머리들이, 얼마 후 내가 또다시 마주쳤던 다른 머리들이

내 정치적 입장을 송두리째 바꿔버렸다. 나는 식인종들의
향연이 두려웠고 프랑스를 떠나 머나먼 나라로 가야겠다는
생각이 내 마음속에서 싹텄다.[14]

　이런 폭력의 경험은 샤토브리앙만의 것이 아니다. 그의 표현
대로 '식인종들의 향연' 앞에서 한없이 무기력할 수밖에 없었던
사람이 취할 길은 두 가지뿐이다. 도피가 아니면 투항이다.
샤토브리앙과 같은 많은 귀족들은 프랑스를 떠나 외국으로
망명길에 올랐다가 로베스피에르의 실각 후, 총재정부 시대에
다시 돌아오기 시작한다. 그렇지만 모리스 르베의 생각을 따라,
혁명 이후 재산도 가족도 귀족의 칭호도 모두 잃은 사드가
살아남기 위해 귀족 성姓을 제거하면서 자신의 출신을 감추고
피크 지부에서 정치활동을 한다면 결국 사드는 프랑스혁명에
투항한 셈이다.

　그렇지만 사드의 정치행위와 입장이 혁명에 대한 그의 미온
적인 태도를 감추는 위선이었다고 그를 단죄하지 말자. 사드는
원했든 원하지 않았든 '식인종들' 사이로 들어갔고, 그들과
함께 잠시나마 '향연'을 즐겼다. 이를 사드의 마키아벨리즘이라
고 보아야 할까?(141쪽) 그보다 역자는 앞서 인용했던 고프리디
에게 보낸 편지에서 사드가 자신이 귀족인지 민주주의자인지

14. Chateaubriand, *Mémoires d'outre-tombe*, éd. Maurice Levaillant et Georges
　　Moulinier, t. I, Gallimard, Bibliothèque de la Pléiade, 1951, 171쪽.

정말 모르겠다는 고백을 그가 혁명기에 취했던 기회주의로 단순하게 생각하지 않는다. 오히려 프랑스혁명의 다양한 이념과 전망을 단 한 가지로 환원하고자 했던 로베스피에르의 공포정치와 이후 프랑스혁명의 경향적인 해석에 거리를 둘 필요가 있지 않은가? 프랑스혁명은 처음부터 단일한 이념으로 시작하지 않았다. 모든 특권계급이 같은 생각을 가졌던 것이 아니었던 것과 마찬가지로 제3계급 역시 단일한 이념으로 통일되어 있지 않았다. 프랑스 혁명기의 화가 자크 루이 다비드의 '죄드폼 선서'에는 새로운 헌법제정을 위해 모든 대표자들이 화합하는 모습이 그려졌다. 하지만 다비드는 이 그림의 오른쪽 끝에 앉아 있는 조제프 마르탱 도슈를 잊지 않고 그려놓았다. 그는 프랑스 남부 오드주에서 제3신분의 대표자로 삼부회에 참석한 인물이다. 죄드폼 선서의 찬반을 묻는 투표에 오직 그 혼자만 반대표를 던졌다. 그는 자기에게 부여된 대표권이 군주정을 폐지하기 위한 것이 아니라고 생각했기 때문이다. 혁명 초기의 누구도 로베스피에르의 독재를 염두에 두지 않았고, 그것을 바랐던 사람도 없다. 하지만 왕국에는 다양한 입장들이 존재했음을 인정해야 한다. 귀족 출신이었음에도 불구하고 왕권의 폐지와 구체제의 적폐를 청산해야 한다고 주장했던 사람들도 있었다. 라파예트가 그 대표적인 예가 아니겠는가? 사드 역시 당대 다양한 정치적 입장들의 하나를 지지(하고 주저)했으며, 완전히 동의하지는 않았던 당파의 이해를 위해 정치에 뛰어든

프랑스혁명의 여러 인물 중 하나였음을 받아들이는 것이 중요
할 것이다.

규방철학

초판 1쇄 발행 2018년 12월 13일

지은이 도나시앵 알퐁스 프랑수아 드 사드 | 옮긴이 이충훈 | 펴낸이 조기조 | 펴낸곳
도서출판 b | 등록 2006년 7월 3일 제2006-000054호 | 주소 08772 서울특별시 관악구
난곡로 288 남진빌딩 302호 | 전화 02-6293-7070(대) | 팩시밀리 02-6293-8080 |
홈페이지 b-book.co.kr / 이메일 bbooks@naver.com

ISBN 979-11-87036-66-1 03190
값 15,000원